더미를 위한
# 비즈니스 글쓰기

**제2판**

더미를 위한

# 비즈니스 글쓰기

제2판

나탈리 카나보르 지음
장진영 옮김

시그마북스
*Sigma Books*

더미를 위한
# 비즈니스 글쓰기

**발행일** 2018년 4월 20일 1쇄 발행

**지은이** 나탈리 카나보르

**옮긴이** 장진영

**발행인** 강학경

**발행처** 시그마북스

**마케팅** 정제용, 한이슬

**에디터** 권경자, 김경림, 장민정, 신미순, 최윤정, 강지은

**디자인** 최희민, 김문배, 이연진

**등록번호** 제10 - 965호

**주소** 서울특별시 영등포구 양평로 22길 21 선유도코오롱디지털타워 A404호

**전자우편** sigma@spress.co.kr

**홈페이지** http://www.sigmabooks.co.kr

**전화** (02) 2062 - 5288~9

**팩시밀리** (02) 323 - 4197

**ISBN** 978 - 89 - 8445 - 963 - 2 (04080)

  978 - 89 - 8445 - 962 - 5 (세트)

Business Writing For Dummies®, 2nd Edition

이 도서의 국립중앙도서관 출판예정도서목록(CIP)은 서지정보유통지원시스템 홈페이지(http://seoji.nl.go.kr)와
국가자료공동목록시스템(http://www.nl.go.kr/kolisnet)에서 이용하실 수 있습니다.
(CIP제어번호: CIP2018004180)

* 시그마북스는 ㈜시그마프레스의 자매회사로 일반 단행본 전문 출판사입니다.

글도 그렇고 인생도 그렇다.

모든 것은 수십, 수백 번 고쳐 쓰는 것이다.

– 어니스트 헤밍웨이

글쓰기는 5,000년 전에 발명된 기술이다. 글쓰기의 발명에 대한 자세한 이야기는 여기서 생략할 테니 역사를 살펴보기 바란다. 글쓰기가 진화하기 전에는 사건이나 학습 내용을 기록할 수 없었다. 그래서 멀리 떨어진 사람들과 정보를 공유하는 것이 불가능했다. 이 시기에는 지식을 쌓을 수단이 없어서 자신의 경험과 주변 사람들에게서 얻은 정보만으로 살아갈 수밖에 없었다.

그러나 글쓰기가 이 모든 것을 바꿔놓았다. 인류는 글쓰기를 통해 문명을 세웠다. 수천 년 동안 부유한 지배계급은 글을 읽고 쓰는 능력을 독점했다. 그 이후로 몇 차례의 문화 및 기술 혁명이 일어났고, 지금은 모든 사람이 읽고 쓰는 능력을 지니게 되었다. 오늘날 우리는 마우스 클릭 몇 번만으로 사실상 전 세계 모든 사람들과 의견이나 정보를 공유할 수 있고 의사결정자를 비롯해 영향력 있는 인물과도 소통할 수 있다. 이뿐만 아니라 제품이나 서비스를 거래하는 시장을 형성하고 추종 세력을 만들거나 친구를 사귈 수 있게 되었다.

마치 슈퍼맨처럼 이 마법과도 같은 힘을 가지게 되면서, 인류에게는 이 힘을 써야 할 의무가 생겼다! 현 세대는 글을 읽고 쓰는 능력 덕분에 조상은 물론이고 부모 세대보다 더 많은 기회를 얻었다. 다만 모든 사람들이 이 힘을 지니고 있기 때문에 자신의 목표가 무엇이든, 경쟁이 따른다. 취업준비생이든, 승진을 원하는 관리자든, 사업 성공을 바라는 기업가든, 어떤 분야의 전문가든 간에, 경쟁 사회에서 살아남으려면 반드시 글을 잘 써야 한다.

여기까지 읽었다면 글쓰기의 중요성을 분명하게 이해했을 것이다. 하지만 이것이 글쓰기를 잘해야 하는 이유의 전부는 아니다. 글을 잘 쓰는 것만으로 얼마나 많은 보상을 받을 수 있는지 아는가? 글을 잘 쓰는 사람들은 모든 업계와 회사에서 높은 평가를 받는다. 무엇보다 글을 쓰는 일은 더 이상 어시스턴트나 PR 전문가들에게 위임해서 처리할 수 있는 일이 아니다. 이제 모든 사람이 글쓰기를 배워야 한다. 대부분의 회사 사장, 기업가 또는 자영업자들도 마찬가지다.

현대 사회에서 개인은 독립적으로 움직인다. 매일 메시지를 주고받으면서 일을 처리하고 관계를 맺고 문제를 방지한다. 강력한 보고서, 제안서와 마케팅 자료에는 성공과 실패를 결정짓는 힘이 있다. 온라인 세상에서 역할을 제대로 해내려면 웹사이트, 블로그, 네트워킹 사이트와 소셜미디어를 자신에게 유리하게 사용할 수 있어야 한다.

새로운 커뮤니케이션 수단이 등장하고 메시지를 전달할 수단이 많아질수록 글쓰기의 어려움도 깊어진다. 인터넷은 저널리즘, 마케팅, PR, 광고 등의 세계를 완전히 뒤엎어버렸다. 모든 커뮤니케이션이 민주화되어 세상이 활짝 열리게 된 것이다. 이 세상에서 살아남고 성공할 방법은 전략적인 계획에 기반을 둔 글쓰기를 하거나 또는 글쓰기에 기반을 둔 전략을 펼치는 것이다. 제대로 살펴보면, 이것은 동전의 양면과 같은 것이다.

## 이 책에 대하여

이 책은 여러분의 목표와 꿈을 이루는 데 큰 도움이 될 여러 가지 테크닉을 알려주기 위해 쓴 것이다. 이 책에서 필자는 전략적으로 생각하고 글을 쓰는 방법을 알려줄 것이다. 모든 아이디어와 테크닉은 쉽게 설명되어 있으며 당장 사용할 수 있는 실용적인 것들이다. 필자는 저널리스트, 잡지 에디터, 기업 커뮤니케이션 디렉터 그리고 커뮤니케이션 컨설턴트로서 다년간 시행착오를 겪은 끝에 얻은 아이디어를 바탕으로 이 책을 썼다. 따라서 필자가 소개하는 방법들은 사업가, 홍보 전문가, 기업 커뮤니케이션 담당자와 비영리기구 대표를 대상으로 진행한 수백 번의 워크숍에서 그 효과가 증명된 것들이다.

이 책은 효과적인 비즈니스 글쓰기의 기반을 잡아주고 모든 글의 수준을 올릴 수 있는 가이드라인을 제시한다. 이 책을 읽으면서 계속해서 비즈니스 글쓰기 실력을 닦는 데 매진한다면 큰 보상을 얻을 수 있을 것이다.

다음과 같은 생각을 해본 적이 있는가?

> » 글쓰기 능력은 타고나는 것이다.
> » 글쓰기 실력을 개선하는 것은 어렵다.
> » 좋은 글이란 정확한 문법과 절차에 따라 쓴 글이다.
> » 복잡한 사상을 글로 쓰려면 어렵고 난해한 표현을 사용해야 한다.
> » 어려운 단어로 가득한 글을 보면 글쓴이가 지적이고 교육을 잘 받은 것 같다.

» 비디오와 이미지 등 비주얼 미디어의 등장으로 글을 잘 쓸 필요가 낮아졌다.

» 중요한 자료를 작성할 때만 특히 신경을 써서 글을 쓰면 된다.

이것들은 전부 틀린 생각이다. 필자는 이 책에서 이 생각들이 틀렸음을 증명할 것이다. 먼저 명심해야 할 것은 현재 글쓰기 능력이 어떤 수준이든 '얼마든지 더 잘 쓸 수 있다'는 것이다. 글쓰기의 기본 지식부터 배워야 하는 수준이든 이미 상당한 수준에 도달해서 좀 더 실력을 키우려고 하든 상관없이 말이다.

이 책은 문법을 가르치기 위한 것이 아니므로 실용적이고 사용하기 쉬운 테크닉을 다룰 것이다. 이 책에 소개되는 대부분의 아이디어와 테크닉은 전문가들이 시행착오를 거치면서 습득한 것들이다. 필자는 여러분이 이런 시행착오를 줄이도록 도와주고 싶다. 필자의 목표는 무엇을 어떻게 말할지에 대한 방법을 알려주는 것이다. 그리고 여러분이 성공적으로 글을 잘 쓰고 있는지를 확인하고 그렇지 않다면 문제를 해결할 수 있는 방법을 알려줄 것이다.

# 이 책의 구성

**필**자는 작가로서 여러분이 이 책을 순서대로 읽으면서 단계적으로 글쓰기 실력을 키워나가는 편을 추천한다. 그러나 개인적인 니즈에 따라 또는 기분 내키는 대로, 특정 장과 섹션을 선택해서 자세히 읽는 식으로 시작해도 상관없다. 차례를 이용해서 자신에게 필요한 정보가 있는 부분을 찾고 거기서 시작해서 다른 장이나 섹션을 둘러보면서 주제에 대한 이해도를 높일 수 있다.

이 책은 총 6부로 구성되어 있다.

## 제1부 성공과 글쓰기

글의 종류에 상관없이, 모든 글을 잘 쓸 수 있도록 기반을 닦는다. 메시지를 전략적으로 구성하고 가장 효과적으로 전달하는 방법과 글의 구조에 대해서 살펴볼 것이다. 자신이 쓴 글을 직접 편집하고 수정하는 데 필요한 실질적인 접근법에 대해서도 살펴본다. 편집과 수정을 통해 글쓰기 과정을 자신에게 맞게 조정하고, 글쓰기 자체를 더 즐길 수 있게 될 것이다.

## 제2부 비즈니스 글쓰기

이메일과 편지는 비즈니스에서 중요한 커뮤니케이션 수단이다. 사람들과 주고받는 모든 메시지는 비즈니스 관계를 맺고 전문가로서의 이미지를 쌓는 수단일 뿐만 아니라 일상의 비즈니스 목표를 달성하는 데도 도움이 된다. 보고서와 제안서 같은 형식적인 비즈니스 글도 자신의 경력에서 중요한 전환점이 될 수 있다. 여기서는 자신의 글쓰기 문제를 파악하고 그것을 고칠 방법을 살펴볼 것이다. 그리고 매번 메시지를 작성할 때마다 최고의 콘텐츠를 선택할 수 있도록 생각하는 연습을 할 것이다.

### 제3부 효과적인 자기소개서 쓰기

글쓰기에 기반을 둔 전략적인 사고는 성공에 도움이 된다. 여기서는 효과적인 엘리베이터 스피치와 프레젠테이션을 준비하고 개인의 이야기를 구성하고 비디오를 만들고 청중과 대면했을 때 도움이 될 토킹 포인트를 준비하는 방법에 대해서 살펴볼 것이다. 그리고 이력서, 자기소개서와 네트워킹 메시지를 작성하는 방법을 살펴봄으로써 구직활동의 성공률을 높일 것이다.

### 제4부 온라인 미디어에 적합한 글쓰기

콘텐츠가 왕이다. 그러나 온라인 글에 익숙한 독자와 소비자에게는 무한한 선택지가 주어진다. 그래서 이들과 빠르게 관계를 맺고 중요한 정보를 전달하기 위해 노력해야 한다. 글쓰기는 온라인 미디어의 초석이다. 여기서는 디지털 독자에게 적합한 글을 쓰는 방법을 살펴볼 것이다. 그리고 블로그와 웹사이트를 만드는 데 유용하고 효과적인 테크닉도 살펴볼 것이다. 자신만의 청중을 모으고 명성과 권위를 쌓고 네트워크를 형성하기 위해서 소셜미디어를 활용하는 방법에 대해서도 살펴볼 것이다.

### 제5부 글쓰기 확장편

특정 조직에 소속되어 일을 하든 사장, 컨설턴트 그리고 프리랜서처럼 독자적으로 일을 하든 간에, 매사 글을 쓸 때마다 기업가처럼 사고할 필요가 있다. 여기서는 설득과 마케팅의 기술에 대해서 알아볼 것이다. 또한 미디어 피칭, 팀원이나 상사와 커뮤니케이션하는 법 그리고 관리자로서 어려운 메시지를 전달하는 법에 대해서도 살펴볼 것이다.

### 제6부 숫자 '10'의 법칙

많은 독자들이 〈더미를 위한〉 시리즈에서 가장 좋아하는 부분이다. 여기에서는 글로 경력을 쌓고 양질의 비디오를 만들고 강력한 이력서를 작성하는 데 효과적인 열 가지 방법을 각각 살펴볼 것이다.

## 아이콘 설명

이 책에는 중요한 내용에 집중해서 기억할 수 있도록 몇 가지 아이콘이 등장한다.

### 더미를 위한 팁

실전에서 바로 사용할 수 있는 실용적인 아이디어와 테크닉이다. 실제로 이용해보면 바로 좋은 결과를 얻을 수 있을 것이다.

### 체크포인트

모든 글에 사용할 수 있는 가이드라인과 전략을 표시하는 아이콘이다. 이 아이콘에 등장하는 가이드라인과 전략을 즉시 이해하고 기억해야 한다.

### 경고 메시지

위험을 알리는 아이콘으로, 감수할 가치가 없는 리스크를 표시한다. 비즈니스, 이미지 또는 대의명분을 위험에 빠뜨리지 않도록 주의사항을 잘 지켜야 한다.

### 제대로 써먹기

여러분이 직접 글을 쓰거나 아이디어를 활용할 기회를 제공하는 아이콘이다. 기술을 쌓는 유일한 방법은 연습이다. 필자는 여러분이 이런 시도를 즐기면서 글을 쓸 때마다 자신감이 배가될 것이라 믿는다.

## 나아갈 방향

이 책은 처음부터 모든 종류의 글을 쓰는 데 적용할 수 있는 기본적인 가이드라인을 제공한다. 따라서 글쓰기에 관한 구체적인 어떤 문제를 해결하는 데 조언을 얻고 싶다면 해당 부분을 찾아서 읽거나 그 주제 혹은 문제를 더 깊이 다루고 있는 부분만 선택하여 읽어도 된다.

모든 사람은 각자 다른 방법으로 학습하므로 자신의 학습 스타일을 미리 알고 시작하면 더 좋다. 우리는 모두 자신만의 글쓰기 문제를 가지고 있으며 반드시 찾아내서 해결해야 한다. 필자도 글쓰기와 관련해서 나름의 문제를 가지고 있다. 그 예로 이 책에서 더 강력하고 효과적으로 수정하기 위한 연습용으로 소개한 짧은 글은 모두 필자가 이 책의 초안을 편집하면서 쓴 것들이다. 이뿐만 아니라 문제를 찾아내고 모든 종류의 글의 수준을 개선하는 다양한 방법을 소개하여 더 실용적으로 쓸 수 있게 했다.

자신에게 효과가 있는 글쓰기 테크닉을 별도로 정리하고 항상 곁에 두면서 글을 쓸 때마다 참고해라. 이렇게 하면 성공률이 높아져서 자신감이 생기고 결국에는 글쓰기 자체를 즐기게 될 것이다.

# 차례

PART

1

# 성공과 글쓰기

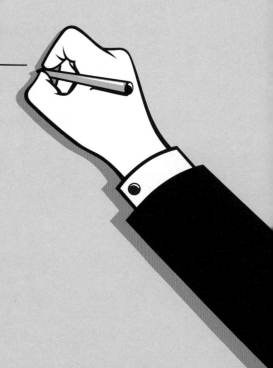

## 제1부 미리보기

● 좋은 비즈니스 글쓰기의 핵심 요소를 이해하고 가장 시급한 문제를 어떻게 해결해야 하는지 살펴본다.

● 써야 할 글이 아무리 어렵다 하더라도 절대 실패할 일 없는 '목표 + 청중' 전략이 무엇인지 알아본다.

● 성공적인 글쓰기를 통해 무엇을 얻을 수 있는지 알아본다.

● 상대에게서 존경과 지지, 동의를 얻을 수 있도록 단어, 문장, 구조를 이용해 읽기 쉽고 영향력 있는 글을 쓰는 법을 살펴본다.

● 글을 쓸 때 흔히 범하는 실수를 스스로 고쳐 메시지를 효과적으로 전달할 수 있도록 돕는다.

chapter

# 01

## 글쓰기를 '비밀인 듯 비밀 아닌' 나만의 무기로 만드는 방법

**제1장 미리보기**

● 좋은 글로 돋보이는 방법을 알아본다.
● 전략적인 글쓰기의 세 가지 핵심 요소를 이해한다.
● 쉬운 에세이 구조를 활용해 글의 구조를 잡는 방법을 살펴본다.
● 인쇄 매체, 온라인 매체, 영상 매체, 음성 매체에 효과적인 글쓰기 방법이 무엇인지 알아본다.

우리는 '과잉 커뮤니케이션 세상'에 살고 있다. 이런 세상에서 메시지를 잘 전달하고 그 메시지가 잘 들리도록 하는 일보다 더 중요한 일이 있을까?

당신이 취업준비생이라면, 탄탄한 이력서, 설득력 있는 자기소개서와 강력한 면접 기술이 필요하다. 승진하려면, 직장 상사나 동료들에게 '당신이 믿을 수 있고 판단력과 능력을 갖춘 사람'이란 신호를 보내야만 한다. 개인사업자이거나 컨설턴트나 다른 일을 업으로 삼고 있다면, 장담컨대 당신의 성공은 사업 제안과 프레젠테이션에 달렸다. 그리고 요즘은 이루고자 하는 것이 무엇이든 온라인에서 효과적이고 확실한 존재감을 드러낼 필요가 있다. 마지막으로 우리는 타인과 성공적으로 협업하며 자신의 니즈와 아이디어를 옹호하고 실현코자 한다.

당신도 아마 눈치 챘을 것이다. 앞서 언급한 모든 일을 해내는 데 가장 기본이 되는 것이 바로 글쓰기다! 그러나 놀랍게도 이 사실을 알고 있는 사람은 극히 소수뿐이다. 대부분의 사람들은 일단 '커뮤니케이션 능력을 키워야지'라고 마음먹으면, 곧장 프레젠테이션 연습부터 한다. 많은 사람들 앞에서 그럴싸하게 프레젠테이션 하는 것이 좋은 글을 쓰는 것보다 더 멋지게 보일지 몰라도 이는 현실을 모르는 것이다. 단 20초 동안 투자자에게 상품, 서비스 또는 기업과 그 가치에 대해서 빠르고 간단하게 설명하는 '엘리베이터 스피치'를 하는 데도 반드시 미리 작성된 원고가 필요하다. 웹사이트, 동영상, 트위터, 블로그 등 대부분의 커뮤니케이션 수단들은 '글'에서 출발한다.

그 이유는 간단하다. 인간은 언어로 생각하는 존재다. 다른 사람과 의사소통을 할 때 시각자료가 아무리 큰 역할을 한다 할지라도, 글은 그것을 단단히 받쳐주는 없어서는 안 될 중요한 요소. 인쇄 형태든 디지털 형태든 소통의 방식은 전혀 상관이 없다. 설령 몇 개의 단어만으로 당신의 생각을 표현할 수 있다고 할지라도 글쓰기가 중요하기는 마찬가지다. 왜냐하면 몇 안 되는 그 단어들이 반드시 정확한 메시지를 담고 있어야 하기 때문이다.

이 장에서 우리는 좋은 비즈니스 글쓰기의 핵심 요소에 대해서 중점적으로 살펴보고, 글의 구조를 잡는 방법이 무엇인지 알아볼 것이다. 이러한 방법은 거의 모든 상황에서 무엇을 어떻게 말할지 파악하는 데 도움이 된다. 이런 단계적인 글쓰기 접근법은 각 커뮤니케이션 수단의 특성에 맞게 약간만 바꾸면 모든 커뮤니케이션 수단에 활용할 수 있다.

글쓰기 능력을 향상시키면 생각했던 것보다 훨씬 많은 이득을 얻을 수 있다. 이 과정에서 당신은 자신이 이미 좋은 글을 쓰기 위한 기초를 다지기 시작했다는 사실도 깨닫게 될 것이다. 앞으로 이어지는 장에서는 이번 장에서 살펴본 글쓰기 방법들이 당신이 참여하는 모든 비즈니스 커뮤니케이션에 어떻게 적용되는지를 살펴볼 것이다.

# 좋은 글을 쓰는 법

한마디도 하지 않고 누군가와 관계를 맺는 일이 가능할까? 오늘날 우리는 거의 모든 인간관계를 글로 시작한다고 해도 과언이 아니다. 특히 비즈니스 세계에서는 더더욱 그렇다. 우선 글로 운을 떼고 나면 직접 대면한다. 물론 직접 대면하지 않는 경우도 있다. 이렇게 첫 관계를 맺는 데 성공하면, 우리는 글로 연결된 그 관계를 발전시켜 상대방과 함께 일하기 위해서 계속 글에 의존한다.

매일 누군가와 주고받는 업무 이메일부터 보고서, 편지 그리고 디지털 플랫폼에 이르기까지, 오늘날 우리는 글을 기반으로 모든 업무를 처리한다. 그렇기에 글을 잘 써서 얻는 보상은 그 어느 때보다 크다. 인터넷 덕분에 우리는 지리적 경계와 사회적 경계를 넘어 거의 모든 사람에게 상품이나 서비스를 팔고, 거의 모든 사람들과 협업하며, 거의 모든 사람에게서 모르는 무언가를 배울 수 있게 되었다. 이제 시간과 열정만 있다면 누구나 자신의 상품이나 서비스를 팔거나, 자신의 예술 작품을 전시하거나, 책을 내거나, 어떤 주제에 대해서 권위를 가질 수 있다.

그런데 여기에는 숨은 문제점이 하나 있다. 누구나 할 수 있기 때문에, 거의 전문가가 아닌 이상 경쟁에서 살아남기 힘들다는 것이다.

다음 통계를 한번 살펴보자.

» 매일 1,125억 비즈니스 이메일이 생성된다(이것은 이메일 계정당 122건의 비즈니스 이메일이 만들어진다는 의미다).
» 1억 3,000만 개의 트위터 계정이 존재하고 매일 3억 300만 개의 트위터 메시지가 생성된다.
» 인터넷에는 10억 개의 웹사이트가 존재한다.
» 인터넷에는 3억 개의 블로그가 있다.

물론 당신이 이 모든 이메일, 트위터 메시지, 웹사이트 그리고 블로그와 경쟁하지는 않는다. 그리고 정작 당신도 받은 메시지 중에서 아주 소수만을 골라서 읽는다. 당신과 마찬가지로, 다른 사람들도 자신들이 받은 많은 메시지 중에서 아주 까다롭게 선별해낸 몇 개의 메시지만을 읽는다. 이는 지극히 당연한 일이다. 너무나 많은 메시지들이 그들의 관심을 얻기 위해 치열한 경쟁을 벌이기 때문이다.

오늘날에는 어쩔 수 없이 글을 읽거나 이야기를 듣는 소위 '포박된 청중(captive audience)'은 거의 없다. 최근에 받은 메시지 중에서 '반드시 읽어야 하는 메시지'가 몇 개나 되는지 한번 확인해봐라. 당신이 위계질서에서 꽤 높은 위치에 있고 상당한 권한이 있다 하더라도, 당신의 메시지가 상대에게 반드시 읽힐 거라는 보장은 없다. 존경과 관심은 노력해서 얻어내는 것이다. 누군가가 실제로 읽을 메시지를 쓰는 것은 노력을 통해서만 이룰 수 있다. 사람들이 행동하도록 만드는 메시지는 분명하고 간결해야 할 뿐만 아니라, 그 메시지를 읽을 사람들의 관점에서 틀을 잡은 내용을 담고 있어야 한다. 다시 말해 오늘날 비즈니스 글쓰기에는 전략적인 접근이 필요하다.

그렇다면 과연 전략적인 글쓰기란 무엇일까? 계획된 커뮤니케이션이다. 계획된 커뮤니케이션은 자기 자신의 목표와 고용주와 고객의 목표 등 일련의 목표를 달성하도록 돕는다. 여기 희소식이 하나 있다. 당신은 전략적인 글을 쓰는 데 필요한 단단한 기초를 이미 갖추고 있다. 전략적인 글쓰기의 핵심인 다음의 세 가지 요소를 확실히 알고 있을 테니 말이다.

> » **글의 주제** : 당신은 현재 몸담고 있는 분야에 많은 투자를 했고 그 분야에 관해 깊은 지식을 가지고 있다.
> » **글의 독자** : 당신은 미래의 고용주, 동료 그리고 목표 시장 등 자신의 독자가 누구인지를 알고 있다.
> » **글을 쓰는 목적** : 당신은 지금 이 순간 그리고 먼 미래에 스스로가 무엇을 원하는지 알고 있다.

그러나 여기 당신이 아직 모르는 것들이 있다.

> » 적합한 커뮤니케이션 도구를 선택하는 방법
> » 독자의 관심을 얻고 유지하는 방법
> » 사람들이 메시지에 관심을 갖도록 만드는 방법
> » 메시지를 정확히 전달할 수 있는 콘텐츠를 선택하는 방법
> » 설득력 있고 그럴싸한 글을 쓰는 방법
> » 인간관계를 만들고 자신의 대의를 발전시키기 위해 글을 이용하는 방법

>> 타인의 관점을 이해하고 그들의 반응을 예측하는 방법

>> 글을 보고 듣는 능력을 키워 자신의 글이 지닌 문제를 찾아 고치는 방법

앞에서 언급한 거의 모든 방법들이 글쓰기의 '기술적 측면'보다 '사고적 측면'과 관련이 있다는 사실을 눈치 챘는가? 꼼꼼하게 글을 구상하는 방법을 완전히 익힌다면, 분명 경쟁에서 앞서나갈 수 있을 것이다. 물론 언어를 어떻게 사용할 것인가에 대한 글쓰기의 기술적인 부분도 중요하다. 이 책은 문장과 단어를 선택하고 글의 구조를 향상시키는 데 실질적으로 도움이 되는 다양한 팁도 소개할 것이다.

필자는 이 책을 통해 문장과 단어를 선택하고 글의 구조를 개선하는 데 유용한 팁을 소개하고자 한다. 이 책에서 소개하는 팁들을 시험 삼아 실제로 한번 활용해보고, 스스로에게 가장 효과가 있는 팁을 찾아라.

## 어떤 메시지든지 먼저 구상하고 구조를 잡자

무엇인가 원하는 바를 이루기 위해서 종이를 들었다. 이 순간, 대부분의 사람들은 텅 빈 새하얀 종이를 바라보면서 '도대체 어디서부터 시작해야 하지?'라는 생각에 말 그대로 얼어버린다. 정말 어디서부터 시작해야 할까? 전략적 글쓰기는 다음의 세 가지 요소부터 시작한다. 바로 당신이 이미 알고 있는 것들이다.

>> **글의 주제** : 무엇에 관해서 글을 쓰고자 하는가?

>> **글의 독자** : 누구에게 글을 쓰고자 하는가?

>> **글을 쓰는 목적** : 구체적으로 이 글을 통해 이루고자 하는 바가 무엇인가?

조리 있는 글을 써서 상대로부터 원하는 결과를 얻으려면, 평상시보다 더 체계적으로 생각해야 한다.

조직적으로 상대의 마음을 읽어라. 어떻게 하는지 지금부터 알려주겠다. 글을 통해 이루고자 하는 목표를 포괄적으로 시각화하는 것도 도움이 된다. 우리가 메시지를 쓰는 이유는 단순히 이 메시지를 통해 목표를 달성하기 위해서만은 아니다. 거의 모든 경우에 그 메시지를 쓰게 된 목표를 넘어서는 더 큰 목표들이 존재한다. 예를 들면 전

문가다운 이미지를 만드는 것이다. 상대에 대한 지식과 이런 큰 목표들을 적절히 버무리면, 주제에 대하여 알고 있는 정보나 지식을 나의 메시지를 뒷받침하는 콘텐츠로 쉽게 활용할 수 있다.

예를 들어 보겠다. 곧 회사에서 알짜배기 프로젝트가 진행될 것이다. 당신은 상사에게 자신이 이 프로젝트의 적임자임을 보여 프로젝트를 맡고 싶다. 이런 경우, 단순하게 다음과 같이 메시지를 써서 상사에게 보낼 수 있다.

> 제인, 전 제가 크리스털 프로젝트의 적임자라고 생각해요. 제가 맡고 있는 업무와 저의 능력에 대해서 알고 계시잖아요. 만약 저에게 기회를 주신다면, 정말 최선을 다해 잘해보겠습니다. - 제이크

하고 싶은 말을 분명하게 전달했고 눈에 띄는 오류도 없으니 이 정도로 괜찮은 메시지라고 생각할 수도 있다. 그러나 메시지를 읽었을 때 솔깃하지는 않는다. 이 메시지에서 제인이 알게 된 점은 제이크가 크리스털 프로젝트를 맡고 싶어 하고 스스로 자질이 충분하다고 생각하고 있다는 점이다. 그게 전부다.

제이크가 메시지를 쓰기 전에 먼저 자신의 목표를 좀 더 깊이 들여다봤더라면, 아주 솔깃한 메시지를 작성할 수 있었을 것이다. 아마도 제이크는 다음의 기회들을 얻고 싶어서 이 프로젝트를 맡고 싶어 하는지도 모른다.

> » 더 많은 책임을 요하는 업무를 수행할 기회
> » 자신의 능력을 보여주고 인정받을 기회
> » 프로젝트와 관련한 자신의 노하우를 넓힐 기회
> » 자신의 이력서에 관리자로서의 자질을 보여주는 이력을 추가할 기회

제이크는 좀 더 장기적인 관점에서 크리스털 프로젝트에 대해 고민할 필요가 있다. 이렇게 하면 그는 이 프로젝트가 자신에게 다음의 측면에서 도움이 된다는 사실을 알아차릴 것이다.

> » 미래의 또 다른 특별 프로젝트들을 따내는 데 유리해진다.
> » 그동안 업무 성과가 우수했음을 상사에게 상기시키는 데 도움이 된다.
> » 유능하고 믿을 수 있는 리더의 이미지를 쌓는 데 유용하다.

> » 지금 있는 회사에서 이직을 할 때, 승진하거나 또는 지금보다 더 높은 자리에 오르는 데 도움이 된다.

이런 관점에서 보면, 제인에게 보내는 메시지는 제이크에게 커리어를 쌓는 데 필요한 구성 요소다. 그래서 생각나는 대로 아무렇게나 메시지를 작성하기보다 정성을 들여서 메시지를 작성할 필요가 있다. 그러므로 제이크는 크리스털 프로젝트를 이끌기 위해서 실제로 필요한 기술이나 자질이 무엇인지 파악하고, 자신이 보유한 스킬과 맞아떨어지는지 꼼꼼히 따져봐야 한다. 그다음 순서는 바로 메시지의 타깃인 제인에 대해서 생각하는 것이다. 의사 결정권자인 그녀가 가장 중요하게 생각하는 자질은 무엇일까? 그녀는 무엇에 신경을 쓰는가?

이렇게 생각을 하다 보면, 제이크는 다음의 리스트를 작성하게 될지도 모른다.

> » **크리스털 프로젝트를 맡기 위해 필요한 자질** : 기획력이 있고, 데드라인을 엄수하고, ○○시스템을 잘 다루고, 부서 내 협업 경험이 있으며, 심한 압박감 속에서도 날카로운 판단력을 유지해야 함.
> » **제인이 중요하게 생각하는 자질** : 팀과 협업하고, 대인관계가 좋고, 부서 내 평판이 우수하고, 프레젠테이션에 유능해야 함. 제인은 시스템 플래닝에 약하고 새로운 기술에 불안해함.

이 잠깐의 브레인스토밍을 통해, 제이크는 대략적으로 어떤 내용을 작성해야 설득력 있는 메시지를 쓸 수 있는지 알게 된다. 그는 제인에게 보내는 이메일에 크리스털 프로젝트에서 요구하는 자질들과 관련하여 자신의 업무 성과를 언급하고, 팀을 이끄는 리더로서 자신이 지닌 능력을 강조하며, 이 프로젝트의 성공이 부서의 평판을 끌어올리리라는 의견을 제시할 수 있다. 그리고 자신의 훌륭한 프레젠테이션 스킬을 이용해 크리스털 프로젝트를 반드시 성공으로 이끌 것이라고 간단하게 적을 수 있다.

제이크는 제인이 스스로 약점이라고 지목한 부분을 이용해 자신이 크리스털 프로젝트의 적임자임을 효과적으로 어필할 수 있다. 예컨대 제이크는 인적 자원을 최대한 운용하는 플래닝 시스템과 새로운 기술을 활용하는 구체적인 방법을 제안할 수 있다. 이런 내용으로 메시지를 구상하면 분명 제인의 관심을 끌 수 있을 것이다.

제이크는 메일에 사실만을 적어서 제인에게 보내야 한다. 없는 자질이 있다는 듯 거짓말로 메시지를 작성해서는 절대 안 된다. 어떤 업무를 수행함에 있어 자신의 가장 큰 강점이 무엇인지 그리고 자신의 역량 중에서 무엇이 중요한지를 전달하는 데 최선을 다해야 한다.

사람들이 당신의 역량을 알거나 업무 성과를 기억하고 있으리라 가정하지 마라. 설령 그들이 당신을 잘 알고 있는 동료들이라 할지라도 말이다. 그들은 당신에 대해서 생각할 시간이 없다. 자기 일을 생각하기도 바쁘다. 그래서 자기 일은 스스로 알아서 해야 하는 법이다.

설령 제이크가 크리스털 프로젝트를 따내지 못하더라도, 이메일을 잘 쓰는 것은 그의 장기적인 목표에 분명 도움이 된다. 새로운 일에 도전할 준비가 되어 있고, 기꺼이 새로운 일에 도전하며, 도전할 능력이 있는 사람으로 보일 수 있고 보다 가치 있는 존재로 평가받을 수 있기 때문이다.

제이크는 간단한 전략을 통해 이메일을 작성했다. 바로 '목표 + 청중 = 콘텐츠'다. 이메일을 보내서 이루고자 하는 목표를 분명히 하고 그 이메일을 누가 읽을지를 고민해야 한다. 이렇게 하면 어떤 내용으로 이메일을 써야 할지 쉽게 결정할 수 있다.

이메일을 써야 하는가? 아니면 사업제안서를 작성해야 하는가? 이것도 아니면 이메일과 사업제안서의 중간 어디쯤에 해당하는 글을 써야 하는가? 글의 종류는 중요하지 않다. 중요한 것은 체계적으로 사고해서 비즈니스 글을 쓰는 것이다. 이렇게 해야 핵심 메시지를 상대방에게 정확하게 전달할 수 있다. 글쓰기는 결코 단어를 이래저래 조작해서 그럴듯한 문장을 써내는 것이 아니다. 이렇게 쓴 글은 당신에게 해당 주제에 대한 생각, 지식 또는 이해가 부족하다는 사실을 그대로 보여준다. 잘 쓴 글에는 충분히 사고한 내용이 분명하고 정확하며 솔직하게 드러난다. 그래서 그 글은 쉽게 이해가 된다.

성급하다 할 수도 있다. 그러나 장담컨대 글쓰기 실력이 아주 조금씩 좋아질 때마다 사고력도 함께 향상될 것이다. 여기서 끝이 아니라, 사고력과 더불어 타인을 이해하는 능력도 좋아질 것이다. 타인을 이해하는 능력이 좋아지면 사람들과 더 좋은 관계를 맺을 수 있고 자신이 원하는 것을 더 자주 얻을 수 있다.

제2장에서는 메시지를 구상하는 방법에 대해서 보다 자세히 살펴보고, 이를 통해 성공적인 메시지를 작성하는 방법을 소개할 것이다. 만약 이 책에서 일부분만 선택적으로 읽어서 실제 글쓰기에 활용하겠다면, 제2장을 추천한다. 당신이 쓰고자 하는 글이 어떤 종류든지 간에, 그 글을 통해 무슨 말을 할지 결정하는 데 필요한 기반을 다지는 데 도움이 될 것이다. 제2장에서 소개하는 내용은 비주얼 또는 음성이 주가 되는 커뮤니케이션에 적용될 수 있다.

원하는 것을 '어떻게' 말할지 구상하는 것도 성공적인 글쓰기를 위해 필수적인 준비 작업 중 하나다. 제3, 4 그리고 5장에서는 전문가들이 자신들이 쓴 글의 문제점을 찾아 최소한의 노력으로 고칠 때 사용하는 테크닉을 살펴볼 것이다. 지극히 상식적인 테크닉이다.

자신이 쓴 글을 빨리 업그레이드하고 싶다면, '큰 소리로 말하기 진단법'을 사용해라. 말 그대로 당신이 쓴 글을 소리 내서 읽는 것이다. 직접 쓴 글을 소리 내어 읽으면, 말의 앞뒤가 맞지 않는다는 느낌을 받거나 메시지를 더 잘 전달할 표현이 금방 떠오를 수 있다. 억지로 문장을 노래 부르듯이 읊조리다 보면, 문장의 구조가 어색하다거나 불필요한 단어가 들어갔다거나 지나치게 문장이 길다는 느낌이 들지도 모른다. 구두점을 잘못 찍어서 문장이 반복적으로 읽히거나 불필요한 쉼표가 있다고 느낄 수도 있다. 이 모든 문제점은 쉽게 고칠 수 있는 것들이다. 일단 이런 방식으로 글의 문제점을 파악하면, 당신의 글에 있는 더 많은 문제점들을 쉽게 고칠 수 있다. 많은 전문 작가들도 이런 방식으로 자신의 글을 고친다. 이 방식은 비즈니스 글쓰기에도 아주 효과적이다. 이 방식으로 글을 고치면, 글이 일상 속 대화처럼 읽힐 것이다.

제3장부터 제5장까지는 당신이 쓴 글을 검토하고 향상시키는 데 실제로 효과가 있는 전략들을 살펴볼 것이다. 사용하기 쉬운 마이크로소프트 워드의 가독성 지수 (Readability Index)처럼 컴퓨터 프로그램도 이런 전략에 포함된다. 마이크로소프트 워드의 가독성 지수는 글을 분명하게 쓰는 데 도움이 된다.

당신의 글쓰기 실력이 어느 정도인지는 모르겠다. 하지만 장담컨대 당신의 글쓰기 실력이 아무리 좋아도 개선할 여지는 분명히 있다. 대부분의 저널리스트, 기업 홍보 담당자, 블로거 그리고 PR 전문가들은 더 좋은 글을 쓰기 위해 보다 효과적인 글쓰기 방법을 찾는 데 집착한다. 그들은 보다 더 흥미롭고 설득력이 있으며 유익하고 매력

## 【 글을 더 잘 쓰는 방법을 배우는 이유 】

노력해서 좋은 글을 쓸 수 있다면(수백 명의 성인을 대상으로 수업을 한 경험이 있는 필자는 노력하면 누구나 좋은 글을 쓸 수 있다는 것을 알고 있다) 왜 자신이 여전히 흡족할 정도의 좋은 글을 쓰지 못하는지 궁금할 것이다. 이미 우리는 학교에서 글쓰기를 배웠는데도 말이다.

그런데 실제로 학교에서 글쓰기를 제대로 배운 사람은 거의 없다. 정말 운이 좋아서 다소 특이한 선생님을 만나지 않는 이상, 작문수업 시간에 실용적인 글쓰기를 배운 사람은 거의 없다. 비즈니스 세계와 달리, 교육 시스템은 무언가를 해치우는 것보다 그 무언가에 대해서 고민하고 생각하는 데 초점을 맞춘다. 학교에서 글쓰기는 대체로 배운 것을 이해했는지 보여주거나 지식을 쌓기 위해 쓰인다. 예부터 학계는 이해하기 어려운 말들로 가득한 난해하고 복잡한 글을 높이 평가해왔다. 이런 분위기가 변하고 있지만 그 변화의 속도는 더디다.

반면에 비즈니스 글쓰기는 예외 없이 목표가 있고 실행을 염두에 둔다. 그리고 그 목표가 무엇이든지 간에, 이해하기 쉽고 직접적이며, 구체적이고 간단한 글로써 달성하고자 한다. 비즈니스 세계에서 당신이 쓰는 글은 상대방의 관심을 사로잡고 설득력이 있으며 일상 대화처럼 쉽게 읽혀야 한다.

19세기에 유행하던 문체를 흉내 내서 쓴 업무용 글은 이해하기 어렵다. 그리고 알맹이가 없고 식상한 표현으로 가득한 21세기 블로그 포스트는 당신의 독자를 지루하게 만들 뿐이다. 이런 글을 읽기를 원하는 사람은 아무도 없다. 하지만 아이러니하게도 우리는 이렇게 쓰인 글에 둘러싸여 있다(왜 그런지 나도 잘 모르겠다). 그렇기 때문에 글을 잘 쓰는 방법을 배우면 경쟁에서 우위를 점하게 되고 경쟁자들보다 돋보일 수 있을 것이다.

적인 글을 쓰기를 원한다.

영리법인, 비영리기구 또는 정부기관 등 어떤 조직에 몸담고 있는 사람들은 글을 더 잘 쓰면 즉시 보상을 받는다. 글을 더 잘 쓰게 되면, 이메일과 편지로 자신이 원하는 것을 더 자주 얻어낼 수 있다. 사람들은 당신의 제안서를 보다 진지하게 검토하고 보고서를 더 높이 평가할 것이다. 또한 글을 더 잘 쓰면, 당신은 보다 권위적이고 신뢰할 수 있으며 유능한 사람으로 인식될 것이다. 사람들은 왠지 모르게 당신을 더 존경하게 될 것이다. 그리고 당신은 스스로의 목표에 더 빨리 다가가게 된다.

글쓰기 실력을 향상시키면 장기적으로 자신에게 이득이 될 인간관계를 맺기가 쉬워진다. 동료와의 관계가 나빠서 일하는 데 방해가 된다면, 제2장에서 소개되는 체계적인 사고방식이 그 나쁜 관계를 좋은 관계로 탈바꿈하는 데 도움이 될 것이다.

# '목표 + 청중' 전략을 활용하자

주변에는 수많은 커뮤니케이션 수단들이 존재한다. 그래서 우리는 각 수단에 맞게 글을 쓸 때마다 부담감을 느끼거나, 새롭거나 익숙하지 않은 커뮤니케이션 수단을 의도적으로 피했는지도 모른다. 당신의 기운을 북돋아줄 이야기를 하나 하겠다. 밑져야 본전이니, 한번 시도해보길 바란다. 현재 존재하거나 앞으로 나올 모든 커뮤니케이션 수단을 효과적으로 활용하는 전략은 모두 동일하다. 간략하고 효과적인 이메일을 구상하는 것은 제안서, 블로그 포스트, 프레젠테이션 또는 이력서를 구상하는 것과 아주 유사하다. 현재 써야 하는 글이 아무리 어렵게 느껴지더라도, '목표 + 청중 = 콘텐츠'라는 구조를 기억한다면 절대 실패하지 않을 것이다.

그래서 이 책은 이메일처럼 '짧은' 메시지를 제일 먼저 다룬다. 이메일용 '목표 + 청중 = 콘텐츠' 구조가 몸에 완전히 익으면 보고서와 같은 보다 형식적인 비즈니스 문서를 처리하고 온라인에서 사람들로부터 인정받아 존재감을 얻기 위한 온라인용 글쓰기와 대면 커뮤니케이션의 전략을 마련할 준비가 된다.

## 성공으로 이어지는 이메일, 서신 그리고 비즈니스 문서를 작성하자

대부분의 직장인들은 업무를 진행할 때 대체로 이메일로 커뮤니케이션을 한다. 이메일은 직장에서 하루 중 가장 많이 사용되는 커뮤니케이션 수단이다. 그래서 글쓰기 실력을 향상시키고자 하는 사람들은 자연스럽게 이메일 작성 연습부터 시작한다. 설령 이메일을 자주 사용하지 않더라도, 이메일은 글쓰기 연습을 하기에 좋은 대상이다. 그러니 이메일의 간단한 구조를 대부분의 글쓰기 작업에 적용할 수 있다는 점을 염두에 두고 다양한 이메일을 읽어보도록 해라.

이메일의 중요성이나 영향력을 절대 과소평가하지 마라! 업무용 이메일을 주고받으면서 직장 내 평판과 이미지를 서서히 구축하게 된다. 다른 사람들이 자신을 어떻게 생각했으면 좋은지를 우리는 결정할 수 있다. 자신감 있는 사람으로 여겨지고 싶은가? 창의적이거나 독창적인 사람으로 평가받고 싶나? 책임감 있거나 한결같은 사람이란 말을 듣고 싶나? '아이디어 뱅크'나 '문제해결사'이고 싶은가? 리스트를 죽 만들어 다른 사람들이 봐줬으면 하는 모습을 생각하면서 글을 써라!

이메일 수신자를 이해하는 것은 이메일을 작성하는 데 대단한 도움이 된다. 이메일을 읽는 사람을 분석하면 기회를 얻고 싶은 것인지, 누군가를 회의에 초청하는 것인지 아니면 무언가에 대해서 홍보하려는 것인지 등 이 이메일로 얻고자 하는 것이 무엇인지 알 수 있다. 그리고 이메일의 수신자를 깊이 알면 상대방의 대답을 예측하고 거절을 당했을 때 대응방안을 마련할 수도 있다.

목표와 청중을 함께 고려하여 메시지에 담아야 할 콘텐츠를 정하는 것은 다양한 비즈니스 문서에도 똑같이 효과가 있다(제7장에서 이 내용에 대해 다룰 것이다). 이메일을 쓸 때 사용하는 이렇게 간단한 전략이 제안서, 보고서, 요약보고서처럼 성패를 좌우하는 분량이 긴 비즈니스 문서를 작성하는 기초가 된다는 사실에 놀랄지도 모르겠다. 이 전략은 효과적인 마케팅 메시지를 만들고 보도자료를 작성하는 데도 도움이 된다.

## 발표 시나리오를 작성하자

온라인 보고회 개최자로 자기소개를 위해 20초의 엘리베이터 스피치를 작성하기에 가장 좋은 방법은 '구상 → 작성 → 리허설 → 실전'이다. 제8장에서 프레젠테이션의 전략 짜기, 시나리오 작성하기 그리고 준비하기 등의 방법에 대해서 살펴보겠다. 토킹 포인트를 사용하는 법을 배워라. 대부분의 정치인과 CEO에게 토킹 포인트는 수많은 대중 앞에서 효과적으로 말하고 예상치 못한 문제나 상황이 발생했을 때 그 자리에서 대응하는 데 필수적인 것이다. 토킹 포인트는 우리가 프레젠테이션을 준비하고 수행할 때 자신감을 가지는 데도 아주 효과적이다.

사람들 앞에서 말할 목적으로 글 쓸 때도 이메일, 편지와 기타 비즈니스용 문서를 작성할 때 사용하는 '목표 + 청중 = 콘텐츠' 구조가 똑같이 적용된다. 그러나 커뮤니케이션 수단의 특성상, 스피치 자료를 작성할 때는 문서보다 더 치밀하게 이 구조를 활용해야 한다. 자연스럽게 이야기하는 것처럼 간결하고 일상적인 단어들이 중심이 되는 간단하고 분명한 언어를 사용해야 한다. 오히려 긴 문장을 쓰는 것보다 간단하게 문장을 구성하는 데 더 많은 생각과 고민이 필요하다.

이 프로세스는 기본적으로 비디오를 찍거나 영상을 기반으로 소셜미디어를 만들 때 필요한 글을 쓰는 데도 적용된다. 대부분의 경우, 아이디어는 제일 먼저 수많은 단어들로 표현된다. 핵심 아이디어가 단 한 문장으로 표현되고 심지어 화면에서 단어가 차지하는 비중이 아주 작다고 할지라도 말이다.

비즈니스를 목적으로 글을 쓸 때, 글의 의미를 사람들의 상상에 맡겨서는 안 된다. 글이 모호하면, 그 글을 읽는 사람은 화자가 무슨 말을 하려고 하는지 이해하지 못한다. 보다 전통적인 스크립트 작성 방법과 함께 제8장에서 다루는 것처럼 언어를 이용해서 콘텐츠를 준비하고 각각의 이미지를 유기적으로 연결해라.

## 웹사이트, 블로그, 트위터 등 온라인 미디어에 글을 올리자

사람들은 종종 온라인 콘텐츠를 작성할 때 오프라인에서 사용되는 통상적인 글쓰기 규칙을 완전히 무시한다. 이건 아주 큰 실수다! 빛의 속도로 메시지를 전달하고 무한한 파급력을 지닌 디지털 미디어는 커뮤니케이션에 대한 관점을 뒤집어놨다. 가장 대표적인 것이 권위 있는 사람들이 '글'을 써서 교훈을 준다는 상위하달식 커뮤니케이션이다. 이제는 누구나 글을 써서 비즈니스를 홍보하고, 세상을 즐겁게 하고, 저널리스트나 작가가 될 수 있다. 그러나 이렇게 누구나 자유롭게 글을 써서 타인에 영향력을 행사할 수 있게 되면서 그 어느 때보다 더 위엄 있고 효과적으로 글을 써야만 하는 필요가 생겼다.

웹사이트, 블로그, 트위터 등 디지털 커뮤니케이션 도구가 너무나 많고 이들은 서로 사람들의 관심을 얻기 위해 치열하게 경쟁한다. 사람들이 읽고 싶어 하는 최고 수준의 콘텐츠를 제공하지 못하면 도태된다. 새로운 플랫폼이 계속 등장하고 있다. 이제 선봉에서 온·오프라인 세상을 개척해나가던 소셜미디어의 시대는 어떤 면에서 이미 끝났다. 디지털 전문가는 최고의 콘텐츠만이 대중의 관심을 받을 수 있다고 말한다. 구체적으로 설명하면, 철저히 계획하고 정성 들여 선택한 단어를 사용하고 잘 편집된 콘텐츠만이 이 무한경쟁 시대에 살아남을 수 있다. 진지하게 고민도 안 하고 문법이나 맞춤법을 마구 틀리면서 블로그와 포스트를 작성하면, 신뢰성을 잃게 될 것이다. 방문자의 관점에서 웹사이트를 구상하지 않으면, 그 웹사이트는 목표 달성에 하등의 도움이 안 된다. 구체적인 비즈니스 전략 없이 사용하는 트위터, 링크드인, 핀터레스트 또는 인스타그램은 개인적인 대의명분과 평판을 깎아내릴 뿐이다. 제11장과 12장에서 오늘날의 디지털 세상에서 커뮤니케이션할 때 필요한 글쓰기 노하우를 소개하겠다. 그리고 다양한 디지털 미디어를 하나의 목표를 위해 통합적으로 사용하는 방법과 전략에 대해서도 살펴보겠다.

온라인 세상에서는 모두가 평등하다. 이전에는 개인이나 작은 기업에게는 세상을 바꿀 수 있는 기회가 거의 주어지지 않았다. 디지털 미디어를 효과적으로 사용할 수 있다면 눈앞에 무한한 기회와 가능성이 펼쳐질 것이다. 아이디어와 정보를 간결하고 흥미를 끌 수 있는 것으로 만드는 연습을 해라. 디지털 미디어는 상호교류의 수요를 만들어낸다. 우리는 다른 사람들이 내가 올린 글이나 정보에 반응하고 서로 공유하기를 바란다. 이것은 독창적인 사고가 요구된다.

이 책을 읽는 동안에도 우리의 눈을 멀게 하고 유혹하는 새로운 디지털 미디어가 등장하고 있다. 그러나 새로운 디지털 미디어는 기본적으로 메시지를 전달하는 또 하나의 수단일 뿐이다. 과잉 커뮤니케이션 세상에서 살아남아 성공하려면 분명히 생각하고 좋은 글을 쓸 수 있어야 한다. 이 책에서 소개하는 글쓰기 방법들은 절대 쓸모없는 것이 되지 않을 것이다. 이 글쓰기 방법들에 상상력을 발휘해서 새로운 디지털 미디어에 알맞게 바꿔 적용해봐라!

## 특별한 목적을 지닌 글을 쓰자

평생직장이란 개념이 지배하던 시대가 있었다. 나이에 따라서 이 시대를 기억하는 사람도 있고 그렇지 않은 사람도 있을 것이다. 이제 평생직장이란 없다. 실제로 미국 정부에서 내놓은 추정치에 따르면 한 사람이 40세가 될 때까지 거의 열 개의 다른 직업을 경험한다고 한다. 일반적으로 사람들이 평균 4.4년 동안 한 직장에 머무른다. 그래서 대부분의 사람들에게 구직활동은 평생 하는 일이 되었다. 이것은 35세 미만의 밀레니얼세대에 특히 적용되는 사실이다. 그들은 직장이 만족스럽지 못하면 바로 관두고 새로운 일을 찾아 떠나는 성향을 가지고 있다.

그러므로 성공적으로 이직하려면 수많은 구직자 중에서 단연 돋보이는 사람이 되어야 한다. 이런 이유로 제10장에서는 오직 이력서와 자기소개서를 작성하는 방법뿐만 아니라 성공적인 네트워킹 메시지를 쓰는 방법에 대해서 살펴볼 것이다. 어느 부분에서는 자신의 가치를 정의하고 설명하는 방법과 인터뷰를 준비하는 방법에 대해서도 소개하겠다.

관리직을 목표로 하고 있다면, 제14장을 읽어라. 신뢰를 쌓고 직원들과 소통하고 비전을 공유하고 직원들의 기운을 북돋우고 영감을 주는 메시지를 작성하는 방법을 배우게 될 것이다. 위대한 지도자들은 보통 스토리텔링이라는 특별한 재주를 가지고 있다. 스토리뿐만 아니라 일화, 사례 그리고 증언들을 사용해라. 제9장에서는 자신만의 스토리를 찾고 이를 비즈니스 필요에 맞게 각색하는 방법을 살펴볼 것이다.

## 세계적인 관점을 받아들이자

이 책은 미국식 비즈니스 글쓰기 스타일과 연습방식에 기초한다. 북미 사람들은 지난 수세기 동안 미국의 경제력이 세계를 장악한 덕분에 자신들이 사용하는 언어인 영어가 전 세계 비즈니스 언어가 된 점을 감사하게 생각해야 한다. 지구 반대편의 사람들과 비즈니스를 하는 경우, 다른 문화권에 속한 그들이 당신이 쓴 글을 당신이 원하는 방식대로 이해할 거라고 가정하는 것은 잘못된 생각이다.

제2, 3 또는 4의 언어로 영어를 배운 사람들에게 당신이 쓴 이메일, 편지 그리고 웹사이트는 이해하기 어려운 것일 수 있다. 말하기 위한 언어가 글을 쓰기 위한 언어보다 배우기가 훨씬 더 쉽다. 게다가 문화의 차이는 비즈니스 세계에서 우리가 생각했던 것보다 더 큰 영향력을 행사한다.

모든 사람들의 의견이 일치하지 않는다는 사실을 이해하는 것은 매우 어렵다. 모든 국가와 문화는 그들만의 독특한 가치관과 관점이 있다. 그러므로 비즈니스 관계에서 선호되는 격식과 태도, 가치의 우선순위, 대화를 시작하는 특정한 방식 등 다양한 요소에 대해서 고민하면서 비즈니스 글을 써야 하는 것이다. 예를 들어 효율성과 예의 중 더 중요하게 생각하는 가치가 다를 수 있고 직설화법과 간접화법 중 더 선호하는 것이 다를 수 있다. 심지어 어떤 국가에서는 '예'가 '아니오'를 의미하기도 한다!

하는 일이 글로벌 비즈니스와 관련이 없다고 할지라도 외국 사람들과 한 직장에서 근무하는 경우가 많아지고 있다. 사람들은 자신이 뿌리를 둔 문화적 관점을 집에 두고 출근하지 않는다. 어떤 문화권과 나라에서 태어나고 성장한 사람이 당신의 동료, 파트너 그리고 고객이 될지 알 수 없다.

모든 글쓰기와 마찬가지로, 문제는 글쓰기 방법이다. 영어를 유창하게 사용하지 못하는 사람을 대상으로 어떻게 글을 써야 효과적으로 메시지를 전달할 수 있을까? 다음 문제는 심리적인 것이다. 눈에는 보이지 않지만 나와는 다른 목표, 가치, 성장 배경과 경험을 가지고 있는 사람들과 어떻게 해야 커뮤니케이션을 잘할 수 있을까?

이 질문은 이 책의 기본 전제와 관련 있다. 사람들이 저마다 남다른 특성과 가치관 등을 지니고 있다는 사실은 너무 자주 간과된다. 우리는 스스로를 특별하고 독특한 존재라고 느낀다. 이것은 사실이다. 우리는 각자 자신만의 필터로 세상을 바라본다. 문제는 이 필터가 내재된 특성, 문화적 가치 그리고 자라면서 경험한 모든 일들로 만들어졌다는 사실이다.

다른 사람의 필터를 통해 세상을 이해하려고 노력하면 상대방과 소통할 수 있는 강력한 힘이 생기고 동시에 자기 자신을 더 잘 이해할 수 있다. 우리는 문화적이든, 개인적이든 또는 상황적이든 자신의 의견과 대조적이고 비교할 만한 무언가를 알아차리기 전까지 자신의 관점을 당연한 것으로 받아들인다. 예를 들어, 직장상사는 당신과는 다른 목표와 우선순위를 가지고 있고 중요하게 생각하는 가치와 문제도 다르다. 이 점을 고려해서 메시지를 작성하면, 상사와 진실하고 생산적으로 소통할 수 있다.

정해진 공식에 따라 상대방의 메시지에 노련하게 답하고 상대방을 설득해 원하는 것을 얻어내는 것이 훌륭한 비즈니스 글쓰기의 전부는 아니다. 비즈니스 글쓰기는 상대를 이해하고 상대의 입장에서 세상을 바라보는 것에 기초를 두어야 한다. 상대방은 무엇을 중요하게 생각하는가? 그들은 무엇을 바라고 걱정하는가? 한 번도 만난 적이 없는 사람들과 웹사이트나 블로그처럼 디지털 미디어를 통해 소통할 때, 이런 방식의 글쓰기는 특히나 어렵다.

단어, 구절과 문장을 배열하는 글쓰기의 구문론은 메시지를 전달하는 도구다. 다른 도구들과 마찬가지로, 구문론은 잘 사용되어야만 한다. 그러나 중요한 것은 메시지다. 자신의 목표를 이해하고 감정이입을 연습하면 진정한 커뮤니케이션과 인간관계의 연결점을 만들어낼 수 있다.

글쓰기 실력을 향상시키면 세상을 보는 관점이 열리고 사고력도 날카로워진다. 옛말에 '글로 쓰지 않고 내가 무슨 생각을 하는지 어떻게 알겠는가?'라는 것이 있다. 필자는 글쓰기가 다른 사람들에 대한 이해력을 키우고 비즈니스를 성장시키는 가장 좋은 방법이라고 생각한다. 이보다 더 보람되거나 흥미로운 일이 무엇이 있겠는가?

이제 왜 글쓰기 실력을 향상시키는 것이 자신에게 득이 되는지 그리고 이미 글쓰기의 기초를 쌓기 시작했음을 알았을 것이다. 다음 장에서는 목표를 달성하기 위해서 전략적으로 메시지를 구상하는 방법에 대하여 살펴보겠다.

# 글 쓸 준비하기

**제2장 미리보기**

- 글 쓰기 전에 필요한 성공적인 전략 짜기가 무엇인지 살펴본다.
- 메시지의 목표를 설정하고, 청중을 이해하는 법을 확인한다.
- 어떻게 하면 자신의 메시지에 사람들이 관심을 갖도록 할 수 있는지 알아본다.
- 올바른 톤 사용법을 살펴본다.
- 인간관계를 맺을 기회를 어떻게 찾는지 그 방법을 알아본다.

글을 어떻게 쓰고 있나? 최근에 이메일을 보낸 적이 있는가? 그렇다면 그 이메일을 쓰기 전에 몇 분, 아니 몇 초 동안이라도 무슨 내용을 쓸지 고민했었나? 아니면 바로 이메일을 쓰기 시작했나?

중요한 비즈니스 파트너에게 보내는 글을 쓸 때는 자신이 어떻게 행동했는지 한 번 생각해보자. 서신, 제안서, 보고서, 마케팅 자료, 블로그 포스트 등 이메일보다 좀 더 복잡한 글을 쓸 때, 어떤 내용을 쓸지 잠깐이라도 고민은 했는지? 아니면 그냥 막 써내려갔나?

글을 쓰기 전에 누구에게 쓸지, 글을 쓰는 목적이 무엇인지, 그리고 글로 핵심 메시지를 효과적으로 전달하는 방법이 무엇인지 고민해야 한다. 이번 장에서는 이것이 비즈니스 글쓰기의 핵심 전략임을 증명할 것이다.

## 계획하고 초안을 작성하고 편집하자

지금부터 이 책에서 절대 놓쳐서는 안 되는 글쓰기 요령을 소개하겠다. 메시지를 계획(또는 구상)하는 데 시간을 투자해라. 이 팁은 모든 종류의 글에 해당된다. 이메일처럼 매일 하는 커뮤니케이션은 개인의 성공에 깊은 영향을 미칠 수 있다. 우리가 매일 쓰는 수많은 글은 다른 사람들에게 자신이 어떤 사람인지를 보여준다.

필자는 추천이나 인터뷰를 요청하는 이메일을 수도 없이 받는다. 문제는 대부분의 이메일이 아무렇게나 쓰였다는 것이다. 이런 이메일을 받으면 필자는 회신하지 않는다. 당신은 어떤가? 어떤 사람들은 퉁명스럽고 엉성한 어투로 쓰인 이메일에 많은 시간과 돈을 들여서 작성한 문서를 첨부해서 보낸다. 이런 경우 대부분의 사람들은 첨부 문서를 열어보지 않는다. 아무리 달성하고자 하는 목표가 좋고 훌륭하다 할지라도, 아무렇게나 쓰인 이메일은 목표 달성에 아무런 도움이 되지 않는다.

그렇다고 이메일을 쓸 때마다 의자에 등을 기대고 편안히 앉아서 좋은 메시지가 떠오를 때까지 천장만 바라보고 있으라는 것은 아니다. 이메일을 쓰기 전에 계획을 세우는 것은 단계적으로 밟아나가는 프로세스다. 이 단계를 차근차근 밟으면, 무엇에 대해서 어떻게 말할지에 대하여 결정할 수 있다. 지금 써야 하는 글이 중요하든 중요하지 않든, 이 프로세스는 절대 실패하지 않을 것이다. 그리고 이 프로세스는 활용하기 쉽고 간단하다. 실제로 이 프로세스로 글을 쓰면 놀라울 정도로 빨리 결과를 얻어낼 수 있다. 심지어 이 프로세스에 따라 글을 쓰다 보면 글을 쓰는 자체가 즐거워질 것이다.

결과를 얻기 위한 글을 쓰는 데 익숙한 선생님에게서 배우지 않았다면, 이 전략적인 접근법이 생소할 것이다. 이것은 우리가 학교에서 배우는 글쓰기와는 완전히 다르다. 먼저 '나는 글 솜씨가 없어'라는 생각부터 버려라. 필자의 경험상, 누구나 글을 잘 쓰는 법을 배울 수 있다. 메시지를 쓰거나 문서를 작성해야 한다면, 다음의 작업에 공평하게 시간을 배분해라.

> » 계획하기
> » 초안 작성하기
> » 편집하기

무엇을 말할지 결정하는 데 시간의 3분의 1을 쓰고(계획하기), 초안을 작성하는 데 3분의 1을 쓰고(초안 작성하기), 글을 완성한 다음에 쓴 글을 다듬는 데 3분의 1을 써라(편집하기).

과연 이 방법이 글을 빨리 쓰거나 천천히 쓰는 데 도움이 될까? 일단 쓰고 보자는 식으로 글을 쓰기 시작하면, 글을 쓰는 도중에 무엇을 쓰려고 했는지 잊어버리게 된다. '더 잘 읽히게 쓸 수는 없을까?' 또는 '더 설득력 있게 글을 쓰는 방법은 없을까?' 등 모호한 의구심을 품은 채 한참을 멍하니 화면만 뚫어져라 쳐다보게 된다. 반면에, 계획된 메시지는 구조를 잡기 쉽다. 이미 목표와 독자에 맞게 콘텐츠를 결정하고 정리했기 때문에, 글에 자연스럽게 설득력이 생기고 중요한 메시지를 효과적으로 전달할 수 있는 힘이 생긴다.

마지막으로 편집 작업에 대해서 생각해보자. 수십 년 동안 글을 쓴 경험이 있는 전문 작가는 검토와 수정 과정 없이 자신이 쓴 글을 절대 상대방에게 보내지 않는다. 설령 그 글이 간단한 이메일이라 할지라도 말이다. 우리도 마찬가지다. 검토와 수정 없이 글을 세상 밖으로 내보내는 것은 위험부담이 큰 행동이다. 그래서 글을 쓸 때마다 항상 최선을 다해야 한다.

진짜 문제는 시간보다는 결과다. 미리 어떤 내용을 쓸지 계획하고 이메일을 쓰면, 원하는 결과를 얻어내는 횟수가 더 많아질 것이다. 이 책에서 소개하는 전략을 시도해보고 결과가 어떤지 지켜봐라. 장담컨대 성공하는 경우가 더 많을 것이다. 그리고 미리 내용을 구상하고 글을 쓰는 것이 몸에 익으면 습관이 되고 글을 쓸 때 경험하는 문제들을 해결하는 데 큰 도움이 될 것이다. 이메일처럼 매일 쓰는 글을 가지고 이 방식을 연습해라. 그러면 더 중요하고 분량이 많은 글을 쓰게 되더라도 자신감 있게 글쓰기에 도전할 수 있을 것이다.

## 목표와 청중에 맞추어 글쓰기 계획을 수립하자

짜임새 있게 쓰인 메시지에는 두 개의 중요한 요소가 있다. 바로 메시지의 목표와 청중이다. 지금부터 메시지의 목표와 청중을 파악하는 방법에 대해서 알아보자.

### 목표를 정의하자

글을 쓸 때, 이 글을 상대방이 읽었을 때 무슨 일이 일어날지를 정확하게 예측해야 한다. 말이 쉽지, 실제로 해보면 아주 어려운 일이다.

이력서의 커버레터를 생각해보자. 많은 사람들이 취직이라는 궁극적인 목표를 달성하는 데 커버레터는 형식적일뿐 별로 중요하지 않다고 생각한다. 그래서 다음처럼 간단하게 커버레터를 작성하는 경우가 많다.

친애하는 ○○○ 씨, 제 이력서를 한 번 봐주시기 바랍니다.   - 제이크 슬레이드

직관적으로 이런 식으로 커버레터를 쓰면 안 된다는 느낌이 든다. 뭔가 부족하다. 무엇을 얻고자 하는지 분석하면 이 커버레터가 왜 부족한지 분명히 알 수 있다. 커버레터는 다음의 역할을 할 수 있어야 한다.

» 커버레터는 당신과 채용담당자를 연결해서 채용담당자가 당신을 이력서가 아닌 사람으로 느끼도록 해야 한다.
» 커버레터는 긍정적인 방식으로 당신을 경쟁자들로부터 돋보이도록 만들어야 한다.
» 커버레터는 채용담당자가 당신의 이력서가 읽을 가치가 있는 것이라고 생각하도록 설득할 수 있어야 한다.
» 커버레터는 채용담당자가 호의적으로 당신의 자질과 경력을 검토할 마음의 준비를 하도록 만들 수 있어야 한다.

그리고 개인적인 자질을 보여주기 위해서라도, 채용담당자에게 이력서를 보낼 때 커버레터를 정성 들여서 써야 한다. 커버레터로 자신의 커뮤니케이션 능력을 채용담당자에게 보여줄 수 있다. 취직이라는 중요한 목표를 달성하는 것이 앞에서 언급한 일련의 구체적인 목표에 달렸다면, 왜 대충 쓴 한 줄짜리 커버레터가 경쟁에서 불리하게 작용하는지는 분명하다.

공식적인 사업제안서를 첨부하여 보내는 이메일은 나름의 중요한 목표를 지닌다. 예를 들어, 당신이 사업제안서를 보내는 이유가 개인 또는 기관을 설득해서 당신의 프로젝트에 투자하도록 만들기 위함이라 가정하자. 이런 경우, 커버레터는 당신과 바이어를 연결해주고, 바이어를 '유혹해서' 적어도 잠깐이라도 사업제안서를 읽게 만들고, 사업제안서를 읽기 전부터 호감을 갖도록 만들고, 다른 경쟁자들보다 당신이 제안한 사업이 더 돋보이게 하고, 당신이 커뮤니케이션에 능하다는 점을 미리 보여주는 역할을 한다.

사업제안서에서 대해서도 생각해보자. 사업제안서를 작성하는 목표를 보다 구체적인 하위 목표로 나눈다면, 사업제안서는 다음의 내용을 이상적이고 분명하게 보여줘야 한다.

> » 당신이 생산할 상품이나 서비스의 경제성
> » 최소한의 투자 리스크와 최고의 수익성
> » 당신의 자질과 경력
> » 노련한 팀의 탁월한 지원
> » 해당 분야에 대한 전문성
> » 목표 시장, 경쟁사, 사업 환경 등에 대한 깊은 지식

사업제안서를 작성할 때 목표를 구체적으로 명시해야 한다. 왜냐하면 달성하고자 하는 목표가 무엇인지 구체적으로 하나씩 정리하다 보면, 자신이 궁극적으로 이루고 싶은 것이 무엇인지를 정확히 파악할 수 있고, 동시에 어떤 내용을 사업제안서에 담는 것이 효과적인지를 알 수 있다. 사업제안서를 쓰기에 앞서 치밀하게 계획하면, 궁극적인 목표를 달성할 준비를 차근차근 해나갈 수 있다.

어떤 종류의 글이든지, 글을 쓰기에 앞서 목표를 명확하게 정의해야 한다. 그래서 충

분한 시간을 들여서, 글을 쓰는 이유를 아주 진지하게 고민해봐야 한다. 분명한 목표를 가지고 글을 써라. 글을 쓰는 목표가 분명해지기 전까지는 절대 글을 쓸 생각을 하지 마라.

글을 쓰는 목적 중에는 글 속에 자신을 프로페셔널하고 유능하고 박학다식하고 창의적이고 이해심이 있는 등 개인적인 자질을 보여주는 것도 있다. 그러나 자신이 누구라든지 혹은 어떤 사람이 되고 싶다는 이야기는 절대 하지 마라! 다른 사람이 당신에게서 봤으면 하는 개인적인 자질과 직업적인 자질을 하나씩 적어서 리스트로 만들어라. 그리고 그런 자질을 지닌 사람이 되어라. 리스트에 적힌 자질들을 지니고 있는 사람은 어려운 일이 닥치면 어떻게 반응할지를 스스로 생각해봐라. 스스로 생각해낸 대답에 놀랄지도 모른다. 이 테크닉은 신비로운 것이 아니라 자신이 이미 알고 있는 지식과 직감을 끌어낼 것이다. 리스트에 적힌 이상적인 자질을 모두 갖춘 이 매력적인 페르소나를 현실의 나로 만들 수 있을지도 모른다.

## 청중을 정의하자

사람들은 저마다 다른 특징을 가지고 있다. 이는 의심할 여지가 없는 사실이다. 저마다 중요하게 여기는 가치가 다르고 동기부여를 받는 것도 다르다. 시간을 활용하는 방식도 다르며 일과 성공에 대한 태도도 다르다. 그리고 커뮤니케이션 방식과 의사결정 방식도 다르다. 이렇게 다르기 때문에, 사람들이 당신의 메시지를 읽고 보이는 반응도 다를 수밖에 없다. 그래서 예측하지 못한 반응이 나오기도 한다.

계획 단계에서 글의 콘텐츠와 스타일에 사람들이 어떻게 반응할지를 예측해볼 필요가 있다. 청중(혹은 독자)의 반응을 예측해내는 비결은 익명의 '누군가'에게 글을 쓰는 것이 아니라, 구체적으로 특정 대상에게 글을 쓴다고 상상하는 것이다.

누군가를 직접 만나서 무언가를 하도록 설득한 경험이 있을 것이다. 이때, 우리는 상대방의 반응을 봐가면서 이야기의 강약을 조절한다. 얼굴을 보면서 이야기를 하면, 상대방이 이 이야기에 대해서 어떤 생각을 하고 있는지 알려주는 단서가 많이 주어진다. 상대방은 말하는 중간에 끼어들기도 하고 코멘트를 달고 질문도 한다. 이뿐만 아니라 표정, 몸짓, 톤, 불안한 태도와 기타 수많은 단서가 생긴다.

분명히 글로 자신의 생각을 전달할 때는 직접 대화하면서 얻을 수 있는 이런 단서들이 주어지지 않는다. 메시지의 목표를 성공적으로 달성하려면 당신은 독자와 글쓴이의 역할을 동시에 수행해야 한다. 다행스럽게도 이것은 그렇게 어려운 일은 아니다.

정말 사소한 내용의 메시지를 적어서 보내는 것이 아니라면, 메시지를 읽게 될 사람의 프로필부터 먼저 작성해라. 상사처럼 자신에게 중요한 사람에게 메시지를 보내는 것이라면, 이 방법을 시도할 가치가 충분히 있다. 이렇게 하면 무엇을 어떻게 말할 것인가뿐만 아니라 상대방과의 상호작용을 개선하는 방법에 대하여 분명한 가이드라인을 얻을 수 있다. 이것은 직접 얼굴을 보며 하는 상호작용뿐만 아니라 글쓰기에도 도움이 된다.

만약 자주 만나지 않거나 단 한 번도 얼굴을 본 적이 없는 사람에게 메시지를 보내는 것이라면, 메시지의 결과가 당신에게 얼마나 중요하느냐가 상대방의 프로필을 얼마나 자세히 작성할 것인가를 결정한다. 고객 질의에 대한 답변을 쓰는 것이라면, 프로필을 자세히 작성할 필요가 없다. 부서장에게 무언가를 요청하기 위해서 글을 쓰는 것이라면, 부서장이 해당 요청과 관련하여 어느 정도의 정보를 제공받기를 원하는지, 부서장의 우선순위는 어떻게 되는지 등 부서장에 대해서 가능한 많은 정보를 수집하고 자세한 프로필을 작성해야 한다.

막상 프로필을 작성하려고 보니, 누군가의 특징을 묘사한다는 것이 너무나 벅차게 느껴진다. 눈에 보이지 않는 사람의 프로필을 만들어야 한다면 더더욱 힘들어진다. 장담컨대 당신은 자신이 생각하는 것보다 당신의 글을 읽게 될 사람에 대해서 더 많은 것을 알고 있다. 내 말을 한 번 믿어봐라. 이미 친숙한 사람에게 글을 쓰는 경우에는 당신이 보고 경험하고 직관적으로 느낀 것들이 많은 도움이 될 것이다. 이미 알고 있는 사실들, 특히 이전에 상호작용을 했을 때 그 사람이 어떻게 반응했는지에 대한 기억을 체계적으로 정리만 하면 된다.

프로필 작성에 도움이 될 시스템을 하나 소개하겠다. 당신이 알고 있는 사람에 대해서 프로필을 작성한다고 가정하자. 가장 기본적인 사항부터 시작하자. 바로 인구통계에 관한 것들이다. 그 사람에 대해서 이미 알고 있는 것은 적고 모르면 추측해봐라.

- » 나이
- » 성별
- » 직업
- » 결혼 유무
- » 인종
- » 종교
- » 학력
- » 사회 · 경제적 지위

인구통계학적 분석을 마무리했으면, 마케팅 전문가들이 많은 시간을 들여 조사하는 사이코그래픽스(Psychographics, 소비자들의 개인적 특성과 생활방식을 측정하는 분석 기법)를 고려할 차례다. 마케팅 전문가들은 소비자들의 소비 행태를 분석하고 효과적인 마케팅 전략을 수립하기 위해서 소비자의 프로필을 만드는 데 관심이 있다. 사이코그래픽스 분석에 사용되는 몇 가지 요소들이 비즈니스 글을 쓰는 데도 중요할 수 있다.

- » 생활방식
- » 가치관
- » 관점과 태도
- » 관심사
- » 여가생활과 봉사활동

그리고 성격, 인생사, 세계관 등을 보여주는 요소에 대해서도 생각해볼 필요가 있다. 일부는 그 사람이 당신의 메시지를 어떻게 받아들이느냐에 직접적인 영향력을 행사할 수도 있다. 어떤 것들이 있는지 살펴보자.

- » 경력과 경험
- » 조직 내 위치 : 직급은 무엇인가? 상승세인가 아니면 하락세인가? 회사에서 존경받는가? 얼마나 야망이 있는가? 현재 맡은 업무와 회사에 만족하는가?
- » 권한
- » 리더십 스타일 : 팀워크를 중요시하나? 독재자 스타일인가? 협업을 중요하게 생각하나? 이해할 수 없는 리더십인가?
- » 선호하는 커뮤니케이션 스타일 : 직접 얼굴을 보면서 소통하는 것을 선호

하나? 간략하거나 자세하게 적힌 메시지로 소통하는 것을 좋아하나? 전화, 문자, 파워포인트, 아니면 페이스북이나 여타 소셜미디어를 이용해 소통하기를 선호하나?

» 방식 : 의견을 수렴해서 의사결정을 내리나? 상의하달방식? 즉흥적으로 의사결정을 하나? 깊이 생각하고 고민한 뒤에 결정을 내리나? 리스트를 감수하는 사람인가? 안전을 추구하는 사람인가?

» 정보 선호도 : 포괄적인 정보를 선호하나, 깊이 있는 정보를 좋아하나? 통계적 수치와 숫자로 된 정보를 선호하나, 차트와 그래픽으로 정보를 전달하는 것을 좋아하나?

» 일의 우선순위와 압박감

» 예민한 부분 : 무엇이 그를 화나게 하는가? 무엇이 그를 행복하게 하는가?

» 상호작용 스타일 : 사람을 좋아하는가 아니면 숫자, 시스템 또는 기술을 좋아하는 사람인가? 좋은 팀원인가 아닌가?

» 사고 유형 : 논리적으로 사고하는가 아니면 직관적으로 사고하는가? 통계적 자료에 근거해서 사고하는가 아니면 아이디어를 기반으로 사고하는가? 큰 그림을 보는 사람인가 아니면 세세한 것에 신경 쓰는 사람인가? 장기적인 관점에서 사고하는 사람인가 아니면 당장의 결과를 중요하게 생각하는 사람인가?

» 약점(그 사람이 인지하고 있거나 인지하지 못하는 약점) : 기술을 잘 못 다루는가? 대인관계가 서투른가? 교육과 훈련이 부족한가? 경험이 전혀 없나?

» 그 사람을 좋아하고 함께 있으면 편안하게 느끼고 존경하는 사람들의 유형 : 누가 그를 좋아하고 그와 잘 지내나?

» 유머감각, 열정, 취미

당신의 메시지를 읽을 사람이 무엇을 걱정하는지 알고 있거나 알아차릴 수 있는가? 그 사람은 무엇 때문에 밤에 잠을 이루지 못하나? 그의 가장 큰 문제는 무엇인가? 상대방이 무엇을 걱정하고 있는지를 알면, 보다 설득력 있는 메시지를 작성할 수 있다. 상대방의 마음을 꿰뚫어보고 조정하라는 것이 아니다. 최선을 다해 상대방의 입장에서 생각하려고 노력하라는 의미다. 보통 결정을 내려야 할 일이 있을 때, 사람들은 자신들이 중요하다고 생각하는 방식으로 이야기를 풀어나가기 마련이다.

# 【 세대차이 : 세대 차이 이해하고 활용하기 】

여럿이 함께 일을 하는 거의 모든 직장에서 세대 차이는 큰 문제를 일으키기도 한다. 출생 시기를 기준으로 해당 시기에 태어난 사람들을 비슷한 부류라고 하는 것은 성급한 일반화일 수 있겠으나, 사람은 자신이 태어나고 성장한 시기와 문화의 영향을 받으며 성격을 형성해 나간다. 그래서 신념, 커뮤니케이션 및 의사결정 방식, 상호작용 패턴 그리고 서로에 대한 기대가 충돌해 갈등이 생길 수 있고 오해가 생기기 쉽다. 그래서 컨설턴트들은 세대별로 어떤 특성이 있는지 설명하고, 마케팅 전문가들은 상품이나 서비스를 광고하는 타깃 그룹인 젊은 세대를 이해하려 조사하고, 인사 전문가들은 세대 간 갈등을 해결해서 자신들의 회사가 잘 돌아갈 수 있도록 만들려고 노력한다.

당신이 어느 세대이든지 간에, 다른 세대의 입장에 대해 어느 정도 공감하면 이득을 얻게 될 것이다. 다음에 오는 각 세대 간 특성에 해당 세대를 지켜보며 체득한 사실을 보충하면, 당신은 자신의 가치를 훼손시키지 않고 부하직원과 상사와 좋은 관계를 유지할 수 있는 방법을 찾을 수 있을 것이다. 직장 동료와 호의적인 인간관계를 맺는 데 도움이 될 만한 팁도 함께 소개하겠다.

## 베이비부머(1946-1964년생)

베이비부머는 매우 경쟁적이고 개인적 성취로 스스로를 정의한다. 그래서 대다수의 베이비부머는 일중독자다. 베이비부머는 세상을 바꾸기 위해 변화를 위해 투쟁했지만(인권, 여성의 권리 등), 대체로 그들은 권위, 충성, 지위 그리고 사회적 신분 상승을 가져다주는 근면의 가치를 존중한다. 그들은 오늘날의 젊은이들도 자신들과 같은 길을 걷기를 바란다. 다시 말해 오랜 시간 노력을 통해 천천히 보상을 얻고 자신감을 키워나가는 것이다.

- 커뮤니케이션 스타일 : 대면 방식에 능하다. 미팅을 자주 연다. 전화와 이메일을 선호하고 자세한 정보를 원한다. 신문과 TV에서 정보를 얻는다. 다수가 페이스북, 링크드인과 트위터를 사용한다.

- 부정적으로 반응하는 것 : 윗세대에 대한 젊은이의 존경심 부족, 서툰 커뮤니케이션 스킬, 빨리 성공하고 싶어 하는 욕구, 멘토링에 대한 지속적인 수요, 새로운 기술에 대한 거부감, 부주의한 글쓰기 실력

- 긍정적으로 반응하는 것 : 할 수 있다는 정신, 열심히 일하고 역경을 극복할 준비가 된 태도, 윗세대의 성취와 지식에 대한 존경, 잘 계획되고 교정을 본 메시지

## X세대(1965-1980년생)

다른 세대에 비해 상대적으로 규모가 작고 말 그대로 중간에 끼인 세대다. 그들은 중간관리직으로서, 부하직원과 상사를 연결하는 다리가 되어야 한다. 그들은 열심히 일하고, 개인주의적이고, 변화를 만들어내려 최선을 다하고, 삶의 균형을 추구한다. 그리고 기술을 쌓을 수 있는 기회를 가치 있는 것으로 여긴다.

- 커뮤니케이션 스타일 : 짧고 효율적인 이메일을 선호한다. 미팅을 생략하기도 한다. 새로운 기술과 소셜미디어, 특히 페이스북에 대해 거부감이 덜하고 젊은 세대만큼 열정적이지는 않으나 다양하게 활용한다. TV에서 대부분의 정보를 얻고 신문을 보기도 한다.

- 부정적으로 반응하는 것 : 독재적이고 고마워할 줄 모르는 관리자, 특권의식, 격려와 감독이 필요하고 일을 더 하는 것을 싫어하며 직장의 니즈에 적응하려 들지 않는 부하직원, 참을성 부족, '거저 얻은' 자신감

- 긍정적으로 반응하는 것 : 재치 있고 독립적이고 책임감 있는 것, 세부 사항을 꼼꼼히 살피는 것, '흥미롭지 않은' 업무를 기꺼이 해내는 것, 좋은 커뮤니케이션 스킬

## 밀레니얼세대(일명 Y세대, 1981-1996년생)

밀레니얼세대는 거대한 집단이고 경쟁이 치열하나 기회가 부족한 시대를 산다. 사회성이 좋고 공동체 의식이 강하다. 팀으로 일하는 것을 선호하고 직장 안팎에서 모든 사람들과 가깝게 지내기를 원한다. 책임을 요하는 일을 원하고 동시에 집중 멘토링도 받기를 원한다. 여러 직업을 전전하고 돈을 벌 수 있는 다양한 일에 도전한다. 그들은 비물질주의자이고 이직할 곳이 정해지지 않더라도 몰입감이 떨어지면 미련 없이 직장을 그만둔다. 경험, 포용성과 관용에 높은 가치를 부여한다.

- 커뮤니케이션 스타일 : 디지털 지향형. 문자, 단문 메시지와 소셜미디어, 특히 페이스북으로 상호작용하는 것을 선호한다. 인터넷에서 뉴스를 보고 정보를 얻는다. 필요할 때만 이메일을 사용한다. 전화통화, 미팅 그리고 직접 만나는 것을 선호하지는 않는다.

- 부정적으로 반응하는 것 : 존경심 부족, 불충분한 격려·감사·소속감 그리고 보상, 이유 없이 주어지는 업무, 선호하는 라이프스타일에 대한 방해, 오래된 기술을 활용해 업무를 하는 것

- 긍정적으로 반응하는 것 : 코칭, 배우고 성장할 수 있는 기회, 목적의식, 가치 있게 여겨지는 것, 새로운 경험, 지속적인 커뮤니케이션, 팀워크, 큰 그림을 보는 통찰력

## Z세대(일명 홈랜드세대, 1997-2010년생)

비즈니스 세계에서는 미지의 세대다. 대공황과 대테러전쟁을 겪으면서 성장하고 있다. 부모의 보호를 받으며 자라는 이 세대는 더 보수적이고 두려움이 많고 실용적이고 사생활을 중요하게 생각한다. 그들은 진정한 디지털 세대로 정보, 엔터테인먼트 그리고 커뮤니케이션을 위해 스마트폰을 사용한다. 그러나 전화통화는 거의 하지 않는다. 빠르게 움직이는 스냅챗과 인스타그램을 선호한다.

그리고 상대방과의 정확한 관계뿐만 아니라 상대방과 마음이 맞는 요소들, 예를 들어 당신의 상대적인 위치, 서로에 대한 호감도와 신뢰도도 중요하다.

분명 이렇게 많은 요소들을 고려하면서 글을 쓸 수 있는 것인지 또는 이렇게까지 해서 글을 써야 하는 것인지 의문이 생길 것이다. 희소식이 있다. 메시지가 정말 간단하면 이렇게 자세히 독자의 프로필을 작성하지 않아도 된다. 더 기쁜 소식은 글을 쓰는 목표가 복잡하거나 중요한 때에도 오직 몇 가지 요소만 중요하게 고려하면 된다. 이렇게 긴 리스트를 소개한 까닭은 상황에 따라 고려해야 할 상대방의 특성이 다르기 때문이다. 당신이 글을 쓰는 구체적인 상황에서 상대방의 어떤 특징이 중요한지를 찾아내는 것은 중요하고 그렇게 어려운 일이 아니다.

예를 들어, 회사 행사에서 부서 업무를 설명하는 비디오를 선보이고자 하는데, 이 일에 누군가의 승인이 필요하다고 치자. 당신의 상사는 비디오 제작에 열렬한 관심이 있을 수 있다. 또는 인간관계를 중요하게 생각하고 긍정적인 업무 환경을 만들고 싶어 할 수 있다. 혁신적인 것과 최초가 되는 것을 좋아할 수도 있다. 비디오 제작 승인을 얻기 위해서 각 의사결정자의 특성에 맞게 메시지의 틀을 잡아야 한다. 그렇다고 메시지를 왜곡하거나 내용을 생략하라는 이야기는 아니다. 당신이 전달하는 메시지는 진실하고 공정해야 한다. 그러나 어떤 내용에 초점을 맞추고 강조를 할지는 그 메시지를 읽을 사람에 따라 달라질 수 있다.

자신의 관점으로만 세상을 보는 것보다 타인의 관점에서도 세상을 바라볼 때 효과적인 메시지를 작성할 수 있다. 이렇게 하는 것이 자신만의 원칙을 훼손시키지는 않는다. 이것은 당신이 합리적이고 사람들과 자신 사이의 차이점에 대해 세심한 사람임을 보여주고 인간관계에 도움이 된다. 그리고 상대방에게 요청할 때 어떤 식으로 표현할지를 알려준다.

## 최고의 콘텐츠를 찾기 위해 브레인스토밍을 하자

글을 쓰는 목적과 대상을 정확히 파악하면, 누군가에게 아이디어를 제안하거나 상품이나 서비스를 팔기 위한 글을 쓸 때 큰 도움이 된다.

부서에서 당신이 맡고 싶었던 대형 프로젝트가 시작된다고 가정하자. 당신은 왜 이 기회가 자신에게 중요한지, 예산을 얼마나 쓸 것인지 또는 이 프로젝트의 담당자로 선택된다면 얼마나 감사할지 등을 설명하는 이메일을 써서 상사에게 보내기로 했다. 그러나 상사인 마크가 야망이나 자신만의 우선순위가 없는 완전히 이타적인 사람이 아닌 이상, 당신이 보낸 이메일을 진지하게 읽지 않을 것이다.

그러므로 대형 프로젝트와 관련된 자신만의 기술과 업무 성과를 강조하는 편이 좋다. 대형 프로젝트를 놓고 경쟁하는 동료들이 당신과 비슷한 수준이거나 더 유능할 수 있으니, 최대한 스스로를 돋보일 수 있는 글을 작성해야 한다. 동시에 자신뿐만 아니라 마크에게 중요한 것이 무엇인지도 고민해봐야 한다.

마크의 프로필을 간단하게 작성해보면 메시지를 쓰는 데 유용한 특성들을 찾을 수 있다.

- » 팀워크를 중요하게 생각한다.
- » 보통 일에 과도하게 몰입하는 일중독자다.
- » 새로운 프로젝트를 시작하는 것을 좋아하지만 결과가 나올 때까지 프로젝트의 진행사항에 대해서는 큰 관심을 두지 않는다.
- » 야망이 있고 다음 행보를 생각해 일을 진행한다.

이런 사실을 고려하여, 다음의 콘텐츠를 중심으로 이메일을 작성하는 것이 좋다.

- » 훌륭한 팀플레이어이자 리더다.
- » 새로운 프로젝트에 최선을 다하고 프로젝트의 성공을 위해 초과 근무도 마다하지 않는다.
- » 독립적으로 일하고 최소의 감독을 받으며 옳은 판단을 내릴 수 있다.
- » 성공한다면 부서와 회사에서 높은 평가를 받게 될 이 특정 프로젝트에 대단한 열정이 있다.

다시 한 번 말하지만, 앞에서 한 주장은 모두 사실이어야 하고 사실임을 입증할 증거를 제시해야 한다. 예를 들어, 열정적이고 독립적으로 진행해 성공시켰던 프로젝트를 사례로 언급하는 것이다.

메시지를 읽을 사람의 프로필은 더 많은 것을 말해준다. 언제까지 이메일을 보내는 것이 좋을지 알고 싶다면, 마크의 커뮤니케이션 스타일을 살펴봐라. 만약 그가 간략한 메모를 읽고 직접 만나서 의사결정을 내리는 사람이라면, 간결하지만 아주 중요한 미팅에 대비해 중요한 포인트만 살짝 언급하면서 이메일을 써야 한다. 반면 그가 긴 문서를 좋아한다면, 가능한 모든 정보를 담아 장문의 이메일을 작성해야 한다.

상대의 프로필을 작성하면 콘텐츠의 청사진을 그릴 수 있다. 목표를 정의하고 청중을 분석한 뒤, 그 사람에게 가장 효과적인 콘텐츠가 무엇인지에 대해서 브레인스토밍을 해라. 여러 가지 가능한 콘텐츠가 나올 것이다. 그중에서 가장 설득력 있는 포인트를 걸러내는 것은 쉽다. 걸러낸 포인트를 우선순위에 따라 정리하면 된다. 제3장에서 어떻게 정리를 하는지 보여주겠다.

주요 사업제안서, 비즈니스 플랜, 보고서, 자금요청서, 고객에게 보내는 편지, 마케팅 자료, 블로그, 파워포인트 프레젠테이션, 네트워킹용 메시지 또는 웹사이트를 만들 때에는 메시지 수용자의 프로필을 작성해보는 것이 좋다. 그리고 목표를 알고 있어라. 메시지를 받게 될 사람이 누구인지와 그 사람 또는 그룹이 중요하게 생각하는 것이 무엇인지 알아라. 그리고 나서 모든 것을 고려하여 어떤 내용을 담을지 포괄적으로 생각해보라.

콘텐츠를 결정할 때 무언가를 요청하기 위해서 글을 쓰고 있다는 사실을 기억하는 것도 도움이 된다. 단순히 정보를 전달하는 메시지라 할지라도, 상대방에게 그 메시지를 읽어달라고 요청하고 어떤 식으로든 그 메시지에 따라 행동해 달라고 요청하는 것이다. 행사 안내방송을 통해 사람들에게 메모를 해달라고 요청하기도 하고 행사 참여를 독려한다. 승진 축하 메시지는 승진한 사람에게 자신이 그(그녀)와 같은 편임을 알아달라고 요청한다.

무언가를 요청하지 않는 글이 있는지 한 번 생각해봐라. 하나 찾기도 쉽지 않을 것이다. 이것이 모든 메시지를 '무언가를 요청하는 글'로 보는 것이 유리한 이유다. 이렇게 하면 메시지를 받게 될 사람에게 맞는 콘텐츠를 기반으로 메시지의 틀을 잡기가 쉬워진다.

## 한 명 이상의 낯선 사람들에게 글을 써보자

이미 알고 있는 사람의 프로필을 작성하는 것은 상대적으로 쉽다. 대부분의 경우, 개인보다는 그룹에 글을 쓰고 한 번도 만난 적이 없고 아무것도 알지 못하는 사람들에게 글을 쓴다. 지금까지 다룬 아이디어가 그룹과 모르는 사람에게 글을 쓰는 것에도 적용된다. 그러나 여기서는 상상력을 조금 더 발휘해야 한다.

한 명 이상의 모르는 사람들에게 메시지를 보낼 때 유용한 전략이 있다. 그들을 대변할 수 있는 한 사람 또는 소수의 몇 명을 시각화하는 것이다. 투자가 워런 버핏은 누나와 여동생에게 편지를 보낸다는 생각으로 주주들에게 편지를 쓴다고 말했다. 그의 누나와 여동생은 똑똑하지만 금융에 대해서는 거의 알지 못한다. 버핏은 의식적으로 이 두 사람이 이해할 수 있는 편지를 쓰려고 노력한다. 덕분에 사람들로부터 좋은 평가를 받을 만큼 분명한 메시지를 쓸 수 있었다.

워런 버핏처럼, 한 무리의 사람들을 대표할 한 명이 생각날 수 있다. 예를 들어 새로운 스키용품을 만든다면, 그 용품에 관심이 있는 스키 선수를 생각해내 그 사람의 프로필을 만든다. 또는 여러 사람들의 종합 프로필을 만든다. 차이점을 감안하여 그 사람들이 가지고 있는 공통점을 중심으로 종합 프로필을 만들 수 있다. 비즈니스 컨설턴트는 가장 중요한 고객들을 생각하면서 잠재 고객들의 프로필을 만든다.

## 목표 대상을 상상해보자

알고 지낸 적 없는 새로운 사람들에게 메시지를 보낸다 하더라도, 이 사람들이 좋아하는 것과 니즈를 일반화하여 프로필을 만들 수 있다. 당신이 치과의사이고 최근에 병원을 하나 인수했다고 하자. 그래서 기존 환자들에게 자신을 소개하는 글을 써야 한다. 기본 목표는 기존 환자를 그대로 유지하는 것이다. 그들의 걱정거리를 예측하기 위해 그 사람들을 군이 알아야 할 필요는 없다. 예들 들면 한 병원을 오래 다닌 환자들은 원래 있던 치과의사를 좋아했고 변화와 그 변화 때문에 생길 불편함을 싫어하기 때문에 당신을 그렇게 환영하지 않을 것이라 추측할 수 있다. 더 나아가 환자들의 질문을 예측해본다. 그들의 입장이 되어보면 어떤 질문들이 있을지 쉽게 추측할 수 있다.

기존 환자들은 다음 사항이 궁금할 것이다.

> » 왜 내가 한 번도 만난 적 없는 당신을 믿어야 하는가?
> » 나의 치과 진료에 공백이 생기지 않을까? 새로 왔으니 그동안의 진료 기록을 공부해야 할지도 모르니까 말이다.
> » 나는 이 새로운 치과의사를 좋아하고 그 사람에게서 내가 중요하게 생각하는 의사가 가져야 할 가치를 찾게 될까? 예를 들면 친절하고 나와의 시간을 존중해주고 살뜰히 진료하고 진료 경험이 많을까?

목표 대상이 할 수도 있는 질문에 대한 답을 미리 생각하고 글을 쓰면 절대 실패하지 않을 것이다. 그리고 시간도 절약된다. 하루에 설명을 요구하거나 혼란한 상황을 없애기 위해 얼마나 많은 글을 보내거나 받는지 생각해봐라. 부주의하게 쓴 글은 비즈니스 지도자에게 큰 걱정거리다. 10명의 사람에게 아무렇게나 쓴 이메일을 보내면, 잘못된 상황을 되돌리는 데 많은 시간과 노력이 소요된다. 이보다 더 큰 문제는 잘못 쓴 이메일 때문에 생긴 실수가 가져올 결과다. 최근 한 자동차 회사의 엔지니어들이 경영진에 안전 문제를 분명하게 설명하지 못해서 끔찍한 사고가 발생했다. 규모의 차이는 있으나 이런 일들은 여기저기서 일어난다.

환자들의 예상 질문을 뽑아보면, 자기중심적이고 사실보다는 감정적인 것들이 많을 것이다. 의사가 어느 대학교에서 어떤 교육을 받았고 어떤 분야에 전문적인 지식이 있는지를 묻는 환자는 거의 없다. 그들은 이 부분을 당연하게 여긴다. 환자들은 새로 온 의사가 어떤 사람인지 그리고 환자를 어떻게 대할지에 더 관심을 갖는다. 이렇게 다소 반직관적인 사실은 많은 상황에 해당된다.

유능한 판매사원은 자기 자신을 홍보하지 않고 소비자의 삶을 보다 윤택하게 만들 수 있는 자신의 능력을 홍보한다. 새로운 회계사나 서비스를 제공하는 사람에게도 비슷한 질문이 쏟아지리라 예상할 수 있다.

글을 쓸 때, 예상 질문에 대한 답을 직접 적어볼 필요가 있다. '저는 정말 좋은 사람입니다'란 내용으로 글을 써서 환자에게 보내면, 환자들을 전혀 설득할 수 없다. 그러나 다음의 한두 문장을 메시지에 포함시킬 수는 있다.

저는 그동안의 진료 기록을 꼼꼼히 살폈고 환자분의 상태에 대해서 잘 알고 있습니다.

의료진과 저는 환자분의 대기시간을 최소화하는 데 최선을 다할 것입니다.

최신 테크닉을 사용해 보다 편안하고 고통 없는 진료가 될 수 있도록 할 것입니다.

당신을 직접 만나 뵙고 더 알 수 있는 기회를 가질 수 있기를 바랍니다.

저 또한 이 커뮤니티의 사람으로 좋은 대의에 동참합니다.

이 같은 분석 전략을 이력서, 사업제안서, 온라인 미디어 그리고 기타 중요한 문건에 활용해라. 누구에게 글을 쓰고 싶은가? 그 사람은 인사과 담당자인가? CEO인가? 아니면 상품이나 서비스의 잠재 고객인가? 그 사람이 좋아할 것 같은 것들과 걱정거리 그리고 예상 질문을 포함시켜 그 사람의 프로필을 만들어라.

모든 사람은 해결해야 할 문제를 하나쯤 가지고 있다. 상대의 문제는 무엇인가? 인사 담당자는 직원들이 만족할 만한 사람으로 공석을 채워야 한다. CEO는 회사의 손익을 신경 쓰면서 큰 그림을 그려야 한다. 이것이 CEO의 역할이다. 상품을 파는 영업 사원이라면 그 상품을 만들 때 타깃으로 삼았던 사람의 프로필을 기반으로 잠재 고객의 프로필을 만들 수 있다.

## 사람들이 내가 쓴 글에 신경을 쓰게 만들자

이 세상은 수많은 메시지로 빼곡히 채워져 있다. 이런 세상에 나의 메시지를 내보내는 것은 병에 편지를 집어넣어 바다에 던지는 것과는 다르다. 최악의 경우 교묘히 병 사이를 피해 다니는 목표물을 향해 정처 없이 흘러가는 수천 개의 병 중 하나가 될 수도 있다. 그러므로 더 좋은 병이나 메시지를 만드는 것이 가장 큰 경쟁력이 된다.

매체나 형식에 상관없이 모든 메시지는 목표가 분명하고 제대로 틀을 잡아서 작성되어야 한다. 사람들로 하여금 메시지에 관심을 갖고 어떤 식으로든 메시지의 내용대로 행동하도록 만드는 것은 어렵다. 지금부터 당신의 메시지를 담은 병이 목표에 도달하도록 하는 방법에 대해 살펴보자. 여기서 목표는 상대가 병에서 당신의 메시지를 꺼내 읽고 영향을 받아 행동하도록 만드는 것이다.

## 청중과 즉각적으로 관계를 맺자

요즘은 시간을 두고 천천히 청중(또는 독자)들을 알아가는 호사를 누릴 기회는 거의 없다. 청중은 가만히 있지 않는다.

모든 글에서 첫 문단이 중요하다. 첫 문단은 사람들의 시선을 확 끌 수 있도록 강렬해야 한다. 가장 좋은 방법은 상대의 주된 관심사와 걱정거리를 글의 목적에 맞게 첫 문단에서 바로 언급하는 것이다.

'에어컨 설치를 위해 화요일에는 사무실을 닫는다'는 공지사항을 직원들에게 보내야 한다고 가정하자. 이런 경우 다음처럼 쓸 수 있다.

제목 : 다음 주 화요일에 관해

전 직원에게,

아시다시피 회사는 직원 여러분이 편안하고 건강하게 일하는 데 관심이 있습니다. 작년에 계획된 회사 내 환경 개선 사업의 일환으로 복도에 새로운 조명을 설치했습니다. 그리고 직원 여러분의 요청에 따라…

여기서 잠깐! 누가 이런 지루한 공지를 읽겠는가? 아무도 읽지 않을 것이다. 대신 이렇게 써보자.

제목 : 화요일 사무실 폐쇄

새 에어컨을 설치할 계획입니다. 화요일이 작업일입니다. 그래서 직원 여러분께 하루 휴가를 드릴까 합니다.

직원 설문조사에서 에어컨을 새로 설치해 달라는 요청이 가장 많았는데, 요청대로 새 에어컨을 설치할 수 있게 되어 정말 기쁩니다. 여러분도 같은 생각이라 믿습니다.

사람들의 관심을 끄는 가장 좋은 방법 중 하나가 바로 '핵심부터 바로 말하는 것'이다. 이 기법은 긴 문서에도 적용된다. 원하는 결과, 제안하는 전략 또는 원하는 행동 등 핵심부터 먼저 언급해라. 보고서나 제안서에서 요약보고서는 보통 이런 식으로 시작한다. 전체 메시지의 아주 짧은 부분이 되는 요약보고서도 가장 중요한 포인트로 시작한다는 사실에 주목해라.

앞에서 예로 든 이메일의 제목은 수신자가 가장 먼저 보게 되는 것으로 진짜 메시지의 첫 문단만큼 수신자의 관심을 끌기 위해 철저한 계획을 세워 작성되어야 한다. 제6장에서 이메일 커뮤니케이션을 최적화하는 방법에 대해서 좀 더 자세히 살펴보겠다.

### 글이 왜 상대에게 중요한지 설명하자

마케팅 용어 중에 WIIFM이라는 것이 있다. 이것은 'What's-in-it-for-me'의 약자로 '그것이 내게 무슨 의미가 있는가?'로 해석된다. 앞에서 예로 든 에어컨 설치를 알리는 공지는 직원들에게 먼저 '하루의 휴가가 주어진다'는 사실을 알려주고 그들이 원했던 '에어컨이 설치된다'는 것을 알려준다. 상대의 관심을 확 끌 수 있는 것이 무엇인지 찾아내려면 고민을 좀 해야 한다.

사람들이 메시지에 관심을 갖도록 만들려면, 먼저 스스로에게 질문을 해서 답해야 한다. 왜 그들이 이 메시지에 관심을 갖고 읽어야 하나? 이 질문에 대한 답을 첫 문단이나 헤드라인에 적어라.

예를 들어, 상품이나 서비스를 판다면, 그 상품이나 서비스를 구매하면 어떤 문제가 해결되는지 관심을 집중시켜라. 보도자료의 헤드라인으로 다음은 추천하지 않는다.

새로운 위젯 모델, 목요일 마그누스 엑스포에서 데뷔

이것보다는 다음의 헤드라인을 사용해봐라.

위젯 175F 데이 - 투 - 나이트 비디오카메라가 즉시 좀도둑질을 끝내다!

비영리 캠페인의 모금활동을 하고 있다고 치자. 이전 기부자들에게 편지를 보내려고 한다. 이런 경우 다음처럼 누구나 한 번쯤 받아봤을 법한 내용으로 편지를 시작할지도 모른다.

지난 25년 동안 자유의 길은 출소한 여성 수감자들이 사회에 적응할 수 있도록 직업 훈련, 상담 및 지원 서비스를 제공했습니다. 당신의 기부는 이 여성들이 사회에 적응하는 데 필요한 준비를 하는 데 아주 소중하게 쓰였습니다.

가치 있는 일처럼 들리지만 하품이 나올 정도로 지루하다. 다음의 첫 문단을 시작하는 모금 편지를 읽었을 때 기부를 하고 싶은 생각이 더 들지 않을까?

대화를 하는 내내 19세의 제니는 울지 않으려고 눈물을 삼켰습니다. "6개월 뒤면 출소합니다. 그래서 어쩌라는 거죠? 제 인생이 있기나 한 건가요? 전 가족도 없고 교육도 받지 못했습니다. 여기서 나가자마자 바로 길거리를 떠돌겠죠. 여기에 들어오기 전에 어울렸던 친구들과 다시 어울리며 돌아다니게 되겠죠. 그러고 싶지 않아요. 하지만 저에게 달리 선택할 수 있는 것이 없어요."

온갖 악조건에도 불구하고 인생에서 처음으로 제니는 운이 좋았습니다. 그녀는 세컨드 찬스 프로그램에 뽑혀 새 출발을 했습니다.

우리는 제니와 같은 여성들을 더 많이 도와주고 싶습니다. 당신의 도움으로 우리는…

두 번째 모금 편지는 구체적일 뿐만 아니라 (1) 곤경에 처한 젊은이들을 돕고 싶고 (2) 내가 기부한 돈이 제대로 쓰이는지 알고 싶어 하는 기부자들의 공통된 걱정거리를 시원하게 해소해주고 있기 때문에 더 효과적이다.

## 특징보다 혜택을 강조하자

사람들은 상품이나 서비스가 무엇인지보다 그것들이 자신에게 무엇을 해줄 수 있는지에 더 관심이 있다.

» **특정 기능은 특징을 설명한다** : 200마력의 엔진이 탑재된 자동차, 500유닛의 카페인이 들어간 에너지 드링크, 객실이 고급 엔틱 가구로 꾸며진 호텔 등
» **혜택은 특정 기능이 소비자에게 제공하는 것이다** : 속도위반 탐지 장치가 없는 고속도로를 달릴 때 이 지구상에서 가장 빠른 동물이 된 느낌, 그동안 처리하지 못한 일을 모두 마무리할 수 있도록 56시간 동안 자지 않을 수 있는 힘, 잠깐이라도 합리적인 가격에 고급 호텔에서 머무르는 경험 등

혜택은 실질적 데이터보다 느낌 및 경험과 관련이 있다. 마케팅 전문가들은 혜택의 힘을 오래전에 이해했지만 심리학자들은 최근에 와서야 구매 결정이 논리적인 것이 아니라 감정적인 것이라는 사실을 확인했다. 우리는 최신식 기술이 탑재된 자동차보다 자신의 개성을 보여주는 자동차를 선택한다. 그러고 나서 이성적으로 그 선택을 정당화한다. 드레스를 살 때도 박음질이 꼼꼼하게 잘 되어 있어서 사는 것이 아니라 그 드레스를 입었을 때 아름답게 보이기 때문에 사는 것이다.

여기서 비즈니스 글쓰기와 관련해 얻을 수 있는 교훈은 분명하다. 사람들은 자신에게 정말 중요한 것에 기반을 두고 작성된 메시지에 관심을 가진다. 그러니 글쓰기의 기술적인 측면에 너무 몰입하지 말라. 행사, 아이디어 또는 상품의 영향력에 집중해라. 스펙에 대해서도 언급할 수 있다. 그러나 스펙은 다른 문단으로 분리하거나 참고자료로 처리해도 된다. 대부분의 신문기사가 해왔던 방식대로 정보에 접근해라(요즘은 온라인에서도 이런 식으로 정보에 접근한다). 다시 말해 가장 흥미롭고 눈을 뗄 수 없는 내용을 제일 앞에서 소개하고 자세한 내용은 뒤에서 다뤄라.

## 추상적인 표현은 자제하고 구체적으로 글을 쓰자

앞에서 살펴본 자유의 길 사례는 개인적인 사례에 집중하는 것이 보다 효과적인 메시지를 전달한다는 점을 보여준다. 하나의 구체적인 사례는 항상 과장된 표현과 공허한 형용사보다 더 효과적으로 메시지를 전달한다. 다음의 테크닉을 이용해 실제로 구체적으로 글을 써보자.

>> **스토리와 일화를 이야기하라.** 스토리와 일화는 당신이 전달하고 싶은 메시지, 당신이 소속된 기구의 본질 또는 당신이 가지고 있는 가치를 구현해야 한다. 옛날에 방송되었던 뉴욕에 관한 TV쇼는 '800만 명의 사람들, 800만 개의 이야기'라는 슬로건을 사용했다. 좋은 이야기는 일상적이거나 평범한 상황에 항상 숨어 있다. 이렇게 숨어 있는 이야기를 찾아내려면 고민하고 자세히 들여다봐야 한다.

>> **구체적인 사례를 들어라.** 소비자가 처한 문제를 해결하는 데 당신의 상품이나 서비스가 어떤 역할을 했는지 말해라. 상품이나 서비스를 사용해서 효과가 있었던 사례를 소비자에게 제시해라. 변화를 거부하는 직원에게 다

른 부서에서 새로운 주문 방식을 통해 3시간을 단축시킨 사례를 알려주거나 직원 혜택을 조금 바꾸면 개인적으로 부담하는 의료보험료가 14퍼센트 줄어든다는 사실을 이야기해줘라. 사람들이 새로운 시스템을 사용하도록 만들고 싶다면, 그들에게 분명한 가이드라인이나 단계적으로 따라 할 수 있는 절차를 제공해라.

» **시각자료를 활용해라.** 일반적으로 사람들은 빼곡하게 글자로만 채워진 메시지를 선호하지 않는다. 수많은 연구를 통해 시각자료가 있는 블로그, 기사 그리고 소셜미디어 게시글과 같은 메시지에 사람들이 더 흥미를 느낀다는 사실이 확인되었다. 주로 문자로만 이뤄진 메시지를 작성하고 있다면, 트렌드, 변화, 계획, 콘셉트나 사례를 그래픽으로 표현하는 방법을 찾아라. 사진, 삽화, 차트, 그래프, 비디오 등 목적에 맞는 시각자료를 함께 활용해라. 주로 문자로 메시지를 전달해야만 한다면, 이 책처럼 헤드라인, 부제, 말머리 기호, 서체, 아이콘 등 그래픽을 활용해라.

» **비전을 제시하라.** 회사를 경영하든 공직에 출마하든 간에 좋은 리더는 비전이 극히 중요하다는 점을 안다. 상대로 하여금 자신의 미래가 어떤 식으로든 더 좋아질 것이라고 믿을 수 있도록 큰 그림을 그리면서 메시지의 틀을 잡는 것이 가장 좋다. 그렇다고 헛된 약속은 하지 마라. 대신 자신이 전달하고 싶은 메시지의 영향력에 대해 고민하고 핵심 콘셉트를 뒷받침하는 세부내용을 사용하여 메시지가 보다 진실처럼 들리도록 만들어라. 당신의 상품이나 서비스가 고객의 시간이나 돈을 절약해주나? 아니면 고객들을 더 건강하게 또는 매력적으로 만드는가? 이것들이 모든 사람들이 들어야 하고 듣고 싶은 핵심 메시지다. 포괄적인 비전 안에서 복잡한 문서의 틀을 잡으면 메시지를 더 조직적으로 작성하고 더 기억에 남도록 만든다. 이 모두는 메시지를 전달하는 목표 달성에 큰 강점이 된다.

» **의미 없는 과장된 표현을 없애라.** '이것은 산업 전반에 지대한 영향을 미칠 혁신적이고 획기적인 산업 디자인이다'라는 말의 핵심이 뭔가? 안타깝게도 비즈니스 문서들은 이런 공허하고 지루한 주장들로 초만원 상태다.

오늘날의 고객들은 당신이 쓴 모든 글에 이미 싫증나고 회의적이며 짜증이 나 있다. 당신이 서비스 제공자이고 누구나 사용하는 말로 서비스를 설명하고 홍보한다면 실패는 불 보듯 뻔하다. 웹사이트를 이용해 상품이나 서비스를 제공하는데 고객이 당신이 무엇을 판매하는지 또는 어떻게 해당 상품을 구매하는지 아는 데 20초 이상이 걸린다면, 당신은 실패자다. 흥미롭거나 중요한 메시지가 숨어 있는 보도자료를 배포한다면 당신의 보도자료는 소리, 소문도 없이 사라질 것이다. 이것을 막는 방법은 바로 핵심 포인트를 정확히 알고 빠르게 전달하는 것이다.

증거를 제시해라! 고객들이 관심을 가질 수 있도록 실질적인 수치 등을 들어가며 당신의 아이디어, 계획 또는 제품을 통해 달성할 수 있는 것이 무엇인지를 설명해라. 그들에게 다음을 보여줘라.

> 제품이 그들의 삶을 개선하는 방법
> 비영리 단체가 사람들을 어떻게 돕고 있는지를 증명할 자료
> 서비스가 문제를 해결하는 방법
> 당신이 개인적으로 회사가 더 많은 수익을 창출하거나 효율성을 높일 수 있도록 돕는 방법

다양한 형태로 당신의 메시지가 사실임을 증명할 수 있다. 증거 자료는 통계, 데이터, 이미지, 증언, 조사, 수상내역, 사례, 전기, 소셜미디어 팔로어 수와 '좋아요' 조회 수, 비디오와 오디오 클립 등이다. 스스로의 성공을 어떻게 기록할지를 고민하고 이를 증명할 방법을 찾아라. 모든 문서에 활용할 수 있는 최고의 증거 자료들을 찾을 수 있을 것이다.

## 메시지의 톤을 결정하자

프레젠테이션 강사들은 말로 메시지를 전달할 때, 그 메시지의 의미 중 55퍼센트는 몸짓, 38퍼센트는 목소리의 톤으로 전달되고 겨우 7퍼센트만이 말로 전달된다고 말한다. 그러나 실제로 이 공식은 아주 제한적인 연구 자료에 근거한 것이고 그래서 근거가 없다는 사실이 심리학자 앨버트 메라비언에 의해 확인되었다. 그럼에도 불구하

고 이 공식은 글쓰기에서 중요한 포인트를 제시한다.

글은 몸짓과 목소리의 톤 없이 메시지를 전달한다. 그래서 유머, 특히 풍자나 역설을 글로 전달하는 것은 위험하다. 독자들은 당신이 윙크하는 모습을 볼 수 없고 목소리에 담긴 장난기를 들을 수 없다. 그래서 글로 풍자나 역설을 읽게 되면 독자들은 글자 그대로 받아들인다. 독자가 유머를 이해할 능력이 있다고 완전히 확신하지 않는다면 아예 시도조차 하지 마라. 독자가 유머를 이해할 능력이 있다는 가정 자체를 자제하는 편이 좋다.

표정과 몸짓을 볼 수 없더라도 글에도 나름의 톤이 있다. 그리고 이 톤은 직접적으로 독자들이 메시지를 받아들이고 그 메시지에 반응하는 데 영향을 미친다. 글의 톤은 단어 선택, 문장 구조 그리고 기타 기법들의 결합에서 나온다.

꼬집어서 말할 수 없는 명확하지 않은 요소도 중요하다. 몇 자 적혀 있지 않은 글이지만, 글쓴이가 언짢거나 화가 났거나 반항하거나 놀랐다는 느낌을 주는 글을 읽어본 적이 있을 것이다. 때때로 글을 자세히 읽어도 무엇이 이런 느낌을 유발하는지 정확히 알 수는 없지만, 그 글을 쓴 사람의 심리상태가 느껴지는 경우가 있다.

글을 쓸 때 메시지의 톤에 주의해야 한다. 지속적으로 톤을 확인하고 통제해야 한다. 그래서 톤이 글을 쓰는 목표를 지지하고 메시지를 훼손시키는 일이 없도록 해야 한다. 직장에서 감정을 솔직하게 드러내서 도움이 되었던 적보다 손해를 본 적이 더 많을 것이다. 글도 이와 유사하다. 톤은 감정을 전달한다. 글을 쓸 때 톤을 통제하지 않는다면, 글의 톤 때문에 목표를 달성하지 못할 수 있다. 지금부터 바른 톤을 찾고 활용하는 방법에 대해서 살펴보겠다.

## 상황, 인간관계와 문화에 톤을 맞추자

글을 쓰기 전에 잠깐 동안 지금 작성하려는 메시지의 본질이 무엇인지 생각해보자. 나쁜 소식을 전하는 것이라면, 명랑 쾌활한 글을 쓰고 싶지 않을 것이다. 그리고 항상 상대를 생각해야 한다. 만약 회사가 작년에 부서를 하나 없애서 더 높은 수익을 냈다면, 이 소식을 대단한 성과로 다뤄서는 안 된다. 현재 남아 있는 직원들은 해고된 동료들 때문에 기분이 언짢을 것이고 자신들의 자리는 안전한지 걱정하고 있을 것이기 때문이다. 반면에 직원 파티를 알리는 글을 쓴다면, 우울하고 지루한 톤으로는 즐거운 시간에 대한 기대감을 높일 수 없다. 기회를 제공하거나 귀찮은 일을 다른 사람에게 떠넘기는 경우에도 마찬가지다. 상황에 맞는 톤을 찾아라.

직접 만나서 대화를 할 때와 마찬가지로 메시지의 분위기는 전염된다. 열정적인 반응을 얻고 싶다면, 열정적으로 글을 써라. 사람들이 당신이 알리는 변화를 환영하기를 바란다면, 긍정적이고 자신감 있게 글을 써라. 개인적으로 그런 변화에 찬성하지 않더라도, 걱정스럽거나 짜증스럽고 분개하는 투로 메시지를 작성해서는 안 된다.

메시지가 얼마나 공식적으로 들리기를 원하는지 결정해야 한다. 한동안 한 조직에서 일을 했다면, 자신도 모르는 사이에 조직의 문화가 몸에 익는다. 실제로 사람들은 변화가 생기거나 경영진이 바뀔 때 문제를 경험하기 전까지, 자신들의 조직이 문화를 가지고 있다는 사실을 알아차리지 못한다. 조직에 입사한 지 얼마 되지 않았다면, 다른 사람들이 어떻게 행동하는지 관찰해서 스스로 난처한 상황에 처하지 않도록 조심하는 것이 좋다. 다른 사람이 작성한 문서의 서식, 이메일, 보고서뿐만 아니라 웹사이트와 온라인 자료를 철저히 읽어라. 콘텐츠와 문서 스타일을 분석해라. 무슨 매체로 커뮤니케이션을 하는지, 문서의 톤은 어떠한지 등을 살펴라. 이렇게 익히고 파악한 가이드라인을 실행에 옮겨라.

시간이 지날수록 비즈니스 커뮤니케이션의 형식적인 절차들이 줄어드는 것 같다. 간편한 차림으로 출근을 하는 회사가 많아진 것처럼, 사람들은 비즈니스 글도 간편하게 쓴다. 이렇게 형식에 덜 얽매인 스타일은 이전보다 더 친밀하고 간단하고 직접적으로 메시지를 전달한다. 그렇다고 경영진이나 이사회 이사들에게 형식을 무시하고 편안하게 글을 쓰라는 의미는 아니다. 줄임말을 사용하거나 상대가 싫어하는 이모티콘을 쓰거나 모든 메시지를 편집하고 감수하는 단계를 생략하는 경우도 종종 있다. 이것은 직장이나 고객 미팅에 찢어진 청바지를 입고 가는 것과 다름없다.

## 솔직하게 쓰자

솔직하다는 말은 직설적이고 가식 없고 정직하고 신뢰할 수 있는 사람 그리고 글쓴이를 의미한다. 특정 글쓰기 스타일을 시도하라는 의미는 아니다. 항상 분명하고 명확한 글을 써야 한다는 의미다. 이것은 황제에게 글을 쓸 때도 마찬가지다. 제안서, 마케팅 자료 또는 자금요청서는 거만하고 심각하게 보이면 아무것도 얻을 수 없다.

자신의 교육 수준과 박학다식함을 뽐내려고 하지 마라. 연구에 따르면 사람들은 어려운 단어와 복잡한 문장을 사용하는 사람보다 단순한 단어로 분명하게 글을 쓰는 사람을 더 똑똑하다고 생각한다.

### 미소를 지으며 글을 쓰자

콜센터 직원들은 전화 수화기를 들기 전에 미소를 짓도록 교육받는다. 미소는 목과 성대 그리고 목소리 톤에 영향을 준다. 친근하고 활기차게 들려서 당신과 통화하는 사람도 그렇게 느낀다.

이것은 글쓰기에도 적용된다. 글을 쓰기 전에 웃을 필요는 없다(그래도 흥미로우니 한 번 시도해봐라). 그러나 지금 자신의 기분을 인식하고 자신의 현재 기분이 메시지에도 드러난다는 사실을 기억해라.

분노, 조급함 또는 분개가 근거 없는 감정이라고 말하는 것은 아니지만, 그런 감정이 글에 드러나면 목표를 달성하는 데 큰 도움이 되지 않는다. 방어적인 태도를 취하게 만들고 공격을 받는다는 느낌이 드는 부정적이고 짜증이 섞인 메시지를 받는 것을 좋아할 사람은 아무도 없다. 구매부서에 사무실에 놓을 테이블을 사달라고 요청했는데, 아무 설명도 없이 거절당했다고 치자. 당신은 다음의 메시지를 당신의 상사와 구매부장에게 보낼 수 있다.

> 햅과 제니에게, 구매부서가 이토록 직원의 근무환경에 무관심하다니 믿을 수가 없네요. 그들의 무관심과 무시 때문에 정말 기분이 상하네요. 저는 현재 직원 3명을 둔 대리입니다. 그리고 정기적인 회의는 저희 팀에 아주 중요합니다.

이 메시지를 받는 사람의 입장이 돼서 한 번 생각해봐라. 이 메시지가 얼마나 당신에게 부정적인 영향을 미칠까? 이렇게 메시지를 보내면 최소한 불필요한 문제가 생기거나 최악의 경우 상대방에게 영원히 지워지지 않는 부정적인 느낌을 줄 수 있다. 대신 다음의 내용으로 구매부서장에게만 메시지를 보내는 것은 어떤가?

헬에게, 저의 회의 테이블 요청 건에 대해서 잠깐 이야기할 시간이 있으신가요? 제 요청이 받아들여지지 않아서 좀 놀랐습니다. 이 회의 테이블이 왜 필요한지 직접 만나서 설명하고 싶습니다.

톤을 조절하는 가장 좋은 방법은 감정을 조절할 수 있을 때까지 감정적인 부분에 대한 언급은 잠시 미루는 것이다. 10분간 기다렸다가 다시 글을 쓰는 것도 나름 효과가 있다. 가능하다면 중요한 상황에서 메시지를 작성할 때 하룻밤 정도 기다렸다가 글을 다시 쓰는 것이 더 좋다. 논리적이고 합리적이고 객관적으로 상황을 볼 수 있을 때, 글을 쓰는 것이 원하는 바를 달성할 가능성이 더 크다. 긍정적이고 활기찬 상태에서 글을 쓴다면 더더욱 좋다.

글을 쓰기 전에 기분이 좋아질 때까지 기다릴 시간적 여유가 없다면, 필자가 주로 사용하는 방법을 시도해봐라. 필자는 기분에 상관없이 기본적인 자료를 만들고 나중에 기분이 좋아지면 미리 작성한 기본 자료에 빠진 열정이나 활기를 채운다. 주로 피동형 문장을 더 생동감을 줄 수 있는 능동형 문장으로 고치고, 문장의 템포를 올리고, 쓸모없는 단어나 문장을 빼고, 우울했을 때는 생각하지 못했던 이점들을 추가한다. 제3장은 당신 언어의 기운을 북돋우는 방법들을 소개한다.

사람들은 자연스럽게 긍정적이고 역동적이며 열정적인 사람들과 어울리는 것을 선호한다. 그리고 이와 같은 느낌을 주는 메시지를 받는 것을 좋아한다. 글을 쓰면서 불평하거나 트집 잡거나 비난하지 않겠다고 결심해라. 긍정적인 메시지를 전달할 때, 사람들로부터 원하는 것을 얻어낼 가능성이 크다. 왜냐하면 사람들은 긍정적인 메시지를 통해 당신을 문제를 일으키는 골칫덩어리보다 문제해결사로 보기 때문이다.

## 글을 통해 새로운 관계를 맺자
--------------------------------

당신이 쓰는 모든 글은 동년배, 동료, 고객, 잠재 고객, 공급업자, 당신과 같은 산업에 종사하는 사람들뿐만 아니라 당신의 보고를 받는 상사 그리고 심지어 당신의 상사보다 더 높은 사람들까지 많은 사람들과 관계를 맺을 기회가 된다. 직접 사람

을 만나지 않고도 수많은 사람들과 소통할 수 있게 되었다. 이런 세상에서 글쓰기는 사람들과 관계를 맺고 그 관계를 유지하는 데 중요한 도구다.

톤과 마찬가지로, 인간관계 형성이 글쓰기의 목적 중 하나임을 알아야 한다. 이 사실을 이해하는 것만으로도 대단한 경쟁력이 생길 것이다. 글을 쓸 때마다 그 글을 읽는 사람과의 관계를 향상시킬 수 있는 방법은 무엇인지 자문해라. 다양한 기법을 통해 도움을 얻을 수 있다.

## 배려와 존경을 적극적으로 표현하자

 교육 수준, 직위 또는 업적에 상관없이, 상대방을 과소평가하거나 가르치려 들지 마라. 사람들은 이런 태도에 매우 민감하게 반응한다. 비즈니스 세계에서는 상대에게 존경심을 보여주기 위해 최선을 다해야 한다. 구체적으로 다음과 같은 방법이 있다.

> » 정중하게 이야기하고 상대의 이름을 사용한다.
> » 정중하고 친밀하게 글을 마무리한다.
> » 신중하게 글을 쓰고 꼼꼼하게 감수한다. 많은 사람들이 아무렇게나 쓰인 메시지를 받는 것을 모욕적인 일로 받아들인다.
> » 상대에게 익숙하지 않은 약어, 전문용어, 이모티콘과 줄임말의 사용을 피한다.
> » 갑작스럽거나 무례하거나 많은 것을 요구하지 않는다.
> » 문화의 차이를 이해한다.

상사, 부하직원 또는 동년배에게 글을 쓸 때, 이 가이드라인을 참조해라. 아마도 상사에게 글을 쓰는 경우가 대부분일 것이다. 상사에게 아부할 필요는 없지만 형식은 지키면서 글을 써야 한다. 그리고 부하직원에게는 "내가 시키면 시키는 대로 해"라는 식으로 글을 쓰면 안 된다. 예를 들어, 퇴근시간이 얼마 남지 않은 상황에 부하직원에게 당장 내일까지 끝내야 하는 업무를 지시한다고 가정하자. 다음처럼 업무를 지시할 수 있다.

테리, 조직의 문화를 개선하는 데 전문성을 지닌 컨설턴트를 찾아보세요. 내일까지 후보자를 열 명으로 추려서 보고해주세요. 감사합니다.

혹은 이렇게 할 수도 있다.

> 테리, 당신의 도움이 필요해요. CEO가 내일 오후에 갑자기 조직문화 개선과 관련해서 회의를 소집했어요. 그래서 조직문화에 대해 자문을 받을 수 있는 전문가들로는 누가 있는지 알고 싶은데요. 내일 아침까지 관련 전문가 리스트를 준비해주면 정말 고맙겠어요. 열 명 정도면 충분할 것 같은데… 감사합니다!

결국 야근을 해야 한다는 사실에는 변함이 없으니, 테리에게는 두 메시지 모두 달갑지 않을 것이다. 그러나 그를 존중하고 왜 이 업무를 맡길 수밖에 없는지 설명해줌으로써, 당신이 원하는 바 그 이상을 얻어낼 수 있다. 테리는 동기부여를 더 크게 받아 열정적으로 좋은 결과를 내기 위해 노력할 것이다. 그리고 당신의 팀에 소속된 것에 더 만족감을 느낄 것이다. 몇 문장 더 적는 것만으로 부하직원이 주어진 업무에 대하여 좀 더 긍정적인 태도를 지니고 장기적으로 그의 업무 능력이 개선될 수 있다.

큰 그림에서 주어진 업무가 어떤 역할을 하는지와 그 업무가 왜 중요한지를 설명해주면, 특히 밀레니얼세대는 영감을 받는다. 35세 미만의 부하직원을 데리고 있다면, 기억해둬라.

연령대에 상관없이, 부하직원들은 당신의 일을 처리해주고 당신이 더 좋은 업무 성과를 내고 좋은 평가를 받을 수 있도록 돕고 있다. 그러니 지금 하고 있는 업무만큼 자신들이 중요하다고 느끼게 만들어주는 것은 어떤가?

## 개인적이고 친밀한 말로 시작하자

대부분의 국가에서 비즈니스 이메일과 편지는 본론부터 이야기한다. 이것은 차갑고, 뜬금없고, 냉정한 것 같다. 그러나 일본의 경우 "잘 지내시죠?", "가족들은 건강하신가요?", "10월인데 춥죠?" 등 사람을 직접 만났을 때 주고받는 인사말로 글을 시작하는 것을 선호한다. 별 의미 없는 말들이라 하더라도, 이것은 중요한 목적을 수행한다. 친밀한 말로 글을 시작하는 것은 사람들과의 상호작용을 부드럽게 만들어 비즈니스를 논의하기에 좋은 분위기를 조성한다.

어떤 문화권이든 상대방을 배려하거나 적어도 상대방의 개인사에 관심이 있다는 인상을 전달하면 상대방과 비즈니스와 관련된 논의를 하는 것이 좀 더 수월해진다. 쓸 내용을 계획할 때 상대가 어떤 사람인지에 대해서 생각했다면, 메시지의 틀을 잡는 데 효과적인 간단한 친밀감을 나타내는 문구를 쉽게 생각해낼 수 있다. 아니면 예부터 사용된 날씨나 건강 등으로 글을 시작해도 된다. 상대방과의 커뮤니케이션이 계속된다면, 상대방이 전에 말했던 휴가는 어땠는지 또는 주말은 잘 보냈는지 등 도가 지나치지 않는 선에서 지난번 대화에서 아이디어를 얻어 보다 개인적이고 친밀한 어구로 글을 시작할 수 있게 된다.

글을 부드럽고 따뜻하게 만드는 이런 기법들은 유용하지만 문화 차이로 인해 의도가 제대로 전달되지 않을 수도 있다. 예를 들어 인사말 '안녕, 존'은 '친애하는 존'보다 덜 형식적이다. '존에게'처럼 수신자의 이름으로 시작하는 인사말은 두 사람이 예전부터 알고 지내던 사이라고 추측할 정도로 허물없게 들린다. 그러나 형식과 격식을 더 중요하게 생각하는 국가에서는 두 인사말 모두 적절하지 않다. '찰스 씨', '브라운 여사', '존 박사', '프랭크 장군' 등 격식을 차린 인사말을 사용하도록 요구될지도 모른다. 다양한 문화권에서 이런 격식과 존경을 나타내는 표현을 따르지 않을 경우, 비즈니스 논의를 시작하기도 전에 점수를 잃을 수 있다. 심지어 비즈니스에 대해 논의할 기회조차 얻지 못할 수도 있다.

## '나'가 아닌 '당신'을 주어로 글을 쓰자

이 기본적인 콘셉트를 기억해라. 사람들은 자기 자신, 자신의 문제와 자신이 원하는 것에 절대적으로 더 큰 관심이 있다. 이 단순한 전제는 비즈니스 커뮤니케이션에서 중요한 의미를 지닌다.

당신이 소프트웨어 개발자이고 회사에서 새로운 홈페이지 템플릿을 출시한다고 가정하자. 아마 다음의 메시지가 공지로 가장 먼저 떠오를 것이다.

우리가 그 누구도 생각해내지 못한 최고의 홈페이지 템플릿을 만들어냈습니다.

또는 이렇게 표현할 수도 있다.

최근에 개발한 탬플릿 X는 홈페이지 제작을 아주 쉽고 간편하게 바꿔놓을 것입니다.

두 번째 글이 더 낫다. 왜냐하면 덜 추상적이고 제품의 목적을 분명하게 보여주기 때문이다. 그러나 다음에 예시로 등장하는 글이 더 효과적이다.

통상 제작에 걸리는 시간의 절반만 투자해서 이미 가지고 있는 자원으로 더 빨리 멋진 홈페이지를 제작할 방법을 찾고 계십니까? 당신이 찾고 있는 것이 우리에게 있습니다. 탬플릿 X를 한 번 사용해보세요.

심지어 의미를 내포해서라도 2인칭인 '당신'을 더 사용하고(세 번째 예시에서 '당신'은 생략되었다), 1인칭인 '나' 또는 '우리'의 사용을 줄이려면, 글을 읽을 독자의 입장에서 생각해야 한다. 새로운 탬플릿의 경우, 고객은 새로운 탬플릿 개발을 자랑스럽게 생각한다는 사실보다 새롭게 개발된 탬플릿이 자신을 어떻게 도울 수 있는가에 관심이 있다.

이 원칙은 일상적인 이메일, 편지 그리고 온라인 커뮤니케이션에도 효과가 있다. 고객 불만을 접수한 경우, 다음의 메시지를 보낼 수 있다.

우리는 ○○에 대한 고객님의 불만 사항을 접수했습니다.

이것보다는 다음과 같이 쓰는 것이 더 좋다.

고객님께서 우리의 제품에 실망했다는 내용의 편지를 받았습니다.

이보다 다음이 훨씬 더 낫다.

최근 저희 회사 제품을 사용하시다가 느낀 불편 사항에 대해 알려주셔서 감사합니다.

2인칭 문장을 사용하는 것이 어려울 수 있다. 자칫 당신의 글이 "당신이 우리 회사의 가지치기 서비스와 관련하여 흔치 않은 경험이 우리의 관심을 끌었습니다"처럼 난해하거나 수동적으로 들릴 수 있다. 보통 능동형 문장을 사용하는 것을 권장하지만("○

○과 관련하여 흔치 않은 경험을 하셨다고 들었습니다" 등), 고객과 즉시 공감대를 형성해야 하는 경우, 2인칭으로 글을 시작하는 방법은 없는지 고민하고 잠깐 피동형 문장을 사용할 가치가 있다.

모든 상황에서 진심으로 상대의 관점, 민감하게 생각하는 것들과 니즈에 대해서 생각해라. 메시지가 그 사람 또는 그 그룹에 어떤 영향을 미칠지를 생각해라. 그들의 질문을 예상하고 예상 질문에 대한 답변을 정리해라. 이런 틀 안에서 글을 쓰면 성공적인 메시지와 문서를 작성할 수 있을 것이다.

메시지를 보내기 전에 항상 자문해라. '이 메시지를 읽으면 그 사람의 기분은 어떨까?' 당신이 상대를 배려하면, 그것이 메시지에 드러난다. 그리고 원하는 바를 얻을 수 있을 것이다.

제3장, 4장 그리고 5장에서 메시지를 명확하고 강력하게 전달하는 일련의 테크닉이 등장한다. 단어, 문장 그리고 구조 등 글쓰기 도구들을 어떻게 사용해야 글을 통해 상대의 존경, 지지와 동의를 얻을 수 있는지 고민해라.

효과적인 글쓰기 :
기초편

## 제3장 미리보기

- 잘 읽히고 영향력 있는 글쓰기 방법이 무엇인지 살펴본다.
- 사람들에게 친근한 대화체의 글쓰기 방법을 알아본다.
- 언어에 활기를 불어넣는 방법을 알려준다.
- 보기 좋은 글쓰기의 사례를 보여준다.

대부분 사람들은 학창시절에 문학과 에세이 수업을 들으면서 자신만의 스타일을 완성했을 것이다. 이 때문에 사람들은 난해한 사상이나 아이디어는 복잡하고 어려운 단어와 문장으로 써야 한다고 믿게 되었다. 자신들도 모르는 사이에 모든 글은 이렇게 써야 한다고 배운 것이다. 하지만 우리가 학교에서 배운 글쓰기는 비즈니스 세계에선 쓸모없다. 이번 장에서는 비즈니스 글쓰기의 주요 테크닉에 대해서 살펴볼 것이다. 이 테크닉만 제대로 이해하면, 비즈니스 문서가 훨씬 더 쉽게 다가올 것이다.

# 21세기 글쓰기 스타일을 익혀라

비즈니스 세계에서는 자신이 원하는 것을 가졌느냐 못 가졌느냐가 가장 중요하다. 이것이 성공의 기준이다. 비즈니스 글쓰기도 마찬가지다. 이 글을 통해 내가 원하는 것을 얻어냈다면, 그 글은 성공적으로 잘 쓰인 글이다. 다시 말해, 비즈니스 글쓰기의 성공 여부는 목표를 달성하였느냐 못하였느냐에 따라 갈린다.

다음의 요소들이 성공적인 비즈니스 글쓰기에 도움이 될 것이다.

» **분명하고 간단한 언어 사용하기** : 전문가에게 보여주는 기술문서를 제외하고, 개념이 난해하고 복잡해서 간단한 일상 언어로 표현할 수 없는 주제는 존재하지 않는다. 여기서 시작하면, 비즈니스 글쓰기가 훨씬 쉬워진다.

» **일상 대화하듯 글쓰기** : 비즈니스 문서는 독자 친화적이고 이해하기 쉬워야 한다. 비즈니스 문서에는 형식적이고 전문적인 언어보다는 일상에서 사용하는 간단하고 쉬운 언어를 써야 한다. 이렇게 하면 글이 편안하게 읽히고 읽는 즉시 핵심이 이해가 된다. 그렇다고 문법, 철자, 구두점 찍는 법 등 글을 쓸 때 반드시 지켜야 하는 법칙을 무시하고 일상 대화하듯이 글을 써도 된다는 것은 아니다.

» **정확하게 쓰기** : 눈에 띄는 실수는 독자가 메시지를 이해하는 데 방해가 된다. 사람들은 꼼꼼하게 쓰인 글을 보면, 글쓴이를 신뢰하고 해당 분야에 권위를 가진 사람이라고 생각한다. 글은 직접적으로 또는 간접적으로 핵심 메시지를 전달한다. 이때, 독자는 이 직접적이거나 간접적인 정보에 의식적으로 또는 무의식적으로 반응한다. 아무렇게나 쓴 글은 글쓴이에 대한 신뢰도와 권위를 깎아내린다. 그러나 요즘은 문법에 조금 관대해지기는 했다.

» **친절하게 설득하기** : 종류를 막론하고 모든 글, 특히 비즈니스 문서는 하나의 공통된 목표가 있다. 바로 독자를 설득해서 원하는 것을 얻어내는 것이다. 다시 말해, 우리는 글로 상대방에게 무언가를 요청한다. 이 요청은 사소한 것부터('4시에 카페에서 만나') 중요한 것까지('이 사업에 투자하세요. 100만 달러면 됩니다') 다양하다. 심지어 단지 누군가에게 정보를 요청할 때도 그 사람의 관점에 따라 메시지의 틀을 잡아야 한다. 제2장을 참조하기 바란다.

비즈니스 커뮤니케이션의 성공 여부를 판단하는 기준이 되는 지표들이 있다. 이런 지표들을 잘 이해하는 것도 비즈니스 글쓰기에 도움이 된다. 지금부터 지표에 대해서 자세히 알아보자. 이 지표들을 활용해 비즈니스 글쓰기를 연습하기 바란다.

## 분명하고 간단한 스타일을 추구하라

명료함과 간단함은 동전의 양면과도 같은 존재다. 즉 이 두 개념은 비즈니스 글쓰기에서 떼려야 뗄 수 없는 관계다. 명료하고 간단한 글은 오해나 오역의 여지없이 메시지를 분명하게 전달한다. 글을 쓰는 이유와 글쓴이가 독자에게 바라는 바가 분명하게 드러나야 한다. 다음이 도움이 될 것이다.

> » 독자와 내가 정확한 의미를 알고 있는 단어를 사용한다. 사람들은 일일이 사전으로 단어의 뜻을 찾아가면서 비즈니스 문서를 읽지 않는다. 사전을 찾아가면서 읽어야 하는 글을 써서도 안 된다. 괜히 어려운 단어를 사용해서 깊은 인상을 남기려고 시도하지 마라.
> » 가능하다면 현재 시제의 능동형 문장을 사용한다. 그리고 단순한 문장 구조가 좋다. 예를 들어 "그 보고서는 제인에 의해 작성되었다"라는 문장보다는 "제인이 그 보고서를 작성했다"고 하는 게 더 좋다.
> » 핵심을 전달하는 콘텐츠를 논리적으로 사용한다. 불필요하거나 정신을 산만하게 만드는 내용은 적지 않는다.
> » 문장과 문장, 문단과 문단 그리고 궁극적으로 아이디어와 아이디어가 분명하고 논리적으로 연결되도록 한다.
> » 맞춤법은 정확하게 지키고 기초적인 문법을 준수한다.

이런 내용들을 명심하면, 속이 다 들여다 보일 정도로 투명하고 분명한 글을 쓸 수 있다. 왜냐하면 독자가 글에서 정보와 아이디어를 받아들이고 글쓴이가 원하는 것을 이해하는 데 방해가 될 것이 아무것도 없기 때문이다. 의식적으로 독자의 관심을 끌기 위해 쓴 글은 효과적이지 않다. 오히려 조금 무심한 듯이 쓴 글로 원하는 바를 얻어낼 가능성이 크다. 이것은 여자들이 화장을 하는 이유와 비슷하다. 여자들은 '정말 화장을 잘 하시네요!'라는 말이 듣고 싶어서 화장을 하는 것이 아니다. '정말 예뻐요!'란 말이 듣고 싶어서 화장을 한다. 이와 유사하게, 글쓴이는 사람들이 자신의 글을 읽고 표현에 감탄하기보다는 핵심 메시지에 감명을 받기를 바란다.

그리고 이렇게 쓰인 글은 이해하기 쉽다. 그래서 사람들이 이런 글을 금방 읽는다. 글이 빨리 읽힌다는 것은 중요하다. 글이 빨리 읽힐수록 그 글을 읽는 사람들도 많아진다. 글이 술술 읽혀서 중간에 지루해질 틈이 없기 때문이다. 요즘 사람들은 많은 압박감과 초조함에 시달리면서 바쁘게 살고 있다. 그래서 많은 에너지와 시간을 투자해야만 의미를 해독해낼 수 있는 글은 버림을 받는다. 아마 도중에 글을 읽다가 말 것이다.

읽기 쉬운 글을 쓰는 것은 생각보다 어렵다. 보통 심플한 드레스나 정장이 지나치게 화려한 옷보다 비싸다. 이처럼 단순하고 쉬운 글을 쓰는 데 더 많은 시간과 노력이 든다. 그리고 더 많은 고민을 해야 한다. 어찌 보면 읽기 쉬운 글을 쓴다는 것은 독자가 할 일을 글쓴이가 대신 해주는 것이다. 글을 읽으면서 의미를 찾아내는 것은 독자의 몫이다. 그래서 글이 이해하기 쉽고 잘 읽힐수록 독자의 수고가 그만큼 줄어든다. 글쓴이가 '이 글의 핵심 메시지는 이겁니다'라고 독자에게 알려주는 것과 마찬가지이기 때문이다. 정보가 생략되거나 아이디어를 연결하는 고리가 빠져 있으면, 사람들은 그 간극은 무시한 채 마음대로 글을 받아들인다. 그러니 애매모호하지 않고 완전한 글을 쓰려고 최대한 노력해야 한다. 왜냐하면 이것이 글을 통해 당신이 원하는 것을 얻는 방법이기 때문이다.

## 가독성 지수를 활용해라

필자가 소개하는 비즈니스 글쓰기 테크닉은 이론용이 아니라 실전용이다. 사람들이 글을 읽을 때 보이는 다양한 반응에 대한 연구가 진행된 적이 있다. 이 연구 결과가 필자가 소개하는 테크닉의 효과를 증명한다. 걱정하지 마라. 이 연구 결과를 직접 읽을 필요는 없다. 마이크로소프트 워드 등 대부분의 워드프로세서와 다수의 웹사이트가 이미 모든 연구 결과를 바탕으로 사용하기 쉬운 도구를 제공한다. 이런 도구를 이용하면 글의 가독성을 빨리 측정할 수 있다.

## 독해 수준을 읽는 사람에게 맞춰라

글의 독해 수준은 누구에게 글을 쓰느냐로 결정된다(그래서 글을 쓰기 전에 독자를 확실히 이해하는 것이 중요하다). 교육 수준이 높은 독자들은 어려운 내용을 확실히 이해할 수 있다. 그래서 교육 수준이 높은 사람들을 대상을 글을 쓸 때, 우리는 글의 수준을 과학자나 경영학 석사 소지자의 높은 교육 수준에 맞춰 쓰려고 애쓸 것이다. 그러나 비즈니스 글쓰기에서 이것은 좋은 생각이 아니다. 이메일, 편지, 제안서, 웹사이트 등 대부분의 비즈니스 커뮤니케이션에서 우리는 게으른 독자이고 '쉬운' 자료를 선호한다. 그렇지 않은가?

반대로 우리는 글을 쓸 때 교육 수준이 아주 낮은 독자를 위해 엄청 쉬운 언어를 사용하지 않는다. 글을 읽는 대상과 목적에 맞게 글의 수준을 조정해라.

다양한 그룹에 메시지를 전달하고 싶을 때는, 대상을 세분화하면 된다. 마케팅 전문가들이 시장을 세분화하는 것처럼 말이다. 세분화된 그룹에 맞게 다양한 버전을 준비해라. 예를 들어, 회사 직원에게 직원 복지 혜택이 바뀐다는 사실을 알려주려고 한다면, 경영진, 중간관리자급, 사무직원, 공장직원 등에 따라 공지 내용을 다르게 준비해야 한다. 그들의 독해 수준이 다양할 것이라 가정하고, 나아가 메시지의 콘텐츠에 대해서 다시 생각할 필요가 있다. 관리자는 부서에 대한 재정적 영향에 대해서 궁금해할 것이고 사무직원이나 공장직원은 이런 변화가 개인의 재정 상태에 미칠 영향에 더 관심을 가질 것이다.

## 가독성 수준을 평가해라

현재 사용 중인 마이크로소프트 워드 버전에 따라 플래시-킨케이드 가독성 지수를 이용하는 방법은 다양하다. 일반적으로 워드의 철자 및 문법 검사 화면으로 가서 '가독성 통계'를 선택하면 된다. 이렇게 하면 프로그램이 철자와 문법을 검사하고 플래시 독해 점수(Flesch Reading Ease score)가 나온다. 플래시 독해 점수는 텍스트가 얼마나 읽기 어려운지를 평가하고 플래시-킨케이드 등급은 텍스트가 몇 학년 수준인지를 보여준다.

개인적으로 필자는 다음의 가이드라인에 따라 가독성 목표를 잡고 일반 독자를 대상으로 글을 쓴다.

- » 플래시 독해 점수 : 50~70퍼센트
- » 플래시-킨케이드 등급 : 8~12학년(한국의 중학교 2학년~고등학교 3학년에 해당한다)
- » 피동형 문장 비율 : 0~8퍼센트
- » 문장당 단어 수 : 평균 14~18개(단어 수가 많은 문장이 있을 수 있고 한 단어로 구성된 문장도 있을 수 있다)
- » 문단당 문장 수 : 평균 3~5개

온라인 글을 쓸 때, 필자의 가독성 목표치는 더 높다. 아무리 큰 화면이라도, 화면으로 글을 읽는 것이 종이책을 읽는 것보다 체력적으로 더 힘들다. 그래서 독자들이 화면으로 글을 읽을 때 더 조바심을 낸다. 온라인의 경우, 8~12개의 단어가 가장 효과적이다. 중간에 짧은 문장이나 한 단어를 배치하면 효과가 더 커진다. 문단은 1~3개의 문장으로 이뤄져야 한다. 이 책에서는 왜 이 규칙을 지키지 않았냐고 묻는다면, 책의 경우는 오히려 다소 긴 문장이 더 효과적이기 때문이다.

가독성 지수가 어떻게 쓰이는지 알아보려면 마이크로소프트 워드로 작성하고 있는 한 문단이나 문서 전체를 선택해서 철자 및 문법 검사를 해보면 된다(또는 온라인 가독성 검사 프로그램에 일부분을 붙여넣기 해봐라). 철자 및 문법 검사가 완료되면, 가독성 통계가 나온다. 통계 결과를 보면서 글을 단순 명료하게 다듬어나가면 된다. 통계 결과가 최소 12등급이고(대부분의 워드 프로그램에서 12등급 이상의 지수는 없다), 독자의 60퍼센트 이하가 당신이 작성한 글을 이해할 수 있다면, 다시 쓰는 것을 생각해봐라. 검사한 문단에서 피동형 문장의 비율이 10퍼센트 이상이라면 다시 쓰는 것을 생각해봐라. 다음 섹션에서 글을 수정하는 방법에 대해서 자세히 살펴보겠지만 다음의 방법들도 글을 다시 쓰는 데 유용하다.

- » 지나치게 긴 단어를 짧고 한두 음절로 된 단어로 대체하라.
- » 문장을 나누거나 함축적인 단어를 사용해서 긴 문장을 줄여라.
- » 문단을 여러 개로 쪼개고 각 문단에 포함된 문장 수를 줄여라.
- » 사동, 피동형 문장을 최소화하라.
- » 글을 다시 쓰면서 의도한 바가 메시지에 정확하게 담기는지와 이해하기 더 어려워진 것은 아닌지 검토하라.

읽기 쉬운 글의 특징에 대한 연구는 20세기 초에 시작되어 영어를 포함해 많은 언어를 대상으로 계속 진행되고 있다. 가장 영향력 있는 연구자는 플래시-킨케이드 가독성 지수의 루돌프 플래시와 포그 지수의 로버트 거닝이다. 두 사람 모두 1940년대 후반 미국 기자들과 신문사들과 신문의 독해 수준을 낮추고 신문 구독률을 45퍼센트 끌어올리기 위해 노력했다.

최근에 우리가 읽는 것들에 대한 독해 등급은 많은 것을 이야기해준다. 전반적으로 언어가 간단하고 명료할수록 독자 수가 올라간다. 전문가들이 평가한 일부 신문의 독해 등급은 다음과 같다.

- 유명 음악 : 2.6~5.5등급
- 스티븐 킹, 톰 클랜시, 존 그리샴 등 유명 작가 : 7등급
- 뉴욕타임스, 월스트리트저널 : 11등급
- 런던타임스 : 12등급
- 가디언 : 14등급
- 타임스 오브 인디아 : 15등급
- 학술 자료 : 15~20등급
- 전형적인 정부 문서 : 20등급 이상

그러고 나서 다시 가독성 지수를 확인해라. 지수가 여전히 높다면 앞의 프로세스를 반복해라. 가독성 등급을 10등급까지 낮출 수 있는지 살펴보고 그다음에 8등급까지 낮출 수 있는지 살펴라. 피동형 문장은 8퍼센트 미만이 되도록 써라. 여러 버전을 비교해라. 어떤 버전이 더 마음에 드는가? 어느 버전이 당신의 목적을 달성하는 데 가장 효과적인가?

## 글 속에서 억양을 찾아라

짧은 문장을 주로 사용해서 글을 쓸 때, 우리는 글이 뚝뚝 끊어지고 지루하지는 않을지 그리고 마치 교과서를 읽는 것처럼 느끼지 않을지 걱정한다. 간단 명료한 글은 결코 지루할 수 없다.

글을 읽고 쓸 때, 그 속에서 억양을 느끼게 되면 글쓰기 실력은 크게 개선될 것이다. 다른 수많은 언어들과 마찬가지로, 영어는 글쓰기가 발명되기 10만 년 전부터 말로 전달되었다. 그래서 억양은 글뿐만 아니라 말이 어떻게 받아들여지느냐에 중요한 역

할을 한다.

최악의 연설자들을 생각해보자. 그들은 변화가 전혀 없는 단조로운 톤으로 길고 복잡한 문장을 내뱉는다. 이런 경우, 그들의 연설을 듣자마자 마치 귀가 마비되는 것 같은 착각이 들기도 한다. 그들과는 대조적으로 훌륭한 연설자들은 문장의 길이, 목소리와 억양을 변화시켜 청중의 이목을 집중시킨다. 작가로서 당신도 이렇게 할 수 있다.

글을 쓸 때, 자연스럽게 억양을 고조시켜라. 억양은 독자를 계속 붙들어두고 글에 흥미를 느끼도록 만든다. 그래서 억양이 중요하다. 앞 문장과는 조금 다른 문장을 사용하고 짧거나, 의미가 분명한 문장을 구두점으로 표시된 두세 개 구문으로 이뤄진 상대적으로 긴 문장과 번갈아가면서 사용해봐라. 훌륭한 연설가처럼, 짧고 임팩트 있는 단어와 구절을 사용해봐라. 주의할 것은 조심스럽게 배치를 잘 해야 한다.

### 짧고 뚝뚝 끊어지는 문장을 고쳐라

심지어 짧은 메시지도 문장의 억양을 신경 쓰는 것이 좋다. 다음의 간단한 메시지를 살펴보자.

> 킴, 영상팀이 어제도 안 나왔어요. 아침 내내 기다렸습니다. 끝내 안 나타나더군요. 할 일 없이 멍하니 앉아 있었어요. 시간만 낭비했습니다. 용납할 수 없는 상황입니다. 조언 부탁드려요. - 테드

다음은 두 번째 버전이다.

> 킴, 어제 영상팀이 또 실망스러운 행동을 했어요. 아침 내내 그들이 오기를 기다리다가 시간만 낭비했네요. 그래서 목표로 한 일정을 맞추기 힘들 것 같아요. 앞으로 진행사항에 대해서 조언 좀 해주시겠어요? 감사합니다. - 테드

더 잘 읽히는 메시지에서 억양이 어떻게 변하는지 살펴봐라. 두 번째 버전에서 글쓴이는 더 프로페셔널하게 다가오고 개인적인 불만보다 당면 과제에 집중하고 있다는 인상을 준다. 같은 정보를 전달하고 있으나, 문장 구조에 신경 쓰는 것만으로도 이렇게 많은 것이 달라진다. 긴 문서의 경우, 문장의 길이와 구조를 다양하게 하는 것이 훨씬 더 중요하다. 부자연스럽고 지루한 글을 끝까지 읽을 사람은 거의 없다.

짧은 문장을 사용해서 억양을 바꿀 때, 쉽게 단어 선택과 콘텐츠를 개선할 수 있다. 테드는 세 번째 버전도 작성한다.

> 킴, 유감스럽게도 영상팀이 어제 또 나오지 않았습니다. 오전 시간을 활용하지 못해서 연례회의 시작인 8월 14일까지 일정을 맞추기 어려울 것 같아요. 대체인력을 좀 찾아봤어요. 최종 명단을 첨부했으니 확인 부탁드려요. 앞으로 어떻게 할지 만나서 논의하고 싶은데, 시간 있으세요? 감사합니다. - 테드

앞선 버전들보다 내용이 유기적으로 연결되고 메시지가 권위 있게 들린다는 사실을 알아차렸나? 물론 콘텐츠가 변했다. 심사숙고하여 메시지를 구성한 결과다! 모든 글은 무엇을 어떻게 말하는지에 따라 결과가 달라진다.

신중하게 단어를 선택하다 보면 더 좋은 아이디어가 생각나기도 한다. 첫 번째 메시지에서 테드는 문제를 해결할 능력이 없는 불평쟁이로 다가온다. 두 번째 메시지에서 테드는 적어도 분명하게 자신의 메시지를 전달하고 논점에서 벗어나지 않았다. 그리고 세 번째 메시지에서 테드는 책임감 있고 유능한 전문가로 보인다. 시킨 일만 하고 지시를 기다리는 수동적인 존재가 아니라, 일이 전반적으로 어떻게 돌아가는지에 관심이 있고 주도적으로 일하는 믿을 수 있는 사람으로 다가온다.

이것이 바로 좋은 글쓰기가 부린 마법이다. 문제가 명확해지고 처음에는 생각나지 않던 해결책이 떠오른다. 사람들이 자신을 더 유능하게 보고 실제로 더 유능한 사람으로 만든다. 그래서 좋은 글을 쓰는 데 많은 시간을 투자해야 한다. 일단 이런 믿음을 받아들이고 이 책이 제공하는 구조를 흡수하면, 당신은 유능하고 강력한 글쓴이가 될 수 있다.

### 길고 복잡한 문장을 고쳐라

사람들은 종종 짧은 문장을 매끄럽게 연결하지 못하여 애를 먹는다. 그러나 이와 반대로 문장을 너무 길고 복잡하게 써서 문제가 되는 경우도 있다. 이런 경우 결과는 동일하다. 바로 죽은 글이 된다.

결코 끝나지 않는 문장은 문장 구조를 바꾸어 긴 문장을 짧은 문장으로 잘라야 한다. 이렇게 하면 더 효과적이고 흥미로운 글이 된다.

많은 사람들이 좋은 작가가 될 수 있는 잠재력을 지니고 있음에도 불구하고 좋은 글을 쓰지 못한다. 끊임없이 계속 같은 억양을 반복하는 패턴에 빠지기 때문이다. 워크숍에 대해 쓴 사설을 한 번 읽어보자.

> 나는 세계 경제를 개선하고자 하는 노력을 강력하게 지지하고, 그래서 자연스럽게 작가의 입장에 우호적일 수밖에 없다. 이 편견이 필자가 처음 이 글을 읽자마자 긍정적인 반응을 보인 이유인지도 모르지만, 이것이 필자가 이 글을 놀랍도록 잘 쓰인 글이라고 생각하는 이유는 아니다. 이 기사는 아주 잘 조사된 내용을 바탕으로 쓰였을 뿐만 아니라, 이 글에서 사용된 비용 - 효용 분석은 문제에 대해서 생각해보는 효과적인 방법이다.

단조로운 톤과 긴 문장이 메시지의 아이디어를 제대로 전달하지 못하고 있다. 이 글을 다음처럼 고쳐 쓸 수 있다.

> 나는 세계 경제를 개선하고자 하는 노력을 강력하게 지지하기 때문에 이 글을 긍정적으로 받아들이는지도 모르겠다. 그러나 이것이 필자가 이 글을 훌륭한 작품이라 생각하는 이유는 아니다. 이 기사는 철저하게 잘 조사되었다. 게다가 이 기사의 비용 - 효용 분석은 문제에 대해서 생각해보는 효과적인 방법이다.

또 한 번 말하지만, 단순히 문장의 길이와 구조를 다양하게 사용했을 뿐인데, 전반적인 단어 선택과 글의 흐름이 좋아졌다. 짧은 문장- 긴 문장- 짧은 문장의 패턴은 얼마든지 응용이 가능하다. 예를 들어 짧은 문장 두 개를 연달아 쓰고 그다음에 좀 더 복잡한 문장을 쓸 수도 있다.

 모든 사람들은 자신만의 글쓰기 습관이 있고 개선할 부분이 있다. 자신의 약점을 찾으려 노력해라. 그리고 제4장에 나오는 실용적인 해결 테크닉 중 하나를 사용해서 약점을 고치면 된다.

## 대화하듯이 글을 써라

비즈니스 글쓰기를 배울 때, '대화하듯이' 글을 쓰라는 말을 종종 듣는다. 도대체 이게 무슨 의미일까?

19세기와 20세기에 작성된 비즈니스 문서를 지금 읽어보면, 글이 느리고 형식적이고 장황한 것 같다. 오늘날의 커뮤니케이션은 우리의 삶처럼 빠르게 움직여야 하고 자연스럽게 느껴져야 한다.

그러나 글에서 대화체는 일종의 착각이다. 실제로 말하는 방식 그대로 글을 쓸 수 없다. 그리고 그래서도 안 된다. 그러나 다양한 방식으로 자연스러운 말투를 흉내 내서 보다 효과적으로 독자를 메시지에 몰입시킬 수 있다.

앞부분에서 다룬 억양은 메시지에 앞으로 나갈 힘을 주고 대화하는 느낌을 만들 수 있다. 다음은 글에서 대화톤을 만드는 테크닉이다.

> » **메시지에 온기를 불어넣어라.** 글을 쓰기 전에 글을 읽을 사람과의 관계에 맞추어 적절한 콘텐츠를 생각해보면 주제가 떠오르고 톤이 바르게 잡힐 것이다.
> » **짧고 간단한 단어를 선택해라.** 깊은 인상을 남기기 위해서 시험 삼아 사용하는 어려운 단어 말고 누군가에게 말할 때 쓰는 단어를 사용해라. '독자 친화적인 단어를 선택해라'를 참조해라.
> » **피동형 문장의 사용을 최소화해라.** 피동형 문장 대신 독자의 흥미를 유발할 수 있는 능동형으로 표현할 수 있는지 판단해라.
> » **선택적으로 문법을 변경해라.** 예를 들어, '그리고', '그러나' 또는 '또는'으로 시작하는 문장은 괜찮지만, 명사와 대명사가 틀려서는 안 된다.
> » **독자와 소통해라.** 이제 일방적인 상의하달식 커뮤니케이션은 구식이다. 글을 쓸 때, 독자의 흥미를 유발하고 아이디어를 수용할 수 있는 방법을 찾아라. 오늘날의 독자들, 특히 젊은 세대는 누군가의 아이디어를 수동적으로 받아들이는 수용자가 아닌 그 아이디어를 형성하는 데 적극 참여해 아이디어의 일부가 되기를 원한다. 많은 온라인 테크닉들이 전통적인 미디어에서도 활용되고 있으니 이를 적절하게 당신의 글쓰기에 사용하면 된다.

이 가이드라인을 무시하고 어쩔 도리가 없을 정도로 한물간 사람으로 보이고 싶다면 다음처럼 장황하고 생기 없는 글을 쓰면 된다.

일레인에게,

블루 제이 사업제안서의 데드라인이 조금 앞당겨져 8월 14일이 되었다는 소식을 전하게 되어 유감스럽습니다. 이 예기치 못한 변경이 당신의 부서에 해결할 수 없는 문제들을 일으킬까요? 의견을 알려주세요. 8월 2일 3시에 이 사안에 대해서 논의하고 싶은데, 가능한지 사무실로 연락해주시기 바랍니다. - 캐리

하품이 절로 나온다. 그리고 다소 헷갈린다. 아니면 다음처럼 분명하고 신속하고 산뜻한 글을 쓸 수 있다.

일레인, 블루 제이 데드라인이 8월 14일로 당겨졌어요. 이런 말을 해야 해서 미안해요. 어처구니가 없죠. 저도 잘 알아요. 이래서 문제가 될까요? 한번 이야기해보죠. 목요일 3시 어때요? - 캐리

두 번째 버전이 캐주얼하고 대화하는 듯이 느껴지지만, 실제로 캐리가 일레인에게 전화로 이야기할 때 사용되는 단어들은 아니다. 두 사람이 전화통화를 하면 다음과 같을 것이다.

여보세요? 잘 지내죠? 있잖아요. 문제가 생겼어요. 블루 제이 데드라인이 8월 14일로 당겨졌어요. 네, 알아요. 정말 말도 안 되는 소리죠. 논의를 좀 하죠. 목요일 3시 괜찮아요?

온라인 글의 경우, 지나치다 싶을 정도로 대화하는 듯한 착각이 들도록 글을 쓰는 것이 좋다. 당신이 좋아하는 웹사이트에서 재즈처럼 즉흥적인 스타일로 쓰인 글을 자세히 살펴봐라. 단어들이 지니의 요술램프에서 금방 튀어나온 것처럼 보이겠지만, 대부분의 경우 카피라이터들이 몇 주 혹은 몇 달 심지어 몇 년 동안 머리를 쥐어짜고 고민해서 나온 문구다. 즉흥적으로 술술 읽히는 글은 쉽게 나오는 것이 아니다. 고된 노동의 결과다. 일부 사람들, 예를 들어 블로거들은 대화를 하듯이 글을 잘 쓴다. 왜냐하면 그들은 의식적으로 이렇게 글을 쓰는 연습을 해왔기 때문이다.

## 언어에 활력을 불어넣어라
- - - - - - - - - - - - - - - - - - - - - - - - - - -

글로 하는 커뮤니케이션은 단어로 시작한다. 그래서 단어를 잘 선택해야 한다. 그러

나 비즈니스 글쓰기에서 최고의 단어를 선택하는 데 도움을 줄 가이드라인은 직관에 어긋나 있는 것처럼 느껴질 수 있다. 뉘앙스를 표현하는 길거나 미묘한 단어를 피해라. 이런 단어는 소설가와 학자들에게는 주식이겠지만, 비즈니스 글쓰기에는 영감을 떠오르게 하고 애매하고 인상 깊거나 엘리트처럼 들리는 단어와 표현은 피해야 한다. 실제로 이와는 정반대의 단어를 사용해야 한다.

## 일상적인 단어를 선택해라

평소에 사용하는 짧고 일상적인 단어는 대체로 비즈니스 글에서도 최고의 단어 선택이다. 이런 단어들은 분명하고 실용적이며 직설적이다. 그리고 아이디어를 아주 깊고 포괄적으로 전하기에도 충분한 힘이 있다. 사람들이 신경 쓰고 이야기하고 싶어 하는 아주 기본적이고 실질적인 것들을 나타내기 때문에, 일상적인 단어들은 사람들의 감정을 자극한다. '집'은 '주거'와는 완전히 다른 느낌으로 다가온다. '관두다'는 '사직하다'보다 더 함축적인 의미를 전달한다.

오늘날 많은 직장에서, 사람들은 그 어느 때보다 다양한 문화권에서 태어난 사람들과 그리고 교육 수준이 다른 사람들과 커뮤니케이션을 해야 한다. 단순하고 직설적인 단어가 진리다.

이 원칙은 이메일뿐만 아니라 보고서와 제안서처럼 긴 문서에도 적용된다. 얼마나 대단한 이야기를 하든지 그리고 얼마나 대단한 회사이든지 간에, 일상적인 단어들을 사용하면 긴 문서도 '아는 척'처럼 읽히지 않는다. 그리고 웹사이트와 블로그 등 온라인용 글에서도 짧은 단어를 사용하는 것이 좋다. 화면에서 글을 읽을 때, 우리는 음절이 많고 복잡한 단어를 보면 그 글이 금세 읽기 싫어진다. 스마트폰과 기타 작은 디바이스로 글을 읽고 쓰는 경우에는 짧은 단어가 유일한 실용적인 선택지다.

## 독자 친화적인 단어를 선택해라

짧고 친밀한 단어를 사용하는 것은 상식처럼 들린다. 그런데 왜 우리는 빽빽한 문장에 길고 아주 어려운 단어들로 채워진 비즈니스 문서를 너무나 자주 보게 될까? 필자도 잘 모르겠다. 만약 모든 사람들이 자신들이 읽고 싶은 방식대로 글을 쓴다면, 필자는 더 동료애가 느껴지고 효율적이며 생산적인 세상이 만들어질 것이라 확신한다.

비즈니스 글을 쓸 때, 사용할 수 있는 짧은 단어 리스트를 만들어봐라. 글이 분명할수록 더 좋은 결과가 만들어진다.

긴 단어가 무조건 나쁘다는 의미는 아니다. 실제로 이런 단어가 더 좋은 선택인 경우도 있다. 그러나 일반적으로 짧고 간단한 단어가 있는데도 불구하고 긴 단어를 선택할 때는 뭔가 이유가 있다. 당신이 쓴 글을 살펴보고 자주 사용한 세 음절 이상의 단어가 있는지 봐라. 그리고 이 단어를 대체할 더 짧은 단어는 없는지 생각해봐라. 온라인 유의어 사전이 도움이 될 수 있다.

### 실질적이고 구체적인 단어를 사용해라

보통명사는 사람이나 개, 코, 먼지, 집, 보트, 풍선, 컴퓨터, 달걀, 다리, 의자 등 실제로 존재하는 것처럼 유형의 존재를 나타낸다. 이것들은 실제 공간에 존재하는 사물들이다. 우리가 만지고 보고 냄새 맡거나 맛볼 수 있다.

추상명사는 일반적으로 아이디어와 개념을 나타낸다. 재앙, 자유, 효율성, 지식, 미스터리, 관측, 무절제, 분석, 연구, 사랑, 민주주의 등 상황, 조건, 질 또는 경험을 의미한다.

구체적인 사물을 지칭하는 보통명사를 사용하면, 독자는 이런 물리적인 대상과 단어를 연관 짓게 되고 보다 현실적으로 받아들인다. 게다가 모든 사람들이 보통명사를 보고 똑같은 의미나 사물을 떠올릴 것이다. 그러나 이것은 추상명사에는 해당되지 않는다. 두 사람이 '사과'를 보고 이 단어의 의미에 대해서 논쟁을 벌이지는 않겠지만, '독립'이나 '교육'의 의미에 대해서는 논쟁을 벌일 수 있다.

추상명사가 많이 나오는 글은 메시지를 개략적으로 전달한다. 심지어 사설이나 철학적인 글을 쓸 때, 지나친 추상화는 독자가 상상력을 발휘하는 데 방해가 된다. 이런 이유로 사람들은 대다수의 비즈니스 글을 지루하고 재미없게 느낀다.

제2차 세계대전의 성패를 가른 중요한 시기에 윈스턴 처칠이 현대의 기업가들이 글을 쓰는 것처럼 연설문을 작성했다고 상상해보자.

우리는 사람들이 밀집되어 있는 지역을 지켜내겠다는 책임과 인류에 변혁적인 미래를 가져다주겠다는 의지에 따라 이 작전을 효과적이고 적극적으로 수행할 것입니다. 다양한 지리적 상황 속에서 어떤 장애물이 나타나든지 간에 우리는 비용 대비 성능이 훌륭한 최첨단 기술을 사용할 것이고 이 작전에 최대한 헌신할 것입니다.

대신에 윈스턴 처칠은 다음처럼 연설문을 작성했다.

우리는 약해지거나 실패하지 않을 것입니다. 우리는 끝까지 싸울 것입니다. 프랑스에서, 바다와 대양에서 싸우며 자신감과 힘을 길러 하늘에서 싸울 것입니다. 어떤 대가를 치르더라도 우리는 이 섬을 지켜낼 것입니다. 우리는 해변에서, 비행장에서, 들판에서, 거리에서 그리고 언덕에서 싸울 것입니다. 우리는 절대 항복하지 않을 것입니다.

어느 연설문이 오감을 자극하고 피를 들끓게 하나? 후자가 나온 지 75년이 지난 지금도 심금을 울리지 않나? 확신이 드는 연설문은 어느 것인가? 물론, 윈스턴 처칠이 연설문을 작성했지만, 연설문을 그냥 읽어도 그가 하고 싶은 말이 무엇인지 놀라울 정도로 확실히 느껴진다.

윈스턴 처칠처럼 국민들의 사기를 북돋우는 연설을 하라고 우리가 불려가지는 않을 것이다. 그러나 구체적으로 글을 쓰면 당신에게도 이득이다. 구체적인 단어는 글에 생동감을 불어넣는다. 말하고자 하는 것과 말하는 방식에 현실적으로 접근해라.

난해하고 간접적이며 추상적인 글을 쓰고 싶은 충동이 생길 때가 종종 있다. 왜냐하면 일반적으로 기업 내 문서나 사업제안서 등이 이런 식으로 작성되기 때문이다. 절대 이런 식으로 글을 쓰려고 시도하지 마라. 설령 본인은 난해하고 추상적인 글을 쓴다 하더라도, 그런 종류의 글을 읽는 것을 좋아할 사람은 아무도 없다. 핵심만 담은 생생하게 살아 있는 메시지를 쓰고 이 메시지가 가져올 긍정적인 반응을 기다려라.

## 능동형 문장을 사용하라

능동형 문장은 힘이 넘친다. 반면 피동형 문장은 언어와 생각을 '죽인다.' 피동형의 지루한 문장을 읽고 대체할 만한 문장을 생각해보자.

> 매년 여름 전 직원은 사장의 별장에서 열리는 바비큐 파티에 초대된다.
>
> 매년 여름 사장은 전 직원을 별장에서 열리는 바비큐 파티에 초대한다.
>
> 근무시간 연장은 인재 관리부서에서 내려졌다.
>
> 인재 관리부서는 근무시간 연장을 결정했다.
>
> 어느 경로를 따라야 하는지 결정할 때 고려해야 할 회사의 규정이 있다.
>
> 회사의 규정은 어느 경로를 따라야 하는지를 알려준다.
>
> 글쓰기 실력을 향상시키고 싶다면 반드시 이용해야 하는 가이드라인이 있다.
>
> 글쓰기 실력을 향상시키는 가이드라인을 이용해라.

피동형 문장에 대한 해결책은 바로 행위의 주체를 찾는 것이다. 누가 무엇을 했는지 분명하게 찾고 문장을 이에 맞게 다시 쓰면 된다.

피동형 문장은 종종 책임을 회피한다. 다음은 전형적인 사례다.

> 실수가 생겼고 사람들이 다쳤고 기회가 사라졌다.

도대체 누가 실수를 해서 사람들을 다치게 했고 기회를 날려버린 것일까? 작가가? 아니면 정체를 알 수 없는 CEO? 미스터리한 정부 관계자?

당신이 쓴 글에서 피동형 문장을 모두 찾아라. 그런 문장을 찾는 족족 없애라는 의미는 아니다. 명확히 정의할 만한 주체가 없어서 피동형 문장을 쓸 수밖에 없는 경우가 있다. 또는 다음처럼 다른 이유로 피동형 문장이 필요한 경우가 있다.

> 이 상은 우수한 영업 실적을 기리기 위해서 만들어졌다.

또는 피동형 문장을 사용해서 긴장감을 유발하고 깜짝 놀랄 만한 소식을 사람들에게 전달하기 위한 경우도 있다.

> 올해의 상은 입사한 지 얼마 안 된 신입사원에게 돌아갔습니다. 조 맨!

## 독자의 이해를 돕기 위해 비유를 사용하라

비유는 독자가 메시지를 깊이 이해하도록 돕는다. 글을 쓸 때, 추상적인 아이디어를 형태가 있는 것으로 느껴질 수 있도록 만들고 전반적으로 메시지에 대한 이해력을 높이기 위해서 직유와 은유를 사용해라. 둘 다 비유법이다. 직유와 은유는 섬세하거나 길거나 잘난 척하는 문학적 기법이 아니다. 여기 간단한 비유들이 있다.

> "시인들은 화가들이 붓을 사용하는 것처럼 은유를 사용해서 사람들이 내면의 뜻을 이해할 수 있도록 돕는다."
>
> "이 상은 나에게 오스카다."
>
> "인생은 초콜릿이 가득 든 상자 같다."
>
> "새로운 폴리머의 너비는 10나노미터다. 평균적으로 사람의 머리카락의 너비는 9만 나노미터다."
>
> "1만 5,000피트 상공에서 세상은 평화와 평온이 조화롭게 엮인 퀼트처럼 보인다."

어느 비유를 사용하든지 간에 비유는 효과적이다.

» **마음속으로 이미지를 만들어라.** 독자가 당신의 아이디어와 정보에 접근하고 기억하는 다른 방법이 된다.

» **다른 관점에서 대상을 봐라.** 익숙하지 않은 것을 설명하기 위해서 익숙한 것을 사용하는 방법은 새로운 정보나 변화를 소개할 때 특히 유용하다.

» **매일 쓰는 실용적인 글의 효과를 고조시켜라.** 잘 쓰인 소설에서처럼, 비즈니스 문서에서 훌륭한 비유는 독자의 상상력을 자극한다.

» **관심을 끄는 흥미로운 헤드라인을 만들어라.** "자전거 타는 법을 배우는 것이 집에서 일하는 것과 같다"라는 제목의 블로그 게시글을 보고, 필자는 도대체 두 개가 어떤 공통점이 있는지 알고 싶어서 그 글을 읽은 적이 있다.

## 【 참신한 비유를 만들어라 】

비유 놀이는 수업 시간에 하는 전형적인 게임이다. 이 게임을 이용해서 아이디어를 표현하는 여러 가지 새로운 방법들을 찾을 수 있다. 단순히 두 개의 다른 사물을 가져다가 독자들이 하나의 사물을 다르게 보도록 유도한다고 생각해라.

짬을 내서 물건, 활동 또는 경험에 관한 리스트를 빈 종이나 화면의 왼쪽에 적어라. 예를 들어, 새로운 프로젝트, 이력서 작성하기, 상사를 기쁘게 만들기, 판매할 새로운 제품, 컴퓨터 게임하기 등의 리스트를 만들 수 있다.

이 아이템들이 어떤 것인지 생각해봐라. 시각적으로 또는 다른 감각을 이용해서 어떻게 설명할 수 있을까? 이것들이 어떤 느낌이 들도록 만드는지 생각해봐라. 유사한 특징을 지닌 다른 것들을 생각해봐라. 되도록이면 진부한 표현은 피하고 스스로 흥미롭다고 느껴지는 새로운 비유를 찾아내라.

그러고 나서 종이나 화면의 오른쪽에 각 아이템에 대해서 생각해낸 아이디어를 적어라. 기가 막힐 정도로 멋진 비유가 아니라도 걱정할 것 없다. 그냥 연습이라 생각하고 모든 아이템에 대해 아이디어를 생각해내라. 이 새롭게 익힌 기술을 중요한 문서를 작성하거나 어려운 것을 설명하거나 최고의 설득력 있는 주장을 해야 할 때 써먹어라. 예를 들어, 다음처럼 마지막 문장에 쓸 좋은 비유를 고민하고 있다고 치자.

이 계약을 성사시키는 것은 ○○만큼 좋다.
이 새로운 서비스는 X가 Y를 바꾼 것처럼 생명보험에 대한 당신의 생각을 바꿔놓을 것이다.
솔루션 B 대신 솔루션 A에 투자해서 얼마의 돈을 절약하는 것은 ○○같다.

## 독자가 익숙하게 느끼는 그래픽을 사용해라

잘 쓴 메시지와 문서는, 이번 장과 앞의 장에서 말했듯이, 세심하게 계획되고 분명하고 생생하게 표현된다. 그러나 하나 더 강조하고 싶은 요소가 있다. 글은 독자의 니즈를 충족시키고 잘 읽히는 것에서 끝이 아니다. 보기에도 좋아야 한다.

당신의 글이 인쇄되든 온라인에 게재되든 간에, 모든 메시지와 문서는 시각적 경험이다. 이런 시각적 요소는 가독성에 큰 영향을 준다. 독자들은 당신의 메시지의 가치와 신뢰성을 시각적 요소로 판단한다. 효과적인 이력서, 제안서, 보고서나 단순한 이메일을 작성할 때, 디자인은 글의 성패를 좌우할 수 있다.

다음 부분은 메시지의 매력을 극대화하기 위해서 다양한 그래픽 테크닉을 사용하는 방법을 보여줄 것이다. 안심해라. 좋은 디자인을 위해서 특별한 소프트웨어나 기타 툴을 따로 살 필요는 없다.

## 여백을 두자

글에서 여백의 의미에 대해서 다음의 비유로 이야기해보겠다('참신한 비유를 만들어라' 참조).

> 제빵사가 빵 반죽에 이스트를 넣는 것과 같은 이유로 글에서는 빈 공간이 필요하다. 이스트를 넣은 반죽을 실온에 일정시간 놔두면 반죽이 부풀어 올라서 더 쫀득쫀득하게 된다.

 빈 공간으로 글에 숨 쉴 구멍을 줘라. 글을 훑거나 읽을 때 우리의 눈은 휴식이 필요하다. 글자 크기나 줄 간격, 자간 등을 줄여서 좁은 공간에 억지로 많은 글자를 집어넣지 마라. 빡빡한 텍스트는 읽을 수가 없다. 주어진 공간에 너무 많은 내용을 적어야 한다면, 내용을 줄여라. 제4장에서 메시지의 효과를 강화하면서 이렇게 하는 방법을 보게 될 것이다.

항상 메시지에 이 소중한 빈 공간을 넣을 기회를 찾아라. 당신이 지금까지 작성한 모든 글에서 여백을 확인해라. 글자 크기, 줄 간격, 용지 크기, 문단 너비와 표제, 사이드바 그리고 통합 이미지 등 그래픽 디바이스를 이용해서 빈 공간을 조절할 수 있다.

## 서체를 선택하자

글자체는 다양하고 많은 그래픽 효과를 낸다. 다음은 가장 중요하고 손쉽게 글의 빈 공간을 조절하는 방법 중 하나다.

### 서체

읽기 쉬운 글자체를 이용하는 것이 중요하다. 인쇄용 글씨의 경우, 이 책에서 사용된 글자체처럼 자획 끝부분에 돌출선이 있는 명조체가 독자 친화적이다. 왜냐하면 각 문자가 뚜렷하고 분명하게 눈에 들어오기 때문이다. 그리고 명조체는 눈으로 문자에서 문자로 그리고 단어에서 단어로 부드럽게 따라가면서 읽기에 편하다. 자획 끝부분에 돌출선이 없는 고딕체는 더 모던하고 세련되어 보여서 아트 디렉터들이 종종 선호하는 글자체다. 그러나 일부 고딕체는 독자를 혼란스럽게 만들 수 있다. 예를 들어, 소문자 l과 대문자 I를 구별하기 어려울 수 있다.

목적에 따라 서체를 선택해라. 종이에 인쇄되는 긴 문서의 경우, 명조체가 좋은 선택이다. 바로 읽기 쉽다. 어느 선까지 서체를 섞어서 사용할 수 있다. 고딕체로 헤드라인과 표제를 작성하면 본문과 훌륭한 대조를 이뤄서 글을 읽기가 더 편해진다. 그러나 일반적으로 두 개 이상의 서체를 섞어서 쓰지는 마라.

글을 쓰는 목적이 무엇이든지 간에 화려하거나 귀여운 글자체는 피해라. 이런 글자체는 정신을 산만하게 만들 뿐만 아니라 다른 사람의 컴퓨터와 호환이 안 될 수 있다. 다른 컴퓨터에서 열었을 때, 글자가 깨질 수도 있고, 문서를 불러들이는 과정에서 문자가 아예 소실될 수도 있다. 채용담당자들은 때때로 지원자의 이름이 빠진 이력서를 받곤 하는데, 이런 일이 일어나는 까닭은 채용담당자의 컴퓨터에 해당 서체가 없어서 중요한 정보가 제대로 변환되지 못하고 누락된 것이다.

그리고 전체 메시지를 굵은 글씨로 작성하지 마라. 굵은 글씨로 전체 메시지를 작성하면 마치 당신이 소리를 지르고 있는 듯한 인상을 준다. 한두 단어 이상을 이탤릭체로 사용하는 것도 피해라. 이탤릭체가 너무 많으면 읽기 어렵다.

## 글자 크기

서체 선택처럼, 최상의 글자 크기는 당신이 얻고자 하는 결과에 따라 결정된다. 일반적으로 10~12포인트 사이가 가장 적당하지만, 읽는 사람과 전달하고 싶은 경험에 따라서 크기를 조정할 필요는 있다. 작은 활자는 보기 좋을지 모르지만, 만약 당신의 보고서를 읽는 사람의 나이가 55세 이상이라면 8포인트는 시쳇말로 '죽음'이다.

온라인에 올리는 글도 10~12포인트 사이가 적당하지만, 모니터와 디바이스의 너비 등을 고려하면 좀 복잡하다. 온라인 텍스트는 사용기기에 따라 느낌이 달라진다. 그래서 일반적으로 권장하는 글자 크기를 사용하면 문제가 될 수 있다.

글자 크기를 줄여서 더 많은 내용을 담으려고 하지 마라. 할당된 공간에 비해 글이 너무 길어서 'CEO 편지'의 내용을 줄이라고 최고 경영자를 설득해야 했던 적이 있다.

당시 그는 단 한 자도 줄이지 않으려고 했다. 그래서 그의 글을 다 담으려면 글자 크기는 최소 6포인트여야 했고 필자는 그에게 6포인트로 메시지를 작성하면 어떻게 되는지 직접 보여줬다. 이를 보자마자 그는 바로 빨간펜을 들었다.

### 여백과 문단

온라인에 올리는 글과 출판물 모두, 문단 간격을 너무 넓게 잡지 마라. 눈이 문단을 가로지르면서 글을 읽기가 힘들어지기 때문이다. 내용을 두 문단으로 나눠도 한 화면에 다 담을 수 없다면 한 문단 또는 두 문단 모두의 여백을 넓히는 방법을 생각해봐라.

문단을 정렬할 때에도 신중을 기할 필요가 있다. 대부분의 사람들은 글을 읽을 때 왼쪽에서 오른쪽으로 읽는다. 따라서 문단의 정렬은 왼쪽 끝을 일치시키는 왼쪽 정렬이나 양쪽 끝을 맞추는 양쪽 정렬을 원칙으로 하는 것이 좋다. 문단의 가운데를 일치시키는 가운데 정렬이나 오른쪽 끝을 맞추는 오른쪽 정렬은 읽기가 어렵다.

### '심플한' 글자색을 사용하자

인쇄된 문서에서 내용을 강조하기 위해 글자색을 바꾸면 눈이 더 즐거워진다. 그러나 '심플함'은 항상 유지해라. 검정색 글자에 색깔 하나를 추가하는 것만으로도 충분하다. 헤드라인이나 표제에 검정색 이외의 색을 사용해서 메시지가 강조되는지 살펴라. 컬러 인쇄는 예전보다 저렴해졌지만 무지개 빛깔의 총천연색 문서를 인쇄하지는 않는다. 보통 사진과 기타 그래픽을 출력할 때 주로 완전 컬러 인쇄를 한다.

원하는 색을 마음대로 사용할 수 있는 온라인용 문서의 경우도 글자색을 너무 다양하게 사용하면 지저분하고 아마추어가 작성한 글처럼 보인다. 디자이너들은 많아야 두세 개의 색이 섞인 단순하고 깔끔한 팔레트를 선호한다. 당신도 그래야 한다. 진한 배경색을 설정하지 마라. 읽기 어렵다. 이것은 배경색은 아주 밝고 연해서 거의 보이지 않는 것이 좋다는 의미다. 예를 들어 검정색 또는 어두운 색의 배경에 하얀색 글자는 보기에는 좋을 수 있다. 단 삽화나 사진의 설명처럼 짧은 내용일 경우에 한한다. 인쇄할 문서를 이런 식으로 작성하면 글을 읽는 것이 소위 '미션 임파서블'이 될 수 있다.

그래픽 디자이너와 중요한 문서나 웹사이트 작업을 하고 있다면 절대 그래픽 효과가 가독성과 편집의 명료성을 해치도록 둬서는 안 된다. 대부분의 디자이너에게 단어는 비주얼 패턴의 일부일 뿐이다. 만약 디자이너가 단어가 너무 많다고 말한다면 충고를 잘 들어라. 그러나 만약 비주얼 작업이 메시지를 저해한다면 단호하게 '안 됩니다'라고 말해라. 그래픽은 메시지의 효과와 가독성을 강화시켜야지 약화시켜서는 안 된다.

## 그래픽을 효과적으로 사용하자

좋은 이미지가 있고 메시지에 적합하다면 사용해라. 갈수록 이메일뿐만 아니라 긴 문서에서 이미지를 사용하는 사례가 많아지고 있다. 이미지가 독자의 관심을 끌고 유지하는 힘이 있다는 사실이 연구를 통해 밝혀졌다. 시각자료들이 트위터와 같이 상대적으로 오래된 온라인 미디어를 장악하기 시작했고 동영상 웹사이트 유튜브는 말할 것도 없이 핀터레스트와 인스타그램 등 새로운 툴에서는 시각자료가 곧 이야기가 된다.

그래픽의 적절성은 목적에 따라 결정된다. 제안서는 금융 정보와 기타 변수들을 명확하고 이해하기 쉽게 만드는 차트와 그래프에서 이득을 얻을 수 있다. 보고서에도 해당 프로젝트의 사진을 집어넣는 추세다. 주제와 연관된 재미있는 이미지가 있는 블로그는 더 관심을 끈다. 성공적인 프로젝트의 이미지를 삽입하고 아직 만들어지지 않은 무언가에 대한 삽화를 넣고 추상적인 아이디어를 시각화하는 방식도 여러 가지 미디어에서 활용할 수 있다.

물론 당신이 가지고 있는 재원과 시간이 제한적일 수 있다. 그러나 독자를 끌어들이기 위해서 시각 효과가 중요할 때, 대형 프로젝트를 따내기 위해서 경합을 벌이고 있을 때, 잠시 어떤 시각적인 자료를 활용할 수 있을지에 대해서 브레인스토밍을 해라. 온라인에 훌륭한 시각자료가 넘치고 대다수가 무료다. 컴퓨터에 기본적으로 설치되는 소프트웨어와 스마트폰 애플리케이션이 좋은 인포그래픽, 차트나 그래프를 만드는 데 도움이 될 수 있다. 아마도 여기에는 조사뿐만 아니라 약간의 상상력도 필요할지 모르겠다.

독자가 봤을 때 적절하다고 생각할 수 있는 이미지를 사용해야 한다. 그렇지 않으면, 오히려 부정적인 피드백이 생긴다. 연구에 따르면 일반 대중들의 예상과 달리, 사람들은 단어와 표현을 가장 중요하게 생각하고 주제와 연관 없는 이미지로 메시지에 대한 흥미를 잃어버릴 수도 있다. 이는 웹사이트 등 온라인 메시지도 해당된다. 사용하기 쉽도록 이미 만들어진 클립아트는 온라인에서 다양한 소스를 통해 구할 수 있고 예전보다 사용하기 더 좋아졌다. 그러나 메시지의 격을 떨어뜨리지 않도록 클립아트를 신중하게 선택하고 메시지의 목적에 맞게 만들어야 한다. 전부 만화를 쓰든지 아니면 모두 사진을 활용하든지, 시각적으로 일관성을 유지하는 것이 가장 좋다.

웹사이트의 경우, 연령, 성별 그리고 인종의 균형을 잘 잡아서 잘 생긴 모델들이 회의를 하거나 대화하거나 일하는 모습을 보여주는 사진처럼 온라인에서 통용되는 사진을 사용하지 않는 편이 좋다. 그 사진 속 사람들이 당신의 동료나 고객이라고 믿을 사람은 아무도 없다. 모델의 기준에서 불완전하더라도 '진짜' 사람들이 더 흥미롭고 설득력이 있다. 직원이나 고객의 모습을 공개하기 어렵다면, 상상력을 발휘해서 당신이 하는 일 또는 메시지의 의도를 대표할 수 있는 다른 시각 효과를 고민해봐라.

## 사이드바, 박스 그리고 리스트로 공간을 구분하자

인쇄용 문서는 지난 수십 년 동안 생각해낼 수 있는 모든 그래픽 테크닉을 동원해서 독자의 관심을 얻으려고 애써왔다. 오늘날의 독자들은 제일 먼저 '스캔'한다. 신문이나 잡지를 읽을 때 자신이 어떤 행동을 하는지 생각해봐라. 당신도 흥미를 끄는 글을 찾고 전체 혹은 일부만 읽을 것이다. 그러다 지루해지면 그만 읽고 다른 읽을거리를 찾는다.

좋은 헤드라인과 표제는 독자의 이목을 사로잡고 문서를 끝까지 읽도록 유도한다. 그러나 다음을 쓸 때도 집중해야 한다.

　》　사진과 기타 이미지에 딸려 나오는 설명
　》　추가적인 배경정보, 부수적인 정보나 정보를 전달하는 사이드바와 박스
　》　짤막한 읽을거리로 쓸 재미있는 인용문이나 토막 뉴스
　》　글의 시작 부분에 넣을 요약이나 도입문
　》　글머리 기호나 순서를 매긴 사례나 단계 리스트
　》　특별한 흥미를 불러일으키는 아이콘(예를 들면, 이 책의 '더미쌤의 팁'이나 '체크리스트' 등에 쓴 아이콘)

이 모든 것들은 이미지와 함께 다음의 세 가지 중요한 목적을 수행한다.

> » **끝없이 이어지는 문단을 나누고 가독성을 높인다.** 일부 출판 편집자들은
>   '지폐 테스트'를 이용한다. 지폐를 페이지 위에 놓았을 때 그래픽을 가리거
>   나 건드리지 않으면, 하나 더 추가한다.
> » **다양한 방식으로 독자의 관심을 사로잡는다.** 독자는 요약, 부가설명 또는
>   박스를 읽고 흥미가 생겨서 전체 글을 읽거나 최소한 일부분을 읽게 된다.
> » **아이디어와 정보를 보다 분명하고 효과적으로 전달하는 데 도움이 된다.**
>   사람들은 다른 방식으로 정보를 흡수한다. 온라인 세계에서 교훈을 얻으
>   면, 오늘날의 편집자들은 독자들에게 그들이 읽고 싶은 것과 어느 부분에
>   서 시작하고 싶은지에 대한 선택권을 제공한다.

좋은 그래픽 테크닉은 글쓰기 레퍼토리의 일부가 되어야 한다. 모든 이메일에 그래픽
을 삽입할 필요가 있을까? 물론 그렇지 않다. 그러나 만약 당신이 물건을 팔기 위한
세일즈 피치를 하는 것이라면, 그래픽은 메시지의 효과를 높일 것이다. 소표제와 말
머리 기호를 사용하는 것처럼 고전적인 전략들은 메시지를 분명히 전달하는 데 도움
이 된다. 상대방을 설득할 목적으로 긴 문서나 자료를 작성한다면 목표, 대상, 메시지
성격과 전달 매체에 적합한 테크닉을 사용해라.

다음 장에서는 편집에 대해서 알아볼 것이다. 대부분의 사람들은 편집에 대해서 깊이
생각한 적이 없거나 공포심을 느낀다. 그러나 걱정할 것 없다. 상식만 있다면 몇 개의
전문적인 기술만으로 자신이 쓴 글을 스스로 편집할 수 있다. '셀프 편집'이 마법을
부린 듯 메시지를 강화시킬 것이다. 이를 직접 목격하면 셀프 편집의 힘을 당신도 믿
게 될 것이다.

셀프 편집 :
글의 수준을 높이자

이메일, 서신 또는 비즈니스 문서 등 글의 종류를 막론하고 한 번에 마음에 쏙 들게 글이 써지지는 않는다. 그럴 거라고 생각했다면 큰 오산이다. 스스로에게 너무 많은 것을 바라지 마라. 소설, 극본, 기사, 웹사이트 게시글 또는 보도자료 등 글의 종류에 상관없이, 전문적으로 글을 쓰는 사람이라 할지라도 단숨에 완성에 가까운 글을 써내는 것은 불가능하다. 간단 명료하고 잘 읽히는 글을 쓰기로 유명한 작가들도 마찬가지다.

작가들은 글을 쓸 때 퇴고라는 과정을 꼭 거친다. 그들에게 글쓰기와 퇴고는 떼려야 뗄 수 없는 관계다. 왜냐하면 그들에게는 아주 완벽에 못 미치는 글을 누군가에게 보여준다는 것은 꿈에도 상상하지 못할 일이기 때문이다. 안타깝게도 사람들은 자기가 쓴 글을 검토하고 수정해야 한다는 생각에 상당히 위축된다. 그러나 효과적인 방법과 테크닉을 겸비하면 당신은 자신감 있게 스스로 쓴 글을 수정할 수 있다.

훌륭한 편집자가 되기 위해서 수백 가지 문법을 완벽하게 익힐 필요는 없다. 어디를 어떻게 손봐야 하는지만 안다면, 자기가 쓴 글을 고치는 것은 그렇게 어렵지 않다. 이것만 알면 글을 정확하고 효과적으로 수정할 수 있다. 이번 장에서 이를 위한 기초를 배울 것이다.

# 작가에서 편집자로 변신해라

작가와 편집자는 상호보완적인 관계다.

- » 당신은 글을 쓰는 목적을 파악하고 글을 읽는 대상을 이해하여 그들의 프로필을 작성한 뒤(제2장 참조), 글의 콘텐츠를 생각하고 논리적으로 정리했다. 이것이 초안이다. 이제 이 초안을 편집해야 한다. 글의 종류 혹은 글의 길이에 상관없이 모든 글은 마땅히 편집 과정을 거쳐야 한다. 편집을 거치면서 더 좋은 글이 된다. 그러므로 편집은 글쓴이에게 큰 이득이다.
- » 당신은 초안을 꼼꼼히 읽으면서 메시지를 효과적으로 전달할 단어를 찾고, 문장을 간단하게 다듬고, 아이디어와 아이디어를 유기적으로 연결하려고 노력한다. 이것은 미시적 관점에서의 편집이다. 이와 동시에 거시적 관점에서 글을 보면서 편집을 해야 한다. 핵심 메시지를 강력하게 전달하는 데 지금의 콘텐츠와 톤이 효과적인지를 확인한다. 그리고 이 콘텐츠와 톤으로 독자와 좋은 관계를 맺을 수 있는지도 생각해본다. 이렇게 자신의 글을 편집하는 습관이 생기면, 초안의 수준도 점점 향상된다.
- » 감수는 철자, 문법, 구두점, 사실관계, 참고문헌, 인용문 등 글을 하나하나 뜯어보는 것이다. 그러면서 잘못된 곳을 찾아 바로잡는 과정이다. 그러므로 감수를 생략해서는 안 된다. 누구나 알 수 있는 실수를 저지르면 개인의 가

▌ 치와 신뢰성이 떨어진다.

최대한 공을 들여서 글을 썼더라도, 반드시 편집과 감수를 해야 한다. 아무리 한 번에 좋은 원고를 써냈더라도 전문 작가들은 자신만의 기준과 테크닉으로 초안을 수정한다.

글의 길이에 상관없이, 편집 능력을 키우면 글의 힘이 커진다. 다음이 자신이 쓴 글을 스스로 편집할 때 큰 도움이 될 것이다.

## 편집 방법을 선택한다

글을 편집하는 방법에는 크게 세 가지가 있다. 다음에 나오는 각각의 방법들을 시도해보고 어떤 방법이 자신에게 가장 잘 맞는지 알아보자. 그러나 필요하다면 언제든지 지금 쓰고 있는 글이나 마감날짜에 적합한 방법으로 글을 편집할 수 있다.

### 옵션 1 : 글을 출력한 후 기호 등을 사용해서 편집한다

컴퓨터가 등장하기 전에, 작가와 편집자 모두 하드카피로 작업을 했다. 왜냐하면 이것 외에 달리 선택할 수 있는 방법이 없었기 때문이다. 컴퓨터가 나오기 약 1세기 전, 사람들은 타자기로 글을 쓰고, 손으로 원고를 수정하고, 다시 전체 원고를 타자기로 작성했다. 첫 인쇄본인 교정쇄를 검토하던 시기에는 식자공에게 어느 부분을 바꿔야 할지 알려주기 위해서 간단한 기호를 사용했다.

이 기호들은 이미 정해진 것이었다. 모든 편집자와 출판사가 이 기호가 무엇을 의미하는지 알고 있다. 원고를 치고 인쇄하는 프로세스가 급진적으로 변했지만, 이 기호들은 오늘날에도 여전히 사용되고 있다. 그리고 사람들에게 어떤 부분이 수정이 필요한지 알리는 데 여전히 유용하다.

다수의 전문 작가들은 여전히 원고를 인쇄해서 편집한다. 화면에서 편집을 하면, 눈이 쉽게 피로해져 실수를 놓치거나 또 다른 실수를 하기 쉽기 때문이다. 그리고 전 세계적으로 통용되는 기호를 사용해서 하드카피를 직접 손으로 편집하는 것이 더 큰 만족감을 준다. 편집을 마무리하면 필자가 노력해서 무언가를 해냈다는 증거가 눈앞에 있기 때문이다. 게다가 원고를 종이에 인쇄해서 편집하는 것은 편집자의 시각에서 글을 볼 수 있도록 돕는다. 물론 편집한 내용을 다시 컴퓨터에 옮겨야 한다는 단점이 있다.

나라별로 교정 기호에는 차이가 있다. 그리고 어떤 기관은 자신들만의 특별한 기호나 의미를 사용하여 문서를 편집한다.

### 옵션 2 : 화면에서 바로 편집한다

문서 초안이 작성되면 원고를 읽어 내려가면서 수정한다. 젊은 작가들에게는 이것이 유일한 편집 방법이라 할 수 있다. 마우스나 키보드로 간편하게 단어를 바꾸고 구조를 다듬을 수 있다. 이 방식의 단점은 어느 부분을 어떻게 편집했는지 기록이 남지 않는다는 것이다(다음에는 이 단점을 해결할 방법에 대해 살펴보도록 하자).

원본을 보관해야 한다면, 별도의 문서로 편집본을 저장해라. 편집본이 계속 만들어지면, 나중에 뭐가 원본이고 뭐가 편집본인지 헷갈리는 상황을 피하기 위해서 파일명을 수정해라.

간단하고 구체적인 파일명을 사용해라. 문서명이 '기젯 기사'라면, 편집본의 파일명을 '기젯 2' 또는 편집일을 삽입해 '기젯 11.13'으로 할 수 있다. 다른 사람의 문서를 편집한다면, 본인 이름의 이니셜을 편집본에 삽입하는 것도 좋다. 예를 들어, '기젯nc' 처럼 말이다. 나중에 어떤 파일이 누구의 편집본인지를 찾느라 시간을 허비하지 않으려면 다수의 편집본을 확실히 구분해주는 파일명을 만들어라.

### 옵션 3 : 편집한 내용을 추적한다

대부분의 워드프로세서에는 편집한 내용을 기록하는 기능이 있다. 이런 기능은 매우 유용하다. 마이크로소프트 워드의 검토 탭을 선택하면, 변경 추적이 나온다. 변경 추적을 선택하고 문서를 편집해라. 단어를 삭제하고 삽입하고 철자와 문법을 고치는 등 원하는 대로 문서를 편집해라.

변경 내용이 검은색이 아닌 다른 색깔로 표시되거나 옆에 작은 말상자에 기록될 것이다(설정 상태에 따라 보기 방식이 결정된다). 스스로에게 코멘트를 달 수 있고, 만약 여러 사람들과 문서를 공유한다면 다른 사람에게도 코멘트를 달 수 있다.

이런 프로그램을 사용해서 편집을 하면서 다양한 시행착오를 경험하게 될 것이다. 이 시행착오를 통해 자신만의 편집 기술을 얻게 될 것이다. 이 프로그램은 내용을 수정하고 원본으로 전환하기 쉽다.

그러나 수정된 내용이 화면에 모두 표시되면, 화면이 너무 복잡해지고 정신이 없어진다. 사용하는 워드에 따라 모든 변경 내용을 반영한 최종본을 선택하거나, 삽입 내용과 삭제 내용이 보이지 않도록 설정하면, 이런 혼란을 막을 수 있다. 이렇게 한다고 수정한 내용이 모두 사라지는 것은 아니니 걱정할 것 없다. 단지 눈에 보이지 않도록 숨기는 것이다.

편집이 끝났다면 편집본을 별도의 파일로 저장한다. 그리고 나서 검토 탭에서 '적용' 또는 '적용 안 함'을 선택한다. 모든 변경 내용을 적용하고 문단 단위로 또는 심지어 문장 단위로 문서를 전체적으로 꼼꼼히 살펴본다. 문제가 없으면 변경 내용이 모두 반영된 깨끗한 문서를 원본과는 별개 파일로 저장한다. 그리고 새로운 버전을 꼼꼼히 감수한다. 편집하는 과정에서 새로운 실수가 생길 수 있기 때문이다.

워드의 변경 추적 기능을 통해 글쓰기 프로세스를 개선하고, 필요할 때 다른 사람들과 편집 과정을 공유할 수 있다(구글 독스 등 다수의 온라인 툴도 문서 편집 과정을 여러 사람들과 공유할 수 있다). 그러나 독자에게 최종적으로 문서를 보낼 때, 최종본을 보내는 것인지 반드시 확인하고 '보내기' 버튼을 클릭해야 한다. 변경 추적을 취소하고 변경한 내용이 문서에 모두 반영되었는지도 확인하자.

## 글과 거리를 둔다

셀프 편집자가 되는 첫 걸음은 의식적으로 편집자의 역할을 맡는 것이다. 필자가 알고 있는 한 전문가는 작가에서 편집자로 확실히 전환하기 위해서 특별한 모자를 쓴다. '내가 이 초안을 작성한다고 얼마나 힘들었는데' 또는 '이 아이디어 또는 이 표현은 내가 정말 좋아하는 건데'라는 생각은 잊는 것이 좋다. 핵심 메시지를 얼마나 잘 전달하고 있는지만 생각해라. 핵심 메시지가 제대로 전달되고 있지 않다면, 개선 방법을 찾아야 한다.

이런 거리를 확보하는 데 최고의 툴은 만병을 치유하는 힘이 있는 '시간'이다. 제2장에서 필자는 계획, 초안 작성과 편집에 같은 무게를 두고 일을 진행하라고 조언했다. 그러나 마지막 과정인 편집은 앞의 두 단계처럼 쉼 없이 죽 이어서 진행하지 않는 것이 이상적이다.

초안 작성과 편집 사이에 휴지기를 둔다. 중요한 회사 문서를 작성할 때는 하룻밤(또는 그 이상)의 휴지기를 갖는 것을 권장한다. 작업 중인 문서가 정말 길거나 중요하다면, 며칠 또는 몇 주 동안 여러 단계를 거쳐 편집과 재편집을 진행하는 것이 좋다. 웹 사이트 홈페이지나 마케팅 자료처럼 어떤 문서들은 '완성'이란 것이 없을 수도 있다. 이런 종류의 문서들은 시간에 걸쳐 진화한다.

짧은 글 또는 덜 중대한 글은 한두 시간 정도 묵혀두었다가 편집한다. 사람들은 이메일이나 문자 메시지를 중요하게 생각하지 않는 경향이 있다. 그래서 생각나는 대로 마구 작성한 이메일이나 문자 메시지를 다시 한 번 확인하지도 않고 전송 버튼을 누른다. 이것은 아주 위험한 행동이다. 한 시간 동안 이메일이나 문자 메시지를 묵혀두는 것이 힘들다면, 잠깐 커피를 마시러 나가거나 다른 일을 해라. 그러고 나서 새로운 눈으로 이메일과 문자 메시지를 읽어봐라.

글을 잠깐 두고 의도적으로 다른 일을 하거나 휴식을 취한 뒤에 다시 글을 읽어보기를 바란다. 이렇게 하면, 글쓴이의 입장이 아닌 객관적인 편집자의 입장에서 자신이 쓴 글을 읽을 수 있다.

당신이 작가이자 편집자일 때, 무슨 말을 하고 싶은지를 아는 것에 대해서 이중의 책임을 져야 한다. 애매하고 장황한 글은 보통 자신이 무슨 말을 하고 싶은지 명확히 몰라서 나온다. 그래서 글에서 기술적인 문제를 발견했을 때, 간단한 단어로 그 문제를 해결할 수 있을지를 우선적으로 생각해봐야 한다. 그러다 보면 글의 콘텐츠를 더 세세하게 다시 생각할 필요가 있다는 사실을 깨닫게 될 것이다. 무슨 말을 하고 싶은지를 정확히 알고 나면, 그 문장을 표현할 더 좋은 방법이 마법처럼 떠오른다. 그래서 글을 쓰면 사고력이 키워진다.

다른 사람의 글을 편집할 때, 작가의 의도를 아는 것은 더 어렵다. 그래서 편집 과정에서 작가의 의도를 분명히 표현하려고 하다가 작가의 의도를 쉽게 왜곡할 수도 있다. 이런 경우, 작가에게 무엇을 쓰고자 했는지 물어봐야 한다. 또는 글을 수정한 뒤,

글의 종류와 길이를 막론하고 글쓰기에서는 '적당함'이 미덕이다. 적당한 내용과 표현으로 글을 써야 한다.

- 내용 : 너무 많은 이야기를 하면, 독자는 흥미를 잃는다. 논점을 흐리지 않는 적당한 내용으로 글을 써야 한다.
- 언어 : 글이 장황하면, 글의 매력도와 독해 속도가 떨어진다. 가장 간결한 방식으로 논거의 정당함을 밝히고 요청하거나 요청에 응하고 주장을 펼치거나 주어진 목적을 달성해라.

상식 수준에서 인정되는 문법 수준이 있다. 이 수준에 맞게 글을 작성하도록 한다(그러나 축약형은 쓸 수 있는 글이 정해져 있다. 이번 장 후반부에 있는 '휴대전화 문자, 인스턴트 메시지를 바르게 사용하는 법'에서 좀 더 자세히 살펴볼 것이다).

어느 정도 길이의 글이 가장 이상적이라고 생각하는가? 어떤 글을 쓰느냐에 따라 답은 달라진다. 만약 10쪽 정도의 제안요청서에 답하는 거라면, 한쪽의 답변서로는 충분하지 않다. 답변에서 세부 내용과 근거 자료를 제공해야 한다. 구직활동 중이라면, 잘 쓴 한 문단의 메시지가 이력서를 대체할 수는 없다. 적당한 길이와 내용의 깊이를 판단하려면, 항상 글의 목적에 대해 생각해 봐야 한다.

작가에게 이렇게 수정해도 괜찮은지 반드시 확인해야 한다. 설령 작가가 수정을 반대한다 할지라도 놀라지 마라. 작가와 편집자의 파트너십은 종종 긴장되고 복잡한 관계일 수 있다.

## 거시적 관점과 미시적 관점을 검토하자

자신이 쓴 글을 직접 편집하는 것은 두 단계로 진행된다.

> » **거시적 관점** : 아이디어와 콘텐츠가 핵심 메시지를 뒷받침하는가?
> » **미시적 관점** : 핵심 아이디어를 효과적으로 전달하고 글의 목표를 달성한 언어를 사용하였는가?

## 콘텐츠가 핵심 메시지를 성공적으로 전달하는지 평가한다

잠시 동안 앞에 놓인 글을 제쳐두고 마음의 거리를 확보하자. 이제 거시적인 관점에서 스스로 편집을 시작해보자.

전체 문서를 훑어보고 다음의 질문에 답해보자.

> » 이 글에서 메시지가 명확하게 표현되었나?
> » 콘텐츠가 이 글의 목적을 뒷받침하고 있나?
> » 나의 주장, 아이디어의 흐름 또는 설명에서 빠진 것은 없나? 필요한 자료를 모두 넣었나?
> » 독자에게 이 글의 메시지에 관심을 기울여야 할 이유를 제시했나?
> » 핵심 목표를 달성하는 데 전혀 도움이 안 되거나 논점을 흐리는 불필요한 아이디어나 진술은 없나?
> » 이 글을 읽을 사람이나 그룹에 맞는 톤을 사용했나?
> » 전체 메시지가 '나'를 가장 잘 대변하고 있나?
> » 독자가 단어를 오해하거나 잘못 해석할 여지가 있나?
> » 이 글은 독자에게 어떤 느낌을 줄까? 이 글이 나에게 주는 느낌은 무엇인가? 독자는 무엇을 할까?

메시지의 핵심을 꿰뚫어야 하기 때문에 편집이 힘들다. 제2장에서 제시한 단계에 따라 글을 썼다면, 이제 글이 자신의 기준에 맞는지 그리고 모든 요소가 글을 쓴 목표를 달성하는 데 도움이 되는지를 확인해야 한다.

앞에서 살펴본 아홉 개의 질문에 어떻게 대답하느냐에 따라서 콘텐츠를 부분적으로 수정할지 아니면 완전히 수정할지가 결정된다. 수정해야 할 것이 많다고 해서 걱정할 필요는 없다. 핵심 메시지를 전달하기 위해서 가장 효과적인 표현을 찾기 위해서 반드시 필요한 과정이기 때문이다.

거시적인 관점에서 글을 편집했다면, 이제는 미시적인 관점에서 글을 편집해야 한다. 단어와 표현을 다듬을 차례다. 글을 쓰는 목적을 분명히 알면, 미시적인 관점에서 글을 편집하는 것이 훨씬 쉽다.

## 단어나 표현 등의 효과를 평가한다

다음의 두 가지 방법을 통해 자신이 사용한 단어나 표현이 효과적인지를 즉시 그리고 객관적으로 확인할 수 있다.

» **가독성 지수를 사용해라.** 대부분의 워드프로세서에는 글의 난이도를 대략적으로 알 수 있는 기능이 있다. 제3장에서 자세히 살펴봤듯이, 마이크로소프트 워드의 가독성 통계는 글에서 피동형 문장이 얼마나 사용되었는지, 단어, 문장, 문단 등을 분석하여 사람들이 글을 얼마나 잘 이해할 수 있는지를 알려준다. 이 기능을 사용하면, 손볼 필요가 있는 문장과 단어를 정확하게 파악할 수 있고, 덕분에 글의 수준이 개선된다.

» **큰 소리로 읽어라.** 대다수의 작가들이 글을 큰 소리로 읽는 것을 선호한다. 낮은 목소리로 속삭이듯이 읽더라도, 글이 술술 잘 읽히는지, 핵심 메시지가 명료하게 드러나는지, 적절한 단어를 선택했는지 등을 알 수 있다. 다른 사람이 읽어주면, 완벽하게 독자의 입장에서 글을 보게 된다.

소리 내서 글을 읽으면, 일상 단어를 사용했는지를 알 수 있고, 나쁜 글에서 공통적으로 나타나는 문제점들을 내가 쓴 글이 가지고 있지 않은지를 확인할 수 있다. 필자는 다음과 같은 문제점에 대한 해결책을 제시할 것이다.

» **문제점 1** : 문장이 너무 길어서 한 호흡으로 문장을 읽을 수 없다.
» **해결책** : 문장을 나누거나 줄인다.

» **문제점 2** : 각 문장이 같은 패턴으로 시작해서 단조로운 패턴으로 들린다.
» **해결책** : 몇몇 문장의 구조를 바꿔서 긴 문장과 짧은 문장, 간단한 문장과 복잡한 문장이 교대로 나오게 만든다.

» **문제점 3** : 모든 문장 또는 대부분의 문장이 짧고 뚝뚝 끊어진다. 그래서 톤이 갑작스럽게 변하고 콘텐츠를 지루하게 만든다.
» **해결책** : 물 흐르듯 자연스럽게 읽히도록 몇몇 문장을 하나로 합친다.

» **문제점 4** : 단어를 읽을 때 말을 더듬는다.
» **해결책** : 더듬게 되는 단어를 더 간단한 단어로 바꾼다.

» **문제점** 5 : 한 문단에서 같은 단어가 반복된다.
» **해결책** : 반복적으로 등장하는 단어를 대체할 다른 단어를 찾는다.

큰 소리로 읽으면서 글을 고치는 연습을 할 필요가 있다. 이것은 어찌 보면 스스로에게 선물을 주는 것과 다름없다. 지루한 문법 수업을 건너뛸 수 있는 기회를 준다. 글에서 문제점을 찾아내는 방법을 알았으니, 이제 이 문제점을 손쉬운 방법으로 고치면 된다. 이렇게 하면 자신의 패턴을 발견하고 이런 문제점이 다시 생기지 않도록 미연에 방지할 수 있으니 금상첨화다.

모든 사람들은 자신만의 패턴으로 글을 쓴다. 자신의 패턴을 확실히 파악할수록, 더 좋은 글이 써지고 더 빨리 목표를 달성할 수 있다.

## 피동형 문장을 능동형 문장으로 고치자

많은 사람들이 피동형의 글을 쓴다. 피동형 문장은 글을 복잡하고 난해하게 만든다. 이런 문장은 독자가 읽고 이해하기 어렵다. 설상가상으로 글을 너무 지루하게 만들어서 많은 독자들이 그 글을 읽을 시도조차 하고 싶지 않게 만든다. 편집자의 관점에서 피동형 문장을 살펴보자.

능동형 문장은 모든 것을 더 직접적이고 분명하고 간결하고 다채롭게 전달한다. 만약 당신이 쓴 글을 빨리 변화시키고 싶다면, 서술어에 집중하고 능동형 문장을 써라.

» 당신의 관심이 요구된다.
» 최고의 장난감들은 과학자들에 의해서 만들어졌다.
» 회사의 경영진은 좋은 고객 관계를 만드는 데 실패하는 형편없는 작가들에 대해서 고민했다.
» 그 컴퓨터는 제니에 의해서 배달되었다.
» CEO는 새로운 마케팅 전략이 내년에 추진될 것이라고 말했다.

피동형으로 쓰인 이 문장의 해결책은 다음과 같다. '누가 무엇을 했는지'를 찾고 거기에 따라 아이디어를 재정리하는 것이다.

## 【 휴대전화 문자, 인스턴트 메시지를 바르게 사용하는 법 】

인류가 최초로 사용한 문자는 상형문자였다. 상형문자는 물건과 아이디어를 나타내는 시각적 상징이었다. 초기 인류는 동굴 벽과 암석 표면에 자신들의 이미지를 그렸다. 문자가 발명되기 거의 5,000년 전, 최초의 글은 이런 시각적 상징들로 이루어져 있었다. 그 후 알파벳이 고안되었다. 알파벳은 수천 가지 다른 그림들을 사용하는 것보다 더 빠르고 더 편리하다. 로마인들은 이 알파벳을 사용해서 자신들의 메시지를 석판과 비석에 새겼다. 그러나 축약어와 두음문자로 이루어져 있어서 이해하기 어렵고 여전히 해석이 어렵다. 고대 이집트인들도 축약과 생략을 통해 자신들의 메시지를 남겼다. 그 이후 수학이 같은 이유, 즉 간결함을 위해 물리적인 세계에 대한 개념을 전달하기 위해서 언어로 발명되었다.

이처럼 인류는 항상 더 빨리 그리고 더 쉽게 일상의 거래와 위대한 사상을 전달하는 방법을 찾아왔다. 지금도 우리는 이런 방법을 찾고 있다. 이런 맥락에서 축약어와 생략으로 가득한 인스턴트 메시지와 문자는 지극히 당연한 것들이다. 스마트폰의 아주 작은 키보드로 메시지를 작성해야 하니 언어의 축약과 생략이 더 심해졌다. 언어 전문가들은 이것이 간결함을 가르친다는 긍정적인 면이 있음을 시사했다. 그리고 이모티콘이 등장했다. 우리는 이런 현상을 두고 인류가 고대 커뮤니케이션 형태로 되돌아가고 있음을 보여준다고 해석할 수 있다. 바로 상형문자다. Z세대(1997년 이후 출생한 세대)는 자신들의 감정 상태를 전달하기 위해서 아주 미묘한 방식으로 이모티콘을 사용한다. 이것은 이메일과 같은 비인격적인 커뮤니케이션 수단에는 결여된 특징이다.

그러나 인스턴트 메시지, 문자와 이모티콘의 사용에는 문제가 있다. 모든 사람이 축약어와 상징을 이해한다거나 이들을 사용한 커뮤니케이션을 좋아한다고 가정할 수 없다는 점이다. 일반적으로 말해서, 나이가 많은 사람들은 새로운 커뮤니케이션 트렌드에 뒤처져 있다. 심지어 젊은 독자들은 이런 형식의 커뮤니케이션이 비즈니스에 적당하다고 생각하지 않는다. 요점은 당신의 독자들이 이해하지 못하거나 싫어하는 방식으로 글을 쓰는 것은 논리적이지 않다는 것이다.

짧은 문자를 편안하게 생각하는 독자들은 이메일처럼 다른 매체에서도 보다 형식적인 스타일의 글을 기대할지 모른다. 그러니 비형식적인 글쓰기 전략을 비즈니스 글쓰기에 적용해서 메시지의 효과를 훼손시키는 어리석은 행동은 하지 마라. 긍정적으로 반응할 것이라 확신하는 적절한 매체와 대상에게만 사용해라. 이메일에 웃는 얼굴과 찡그린 얼굴을 군데군데 사용하고 싶다면, 그 이메일을 읽을 사람을 머리에 그려보고 그 사람이 어떻게 반응할지 생각해봐라. 이모티콘 사용을 열렬히 지지하는 사람들도 이런 이모티콘을 외부로 나가는 메시지가 아닌 아주 개인적인 메시지에만 제한적으로 사용한다. 그래서 세대 간 문제가 발생하지 않는 것이다. 그러나 나이가 많을 경우, 멋져 보이기 위해서 이모티콘을 사용하려고 한다면 다시 생각해보길 바란다.

» 당신의 관심이 필요하다.

» 과학자들이 최고의 장난감을 만든다.

» 회사 경영진은 나쁜 작가들 때문에 고객과 좋은 관계를 맺지 못하는 것을 걱정한다.

» 제니가 그 컴퓨터를 배달했다.

» CEO는 내년에 새로운 마케팅 전략을 추진할 계획이다.

지루하고 수동적인 과거형 동사를 능동적인 현재형 동사로 바꿀 수 있다. 많은 전문가들이 수년간의 시행착오를 거치면서 스스로 이런 기술을 연습한다(이 부분에 있어 필자의 말을 믿어라). 현재형으로 글을 쓰려면 처음에는 조금 더 생각하고 고민해야 하지만 빨리 익숙해지고 습관이 된다. 어디서든지 현재형 문장을 쓰면 글쓰기 실력이 크게 향상될 것이다.

피동형 문장을 최소화해야 하는 이유는 많다. 그럼에도 불구하고 피동형 문장이 '나쁜 것'은 아니다. '주체'가 분명하거나 알 수 없을 때, 또는 중요하지 않거나 핵심일 때, 사용할 수 있다.

> 컴퓨터는 수년에 걸쳐 현재의 형태로 발전되었다.

> 오랜 시행착오를 겪은 뒤 범인이 레드 토드였다는 사실이 밝혀졌다.

'우리' 또는 '나'보다 '당신'으로 메시지를 작성할 때, 피동형으로 써서 말하고자 하는 바를 전달할 수 있다. 예를 들어, 고객에게 글을 쓸 때, 다음으로 시작하는 것이 더 효과적일 수 있다.

> 제품에 대한 당신의 만족도가 우리가 가장 관심을 두는 부분입니다.

이 경우, 다음 문장처럼 쓰는 것은 효과가 덜하다.

> 우리는 제품에 대한 당신의 만족도에 관심이 많습니다.

두 번째 예문은 '우리가 가장 중요하다'란 인상을 준다. 물론, 모든 문장을 첫 번째 예문처럼 쓰지는 마라. 고객에게 편지를 보내는 경우, 첫 문장만 피동형으로 써라.

남을 비난하는 것처럼 들리는 것을 피하고 싶을 때 역시 피동형 문장이 유용하다. '비용이 지불되지 않았다'는 표현이 '당신은 비용을 지불하지 않았다'라는 말보다 더 중립적으로 들린다.

# 은어, 진부한 표현과 불필요한 수식어를 피하자

의미 없는 단어에 매달리는 것은 공간 낭비고 독해 속도를 늦춘다. 지나치게 많이 사용되는 표현도 메시지의 임팩트를 희석시키고, '내부' 언어는 '외부' 독자들을 혼란스럽게 만들 수 있다. 은어, 진부한 표현과 하등의 도움이 안 되는 수식어들은 실패한 비즈니스 글의 특징이다.

## 은어를 줄인다

거의 모든 전문직 종사자들은 자신들만의 은어를 사용한다. 업계에서 사용하는 용어와 상징은 커뮤니케이션에 소요되는 자원을 줄이고, 어떤 경우 그룹에 소속된 사람들은 이런 용어와 상징을 사용하면 자신들이 더 전문적이고 '내부자'라고 느낀다. 물리학자가 다른 물리학자들에게 보낼 글을 쓴다면, 공식, 상징과 전문적인 언어를 자세히 풀어서 쓸 필요가 없다. 그들은 이미 같은 지식을 공유하고 있기 때문이다.

이와 유사하게, 변호사는 자신과 동료 변호사들이 교육과 실무를 통해 익힌 특정 언어를 사용해서 동료들에게 글을 쓴다. 음악가는 비음악가들에게는 아무 의미 없는 기호로 작성된 작곡 노트를 다른 음악가와 교환한다.

동료가 아닌 사람에게 내부자들만 사용하는 용어로 이야기를 하거나 글을 쓸 때, 문제가 생긴다. 사람들은 일반 대중은 자신들의 전문 언어를 이해하지 못한다는 사실을 망각한다. 예를 들어, 과학자가 기자에게 자신의 연구를 설명하거나, 경영진에 연구 성과를 보고하거나, 물품을 주문하거나, 연봉협상을 하거나 파티에서 이야기를 할 때, 전문적인 과학 용어를 전혀 사용하지 말아야 한다.

자신의 전문 분야가 아니면, 우리 모두는 제너럴리스트다. 우리는 즉시 이해할 수 있는 분명하고 간단한 언어로 작성된 글을 읽고 싶다. 고객에게 보내는 메시지를 봤을 때, 많은 변호사들과 회계사들은 이런 기본 원칙을 까맣게 잊었거나 아마도 더 이상 평범한 말로 소통하는 방법을 기억하지 못하는 것 같다.

비즈니스 글을 쓸 때는 이외에도 다른 문제들이 있다. 전문적인 업계 용어로 가득한 언어는 심지어 사용자에게도 아무 의미가 없다. 예를 들어, 한 기술 회사가 다음의 보도자료를 발표했다고 치자.

> 프로젝트 인증 프로세스에 IT 참여와 함께 이 뚜렷한 IT 역량은 IT가 비용 절감과 효율의 지렛대 역할을 한 것과 같은 방식으로 수익 개선에 IT 지렛대의 융합을 촉진할 수 있다.

도대체 이 글이 무슨 이야기를 하는 것일까? 누가 알 수 있으랴? 회사의 경영진들과 컨설턴트들도 생각조차 하기 싫은 유행어와 진부한 표현을 엮어서 사용하는 경우가 자주 있다. 정작 본인들은 자신의 글 솜씨가 형편없다는 사실을 모르지만, 그들을 이런 형편없는 글 솜씨로부터 구제해줘서 상당한 돈을 버는 편집자 몇 명을 필자는 알고 있다.

재미 삼아 「월스트리트저널」의 비즈니스 유행어 생성기에서 당신만의 의미 없는 비즈니스 언어를 한 번 만들어봐라(http://projects.wsj.com/buzzwords2014). 다음은 필자가 재미 삼아서 찾아본 표현들이다.

> 여러분, 내년에 우리는 전략적으로 우리의 알파를 분석해야 합니다.
>
> 브랜드 검토의 일환으로 우리는 장대한 열정으로 앞으로 나아가기로 결심했습니다. 퍽이 있는 곳까지 스케이트를 타고 갈 것입니다.

물론 필자나 조직이 의도적으로 사실이나 진실을 조심스럽게 선택한 단어와 구문에 숨기기도 한다. 그리고 나서 아마 의미 없는 은어로 작성된 메시지가 더 효과가 좋다고 주장할지도 모른다. 그러나 필자는 의도적으로 진실을 왜곡하거나 알맹이가 없는 글을 쓰거나 서툰 글로 두 상황을 숨기는 것을 추천하지 않는다. 그렇게 하는 것은 전혀 효과가 없고, 부메랑이 되어 부정적인 여파가 본인에게 돌아온다. 다음은 널리 퍼진 시티그룹의 2012년 보도자료다. 이 보도자료로 시티그룹은 우스운 꼴이 되었다.

> 시티그룹은 오늘 일련의 리포지셔닝 계획을 발표했다. 이 계획은 특히 신흥시장에서 고객 서비스에 대한 시티그룹의 탁월한 역량을 유지하면서 그룹 전반에 걸쳐 비용을 절감하고 효율성을 개선할 것이다. 이 계획은 경영 효율성 강화, 경영 간소화와 전 세계 고객 서비스의 최적화로 이어질 것이다.

결국 이 말은 시티그룹이 대량 해고를 통해 비용을 줄이고 수익을 개선할 것이라는 의미다.

보도자료, 웹사이트 또는 홍보자료를 작성하는 중이라면, 스스로에게 지금 작성하고 있는 문서가 유행어로 가득하고 장황하지 않은지 물어봐라. 이 문건이 모든 기업이나 산업에서 모든 제품이나 서비스를 설명하는 데 사용될 수 있나? 만약 진부한 표현을 현실적인 표현으로 대체한다면, 메시지에 의미가 생길까? 나의 17살짜리 조카가 이 글을 읽고 웃을까?

### 진부한 표현을 줄인다

은어는 비즈니스 세계에서 통용되는 진부한 표현으로 간주될 수 있다. 진부한 표현이란 너무 과도하게 사용되어 임팩트를 잃어버린 표현이다. '끝이 좋으면 다 좋다', '고정관념(틀)에서 벗어나서 생각하다', '요점을 피하다', '사람이 착하기만 하고 약지 않으면 손해를 본다', '문제를 바로 처리하면 훨씬 더 수월하게 해결할 수 있다', '행간을 읽다' 등은 비즈니스 커뮤니케이션에서 등장하는 진부한 표현들을 무작위로 뽑아 본 것이다.

진부한 표현이 너무 많아서, 사용하지 않기가 쉽지 않다. 진부한 표현들은 모든 언어에서 발견된다. 이런 표현들이 유명한 데에는 이유가 있다. 바로 빨리 의미를 전달할 수 있기 때문이다. 그리고 글의 문맥을 고려해서 사용하기도 쉽다. 그러나 이런 표현을 쓸 때, 아무 의미를 전달하지 않거나 의미를 약화시키지는 않는지 경계해야 한다. 그러니 이런 진부한 표현을 사용하는 대신에 전달하고자 하는 메시지를 보다 간단하게 표현하거나, 제3장에서 설명했듯이 참신한 비유를 사용해서 전달하도록 하자.

글을 읽는 속도를 늦추는 상투적인 표현을 피하고, 그것을 간단한 단어로 대체한다. 형식적이고 공간을 낭비하는 구문을 한 단어로 바꿀 수 있다. 평소에 자주 사용하는 상투적인 표현의 리스트를 만들고, 그 단어들을 의식적으로 사용하지 않으려고 노력해라. 그러면 글이 아주 많이 좋아질 것이다.

유감스럽게도, 현대 비즈니스 글은 난해한 언어, 진부하고 과장된 표현을 지나치게 많이 사용한다. 이런 말도 안 되는 사례와 같은 글을 편집할 때, 결국 남는 것은 아무

것도 없다. 알맹이 없는 글을 읽고 감동 받을 사람은 아무도 없다. 그리고 이런 글을 읽고 싶어 하는 사람도 없다. 이런 사실에도 불구하고 우리는 알맹이 없는 난해하고 과장된 글을 엄청나게 쏟아내고 있다. 왜 일까? 이것은 필자도 해결할 수 없는 미스터리다.

그러나 필자는 희망적이다. 좋은 글과 커뮤니케이션과 핵심의 상관관계에 대한 연구가 현재 진행 중이다. 글로벌 경영 컨설팅 업체인 타워스 왓슨은 효과적인 커뮤니케이션의 경제적 가치에 대해서 대규모로 조사를 벌이고 있고, 미국경영협회는 투자수익률(ROI)과 글의 관계에 관심을 갖고 조사하고 있다. 「하버드 비즈니스 리뷰」는 경영자의 커뮤니케이션에 관해 많은 글을 내놓고 있다. 여기서 우리가 얻을 수 있는 교훈은 분명하다. 속빈 강정 같은 비즈니스 커뮤니케이션은 하지 마라. 이것은 당신에게 아무것도 가져다주지 않을 것이다. 경쟁자들이 계속 이런 식의 글을 쓰기를 바라자.

## 수식어를 최소화한다

19세기 소설가 마크 트웨인은 형용사와 부사 등 수식어의 활용에 대해서 최고의 조언을 했다.

> 평범하고 단순한 언어, 짧은 단어와 간략한 문장을 사용했구나. 이게 바로 영어를 사용하는 방법이란다. 현대적이고 최고의 방법이지. 계속 이렇게 영어를 사용해. 화려하고 장황한 수식어가 끼어들지 못하게 해.
>
> 글을 읽다가 형용사가 나오면 과감하게 삭제해라. 글에서 모든 형용사를 죽이라는 의미가 아니란다. 대부분의 형용사를 삭제하란 말이다. 이렇게 하면 남아 있는 형용사들이 귀해진단다. 형용사는 서로 가깝게 붙어 있으면 그 힘이 약해진다. 반대로 멀찍이 떨어져 있을 때 강해지지. 형용사를 많이 사용하는 습관이나 장황하고 의미를 희석시키는 수식어를 사용하는 습관은 한 번 생기면 없애기 정말 어렵단다.

마크 트웨인은 1880년에 자신에게 에세이를 보낸 12세 소년에게 이런 조언을 해줬다. 그의 조언은 오늘날의 비즈니스 세계에도 적용된다.

의미 없는 비즈니스 커뮤니케이션에서 유행어와 진부한 표현을 사용하는 것이 첫 번

## 【 불분명한 글은 불법 ! 】

불분명하고 혼란스럽고 이해하기 어려운 글의 대표적인 예는 바로 공문서다. 1970년대 이후로 미국과 영국을 포함해 많은 국가에서 '평범한 언어' 운동이 확산되고 있다. 이 운동을 지지하는 사람들은 사람들이 서비스를 이용하고 규칙을 따르고 법을 이해하는 데 필수적인 것은 명확한 글이라고 주장한다.

미국에서는 다수의 비영리기구들이 지속적으로 '평범한 언어' 운동을 펼쳤고 2010년 알기 쉬운 문서작성에 관한 법을 통과시켰다. 이 법은 모든 연방 정부 기관이 평범한 영어로 작성된 모범적인 문서를 따라서 분명하고 간결하고 잘 정돈된 문서를 작성하도록 강제한다. 이 법을 더 확산시키기 위한 노력이 진행 중이다. 영국에서는 문서를 깨알 같이 작게 관료적인 언어로 작성하는 것을 반대하는 운동이 진행 중이지만, 이 운동에 상응하는 법안이 아직 통과되지 못했다.

두 국가 모두 법적 문서를 분명히 작성하려는 노력도 진행 중이다. 플레인(PLAIN, Plain Language Association International)은 전 세계적으로 평범한 언어 운동의 중추역할을 하고 있다(www.plainlanguagenetwork.org).

흥미로운 점은 모든 언어에서 인정하는 좋은 글을 쓰기 위해서는 기본적으로 동일한 가이드라인을 따라야 한다는 사실이 여러 연구를 통해 밝혀졌다. 바로 짧은 단어, 짧고 간단한 문장, 적은 수식어구와 훌륭한 그래픽 테크닉이다. 이렇게 영어에 적용되는 가이드라인이 스웨덴어에도 동일하게 적용된다.

다른 흥미로운 미국 웹사이트로 '알기 쉬운 언어 협회(The Plain Language Association, www.plain-writing-association.org)'와 '알기 쉬운 언어 센터(Center for Plain Language, www.centerforplainlanguage.org)'가 있다. 알기 쉬운 언어 센터는 입이 쩍 벌어질 정도로 관료적으로 쓰인 글을 뽑아 순위를 매긴다.

이 두 기관과 관련 웹사이트는 공공 분야와 민간 분야에서 평범한 언어 운동 전과 후의 좋은 예문을 제공한다. 이 운동을 이끄는 사람들은 정부 기관에서 먼저 분명한 언어로 글을 쓰면 이런 움직임이 민간으로 흘러들어가서 '언어 대청소'로 이어지길 바란다.

째 죄라면 다음의 예문처럼 형용사를 과도하게 사용하는 것은 두 번째 죄다.

21세기의 궁극의 난제에 대한 최신의 가장 혁신적이고 최첨단의 솔루션.

도대체 이게 무슨 소린가?

가능할 때 언제든지 '말하지 말고 보여줘라'라는 마크 트웨인의 만트라를 취해라. 형용사는 일반적으로 의미를 거의 전달하지 않는다. 소설에서, 그리고 특히 극본에서 작가들은 관객들을 작품 속으로 끌어들여 등장인물이 나쁜 결정을 내렸는지, 부도덕한지, 추하게 또는 예쁘게 느끼는지, 고통을 받고 있는지 등에 대해 자신들만의 결정을 내리도록 만드는 방법을 찾아야 한다.

비즈니스 글쓰기에서 '말하지 말고 보여줘라'는 독자에게 요지와 사실, 아이디어, 통계, 사례 등 그들에게 당신의 제품이나 아이디어 또는 당신이 필요하다는 사실을 증명하는 데 필요한 모든 세부 정보를 전달한다는 의미다. 무언가 혁신적이라고 명시하는 것은 아무것도 증명하지 않는다. '매우 혁신적인'에서처럼 부사를 삽입하는 것은 단지 공허함만 배가시킬 뿐이다.

텅 빈 미사여구를 핵심으로 대체하는 기회들을 환영해라! 좋은 콘텐츠를 대체하는 것은 아무것도 없다. 좋은 글쓰기 테크닉을 사용해 콘텐츠를 분명하고 직설적이고 생생하게 전달해라.

제5장에서는 좋은 문장을 작성하는 방법부터 탄탄한 문단을 구성하고, 문단 구조의 문제를 해결하고, 주제를 전환하고, 많은 비즈니스 작가들에게 글을 쓰는 데 방해가 되는 기술적인 문제들을 해결하는 것까지 살펴볼 것이다.

## 글쓰기의
## 일반적인 문제를 해결해라

---

**제5장 미리보기**

- 어떻게 글의 구조를 잡는지 살펴본다.
- 흔히 하는 언어 실수를 바로잡는다.
- 자신의 약점이 무엇인지 파악하는 법을 알아본다.
- 글을 감수할 때 주의해야 할 사항을 살펴본다.

---

자신의 글을 직접 편집할 때, 거시적 관점과 미시적 관점을 동시에 지녀야 한다. 제4장에서 글의 콘텐츠를 평가하고 효과적으로 보여주는 방법에 대해서 살펴봤다. 이번 장은 셀프 편집과 관련하여 조금 더 구체적인 방법을 살펴보려고 한다. 예를 들면 문단을 구성하고 문장과 단어를 다듬는 것이다.

우리 모두는 글을 쓸 때, 자신만의 악마와 사투를 벌인다. 여기서 악마란 글을 쓸 때마다 항상 등장하는 문제점들이다. 기쁘게도 대부분의 문제점들은 상식적인 방법으로 해결할 수 있다. 심지어 더 기쁜 일은 이 문제점들을 해결하기 위해서 수백 가지의 문법 규칙을 마스터할 필요가 없다는 것이다. 이번 장에서는 글을 쓸 때 나타나는 자신의 약점을 파악하고 고치는 실용적인 테크닉에 대해 살펴볼 것이다. 이 테크닉을 익히고 실제로 사용하면 글을 쓰는 도중에 난관에 부딪히거나 효과적인 글을 쓰는 데 방해가 되는 약점들을 보완할 수 있다.

글의 종류를 막론하고 당신이 써야 하는 모든 글의 수준이 극적으로 개선될 것이다. 이 사실보다 더 큰 동기부여가 필요한가? 그렇다면 이것은 어떤가? 글을 잘 쓰기 위해서 생각에 생각을 거듭하다 보면, 사고력이 점점 날카로워진다. 지금 쓴 글이 간결하고 설득력 있게 핵심 메시지를 직접적으로 전달하고 있지 않다면, 자기 자신과 독자들을 위해 분명하고 확실하게 글을 고칠 필요가 있다. 이것이 어떤 효과를 내는지 여러 사례를 통해 보여주겠다. 연달아 세 번 또는 네 번 편집 과정을 거쳤던 형편없이 작성된 문장을 살펴보자. 모든 편집본이 '적절할 수도' 있지만, 아마도 마지막 편집본이 가장 좋은 문장이라는 사실에 모두 동의할 것이다.

자신의 글을 편집하다 보면, 문장이나 문단을 더 좋게 고칠 수 있는 기회가 꼬리에 꼬리를 물고 생겨난다. 이런 기회들이 모여 핵심 메시지와 전체 글의 효과를 강화시킨다. 편집은 강력한 커뮤니케이션 툴이다. 일단 이 사실을 받아들이면, 편집에 시간을 할애할 가치가 있다는 사실을 깨닫고 생각했던 것보다 편집 과정이 더 즐거울 수도 있다.

## 글의 구조를 잡자

수십 년간 글을 써온 노련한 작가들도 글의 구조 잡기를 힘들어한다. 많은 사람들이 글의 구조를 잡을 때 어려움을 호소하는 것은 지극히 당연한 일이다. 제2장에서 목표와 청중을 고려해 각각의 메시지를 구상하는 법을 살펴봤다. 만약 개략적으로 살펴본 이 프로세스에 따라서 글을 쓴다면, 글의 구조를 잡는 어려움을 상당히 피할 수 있을 것이다.

그러나 이것이 모든 문제를 완전히 해결하지는 않는다. 특히 문서가 길거나 복잡할

때 또는 한 명 이상의 사람들이 함께 글을 작성하는 경우, 글의 편집 작업은 상당히 까다로워진다. 그리고 일단 초안을 작성하니 글이 혼란스럽거나 비논리적이라 느껴질 때도 마찬가지다. 이런 경우 글의 구조를 살피고 내용을 바꾸거나 새로 구조를 잡을 필요가 있다. 다음의 테크닉이 도움이 될 것이다. 이 테크닉들은 글을 쓰는 단계나 편집 단계에서 활용할 수 있다.

### 논리에 따라 문단을 구성한다

학교에서 주제문을 만들고 이 주제문을 중심으로 각 문단을 구성하라는 이야기를 들은 기억이 있을 것이다. 이게 무슨 말인가 싶다면, 당신 혼자 그렇게 생각하는 것이 아니니 걱정할 필요는 없다.

문단을 보는 더 쉬운 방법이 있다. 우선 한 문단에 3~5개 이상의 문장이 존재해서는 안 된다. 이런 방식으로 글을 작성하면, 혼란스러운 생각의 미로에 빠지지 않고 쉽게 논리적인 흐름에 따라 단어를 배열하여 완전한 문단을 쓸 수 있다.

문장을 어디서 어떻게 끊어야 할지 몰라 문장을 끝낼 수 없다고 절망할 것 없다. 나중에 편집할 때, 문장을 적당한 부분에서 끊으면 된다. 작성한 글을 꼼꼼히 읽고 논리적으로 어느 부분에서 문장을 끊을지 찾아보자.

어디서 문장을 끊을지 결정할 수 없나? 그렇다면 다음의 테크닉을 사용해봐라.

1. **글을 읽으면서 새로운 아이디어가 등장하거나 논점이 바뀌는 부분을 찾아라.** 이 지점에서 문장을 끊어서 새로운 단락을 만들어라.
2. **여전히 한 문단에 3~5개 이상의 문장이 존재한다면, 다시 문단 전체를 읽고 실험 삼아 적당한 부분에서 문장을 끊어라.** 이렇게 문단을 끊는 것이 맞는지 나중에 확인해라. 한 문단에 3~5개의 문장을 쓰는 것은 주로 인쇄물에 해당된다. 그러나 간혹 한 문장으로 된 문단도 좋다. 이런 문단은 다양성을 강화한다. 온라인용 글을 쓸 때는 문단이 짧을수록 효과적이다.
3. **각 문단의 첫 번째 문장을 주의 깊게 읽어라.** 새로운 첫 번째 문장이 뒤에 이어지는 내용과 연결이 되는지 또는 앞 문단의 내용과 더 잘 연결이 되는지 살펴라. 만약 후자라면 문장을 앞 문단으로 올리고 새로운 문단을 만들어라.

만약 문장이 앞뒤 문단 모두에 속하는 것 같지 않다면, 그 문장을 한 문단으로 만들거나 다르게 표현해라.

4. **문단을 순서대로 읽으면서 단어를 수정해야 할 부분이 있는지 확인해라.** 특히 각 문단의 첫 문장과 마지막 문장에 집중해라. 각 문단이 뒤에 따라오는 문단과 연결되어야 한다. 화제 전환이 여기에 도움이 될 것이다. 이번 장 후반부의 '전환어를 활용한다'에서 더 자세히 살펴볼 것이다. 글을 전체적으로 읽으면서 문단의 배열이 마음에 들지 않는다면 문단의 순서를 마음대로 바꿔봐라. 필요하다면 표현을 수정해서 문단들이 서로 분명히 연결되도록 만들어라.

이 단계에서 단어나 아이디어가 반복되는 경우가 있을 것이다. 필요한 부분에서 문장을 자르고 문단들이 자연스럽게 이어지도록 만들어라.

단락 나누기의 핵심은 명료성이다. 하나의 길고 혼란스러운 단어의 덩어리로는 정보를 효과적으로 전달할 수 없다. 문단과 문단이 자연스럽게 이어지고 각 문단이 이해가 쉽고 글에서 쓸모가 있을 때, 정보가 효과적으로 전달된다. 아마 당신도 분명히 이런 글을 쓰고 싶을 것이다.

메시지의 구조를 잡는 것이 어려운 이유는 정작 당사자가 메시지를 제대로 이해하고 있지 않기 때문일 수 있다. 본인이 제대로 이해하지 못한 상태에서 다른 사람에게 그 메시지를 효과적으로 전달하는 것은 불가능하다. 스스로에게 물어라. 이 메시지의 핵심은 무엇인가? 나의 주장을 구성하는 것들은 무엇인가? 그리고 나서 주장의 구성 요소에 숫자를 붙여 순서를 매기거나 리스트를 작성해라. 나중에 이 숫자들을 생략할 수 있다. 그리고 스스로에게 '중요한 내용을 놓치지 않았는지' 그리고 '정보나 아이디어를 추가할 필요가 있는지'도 물어라.

### 부제목을 사용한다

메시지의 구조를 잡는 또 다른 전략은 바로 간단한 부제목을 사용하는 것이다. 이것은 그 자체로도 효과적이지만 앞에서 설명한 단락 나누기에도 도움이 된다. 제3장에서 필자는 부제목이 좋은 그래픽 효과를 줄 수도 있다고 설명했다. 부제목은 메시지를 구상하는 데 유용한 지침이 되고 편집 단계에서 메시지를 분명하게 표현하는 데도

사용될 수 있다.

당신이 부장으로서 직원들에게 새로운 고객관계관리(Customer Relationship Management, CRM) 시스템이 곧 도입될 것이고 새로운 시스템에 대한 교육에 참여해야 함을 알리는 글을 쓰게 되었다고 가정하자. 모든 직원이 기존의 조직적이지 않고 비협조적인 시스템에 익숙하기 때문에, 당신은 직원들이 이 새로운 변화에 거부반응을 보일 것임을 안다.

우선, 어떤 포인트로 글을 쓸지 브레인스토밍을 하고(제2장 참조), 떠오른 포인트를 다음처럼 대략적인 부제목으로 정리해라.

> » 새로운 CRM 시스템이 업무 처리 방식을 바꿀 것이다
> » 모든 사람이 사용해야 한다
> » 새로운 시스템이 업무 시간을 줄일 것이다
> » 새로운 시스템이 정보 공유를 촉진할 것이다
> » 의무적으로 모든 직원이 참여해야 하는 워크숍 일정이 곧 나올 것이다
> » 시스템 출시일 : 3월 6일
> » 부서 Q&A : 2월 1일

논리적인 순서로 부제목을 나열해보자. 제2장에서 설명한 원칙의 연장선에서, 당신은 직원들이 메시지를 보는 즉시 자신과 관련 있고 중요하다는 사실을 깨닫고 메시지에 즉각적으로 몰입하길 바랄 것이다. 그러니 '출시일'과 '모든 사람이 사용해야 한다'를 맨 위에 배치해보자. 이렇게 하면 제목에서 이 두 개의 포인트를 한꺼번에 다룰 수 있다. 그리고 나서 각 부제목 밑에 관련 정보를 삽입하면 끝이다. 이렇게 메시지를 구성하면 처음에는 생각하지 못했던 부수적인 주제가 떠오를 수도 있다. 예를 들어, 지원 팀을 만들어서 직원들이 새로운 시스템을 도입하는 것에 대해서 좀 더 편안하게 느낄 수 있도록 돕는 것이다. 또 당신은 직원들의 '그래서 내가 얻는 게 뭔데?(What's-in-it-for-me, WIIFM)'라는 심리를 자극해서 동기부여를 할 수도 있다. 이런 경우 '당신에게 어떤 혜택이 돌아오나?'와 같은 부제목을 사용할 수 있다. 부제목이 논리적으로 구성되었는지 살피고, 필요하면 새로운 부제목을 삽입하자.

마지막 메시지에서는 원한다면 부제목을 삭제하거나 그냥 그대로 둬도 된다. 부제목

이 있으면, 사람들이 메시지를 끝까지 읽고 부제목에 따라 내용을 정리하기 좋다. 심지어 메시지를 그냥 쭉 훑어보거나 끝까지 읽지 않아도, 부제목이 있으면 주요 포인트를 쉽게 파악할 수 있다. 게다가 부제목에 따라 메시지의 내용을 분명하게 정리해서 독자에게 보여주면 심리적인 효과도 기대할 수 있다. 독자들은 글쓴이가 상황을 완벽하게 이해하고 꼼꼼하게 모든 것들을 고려했을 것이라고 느낀다. 이런 느낌 하나만으로도 독자들은 당신과 새로운 시스템을 신뢰하게 되고, 결국 변화를 보다 잘 받아들일 수 있게 변한다.

길고 복잡한 문서에 소제목을 달아서 단락을 나누는 것은 좋은 전략이다. 예를 들어, 보고서나 제안서의 경우 필수적인 부분을 파악하고 각 부분에 적절한 소제목을 붙이고 적절한 부제를 달아보자.

일단 글의 큰 제목과 부제를 결정하면, 놓치는 부분 없이 체계적으로 글을 쓸 준비가 거의 다 된 것과 마찬가지다. 상당한 분량의 글을 한 번에 써야 한다는 부담감이 줄어든다. 자신이 소화할 수 있는 분량으로 부제를 중심으로 메시지가 나뉘기 때문이다. 제목에 일관성 있는 서식을 적용하는 것도 좋다. 마우스 클릭 한 번으로 워드 프로세서에 이미 탑재된 서식을 적용할 수 있다.

### 전환어를 활용한다

전환어는 뼈를 이어주고 당신이 원하는 곳으로 이동할 수 있도록 힘을 주는 결합 조직과 같다. 전환어는 글 속에 있는 모든 아이디어, 사실 그리고 정보가 서로 어떻게 연결되는지 말해준다. 전환어는 글에 '기름칠을 하고' 글쓴이가 원하는 방향으로 독자들을 유도한다.

좋은 전환어는 좋은 글과 좋은 생각을 시사한다. 전환어는 작가로서 아이디어를 정리하는 데 도움이 된다. 그리고 독자에게, 전환어는 글쓴이의 주장이 합리적이고 심지어 반박할 여지가 없다는 느낌을 준다. 전환어는 글쓰기에서 중요한 도구이고 설득력 있는 글에서는 필수다.

한 단어, 구문 또는 문장이 전환어가 될 수 있다. 전환어는 문장 내에서 자신의 역할을 수행하고, 문장을 연결하며, 문단과 문단을 잇는다. 다음 항목에서 전환어에 대해

서 생각해보자.

사고의 흐름을 유지하거나 바꾸고 또는 동의나 부가 설명을 암시해야 하는 경우

| | |
|---|---|
| 게다가 | 반면에 |
| 또한 | 그러나 |
| 그리고 | 그 대신에(그렇지 않으면) |
| 따라서 | 원래(본래) |
| 예를 들어 | 그럼에도 불구하고 |
| 뿐만 아니라(더욱이) | 달리 말하면 |
| 주로 | 역으로 |
| 그래서 | 때때로 |

순서나 시간 프레임을 잡아야 하는 경우

| | |
|---|---|
| 곧 | 궁극적으로 |
| 바로 지금 | 마침내 |
| 첫 번째, 두 번째, 세 번째 | 나중에 |
| 우선(먼저) | 다음 |
| 결론을 말하자면 | 현재로는 |

사례를 들거나 강조하는 경우

| | |
|---|---|
| 달리 말하면 | 이런 이유로 |
| 즉 | 이 경우에 |
| 의미심장하게 | 종종 간과되는 |
| 놀랍게도 | 긍정적인 면에서 |

포커스나 톤을 강화하는 경우

| | |
|---|---|
| 실망스럽게도 | 듣기는 좋지만 |
| 똑같이 중요한 | ~라면 |
| ~라 말해서 유감이다 | ~을 고려해서 |
| 변함없이 | 직관에 어긋나게 |
| 다행히도 | 특별히 관심이 가는 |
| 안타깝게도 | 동시에 |
| 만약 ~이 아니라면 | ~을 바라고 |

마지막 전환어 세트는 선입견을 심어준다. 즉 이런 표현들은 독자(또는 청중)가 다음에 나올 내용에 대해서 특정한 방식으로 느끼도록 유도한다.

전환어는 글의 전체 맥락에서 벗어나지 않고 새로운 문단을 시작할 때 유용한 장치다. 때때로 문장 전체가 전환어 역할을 하기도 한다. 전환어 역할을 하는 문장에는 다음과 같은 것들이 있다.

이 데이터를 기반으로 우리는 다음 결정을 내렸다.

우리는 모든 정보를 고려하여 몇몇 결론에 도달했다.

우리는 매출 실적에 특별히 주의를 기울여야 한다.

많은 이슈들이 해결되어야 한다. 우리의 우선순위는 다음이다.

이 도입 문장들은 아주 간단하게 뒤에 이어지는 내용을 정리한다. 심지어 길고 복잡한 문서에서도 이런 역할을 해낸다.

'좋은 것도 한두 번이다'란 말은 모든 글에 해당된다. 편집 단계에서 작성한 글을 큰 소리로 읽었더니 장황하고 어색하게 들린다면, 자신이 아이디어를 적절하게 전환하고 있는지 살펴볼 필요가 있다. 어떤 경우 전환어의 일부를 삭제해야 할 수도 있다. 이렇게 하면 잘 정돈되고 설득력 있는 메시지를 작성할 수 있다.

## 숫자와 글머리 기호로 리스트를 만든다

리스트는 정보를 간단 명료하게 제시한다. 그래서 아이디어를 전달할 때 아주 유용한 장치다. 리스트는 요즘 독자들에게 아주 매력적인 장치다. 사람들은 인터넷에서 정보를 찾을 때 많은 시간을 할애하지 않는다. 대충 훑어보고 필요한 정보만 쏙쏙 빼간다. 그래서 사람들은 리스트로 정리된 정보를 사랑한다. 리스트는 글에서 그래픽 효과를 준다. 그래서 당신의 글에 또 하나의 플러스 요인이 된다(제3장 참조).

### 숫자(또는 번호)

숫자 리스트는 사건, 절차 그리고 프로세스의 순서를 보여주기 적당한 장치다. 예를 들어, 숫자 리스트는 무언가를 하는 방법을 알려줄 때 유용하게 사용된다.

다음의 절차에 따라 온라인 워크숍에 가입하시오.

1. 회사의 인트라넷에서 11월 워크숍 섹션으로 가시오.

2. '11월 워크숍' 을 선택하시오.

3. 원하는 워크숍과 시작 날짜를 체크하시오.

다음처럼 날짜나 일정을 이용해서 순서를 정리하는 방법도 있다.

1. 1월 10일 : 프로젝트 제안서 제출하기

2. 2월 10일 : 작업 계획 마무리하기

3. 3월 10일 : 최종 예산 제출하기

숫자 리스트를 이용하는 것이 너무 단순하게 들리겠지만, 내용이 아무리 어렵더라도 분명하게 메시지를 전달하기 때문에 누구도 당신의 의도를 잘못 해석할 수 없다.

보다 세련된 방법으로 숫자 리스트를 이용할 수 있다. 예를 들어, 블로거들은 인기 있고 사람들이 읽기 편하게 게시물을 작성하기 위해서 이것을 사용한다. 숫자를 헤드라인에 명시하고 각 숫자에 맞춰 내용을 풀어쓴다. 예를 들면 다음과 같은 방식이다.

하룻밤 만에 컨버전을 3배로 늘리는 5가지 비결

제12장에서 살펴보겠지만, 많은 블로거들이 제일 먼저 이런 식으로 헤드라인을 뽑고, 관련 아이디어를 브레인스토밍하고 글을 쓴다. 이 책의 마지막에 나오는 '숫자 10의 법칙'도 같은 맥락에서 만들어진 것이다. 이런 포맷은 독자에게 매력적이고, 글쓴이의 지식을 다른 방식으로 바라보게 만들고, 자신이 알고 있었다는 것조차 몰랐던 아이디어들이 생각나도록 돕는다.

예를 들어 '글로 자신의 커리어를 발전시키는 10가지 방법'을 썼을 때(제15장), 필자는 이 주제에 완전히 몰입했다. 왜냐하면 필자는 이것이 사람들이 알고 싶어 하는 주제라고 생각했기 때문이다. 그러고 나서 필자는 브레인스토밍을 통해 활용할 수 있는 모든 아이디어를 생각했다. 그러는 과정에서 필자는 새로운 관점에서 알고 있었던 사실을 바라봤다. 필자는 거의 20개의 아이디어를 떠올렸고 그중에서 최고를 선택했다.

숫자를 붙이는 것은 발표자들도 즐겨 사용하는 방법이다.

> 이 전략이 여러분의 인생을 180도 바꿀 수 있는 이유 5가지를 말씀드리겠습니다.
> 전쟁이 사라질 수밖에 없는 이유에는 7가지가 있습니다.

이 테크닉은 언제나 효과가 있다. 왜냐하면 청중은 앞으로 얼마나 더 많은 내용을 들어야 하는지 알고 싶어 하고, 연사가 이야기하는 이유를 하나씩 체크하면서 듣기를 좋아하기 때문이다. 그리고 이 방식은 청중이 발표내용을 기억하기 쉽게 요약할 수 있도록 돕는다.

그러나 이 테크닉을 이용할 때, 언제 멈춰야 하는지를 알아야 한다. 연설에서 5개 이상의 아이템을 숫자를 붙여가면서 설명하는 것은 지양해라. 이는 청중이 감당할 수 있는 분량을 넘어섰다. 인쇄물에서는 7개가 적당하다. 그러나 숫자 '10'에는 뭔가 우리를 잡아당기는 매력이 있다.

리스트에 등장하는 아이템들이 병렬 구조를 이루도록 해라. 명사로 시작하면 모든 아이템을 명사로 시작하거나 동사로 시작하면 모든 아이템을 동사로 시작하는 것이다. 그리고 문장의 길이가 대략적으로 비슷하면 보기에도 아주 좋다. 이 포인트들은 불릿(bullet, 텍스트 앞에 주의를 끌기 위해 붙이는 기호)에도 적용된다.

## 글머리 기호

컴퓨터로 문서 작업을 하거나 파워포인트로 프레젠테이션을 만들 때, 글머리 기호를 지나치게 많이 사용하게 된다.

숫자를 붙여 리스트를 만드는 것처럼 글머리 기호를 이용해 리스트를 만들면, 정보를 치밀하고 정갈하게 전달할 수 있다. 글머리 기호는 요약에 적절하다. 체크 리스트를 제공하고 한눈에 볼 수 있도록 정보를 제공한다. 게다가 독자들은 글머리 기호를 좋아한다. 그러나 좋아하는 것도 어느 정도다. 잘못 사용하면 글머리 기호가 흥미를 없앨 수 있다.

글머리 기호를 성공적으로 사용하기 위해서, 다음 가이드라인을 살펴보자.

**기호를 너무 많이 사용하지 마라.** 연구에 따르면 사람들은 한 번에 7개 이상의 글머리 기호를 소화할 수 없다. 글머리 기호가 7개가 넘어가면, 사람들은 메시지에 대한 관심을 잃는다. 왜냐하면 각각의 글머리 기호는 일반적으로 개별 주장을 암시하고 논리적인 연결고리가 거의 존재하지 않는다. 만약 7개 이상의 글머리 기호를 사용해야 한다면, 리스트를 둘 이상으로 쪼개고 사이에 이야기를 집어넣어라.

**각 글머리 기호에 동일한 문장 구조를 적용해라.** 비슷하게 문장을 시작해라. 문장 구조가 비슷해야 독자들이 헷갈리지 않는다. 예를 들어 이력서에 성과를 작성할 때 각 불릿 뒤에 서술어로 된 문장을 작성할 수 있다.

- ~을 혁신했다.
- ~을 만들었다.
- ~을 간소화했다.
- ~을 완전히 바꿨다.
- ~에게 멘토가 되어줬다.

아니면 다음처럼 명사를 사용할 수 있다.

아주 멀리 떨어진 곳에서 주말을 보낼 때, 다음을 반드시 챙겨가라.

- 초극세사 옷

- UV 코팅이 잘된 선글라스
- 챙이 긴 모자

서로 관련이 없는 잡다한 아이디어를 나열할 때는 글머리 기호를 사용하지 마라.

다음은 비즈니스 글쓰기에서 추구해야 할 목표들이다.

- 일상에서 쓰는 대화 톤이지만 전문가다운 톤을 유지한다.
- 숫자를 인용할 때, 독자들이 그 시스템을 쓰는지 확인한다.
- 감정을 억제하고 없는 이야기를 만들지 않는다.
- 차트와 그래프의 디자인을 표준화한다.

다음처럼 4개의 포인트를 2개로 정리하면 이 리스트를 다듬을 수 있다.

- 당신은 독자들이 사용하는 시스템에 맞춰서 인용한 모든 숫자를 확인하는 것이 좋다.
- 당신은 글을 쓰면서 감정을 자제하고 거짓말을 하지 않는 것이 좋다.

그러나 여기서 문제는 '당신은 ~이 좋다'는 구조가 반복돼서 눈에 거슬린다는 것이다. 해결책은 당신의 의도를 모두 전달하는 도입 문장을 찾는 것이다.

비즈니스 글쓰기에서 다음을 시도해봐라.

- 일상적인 대화 톤인 동시에 전문가다운 톤
- 감정이 절제된 톤
- 독자에게 친숙한 숫자 체계
- 일관성 있는 스타일의 차트와 그래프

아니면 간단하게 명령문을 쓰는 것도 좋다.

- 일상적인 대화 톤을 사용해라.
- 감정적인 톤을 피해라.
- 친숙한 수체계를 채택해라.
- 사실과 일화를 삽입해라.

**일관성 있게 글머리 기호에 구두점을 찍고 형식을 적용해라.** 구두점과 형식에는 수많은 변수가 존재한다. 스타일은 상황과 조직에 따라 결정된다. 당신이 선호하는 스타일이나 회사의 스타일을 파악하고, 그것을 일관성 있게 리스트나 문서에 적용해라. 대다수의 조직은 문서와 그래픽의 다양한 요소를 아우르는 스타일 가이드를 발행한다. 왜냐하면 브랜딩에 일관성은 중요하기 때문이다. 만약 이런 가이드가 당신의 회사에 없다면, 시중에 나와 있는 스타일 가이드를 이용해 자신만의 일관성 있는 스타일을 만들 수 있다.

**글머리 기호에 의미를 부여해라.** 사람들에게 무언가를 설득하기 위해서 또는 독자들이 글머리 기호 사이의 간극을 스스로 채우기를 기대하며, 글머리 기호를 사용하지 마라. 글머리 기호는 형식일 뿐이다. 나처럼 형편없는 프레젠테이션을 많이 봤다면 의미가 없는 글머리 기호는 있으나 마나 한 존재라는 걸 알 것이다.

독자들에게 글머리 기호가 무엇을 의미하는지 친절하게 설명하거나, 문맥에 맞게 글머리 기호로 시작되는 리스트를 소개하는 도입 문구를 작성해라. 예를 들어, 약력이나 이력서에서 경력과 자산을 설명하는 데 모두 글머리 기호를 사용하면, 가독성이 떨어진다. 현재 하고 있는 일에 대해서 조리 있게 설명하고 그다음에 그동안의 성과나 경력을 작성해라. 그러나 이 정보는 맥락에 맞게 제공되어야 한다. 예를 들어, '3년 동안 회사의 목표치를 초과하는 성과를 지속적으로 냄'이라고 이력서에 적었다면, 이를 뒷받침하는 증거를 글머리 기호로 나열하는 것이다(5~7개가 적당하고 문장은 병렬 구조를 이뤄야 한다).

정보를 공유하거나 무언가를 설득력 있게 제시하려고 할 때, 고민도 없이 무조건 글머리 기호와 숫자 리스트를 이용하지는 마라. 이런 형식은 초안을 작성하기에 빠를지는 모르나, 만약 이 리스트가 당신의 메시지를 분명하게 전달하지 못한다면, 당신의 성공에 걸림돌이 된다.

편집 단계에서 메시지가 더 잘 제시될 수 있고, 이야기로 풀어서 전달할 때 더 설득력이 있는지, 또는 일부분을 표나 그래프와 같은 시각적 요소로 전달하는 것이 더 설득력이 있는지를 열심히 살펴라.

# 흔한 실수를 피하자

흔한 감기와 달리, 글을 쓰면서 범하는 흔한 실수는 치료가 가능하고 심지어 예방할 수도 있다. 처방은 간단하다. 자신이 글을 쓸 때, 거의 항상 일관성 있게 어떤 실수를 저지르는지 아는 것이다.

문법 실력을 높이는 것은 개인적으로 할 일이다. 그래서 문법적으로 탄탄한 기반을 다지고 싶다면, 책이나 인터넷을 활용하기를 추천한다. 자신의 학습 스타일에 맞는 자료를 선택해서 '따라.'

이 책에서 설정한 문법과 관련한 목표는, 좀 겸손하지만 다음과 같다.

>> 자신에게 문법적으로 어떤 문제가 있는지 인식하도록 만든다.
>> 문법적 노하우가 거의 필요 없는 흔한 실수를 고치는 데 유용한 실용적인 팁을 제공한다.
>> 당신의 걱정을 해소시킨다. 당신이 하는 흔한 실수는 상대적으로 격식을 덜 차려도 되는 커뮤니케이션에서 완벽하게 용인될 수 있다.

이제 기본기가 탄탄한 작가들도 아주 흔히 범하는 실수에 대해서 살펴볼 것이다. 이런 실수들은 손쉽게 고칠 수 있고, 고치는 즉시 글은 더 효과적으로 메시지를 전달하게 된다. 일반적인 가이드라인을 하나 소개하자면, 글을 쓰다가 해결하기 어렵거나 뭐가 잘못되었는지 도무지 알 수 없는 문법 문제를 만나면, 그 문제를 피해서 문장을 다르게 써보는 것이다. 이 가이드라인이 당신의 긴장을 푸는 데 도움이 되기를 바란다.

### 쉼표를 적절하게 사용한다

이제 쉼표 찍는 것에 대해서 스트레스를 그만 받아라! 눈으로 글을 읽어서는 어디에 쉼표를 찍을지 알 수가 없다. 입으로 소리 내서 글을 읽어라. 제4장에서 제안한 소리 내서 읽기 전략은 어느 부분에서 쉼표를 찍어야 하는지 알아차리는 데 확실히 효과가 있다. 다음 예문의 차이가 무엇인지 생각해보자.

드세요 할아버지!

드세요, 할아버지!

앞의 두 문장을 소리 내서 읽으면 의도가 무엇인지 알 수 있을 것이다. 아마도 이 문장들이 전달하고자 하는 것은 '할아버지는 뭐라도 드셔야 한다'일 것이다. 첫 번째 문장은 다음처럼 들린다.

드세요(멈춤 그리고 하향 억양) 할아버지

잠시 멈췄다가 억양이 바뀌는 것은 쉼표가 필요하다는 의미다. 그리고 이 문장은 확실히 쉼표가 필요하다. 예문에서 억양은 '드세요'나 '할아버지'의 첫 음절 뒤에서 아래로 떨어진다.

쉼표를 너무 많이 찍는 것도 문제가 될 수 있다.

인터넷에 의존하는 것은, 모든 정보의 소스로서, 세대 간 소통에 문제가 된다.

이 문장을 읽으면 문장 사이에 찍힌 쉼표 2개가 없는 편이 더 자연스럽게 읽힌다. 쉼표가 자연스러운 독해를 방해하고 있으니 반드시 삭제해야 한다.

이런 경우처럼 잘못 찍힌 쉼표는 종종 단어 선택에 문제가 있다는 신호다. 더 좋은 버전은 다음처럼 읽힐 수 있다.

정보를 얻기 위해 인터넷에 의존하는 것은 세대 간 소통에 문제를 야기한다.

큰 소리로 읽기는 일반적으로 쉼표가 잘못 찍힌 경우가 많은 죽 이어지는 문장을 해결할 수도 있다. 글쓰기 세미나에서 나온 문장을 한 번 살펴보자.

문법은 모든 사람들이 어려워하는데, 작가들은 글을 쓸 때 간단한 구두법을 사용하고, 구두점을 적절하게 찍어야 하는데, 너무 많은 쉼표의 사용은 독자에게 혼란을 줄 수 있기 때문이다.

큰 소리로 이 문장을 읽어보면, '어려워하는데' 뒤에 잠시 멈췄다가 문장이 이어진다. 이것은 여기서 새로운 문장이 시작되어야 한다는 신호다. 그다음 문장의 경우 두 개의 아이디어 사이에 오는 쉼표는 전혀 효과가 없다. '사용하고'에서 볼 수 있듯이 접속사 '그리고'가 두 아이디어를 연결하기 때문이다. 마지막으로 '구두점을 적절하게 찍어야 하는데' 뒤에 마침표를 찍어야 한다는 생각이 든다. 문장이 의미 있게 읽히려면 잠깐 멈출 필요가 있다. 앞의 예문을 고치면 다음과 같은 새로운 메시지가 만들어진다.

> 문법은 모든 사람들이 어려워한다. 작가들은 글을 쓸 때 간단한 구두법을 사용하고 구두점을 적절하게 찍어야 한다. 너무 많은 쉼표의 사용은 독자에게 혼란을 줄 수 있기 때문이다.

이 단락을 고치는 다른 방법은 다음처럼 두 번째 파트 전체를 화제 전환어로 연결하고 불필요한 부분을 삭제하는 것이다.

> 작가들은 글을 쓸 때 간단한 구두법을 사용하고 적절하게 구두점을 찍어야 한다. 왜냐하면 너무 많은 쉼표의 사용은 독자에게 혼란을 줄 수 있기 때문이다.

'듣는 귀'를 키워라. 조금만 연습하면 구두점 찍는 실력이 빨리 개선될 것이다. 필자는 예전에 최고의 문법학자와 큰 소리로 읽기와 구두점 찍기에 대해서 논쟁을 벌인 적인 있다. 마침내 문법학자는 "문제는 큰 소리로 읽기의 효과가 오직 97퍼센트라는 거죠!"라고 말했다. 3퍼센트는 효과가 없다 할지라도 이 방법을 계속 사용하기로 했다. 아마 당신도 나와 같은 생각일 것이다.

## '하지만'을 정확하게 쓴다

쉼표와 마찬가지로, 큰 소리로 글을 읽으면 '하지만'을 어떻게 써야 하는지 감을 잡을 수 있다.

많은 작가들이 다음의 예문과 같은 문장에서 당황한다.

> 나는 주말 동안 보고서를 쓸 계획이었지만, 개가 보고서를 먹어버렸다.
> 비용 청구는 1월 15일까지지만, 예외가 있을 수 있다.

이 두 예문을 읽으면, '하지만' 앞에서 잠깐 멈출 필요가 있음을 알 수 있다. 그러므로

두 문장은 각각 '계획이었지만'과 '1월 15일까지지만' 뒤에서 자를 수 있다. 각 예문에서 두 번째 문장은 모두 '하지만'으로 시작한다. '하지만' 앞에 마침표를 찍어 아이디어를 확실히 분리할 수도 있다.

## 구절을 사용한다

학창시절 선생님에게서 '모든 문장은 반드시 주어, 목적어, 서술어로 이뤄져야 한다!'고 귀에 딱지가 앉도록 들었을 것이다. 엄밀히 말하면 이것은 여전히 사실이다. 그러나 일상이 숨 가쁘게 빨리 돌아가는 것처럼 글도 변해야 한다. 예를 들어, 형식을 철저히 지켜야 하는 아주 공식적인 문서를 작성하는 경우를 제외하고 다음처럼 글을 써도 괜찮다.

> 여기 요약본이요. 꽤 길죠. 저도 알아요.
>
> 문법을 지키는 것을 좋아하냐고? 그다지.
>
> 글을 쓸 때 문법을 제대로 활용해라. 문법을 살짝 어겨도 말이 되고 실수처럼 보이지 않는다면 괜찮다.

구절은 비즈니스 상황에서 자연스럽게 사용되기 때문에 실용적인 글쓰기에 좋다. '다시는 안 해!', '다음에', '내일, 좋아!'와 같은 구절은 독해 속도를 올리고, 홍보물을 경쾌하게 들리도록 하고, 문장의 리듬을 세련되게 만든다. 내용이 정말 형식적인 것이 아니라면, 온라인용 글을 쓸 때는 이런 구절을 사용해서 사람들의 흥미를 끌고 참여를 유도해라. 화면에서 글을 읽는 것은 정말 고된 일이다. 그래서 빨리 글을 읽는 것이 매우 중요하다. 그러나 주어, 목적어, 서술어를 갖춘 '진짜' 문장 사이에 적절히 구절을 사용하면서, 문장의 의미가 분명하게 전달되는지를 살펴야 한다. 예문에서 앞에 있는 문장이 없으면, 이 구절들이 전혀 말이 안 된다는 사실을 알 수 있다.

## 구두점을 정확하게 찍는다

쉼표, 마침표, 물음표 그리고 기타 구두점은 매우 중요하다. 이 구두점은 독자에게 글을 어떻게 읽어야 하는지를 알려준다. 종종 구두점은 톤, 억양, 제스처 그리고 직접 메시지를 상대방에게 말로 전달할 때, 자연스럽게 나오는 보디랭귀지를 대신한다. 쉼표,

마침표, 물음표와 같은 일부 구두점들은 글을 쓸 때 필수적이다. 물음표는 항상 억양을 올린다. 이 세상에 존재하는 모든 언어는 질문을 할 때 말끝이 올라간다는 것을 알고 있었나? 여기서 인간의 뇌에 대해서 호기심이 생긴다.

그러나 다른 구두점은 유행을 탄다. 다음은 실용적인 비즈니스 글쓰기를 위한 최신 구두점 스타일에 대한 필자의 개인적인 의견들이다. 이 의견을 진지하게 받아들일지 말지는 전적으로 당신의 선호도와 글을 쓰는 상황에 달렸다. 필자는 구두점을 살펴보면서 구두점이 필자가 생각했던 것보다 더 흥미로운 주제라는 것을 깨달았다. 당신도 필자와 같은 생각을 하는지 한 번 알아보자.

'괄호'는 비즈니스 글에서 아주 드물게 사용되어야 한다. 괄호 때문에 글에 완전히 집중하기 힘들고 글을 읽는 속도가 느려지기 때문이다. 요즘은 요점에서 벗어나지 않고 사람들이 알고 있어야 하는 것만 전달하는 글이 대세다. 괄호 안의 내용이 메시지에 삽입할 가치가 있는지 또는 전부 생략할지를 결정해야 한다. 예외인 경우가 있다. 구체적인 무언가를 지시할 때에는 괄호가 필요하다. 예를 들면 이 책에서 종종 등장하는 '(제4장 참조)'와 같은 경우다. 이런 숨은 위험요소에도 불구하고 괄호는 여전히 독백을 의미할 때 유용하다. 그러나 독백을 표현하기 위해서 괄호를 사용하더라도, 이 괄호가 글을 읽는 데 방해가 되지 않도록 해야 한다.

'이음표(-)'는 적절히 활용한다. 이음표는 시각적으로 문자가 빼곡하게 배열된 것 같은 느낌을 주고 공간을 절약한다. 그러나 사공이 많으면 배가 산으로 가는 법이다. 이음표를 최소한으로 사용해라. 이음표는 생각 깊은 글을 쓰는 데 방해가 된다. 그리고 일반적으로 코멘트의 앞뒤로 이음표를 사용해야 한다는 점을 잊지 말라.

'이모티콘'과 함께, 느낌표를 사용하면 문자에 생동감을 불어넣을 수 있다. 느낌표는 최근까지 '여성적인 느낌'이 강했고 비즈니스 글을 쓰는 사람들은 의식적으로 느낌표를 사용하지 않으려고 노력했다. 그러나 요즘 직장에서 문서를 바탕으로 하는 커뮤니케이션이 차지하는 비중이 커지면서, 메시지에서도 감정이 어느 정도 드러나도록 글을 쓰는 경우가 종종 있다. 이 경우 느낌표가 참 유용하게 사용된다.

현대의 커뮤니케이션 수단에 열정, 흥분, 놀람, 강렬함과 같은 감정들을 조금이나마 집어넣기 위해서 느낌표가 다시 많이 사용되고 있다.

'모두 집중!'에서처럼 느낌표는 꽤 높은 수준의 중요도를 전달할 수도 있다. 그러나 직장에서 감정을 드러내는 것에 조심해야 하는 것처럼, 글에서도 느낌표를 사용해 감정을 전달할 때 신중해야 한다. 메시지당 한두 개 이상의 느낌표를 사용하면, 오히려 역효과가 날 수 있다. 이모티콘은 감정을 더 많이 전달할 가능성이 있지만, 하나 이상의 '웃는 얼굴' 표시가 들어간 메시지는 중요한 대상에게 적절하지 않을 수 있다.

## 검토와 감수 : 최종 점검

메시지나 문서를 세상에 내보내거나 타깃 독자에게 전달하기 전에, 거시적 수준과 미시적 수준에서 꼼꼼하게 검토해라.

편집은 필수지만, 편집은 의도치 않게 메시지의 의미를 바꾸고 새로운 실수를 만들기도 한다. 그렇기 때문에 편집한 문장이나 단락은 적어도 한 번 더 검토해라.

### 큰 그림을 본다

당신이 메시지나 문서를 편집하고 자신의 글에 만족한다면, 이제 큰 그림을 보고 내용, 주제, 어조의 관점에서 전체 메시지를 평가할 때다. 당신이 원하는 것을 성취할 준비가 안 된 기술적으로만 완벽한 메시지를 세상에 내보내는 것은 성공적인 글쓰기가 아니다.

【 컴퓨터가 멍청한 문법 실수를 잡아내지 못한다면? 】

전에도 말했지만, 다시 한 번 더 이야기하겠다. 마이크로소프트 워드는 문법과 철자 검사 기능을 가지고 있다. 이 기능은 실수를 찾아내고 해결책을 제시한다. 이런 기능이 글쓰기에 도움이 되는 것은 사실이지만, 아무 생각 없이 프로그램이 제안한 해결책을 그대로 받아들이는 것은 스마트폰의 단어 추정 기능을 신뢰하는 것과 같다. 문장이 복잡해질수록 프로그램이 제시한 해결책이 틀릴 가능성이 크다. 프로그램이 철자와 문법에 대해서 제시한 수정과 변경 사항을 주의 깊게 살피고 철저히 평가해라. 그리고 확인한 다음에는 다시 소리 내서 읽어라.

글을 쓰고 편집할 때, 당신이 했던 모든 작업과 결정은 깨끗이 잊어라. 마치 다른 누군가가 쓴 글인 양 자신의 글을 읽으면서 다음에 대해서 고민해봐라.

- » 내가 성취하고자 하는 목적은 아주 분명한가?
- » 이 글이 내가 맺고 싶은 인간관계를 가능하게 만들고 나를 전문가로 보이도록 하고 나의 더 큰 목표들을 달성하는 데 기여하는가?
- » 나는 빨리 요점을 언급하고 일관성 있게 메시지를 전달하고 있나?
- » 이 메시지를 구성하는 모든 요소들이 내가 원하는 결과를 얻는 데 도움이 되고 있나? 메시지가 절과 절 그리고 단락과 단락으로 자연스럽게 연결되고 전달되나?
- » 전달하는 정보의 양은 어떤가? 너무 많은가 아니면 너무 적은가? 나의 주장을 펼치기에 충분한가?

이번에는 독자의 관점에서 글을 읽어라.

- » 독자는 내가 원하는 것이 무엇인지, 어떻게 반응해야 할지 알 수 있을까?
- » 메시지가 톤, 커뮤니케이션 스타일 그리고 독자의 특징과 잘 맞나? 독자에게 중요한 것에 집중하고 있나?
- » 내가 이 글을 읽게 될 사람이라면, 나는 관심을 갖고 이 글을 읽을까? 그리고 답할까?
- » 나는 주장을 뒷받침하는 증거를 제대로 제시했나? 이 글을 읽은 독자들이 품게 될 질문은 무엇일까?
- » 내가 독자라면, 이 글을 쓴 사람에게 그가 원하는 것을 줄까?
- » 이 메시지에서 잘못 해석되거나 오해를 야기할 요소가 있나? 이 메시지가 누군가의 기분을 상하게 만들 수 있을까?
- » 이 메시지는 어떻게 보이나? 이해하기 쉬운가? 읽기 쉬운가? 여백이 너무 많나? 효과적으로 그래픽을 사용했나? 필요한 시각자료가 있나?

이제 마지막이다.

- » 이 메시지가 CEO에게 전달되거나 수천 명의 모르는 사람들의 트위터로 전송되거나 할머니에게 보내지거나 일간지에 나와도 나는 괜찮은가?

이 책에서 소개하는 아이디어와 팁 그리고 자신의 상식을 이용해 문제를 고쳐라. 제2장에서 글을 쓰는 목적과 독자로부터 원하는 반응을 끌어내는 메시지를 작성하는 법을 소개했다. 그리고 이번 장을 통해 적절한 그래픽 툴을 선택하는 방법을 살펴보았다.

## 자신이 쓴 글을 감수한다

전문 커뮤니케이션 업계에서 감수는 글쓰기와 편집과는 떼려야 뗄 수 없는 것으로 간주된다. 그러나 경제적으로 각박한 시기에 카피라이터, 저널리스트 그리고 작가들은 이 세 가지 역할을 동시에 해낸다. 많은 출판사들이 요즘 감수 작업을 외주를 주거나 아예 생략해버린다. 그래서 출판물에서 오류가 많이 발견되는 것이다.

일상에서 감수는 전적으로 당신의 책임이다. 그러나 당신은 누군가에게 도움을 구할 수 있다. 많은 사람들이 글을 쓸 때 동료에게 중요한 문건의 감수를 부탁한다. 당신도 이렇게 할 수 있다. 동료나 친구는 기꺼이 당신에게 편집에 대한 조언을 제공할 것이다. 물론 당신도 그들에게 같은 일을 해줘야 한다. 옛말에 '백지장도 맞들면 낫다'고 했다.

## 【 확실한 감수를 위한 조언 】

이것을 시도해봐라. 자신의 글이나 다른 누군가의 글을 감수할 때 아주 유용하고 효과적인 방법이 있다. 이것은 필자가 힘들게 얻은 경험에서 나온 것이다. 그리고 필자는 이 책에 나오는 모든 정보들과 마찬가지로 기꺼이 이 방법을 당신과 공유하겠다. 이 방법이 당신을 모든 시행착오로부터 구해줄 것이다.

1 　제4장 초반에 설명한 시스템 중 하나를 사용하면 체계적이고 분명한 감수가 가능하다.

2 　중요한 문서의 경우 원본을 따로 보관해라.

3 　자주 휴식을 취하고 새로운 눈과 마음으로 감수해라.

4 　한 번 이상 감수해라. 3번이 이상적이다. 첫 번째 감수가 끝나면 잠시 쉬었다가 두 번째 감수를 해라.

5 　수정할 때마다 문장을 꼼꼼하게 확인해라. 왜냐하면 편집을 하다 보면 항상 새로운 실수가 생긴다.

6 　실수를 발견한 지점에 특별히 주목해라. 실수는 보통 한 곳에 몰려서 나타난다(실수가 자주 나타나는 부분을 쓸 때 당신은 피곤했을지도 모른다).

7 　맞춤법을 잘 틀리는 단어를 찾아라. 모든 문법책에 이 리스트가 있다. 또는 온라인에서도 사람들이 잘 틀리는 단어 리스트

를 찾을 수 있다. 그 문서를 출력해서 책상 위에 두고 참조해라.

8 잘 모르는 단어는 전부 사전을 찾아봐라. 좋아하는 사전을 사용하거나 구글 검색을 이용해라.

9 이름, 직책, 숫자, 부제목과 헤드라인을 꼼꼼히 확인해라.

10 특히 화면을 보면서 감수를 한다면 규칙적으로 눈을 쉬게 하라. 창문 밖을 내다보는 것이 도움이 된다. 그리고 컴퓨터 화면 밝기를 편안한 수준으로 조정하는 것도 도움이 된다.

11 보기 쉽게 화면의 글자 크기를 키워라. 그러나 한 화면에 전체 문장, 단락 또는 절이 안 보일 정도로 글자 크기를 크게 만들지는 마라.

12 어려운 부분은 거꾸로 읽어라. 아주 기술적인 문서나 숫자가 많이 들어 있는 문서에 이 접근법이 도움이 된다.

13 컴퓨터나 스마트폰의 자동 수정 기능에만 의존하지 마라. 이 기능을 지나치게 많이 사용할수록, 이 기능으로 인해 실수가 생길 가능성이 커진다.

14 실수를 했을 때, 그 실수가 가장 두드러지는 부분을 재검토하라. 예를 들면, 헤드라인, 주제문, 인용문 등이다.

## 글쓰기 실력을 개선할 자신만의 가이드를 만든다

글을 쓸 때, 대부분의 사람들은 일관성 있게 실수를 한다. 그래서 글을 쓸 때 자주 저지르는 실수 리스트를 만들어놓으면, 글쓰기 실력을 단련하는 데 도움이 된다. 궁극적으로 글을 쓰는 속도도 빨라질 것이다.

주요 문건이나 소소한 메시지를 자세히 뜯어보는 시간을 가져라. 아니면 시간을 두고 서서히 정보를 모으고 통찰력을 키워라. 더 좋은 것은 이 두 가지를 함께 하는 것이다. 먼저 필자가 이 책에서 소개한 다양한 기준을 이용해서 당신이 선택한 글을 철저하게 편집해라. 실수 패턴과 그다지 훌륭하지 않은 글을 찾아라. 이 문제점들을 해결하는 것이 당신에게 정말 큰 도움이 될 것이다.

체계적으로 문제점과 해결책을 기록해라. 이렇게 분석한 내용은 이메일에서 홈페이지, 제안서까지 모든 종류의 글을 검토할 때마다 사용할 수 있는 로드맵이 된다.

| 문제점 | 해결책 |
|--------|--------|
| 긴 문장이 너무 많음 | 문장을 나누거나 삭제하기 |
| 문장 리듬을 손봐야 함 | 문장을 큰 소리로 읽고 단어를 넣거나 빼서 더 좋은 리듬 만들기 |
| 긴 단어가 너무 많음 | 짧은 단어로 대체하기 |
| 수동형 문장이 너무 많음 | 더 흥미로운 능동형 문장으로 대체하기 |
| 반복되고 지루한 동사 | 바꾸기. 이 부분을 빨리 처리하기 위해서 온라인의 유의어 사전 사용하기 |
| 일반적인 언어 | 마이크로소프트 워드의 가독성 통계를 계속 확인하고 능동적인 느낌을 만드는 흥미로운 동사 찾기 |

훨씬 더 구체적으로 리스트를 작성하고 당신이 자주 실수하는 단어나 항목을 추가해라. 이 책과 기타 소스에서 해결책을 찾아보고 문제를 해결할 방법을 마련해라.

자신의 글을 아끼는 것은 또 다른 일이다. 글을 쓸 때마다 우리는 정말 계획을 세우고, 초안을 쓰고, 편집하고, 다시 쓰고, 감수해야 하는 것일까? 글을 쓸 때마다 이 모든 프로세스를 거칠 필요는 없다고 판단하기 전에, 당신의 명성과 메시지의 효과가 당신이 쓰는 모든 글의 영향을 받는다는 사실을 기억해둬라. 장담컨대 이것은 사실이다.

당신은 하루도 빠짐없이 사람들에게 메시지를 보낼 것이다. 이런 일상적인 메시지를 쓸 때 계획-초안-편집 프로세스를 한 번 시도해봐라. 그리고 이 프로세스에 따라 메시지를 작성할 때, 당신이 원하는 것을 더 자주 얻게 되는지를 확인해라. 확신하건대 원하는 바를 얻는 횟수가 증가할 것이다. 좋은, 아니 대단한 소식이 있다. 바로 소소한 메시지를 쓸 때 계획-초안-편집 프로세스를 연습하면, 제안서, 보고서, 기사, 웹사이트, 블로그 그리고 마케팅 자료를 쓸 때 큰 도움이 될 것이다. 결국 메시지 작성에 소요되는 시간이 절약되고 골치 아픈 일도 줄어들 것이다.

이제 당신은 필자가 소개한 모든 아이디어와 팁을 직장에서 문서를 작성할 때마다 사용할 준비가 되었다. 그러나 다음 장부터 필자는 이메일 작성에 보다 집중할 생각이다. 이 짧은 커뮤니케이션은 대부분의 조직에서 생명줄과 같다. 심지어 소셜미디어를

## 【 문법을 살짝 무시해도 괜찮은 경우와 그렇지 않은 경우를 어떻게 구별할까? 】

경험적으로 가장 좋은 기준은 '이것이 의도하지 않은 실수로 보이는가?'에 대해서 생각해보는 것이다. 아니면 '사람들이 이 글을 읽으면서 이것을 실수로 해석할 가능성이 있나?'에 대해 생각해도 된다. 당신은 글을 통해 사람들에게 조심성이 없거나 귀엽거나 똑똑하게 보이고 싶어 애쓰는 듯한 느낌을 주고 싶지 않을 것이다. 글을 통해서 신뢰와 권위를 얻는 것은 너무 힘들고 노력이 필요한 일이다. 그리고 실수는 독자에게 무례한 짓이다. 이런 경우 보다 형식적인 글을 쓰는 것이 손해가 되더라고 이를 악물고 침착하게 다시 써라. 이 원칙은 언어뿐만 아니라 일반적인 톤에도 적용된다. 비꼬는 말투와 비아냥거림은 억양이 없거나 날카로운 시선을 피할 수 있는 미소를 보여줄 수 없는 글에서 완전히 위험한 것이다. 웃는 얼굴 이모티콘으로 충분할 거라 생각하지 마라.

누르고 마케팅에서 없어서는 안 될 필수 요소가 되었다. 이메일의 가치를 간과하지 마라. 이메일 작성 실력을 키우는 일을 게을리 하지 마라.

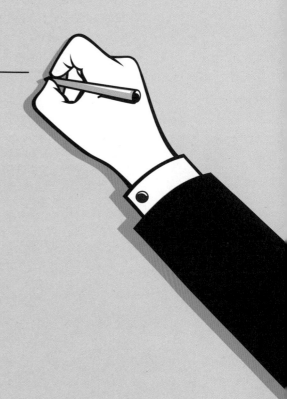

PART

# 2

비즈니스 글쓰기

## 제2부 미리보기

- 비즈니스 세계에서 이메일이 왜 중요한지 이해하고 매일 사용하는 이 커뮤니케이션 툴을 100퍼센트 활용하는 법을 배운다.

- 수신자에게 부담을 주지 않고 그들의 흥미를 끄는 이메일 작성법을 살펴본다.

- 긴 비즈니스 문서가 이전보다 더 중요해진 이유를 알아보고, 기업가적 마인드를 탑재하는 것이 당신이 중요한 문서를 작성하는 데 어떻게 도움이 되는지 알아본다.

- 복잡한 문서를 알기 쉽게 정리하고 시선을 끄는 헤드라인을 만들어서 시선을 끌고 흥미로운 요약보고서를 작성하는 법을 살펴본다.

# 결과를 얻는
## 메시지 작성하기

---

**제6장 미리보기**

- 이메일이 왜 중요하고 이메일로 무엇을 해낼 수 있는지 알아본다.
- 즉각적인 목표와 장기적인 목표를 달성하는 이메일 작성법을 살펴본다.
- 효과가 있고 숨은 위험을 피하는 전략과 테크닉을 배운다.
- 비즈니스에 효과적인 이메일 작성법이 무엇인지 알아본다.

---

**좋**아하든 싫어하든, 이메일을 안 쓸 수는 없다. 이메일은 전 세계적으로 비즈니스를 하는 사람들에게는 '중추신경계'나 마찬가지다. 회사들이 '이메일 없는 금요일'을 선포하거나, 인스턴트 메시지나 소셜미디어로 커뮤니케이션 하도록 권장하지만, 여전히 우리의 직장생활은 이메일 수신함을 확인하면서 시작된다.

이메일은 직장생활에서 여전히 대단한 존재감을 발휘한다. 이런 특징을 잘 활용하면, 이메일은 직장에서 즉각적인 목표와 장기적인 목적을 달성하는 데 유용한 장치가 된다. 또는 둘 다 망쳐놓을 수도 있다. 이번 장에서 우리는 이 강력한 매체를 십분 활용하고 숨은 위험을 피하는 법에 대해서 살펴볼 것이다.

사람들은 머지않아 이메일이 이 세상에서 사라질 것이라고 입버릇처럼 말한다. 한편으로는 이메일이 사라지기를 바라는 마음도 있는 것 같다. 그러나 이메일은 여전히 건재하고 오히려 이전보다 더 중요해졌다. 이메일은 글로벌 커뮤니케이션의 기본 장치다. 그리고 이메일은 점점 더 많은 비즈니스에서 사용되고, 지금은 주요 마케팅 도구로 자리를 잡았다. 세계적인 컨설팅 회사인 맥킨지 앤드 컴퍼니의 최근 연구에 따르면, 이메일이 새로운 고객을 유치하는 데 페이스북과 트위터보다 4배나 더 효과적이란 사실이 밝혀졌다. 그러니 당신의 직장생활에서 이메일이 가지는 의미와 가치를 절대 과소평가하지 마라. 제7장에서 필자는 마케팅의 관점에서 이메일을 다룰 것이다. 그리고 일상적인 비즈니스 커뮤니케이션을 위해서 이메일을 사용하는 방법에 대해서도 알아볼 것이다.

## 이메일로 자신의 어젠다를 빨리 전달하자

당신은 지금 스킬, 판단력, 역량 그리고 재능을 돋보이도록 하고 의사결정자들의 주목을 받을 기회를 찾는 중인가? 짜잔! 이메일이 바로 그 기회다.

물론 모두가 매일 쏟아지는 이메일에 압도당하고, 심지어 대부분의 이메일이 사라지기를 바란다. 당신의 이메일 수신함을 봐라. 아마 이 말에 당신도 동의할 것이다. 당신이 받는 대부분의 이메일은 관심사와 니즈와 관련이 없고 대부분이 아무렇게나 쓰인 것이다.

그러면 당신의 발송함을 한번 살펴봐라. 그리고 스스로에게 솔직히 계획을 세우거나 편집하지 않고 아무렇게나 써서 보낸 이메일이 얼마나 되는지를 물어봐라. 이것이 이메일이라는 커뮤니케이션 툴이 가지는 특징이라고 생각할 수도 있다. 금방 작성해서 바로 상대방에게 보내는 것이 이메일이기 때문에, 시간과 에너지를 쏟을 가치가 없다고 생각할지도 모른다. 그러나 이메일은 직장에서 하루를 시작하고 마무리할 때까지 업무를 처리하는 데 전적으로 의존하는 툴이다.

게다가 이메일은 다양한 형태의 커뮤니케이션을 전달하는 시스템이 되었다. 예를 들어, 예전에는 회사에 이력서를 보낼 때 커버레터를 봉투에 동봉해서 보냈다. 그러나 오늘날은 전자우편으로 보낸다. 어떤 식으로 전달되든지 간에 커버레터는 커버레터다. 간단한 사업제안서도 이메일로 보낼 수 있지만, 이전보다 더 잘 써야 한다. 갈수록 경쟁은 치열해질 뿐이다. 그러니 생각나는 대로 사업제안서를 써서 이메일로 보내고 싶은 충동에 맞서 싸워야 한다.

잘 쓴 이메일은 원하는 결과를 더 자주 가져다준다. 게다가 예외 없이 매일 정성스럽게 이메일을 작성하면 관계를 맺고 싶은 사람들과 좋은 관계를 맺을 수 있다. 이메일은 상대방에게 당신이 어떤 사람인지를 알려준다. 예를 들어 당신이 얼마나 지적이고 재능이 많고 신뢰할 수 있는 사람인지 그리고 커뮤니케이션을 얼마나 잘하는지 등이다. 심지어 단조로운 사내 이메일로도 유능한 전문가로서의 긍정적인 이미지를 동료에게 전달한다. 그리고 즉각적인 목표를 달성하는 데 도움이 될 뿐만 아니라, 회사생활을 하는 데 장기적으로 도움이 될 강점을 제공한다.

받는 사람과 관련 있는 내용을 직접적이고 간결하게 전달하는 이메일을 써야 한다. 이런 이메일은 확실한 목적이 있고 사람들의 시간을 존중한다. 그래서 결과적으로 이메일을 받은 사람들도 당신을 존중하게 된다. 거의 대부분의 경우 무의식적으로 사람들은 잘 쓰인 이메일을 단번에 알아차린다.

조직에서 높은 자리로 승진할수록, 좋은 글을 알아차리고 그것을 소중히 평가하는 사람들이 점점 많아진다. 왜냐하면 갈수록 그런 글을 보기가 힘들어지기 때문이다. 임원들은 실제로 사소한 것에 대한 이메일이라도 아무렇게나 쓰인 이메일이 다음의 사태를 초래할 수 있다는 사실을 알고 있다.

» 실수를 낳는 오해
» 직원들과 부서 간의 불필요한 갈등
» 불분명한 메시지를 이해하고 답하는 데 따른 비효율
» 시간과 생산성의 엄청난 손해

똑똑한 지도자들은 형편없는 이메일이 조직과 외부 세상과의 소통에 영향을 줄 수 있고, 다음의 결과를 초래할 수 있다는 것을 인식하고 있다.

» 훼손된 회사의 이미지와 평판
» 불만을 품은 고객
» 새로운 고객을 끌어들일 수 있는 기회 상실
» 회사의 수익에 직접적으로 영향을 미칠 수 있는 대중, 투자자, 공급자, 은행, 파트너, 언론, 규제기관과 기부자들과의 관계에 대한 장기적인 피해

이메일을 진지하게 생각하면, 당신은 이메일을 통해 만족스러운 결과를 많이 얻을 수 있을 것이다. 분명한 커뮤니케이션을 중요하게 생각하는 조직의 의사결정자들은 당신을 더 높이 평가할 것이다. 이외에 이메일은 다음의 역할을 한다.

» **이메일은 비즈니스를 하는 과정에서 인간관계를 맺는 중요한 기회를 제공한다.** 신뢰할 수 있는 동료와 외부 사람들과 관계를 맺고 유지하는 것은 장기적으로 당신에게 큰 힘이 될 수 있다.
» **이메일은 최고 의사결정자와 소통할 수 있는 기회를 제공한다.** 15년 전만 해도 CEO에게 직접 이메일을 보내거나 꿈의 직장 인사담당자에게 이메일을 쓴다는 것은 생각할 수도 없는 일이었다. 그러나 지금은 당신이 원한다면 할 수 있다. 상대방은 당신의 이메일을 읽고 관심이 간다면 답까지 해줄 것이다.
» **이메일은 전 세계 사람들과 소통할 수 있는 창구다.** 이메일이 없으면 국제

무역은 파트너와 첫 관계를 맺기 위해서 우편이나 팩스에 의존해야 할 것이다. 그러므로 이메일은 세계화가 가능하도록 만든 알려지지 않은 영웅이다.

만약 당신이 1인 기업가, 컨설턴트, 프리랜서 또는 용역업자라면, 이메일은 성공과 실패를 결정할 아주 중요한 것이다. 잘 쓴 이메일 하나로 원하는 사람과 직접 만나서 이야기를 하거나 사업에 참가할 기회를 얻거나, 새로운 계약을 체결하거나 신뢰할 수 있는 관계를 맺거나, 자신의 일을 홍보할 기회를 얻을 수 있다.

만약 회사에 내부 커뮤니케이션 시스템이 있다면, 이메일 작성의 가이드라인은 모든 유형의 메모 작성과 편지 작성에도 적용된다. 편지도 나름의 특징이 있다. 이번 장의 후반부에서 살펴보도록 하겠다. 이메일은 글쓰기의 축소판이라는 점을 기억해둬라. 이메일을 작성하는 연습을 하면, 대부분의 문서를 작성하는 데 필요한 기술을 익힐 수 있다. 그리고 다소 무모한 약속처럼 들리겠지만, 향후 이메일을 대체할 것이 무엇이든지 간에 여기서 다룬 아이디어가 똑같이 효과가 있을 것이다.

## 강한 문장으로 시작하자

이메일의 초안을 작성할 때, 가장 먼저 해야 할 일이 있다. 바로 수신자가 당신의 이메일을 읽도록 만드는 것이다. 이게 쉬운 일처럼 들리나? 전혀 쉬운 일이 아니다. 우리가 하루에도 엄청난 양의 이메일을 받고 있는 사실을 생각하면, 대부분의 사람들은 자신들이 받은 이메일을 삭제할 수 있는 작은 변명이라도 찾아내고 싶은 심정이 들 것이다. 이것이 당신이 모든 이메일을 정성 들여서 잘 써야 하는 이유 중 하나다. 만약 요점이 없고 이해하기 어려운 메시지를 보내는 사람이라는 평판을 가지고 있다면, 사람들은 당신의 메시지를 보고 무시해버릴 것이다. 이런 일이 자신에게 일어나기를 바라는 사람은 아무도 없다.

이메일에서 핵심은 두 부분으로 나눌 수 있다. 바로 제목과 도입 문장 또는 도입 단락이다. 각각에 대해서 자세히 살펴보도록 하자.

## 사람들의 시선을 사로잡는 제목을 쓴다

수신함을 열고 이메일의 제목을 죽 읽어보자. 자신이 어느 이메일을 왜 확인했는지 알 수 있다. 대부분의 경우는 다음 항목 중 하나에 포함될 것이다.

» 필수 정보를 포함하고 있어 반드시 읽어야 할 경우
  제목 : 5월 3일 미팅 장소 변경

» 이메일을 보낸 사람과 친분이 있는 경우(이 경우 누가 이메일을 보낸 것인지가 중요하다)
  보낸 사람 : 크리스 브로겐
  제목 : 이 하나의 변화로 당신의 인생이 달라진다

» 정보가 필요하거나 중요한 내용일 경우
  제목 : 삭제한 파일을 복구하는 무료 툴

» 좋은 상품이나 서비스를 저렴한 가격에 받고 싶은 경우
  제목 : 역사상 가장 저렴한 아이폰

» 흥미롭거나 재미있어 보이는 경우
  제목 : 우리 아기 팬더는 카메라를 무서워하지 않아요!

» 호기심을 자극하는 경우
  제목 : 우주선 기저귀

» 새로운 가구를 구매할 예정인 경우
  제목 : 모든 의자 20퍼센트 할인! 무료배송의 혜택까지

사람들이 모든 이메일을 확인하는 것은 아니다. 앞에서 소개한 리스트에서 제목만 읽고 넘어가는 경우가 대다수다. 그래서 이메일을 쓸 때, 가장 어려운 부분이 제목 작성이다. 이메일의 수신자들이 가장 관심을 가지거나 흥미롭게 여길 만한 것을 제목으로 적어야 한다. 모든 사람들에게 초점을 맞추는 것이 아니라, 당신이 이메일을 보내고 싶은 사람들에게만 관심을 집중하면 된다. 그러나 당신은 항상 공정해야 한다. 이메일 내용과는 전혀 상관없는 제목을 사용해서는 안 된다.

사람들이 삭제 버튼을 클릭하지 못하도록 시선을 끄는 제목을 적고 싶은가? 그렇다면 다음의 단계를 따르라.

1. 메시지를 받게 될 사람들에게 가장 의미가 있는 것이 무엇인지를 찾아라. 그 사람이 왜 당신의 이메일에 관심을 가져야 하는가?

2. 그 내용을 가장 간결하게 표현할 수 있는 방법에 대해 고민해라.

3. 키워드를 가능한 왼쪽에 오도록 작성해서 이메일 수신자가 당신 메시지의 핵심이 무엇인지 즉시 알 수 있도록 해라.

제목은 구체적일수록 좋다. 여기 제목이 너무 애매모호하고 보편적이라 나의 관심을 잡는 데 실패한 이메일이 있다. 제목을 어떻게 고치는 것이 좋은지도 함께 살펴보자.

원제목 : 중요한 질문

수정 제목 : 내일 워크숍은 어디서 합니까?

가장 중요한 메시지가 상대방의 수신함 창에 나타나도록 제목을 작성해라. 그리고 스마트폰과 기타 휴대용 디바이스로 수신 메일 목록을 확인하는 경우, 공간이 적어서 이메일의 제목이 잘리지 않도록 주의해라. 이 두 가지 내용은 이메일의 제목을 작성할 때마다 고민해볼 가치가 충분히 있다. 그러나 이런 기본적인 원칙에 관심을 기울이는 사람은 거의 없다. 그러므로 이 두 가지 사안을 염두에 두고, 이메일 제목을 작성하는 습관을 들이면 당신에게 큰 이점이 될 것이다.

핵심을 담고 있는 정확한 제목을 작성하는 데 투자를 하면, 보답이 항상 당신에게 주어질 것이다. 제목란에 쓸 수 있는 글자 수가 제한되어 있어서 당신이 전달하고 싶은 모든 내용을 적지는 못할 것이다. 그러나 최소한 주요 포인트를 분명히 전달하려고 노력해라. 마케팅 메시지가 아니라면, 눈길을 한 번에 사로잡는 영리한 제목을 목표로 삼을 필요는 없다. 그러나 당신의 메시지가 중요하다면 제목의 처음 몇 단어만이라도 흥미롭게 쓰는 데 시간을 할애해라.

만약 메시지의 핵심을 전달하는 간결한 제목이 떠오르지 않는다면, 당신의 메시지에 핵심이 없을지도 모른다는 가능성에 대해 생각해봐라. 또는 그 메시지가 수신자에게 아무 의미가 없을 수도 있다. 제목과 전체 메시지를 검토해서 당신이 이메일을 쓰는 이유와 그 이메일을 통해 얻고자 하는 것에 대해 분명하게 이해하고 있는지 살펴라.

전체 메시지를 작성하고 난 뒤 제목을 검토해라. 이메일을 쓰는 동안, 메시지의 방향이 바뀌었을 수도 있다. 실제로 글을 쓰는 동안 우리는 그 메시지를 쓰는 이유와 자신의 주장을 가장 효과적으로 전달하는 방법에 대해서 계속 생각하고 고민한다. 먼저 메시지의 초안을 작성하고 나서 제목을 뽑아내는 것이 쉬운 경우가 많다.

한 사람과 계속 이메일을 주고받는 경우가 있다. 이때 이메일을 쓸 때마다 제목을 새로 다는 것을 귀찮게 여겨서는 안 된다. 새로운 이메일의 내용에 맞게 제목을 수정하지 않으면, 상대방이 새로운 정보나 내용을 보지 못하고 넘어갈 수도 있다. 이렇게 되면 나중에 특정 메시지를 찾을 때 당신과 상대방 모두 짜증스러운 경험을 하게 될 가능성이 크다.

그러나 연속성을 간과해서는 안 된다. 제목에 연속성을 유지해서 지금 작성하고 있는 이메일이 전혀 다른 주제에 관한 것이 아님을 알 수 있도록 해야 한다. 예를 들어, 연속적으로 주고받은 이메일 중에서 제일 첫 번째 이메일이 '파버 제안에 대한 의견'이었다면, 새로운 제목은 '파버 제안 11월 3일 업데이트 버전'으로 적는 것이다. 관계된 모든 사람들에게 의미가 있는 제목을 써라.

많은 사람들이 이메일을 필요할 때마다 정보를 찾아서 쓰는 개인적인 데이터베이스로 활용한다. 그러니 제목을 보고 금방 필요한 이메일을 찾을 수 있도록 간략하고 분명한 제목을 써라.

## 인사말을 적절하게 사용한다

이메일의 첫 도입부에 우리는 주로 인사말을 적는데, 이때 주의할 것은 그 인사가 가식적으로 들리지 않도록 해야 한다는 점이다.

그리고 이름이나 성에 '~씨' 등의 필수적인 호칭을 붙여야 한다. 복수의 사람에게 이메일을 쓸 때에는, '친애하는 소프트웨어 X 사용자에게', '친애하는 구독자에게', '팀원들에게' 등 해당 그룹을 총칭하는 말을 사용할 수 있다. 지나치게 편안하거나 별난 표현은 사용하지 마라. 예를 들어, '이봐 친구들'로 이메일을 시작하는 것은 머지않아 그 이메일을 받는 사람들의 기분을 상하게 할 수 있다. 특정인에게 이메일을 보낼 때는 '친애하는 고객님께'와 같이 일반적인 말로 이메일을 시작하지 마라. 요즘 사람들은 자신의 이름이 불리기를 기대한다.

서로 잘 알고 있거나 여러 차례 이메일을 통해 거래를 한 사람들은 제목을 생략하고 단순히 상대방의 이름, 예를 들어 '존에게'로 이메일을 시작한다. 이렇게 하는 것이 편하다면, 제목을 생략하고 상대방의 이름을 부르면서 이메일을 시작하는 것도 괜찮다. 부르는 이름을 완전히 생략하고 바로 본론으로 들어가지는 마라. 이렇게 하면, 상대방과 개인적인 친분을 쌓을 수 있는 소중한 기회를 놓치는 것이다. "통 소식을 못 들었어요, 제리. 그래서 어떻게 지내는지 궁금해서 이메일을 보내요"처럼 이메일의 첫 문장에 이름을 집어넣는 방법도 있다.

## 도입 문장으로 시선을 확 끈다

메시지의 첫 한두 문장은 신문 기사의 도입부와 같은 목표를 달성해야 한다. 바로 수신자의 관심을 유지하고, 메시지의 핵심을 제시하고, 이 메시지에 관심을 갖고 끝까지 읽어야 하는 이유를 제시하는 것이다. 그리고 당신은 수신자에게 이 글을 쓰는 이유, 즉 당신이 원하는 것을 알려줘야 한다.

보통 이메일의 도입부에는 제목에 나오는 동일한 정보가 담겨 있다. 그렇다고 같은 단어를 사용하거나 정확하게 동일한 정보를 전달하려고 하지는 마라. 이메일의 본문은 중요하다. 사람들을 유혹해서 전체 메시지를 읽도록 만드는 가장 좋은 방법은 이메일의 도입부와 뒤에 따라오는 본문이 빠르고 쉽게 읽히도록 만들되 반복하지 않는 것이다. 이메일의 도입부는 한두 문장 또는 필요한 경우 한두 문단으로 구성할 수 있다. 제목이 메시지의 요점을 분명히 전달하면, 거기서부터 이야기를 다시 시작할 수 있다. 예를 들어보겠다.

> 제목 : 8월 회의 준비
>
> 안녕! 젠,
> 일주일도 채 남지 않은 윌로 콘퍼런스의 자료가 필요해요. 회의 준비 진행상황을 가능한 빨리 알려주세요.

종종 요청사항을 말하기 전에, 우리는 이런 요청을 할 수밖에 없는 상황이나 명료한 문장이 필요하다.

> 제목 : 디자이너 채용 시기
>
> 힐러리, 가능한 빨리 주주 보고서에 그래픽 작업을 담당할 디자이너를 데리고 오겠다고 말했잖아요. 그런데 4월 3일까지는 보고서 최종본을 전달할 수 없을 것 같아요.

앞에서 제시한 두 사례는 금방 요점을 언급한다. 당신이 회사에서 매일 쓰는 메시지도 거의 항상 이런 식일 것이다. 그 메시지를 받는 사람이 동료든, 부하직원이든 아니면 직속상사든 간에 말이다. 그러나 예의는 철저히 지켜라. 메시지가 효과적이려면 톤을 제대로 잡아야 한다. 이 부분에 대해서는 이번 장 후반부의 '이메일의 톤 잡기'에서 살펴보겠다.

다른 부서나 다른 회사 사람에게 이메일을 쓸 때, 당신은 조심스럽게 프레임을 짜야 한다. 당신이 고객 불만을 처리하는 부서에서 일하고 있고 회사에서 하자가 있는 부츠를 자신에게 팔았다고 주장하며 분노하는 여성에게 이메일을 써야 한다고 가정하자.

> 친애하는 블랙 부인에게,
>
> 부인께서 구매하신 매그니픽 부츠가 손상된 채로 배송되었다는 이야기를 전달받았습니다. 이런 문제가 발생한 점에 대해 사과드리며 즉시 문제를 해결하도록 하겠습니다.

좋은 제목과 도입부가 쉽게 떠오르는 것은 아니다. 철저한 계획을 통해 얻어지는 것이다. 만약 당신이 글을 쓰면서 핵심이 무엇인지 알아내는 쪽이라면, 이메일을 보내기 전에 도입부와 제목을 수정할 시간을 따로 남겨둬라.

## 목적을 달성하는 이메일을 작성하자
-----------------------------------------

목적과 대상을 고려하면, 성공적인 이메일을 작성할 수 있다. 직관이 일부분 도움이

되겠지만, 목적과 대상을 체계적으로 분석하면 더 좋은 이메일을 쓸 수 있다. 목적과 대상을 아는 것은 난감한 상황을 다루거나, 문제를 해결하려고 시도하거나, 당신에게 정말 중요한 메시지를 작성할 때 특히 중요하다.

## 원하는 것을 분명히 표현한다

이메일은 일을 처리하는 데 유용한 장치인 것 같다. 당신은 미팅을 잡거나, 정보를 주고받거나, 약속을 변경하거나, 도움을 요청하거나, 질문을 하거나 답할 때 이메일을 쓴다. 단순한 메시지를 작성하는 경우라고 하더라도 자신이 정말 원하는 것이 무엇인지 깊이 고민할 필요가 있다.

에이미는 최근에 대리로 승진했지만 중요한 스태프 미팅에 자신이 초청되지 않았다는 사실을 알게 되었다. 이런 경우, 그녀는 다음의 이메일을 작성할 수 있다.

> 톰, 제가 지난 목요일에 소집된 스태프 미팅의 참석자 명단에서 제외됐다는 이야기를 듣고 정말 속상했습니다. 단순한 실수였나요? 이 일 때문에 저는 당신이 저의 기여도를 전혀 중요하게 생각하지 않는다는 생각이 듭니다. 여기에 대해서 우리 이야기 좀 할 수 있을까요?

잘못된 행동이다! 이 메시지는 그녀를 쉽게 화를 내고 유치하고 잘 투덜대는 사람처럼 보이게 만든다. 이것은 그녀가 정말 원하는 것, 즉 부서 내에서 입지를 다지는 것에 도움이 전혀 되지 않는다. 화풀이를 위해서 이메일을 쓰기보다는, 상황을 냉정하게 바라보고 자신의 진짜 목표를 달성하는 데 도움이 되는 메시지를 작성해야 한다.

> 톰, 저도 앞으로 부서 회의에 참여할 수 있을까요? 저는 우리 부서가 어떻게 운영되는지에 대해서 가능한 많은 것을 알고 싶습니다. 그래서 보다 효율적으로 업무를 처리하고 부서에 더 많은 기여를 하고 싶습니다. 부서의 목표와 실행계획에 대해서 보다 잘 이해할 수 있는 기회를 주시면 정말 감사드리겠습니다.

외부로 이메일을 보낼 때도 자신의 목표를 아는 것은 똑같이 중요하다. 예를 들어, 만약 당신이 결함이 있는 제품에 대한 고객 불만을 처리하는 일을 담당하고 있고 불만족스러운 고객을 없애는 것이 목적이라면, 다음처럼 이메일을 작성할 수 있다.

회사 제품에 불만족스러우셨다니 유감입니다. 그러나 제품에 대해서 하자가 있다고 불만이 접수된 것은 이번이 처음입니다. 사용 매뉴얼을 자세히 살펴보시길 바랍니다.

만약 당신이 이 고객을 적당한 수준에서 달래는 것이 자신의 일이라고 생각한다면, 다음처럼 말할 수 있다.

제품이 제대로 작동되지 않는다니 죄송할 따름입니다. 동봉된 레이블을 이용해 저희에게 제품을 다시 보내주십시오. 6개월 안에 수리해서 다시 보내드리겠습니다.

그러나 당신의 목적이 이 고객이 미래에 회사의 다른 제품을 구매하도록 계속 관계를 유지하고, 좋은 입소문을 내도록 유도하는 것이라면, 다음처럼 이메일을 작성해서 보내는 것이 가장 좋다.

고객님의 생각대로 제품이 작동되지 않은 점에 대하여 사과의 말씀 드립니다. 오늘 고객님께 신제품을 발송했습니다. 고객님께서 마음에 들어 하시리라 확신합니다. 그러나 만약 오늘 새롭게 발송된 제품이 마음에 들지 않으시면 제 개인번호로 즉시 연락해주세요.

에이미와 고객 서비스팀의 경우 모두 진짜 궁극적인 목표를 고려하면 완전히 다른 메시지가 나온다. 이것은 거시적이고 미래지향적인 사고다. 에이미의 경우, 궁극적인 목표는 상사와 가치 있는 관계를 형성하고 기회를 얻는 것이다. 불만족스러운 고객을 돕는 고객 서비스팀의 경우, 부정적인 상황을 역전시키고 그 고객을 장기적인 충성 고객으로 만드는 것이 목표다.

최대한 최고의 모습을 보여줄 수 있도록 이메일을 써라. 모든 이메일은 당신의 명성과 미래를 구성하는 중요한 요소다. 그리고 이메일은 절대 사적인 것이 아니다. 전자 통신은 당신의 메시지가 어디든지 갈 수 있다는 의미다. 그래서 삭제해버리면 그만이라는 생각은 어리석다. 많은 공인들이 함부로 작성한 이메일이 발견되어 곤욕을 치르는 데는 이유가 있다.

## 상대에게 무엇이 중요한지 분석한다

이메일로 이루고 싶은 것이 무엇인지가 분명해지면, 수신자에 대해서 생각해봐라. 바로 이메일을 받는 사람 또는 그룹 말이다. 하나의 메시지, 하나의 스타일이 모든 상황과 사람들에게 맞지는 않다. 제2장에서 어떤 사람에게 무언가를 해달라고 부탁할 때, 본능적으로 자신의 주장을 뒷받침할 근거 등을 제시한다는 사실을 알았다. 상대방을 만나 커뮤니케이션을 할 때, 우리는 단어, 보디랭귀지, 표정, 목소리 톤, 억양 그리고 상대방이 당신의 메시지가 전달되는 순간 그것을 어떻게 받아들이고 있는지를 보여주는 모든 단서, 즉 상대방의 반응에 따라 메시지를 살짝 바꾸기도 한다.

물론 이메일은 이런 피드백이 시각이나 말로 전달되지 않는다. 글이 곧 메시지다. 그래서 이메일을 쓰기 전에, 메시지를 받고 상대방이 어떻게 반응할지를 예측하고 거기에 맞춰서 메시지를 작성해야 한다.

이메일을 받을 사람의 반응을 예상하는 데는 약간의 상상력이 필요하다. 글을 쓰다 보면 스스로가 상상력이 풍부한 사람이란 사실을 알게 될 것이다. 마음속에 있는 그 사람과 실제로 대화를 하는 상상을 해라. 그 사람이 뭐라고 말하고 어떻게 말하는지 관찰해라. 그리고 다른 단서를 포착해라.

상대의 반응을 예상하는 확실한 방법이 하나 더 있다. 그 사람이나 그룹에게 가장 의미가 있는 요소들을 체계적으로 생각하는 것이다. 제2장은 당신이 달성하고자 하는 것과 관련이 있을 수 있는 요소들을 포괄적으로 정리해 리스트를 만들어 제공한다.

이메일을 쓸 때마다 이렇게 많은 요소들을 고려할 필요가 있을까? 아니다. 만약 목표가 미팅 일정을 잡는 것처럼 정말 단순하다면, 모든 요소를 고려할 필요는 없다. 그러나 목표가 단순하더라도 이 특정 수신자가 당신과 시간을 보내야 하는 분명한 이유를 알고 싶어 하는지, 얼마나 많은 정보가 주어지는 것을 선호하는지, 그 사람이 당신이 논의하고 싶은 주제에 대해서 생각이 정리되었는지 등을 알고 있으면 더 좋다. 빡빡한 일정을 지닌 고위급 인사에게 이메일을 쓰느냐 아니면 바로 옆 동료에게 이메일을 쓰느냐에 따라서도 달라진다. 이런 요소들을 고려하면서 이메일을 쓰면, 설령 아주 사소한 요청이라 하더라도 유리한 결과가 나온다.

메시지가 스스로에게 중요할수록, 더 세심하게 계획하고 독자의 입장을 더 많이 고려해야 한다. 때때로 그 사람의 상황이나 성격이 중요할 수 있다. 예를 들면, 신기술에 대한 그 사람의 태도 같은 것 말이다. 그 사람의 나이가 콘텐츠와 톤을 잡는 데 중요할 수 있다. 정치적으로 옳지 않게 들리겠지만, 세대가 다른 사람들은 일, 커뮤니케이션, 보상, 권위, 경력 개발 등 여러 가지 부분에 대해서 다른 태도를 지닌다. 당신이 밀레니얼세대(1981-1996년 출생) 또는 X세대(1965-1980년 출생)라면, 당신은 베이비부머세대(1946-1964년 출생)가 존경, 위계질서, 정확한 문법, 예의, 대면 커뮤니케이션 등을 요구한다는 사실을 이해해야 한다. '목표'와 '대상'은 메시지를 계획하는 데 유용한 지침이다. 이 지침을 이용해 메시지를 작성하면 절대 실패할 일이 없다.

필자는 종종 글쓰기 워크숍 참가자들에게 직속상사의 프로필을 작성하라고 시킨다. 스스로를 비밀 잠복요원이고 자신이 관찰한 사람을 조직에 보고한다고 상상하는 것이다. 10분 동안 당신이 가지고 있는 정보를 생각나는 대로 적어봐라. 먼저 제2장에서 개략적으로 살펴본 인구통계학적 요소, 심리통계학적 요소, 포지셔닝과 성격을 훑어보고, 그 사람을 정의하는 데 의미가 있다고 생각하는 요소를 리스트로 만들어라(예를 들어, 나이, 포지션, 선호하는 정보의 양, 쟁점, 의사결정 스타일 등이다). 그러고 나서 각 항목에서 당신이 알고 있는 것은 채워 넣고, 모르는 것은 상상해서 적어라. 이렇게 하면 당신이 생각했던 것보다 당신의 상사를 더 잘 이해할 수 있다.

완성된 프로필을 읽어라. 이렇게 하면, 이 중요한 사람과 어떻게 커뮤니케이션하는 것이 가장 좋은지, 그 사람과 어떻게 일하는 것이 좋은지, 그리고 스스로를 가치 있는 사람으로 보이도록 어떻게 해야 하는지에 대한 중요한 단서를 얻을 수 있을 것이다. 그 사람과 당신의 관계를 강화하거나 더 좋은 관계로 만드는 방법을 찾아낼지도 모른다.

새로운 프로젝트를 소개할 직원회의에 직속상사인 제인을 초대한다고 가정하자. 당신은 제인에게 새로운 프로젝트가 자원을 투자해서 진행시킬 가치가 있다는 메시지를 전달하고 싶을 것이다. 먼저 목표를 분명히 해라. 아마 당신은 다음의 목표를 가지고 있을 것이다.

» 제인의 지지를 얻는다.
» 조만간 의견을 구해 프로젝트를 수정한다.
» 프로젝트 진행에 필요한 자원을 얻는다.
» 자신이 항상 훌륭한 자산이 되고 있음을 보여준다.

당신은 제인이 아주 바쁘다는 것을 알기 때문에, 시간을 빼서 회의에 참석하도록 그녀를 설득해야 한다. 그렇다면 그녀의 어떤 부분에 대해서 생각을 해봐야 할까? 당신은 다음에 따라 제인에 대한 분석을 진행할 수 있다.

- » **인구통계학** : 제인은 젊은 나이에 그 자리에 올랐다. 그리고 여성으로서 그 자리까지 승진한 첫 번째 사람이다. 그러므로 그녀는 스스로의 실력을 증명해야 한다는 압박감을 느끼고 있다. 그녀는 스스로를 지독하게 몰아붙이고 일주일에 60시간을 일한다.
- » **성격/커뮤니케이션 스타일** : 그녀는 통계를 좋아한다. 그녀는 증거를 좋아한다. 그녀는 묵묵히 이야기를 들어주는 사람이 아니다. 자신에게 정보가 충분하다고 느끼면 그 자리에서 바로 결정을 내린다. 그녀의 최대 관심사는 직속상관에게 자신이 부서를 효율적으로 운영하고 있음을 보여주는 것이다. 그 방법을 찾느라 그녀는 아마도 밤을 지새울 것이다. 그리고 상관에게 전반적으로 좋은 이미지를 줘서 승진의 기회를 얻기를 바란다. 그녀는 나쁜 결과로부터 어느 정도 보호받을 수 있다고 느끼면 기꺼이 위험을 감수한다.
- » **포지셔닝** : 그녀는 시범 프로젝트를 승인할 권한을 가지고 있다. 그러나 그 이상의 권한은 없다. 그녀는 아마도 더 높은 자리에 오르기 위해 준비를 하고 있고 윗사람들의 관심을 받고 있다.
- » **심리통계학** : 그녀는 기술에 우호적이고 심지가 굳고 얼리어답터다.

짜잔! 이 네 가지 포인트만 있으면, 당신은 제인의 프로필을 작성하고 그녀에게 회의에 반드시 참석해달라는 메시지를 보낼 수 있다. 그리고 이보다 더 중요한 것은 당신이 원하는 것을 얻어내는 회의를 조직하는 데 이 프로필이 가이드가 될 수 있다.

## 최고의 콘텐츠를 결정한다

당신은 글을 쓰는 목적과 그 글을 읽을 사람에 대해서 안다. 이제 좋은 콘텐츠를 결정하기 위한 기초를 닦은 것이다. 상대방으로부터 원하는 반응을 이끌어낼 정보가 무엇인지 판단할 수 있게 되었다(제2장에서 그룹에 글을 쓸 때, 그룹을 대표할 만한 사람을 찾아내는 방법을 참조해라).

## 【 이메일의 톤 잡기 】

일상적인 이메일에서 당신의 톤은 수신자가 이메일의 내용에 감정이입하는 데 상당히 기여한다. 그러므로 톤을 무시하지 마라. 톤은 제2장에서 살펴봤듯이 모든 글에 적용된다. 그러나 이메일에서 톤은 여느 글과는 다르게 접근해야 한다.

당신이 메시지를 받게 될 사람을 알고 있으면, 잠깐 그 사람을 떠올리는 것으로 많은 정보를 얻을 수 있다. 그 사람과 대화를 하고 있다고 상상해봐라. 직장에서 그의 성격이 형식을 중요하게 생각하는지, 편안하고 친근한지를 판단해라. 그리고 그 사람과 함께 있을 때 분위기가 어떤지, 비즈니스적으로 어떤 관계를 유지하고 있는지도 생각해봐라. 그 사람에게 보내는 이메일의 톤도 그에 부합하게 정해질 것이다.

만약 모르는 누군가나 그룹에 이메일을 쓰는 것이라면, 보다 형식적으로 접근할 필요가 있다. 그러나 장황하거나 무관심한 느낌을 주지 않도록 조심해라. 항상 메시지에 어느 정도의 온화함과 배려를 담는 것이 좋다. 누가 온화하고 배려가 느껴지는 메시지를 싫어하겠나? 우리 모두는 자신이 중요하고 존중받고 있다는 느낌을 원한다.

주제에 적합하지 않다고 판단되는 경우를 제외하고, 모든 이메일에 긍정적인 에너지를 담도록 해라. 물론 제한적으로 열정을 표현하고 긍정적인 톤을 만들기 위해서, 단어 선택과 콘텐츠에 균형을 잡아야 한다. 흥분을 표현하기 위해서 가끔 느낌표를 사용할 수 있다. 그러나 이메일을 느낌표로 도배하지는 마라. 유치하게 보일 수 있다. 그리고 메시지를 읽게 될 사람을 잘 알지 못한다면, 이모티콘 사용을 자제해라. 꼭 하나 쓴다면 웃는 얼굴 이모티콘 정도는 괜찮다. 예를 들어 누구나 알고 있는 농담을 이야기할 때 말이다. 상대적으로 나이가 많은 사람들이 이모티콘을 너무 많이 사용하면, 다소 가벼운 사람이라는 이미지를 전달할 수도 있다. 그리고 일부 그래픽 이모티콘은 프로그램에 따라 전달이 안 되는 경우도 있고, 자동적으로 다른 무언가로 대체되는 경우도 있다. 상대방의 화면에 무엇으로 대체되어 뜰지 누가 알겠는가?

메시지의 콘텐츠를 결정하기 위해서 매칭 게임을 해라. 무슨 정보, 사실, 아이디어, 통계 등이 그 사람의 관심을 끌고 긍정적인 답변을 이끌어낼 수 있을까?

상대가 받을 혜택에 대해서 생각해봐라. 이 중요한 마케팅 콘셉트는 설득을 목적으로 하는 모든 글에 적용된다. 혜택은 당신이 무엇을 원하는지 암시한다. 예를 들어, 옷은 색, 스타일, 장인정신 등 여러 특징을 가지고 있지만, 혜택은 그 옷을 입은 사람을 아름답게 만드는 것이다. 당신이 메시지를 구상하고 그 메시지를 통해 원하는 것을 얻고 싶다면, 상대와 목적에 대해서 생각하고, 매칭 포인트와 혜택에 대해서 제일 먼저 떠오르는 아이디어를 적어봐라.

예를 들어, 앞에서 제인을 프로젝트 발표 회의에 참석하도록 만들려면 그녀를 분석한 결과를 바탕으로 메시지를 작성해야 한다.

> » 그 아이디어가 어딘가에는 쓸모가 있을 것이라는 증거
> » 최첨단 기술이 어떻게 사용되고 있는지에 대한 정보
> » 그 아이디어가 부서의 주요 문제를 해결할 가능성
> » 다른 부서도 흥미를 가지고 대단하다고 여길 제안

환경에 좋다거나 사람들에게 더 많은 여유시간이 생긴다는 것 등 다른 많은 아이디어들도 의미가 있을 수 있다. 그러나 제인에게는 의미가 없을지도 모른다.

## 본문의 구조를 잡자

이메일 메시지를 샌드위치라고 생각해봐라. 도입부와 마무리가 콘텐츠를 꽉 잡아주고, 나머지가 속을 채운다. 이런 식으로 보면, 대부분의 이메일은 구성하기가 쉽다. 미묘한 아이디어와 지시사항, 공표로 가득한 복잡한 메시지는 어쨌든 이메일에 적합하지 않다.

이메일은 본래 실용적인 목적을 위해 만들어진 커뮤니케이션 툴이다. 그렇더라도 본문은 여전히 중요하다. 일반적으로 이메일의 본문은 '왜'를 설명한다. 왜 그런 결정이 내려져야만 했는지, 왜 당신이 그 기회를 누릴 자격이 있는지, 또는 왜 수신자가 긍정적으로 반응해야 하는지 등이다. 그리고 본문은 어떤 요청을 거절할 수밖에 없는 이유를 자세히 설명하거나, 자세한 정보와 기술적 백업 또는 무언가를 달성하기 위한 일련의 단계를 제공한다.

메시지의 본문을 작성하는 요령을 간단하게 요약해봤다. 최근에 작성한 글이나 현재 작성 중인 글을 꺼내봐라. 기본 콘텐츠를 생각해봐라. 앞 섹션에서 대략적으로 살펴본 방법에 따라 대상을 고려하면서 당신의 목표를 달성하는 데 도움이 될 포인트가 어떤 것들이 있는지 브레인스토밍을 해봐라. 그리고 나서 다음을 시도해봐라.

1. **이메일에서 언급할 포인트 리스트를 깔끔하고 간단하게 작성해라.**

   제인이 회의에 참석하도록 설득하기 위해서 내가 '최고의 콘텐츠를 결정한

다'에서 긍정적인 마음가짐으로 작성한 리스트를 예로 들 수 있다.

## 2. 리스트를 훑어보고 도입부의 틀을 잡아라.

이메일의 도입부는 수신자에게 이 메시지를 쓴 이유와 목적을 알려주는 문장이나 단락이다.

핵심부터 시작하는 것은 메시지를 구상할 때 가장 좋은 방법이다. '가장 중요한 정보를 숨겨두지 않는다'는 기자들의 철칙을 기억하라.

제목은 생략하고 '제인을 미팅에 오도록 만드는' 메시지 본문을 한 번 작성해보자.

> 안녕, 제인,
>
> 저는 당신에게 소셜미디어가 회사의 XL라인의 시장 점유율을 높이는 데 어떻게 도움이 되는지 보여주고 싶습니다. 5월 3일 오후 2시에 시연을 할 예정입니다. 당신의 온라인 캘린더를 확인해서 잡은 일정입니다. 이날 시연회에 참석하실 수 있으신가요?

본문의 구조를 잡으려면, 앞에서 찾아낸 제인에게 중요한 포인트를 고려해야 한다.

» 그 아이디어가 어딘가에는 쓸모가 있을 것이라는 증거
» 최첨단 기술이 어떻게 사용되고 있는지에 대한 정보
» 그 아이디어가 부서의 주요 문제를 해결할 가능성
» 다른 부서도 흥미를 가지고 대단하다고 여길 제안

이렇게 정리한 포인트를 중심으로 메시지의 본문을 작성하기만 하면 된다. 예를 들면 다음과 같다.

> 제가 조사를 해봤더니, 관련 산업의 두 기업이 불과 몇 달 만에 시장 점유율이 15~20퍼센트 증가했습니다. 우리가 그 새로운 매체를 활용하면 2분기 동안 매출이 오르지 않아 문제인 XL의 매출을 올릴 수 있습니다. 게다가 우리 부서는 전략적으로 최첨단 기술의 소셜미디어를 활용하는 부서로 자리매김하게 될 것입니다. 제가 예상한 대로 일이 진행된다면 회사의 모든 부서들이 우리 부서가 창의적인 리더십을 통해 앞서나가고 있다는 사실을 알게 될 것입니다.

글을 쓰기 전에 어떤 내용을 쓸지 생각을 했던 것이 상당히 도움이 된다. 앞의 네 가지 포인트의 순서를 적절히 바꾸면 체계적이고 논리적인 메시지가 작성될 것이다. 콘텐츠만 아는 것이 아니라 그 콘텐츠들이 어떻게 맞물려 돌아가는지도 알고 있다. 게다가 이 간단한 초청 이메일은 제인이 긍정적인 마음가짐으로 기대에 부풀어서 시연회에 참여하도록 할 가능성이 크다.

가상으로 이 프로세스에 따라 메시지를 작성하니, 이메일을 작성하는 것이 쉬워보인다. 실제로 진짜 아이디어를 다른 사람에게 전달하기 위해 이 프로세스에 따라 메시지를 작성하면, 이메일을 작성하는 것이 훨씬 더 쉽다는 사실을 깨닫게 될 것이다.

웹사이트, 제안서 또는 책 등 글의 형식에 상관없이, 메시지를 구상하는 강력한 힘은 자신의 스토리를 아는 것이다. 일단 콘텐츠를 결정하면 이메일의 메시지를 구상하는 것은 큰 문제가 되지 않는다. 다음 요소에 대하여 스스로에게 설명하듯이 메시지를 쓰기만 하면 된다.

> » 당신이 만나고 싶은 사람이 실제로 당신과 만났을 때 어떤 혜택을 얻게 되나?
> » 왜 이메일의 수신자가 당신의 보고서나 제안서를 흥미롭게 생각하게 될까?
> » 왜 채용담당자가 당신의 이력서를 읽어야 할까?

당신이 만든 리스트를 살펴보고, 어느 포인트가 자신의 목적을 달성하는 데 가장 효과적인가를 판단하고, 논리적인 순서로 메시지를 작성해라. 리스트는 설득력 있는 메시지를 작성하는 데 필요한 아이템보다 더 많은 아이템으로 이루어져 있을 수 있다. 그러니 이메일의 내용을 구성할 아이템을 조심스럽게 선별해야 한다. 필요 없다고 판단되는 것은 리스트에서 삭제해도 괜찮다.

## 강한 문구로 이메일을 끝맺자

메시지의 도입부와 본문을 작성했다면, 이제 마지막 부분을 작성해야 한다. 당신은 아마 지금까지 소개한 가이드라인에 따라 이메일의 도입부와 본문을 작성했을 것이다. 이제 이메일을 끝맺으면서 당신이 원하는 것을 한 번 더 강조하면 된다. 이메일은 극적인 끝맺음이 필요 없다. 보통은 처음 부분으로 되돌아가서 '요청사항'과 관련해 필요한 정보를 추가한다.

» 의사결정을 요청한다면, "10월 21일 당신의 결정을 기대하고 있겠습니다" 와 같은 이야기를 하면 된다.
» 보고서를 제출한다면, 이메일은 "이 보고서를 검토해주시면 정말 감사하겠 습니다. 궁금한 점이 있거나 추가적으로 정보가 필요하다면 알려주시기 바 랍니다"로 끝을 맺는다.
» 제인에게 보내는 이메일의 경우, 끝맺음은 간단하다. "5월 3일 오후 2시에 시연회 참석이 가능한지 알려주세요. 불가능하다면 일정을 다시 잡도록 하 겠습니다"라고 하면 된다.

예의를 갖추어 이메일을 끝맺고 상황과 수신자와의 관계에 따라 격식의 수준을 조정 해라. 정말 보수적인 사람이나 다른 문화권에 속한 사업가에게 이메일을 보내는 것이 라면, "그럼 이만 줄입니다"로 이메일을 끝맺는 것이 가장 좋다. 이력서의 커버레터도 마찬가지다. 요즘은 이메일에 이력서를 첨부해서 채용담당자에게 보낸다. 이 경우 커 버레터는 이메일의 메시지가 되고 반드시 레터처럼 보여야 한다.

그러나 대부분의 경우, 덜 형식적으로 이메일을 끝맺는 것이 좋다. '감사합니다', '회 신 기다리겠습니다', '안녕히 계세요' 등 다양한 방법이 있다. '안녕'처럼 비격식적이 고 귀여운 작별인사는 피해라. 항상 당신의 이름으로 이메일을 끝내는 것을 추천한 다. 상대방을 알고 있거나 형식적이지 않은 친근하고 편안한 관계를 형성하고 있다면 성을 뺀 나머지 이름으로 이메일을 끝맺는 것이 좋다. 그렇게 하면 메시지가 더 개인 적으로 느껴지고 이메일의 내용이 완전히 끝났다는 신호를 준다.

실제로, 이메일을 끝맺을 때 해야 할 일이 하나 더 있다. 제목을 마무리하는 것이다. 전체 메시지의 요지가 무엇인지 생각해봐라. 그리고 나서 그 이메일을 받게 될 사람 의 흥미를 끄는 데 가장 효과적인 단어와 구절을 결정해라. 예를 들어, 제인에게 보내 는 경우, 제인이 이메일 제목을 통해 시연회에 참석해달라는 내용이라는 것을 알 수 있어야 한다. 그리고 이메일의 요지와 그녀가 참석할 가치가 있다는 점을 강조해야 한다.

# 이메일을 다듬자

이메일도 정성을 들여서 메시지를 작성하고 편집하고 감수해야 한다. 보통 메시지는 수신자와 당신의 관계에 따라 다르게 작성해야 한다. 당신은 한 번도 만난 적 없는 사람에게 이메일을 쓰고 있는지도 모른다. 이런 경우, 이메일을 통한 상호교류가 당신과 그 사람의 관계와 메시지의 성공을 결정한다. 일반적으로 잘 쓴 이메일은 상대방을 직접 만나 아이디어를 설명할 기회나 사업의 다음 단계로 넘어갈 기회를 제공한다.

사람들은 이메일에서 당신이 어떤 사람인지를 알려주는 단서를 찾고 결론을 내린다. 그래서 당신이 무엇을 어떻게 썼는가는 매우 중요하다. 심지어 아이디어가 좋더라도 이메일에서 문법과 철자가 많이 틀리면 당신과 수신자의 관계가 아무리 격이 없고 편안한 사이라도 중요한 기회를 놓칠 수 있다.

이제 길이나 너비 등 이메일에 어울리는 완벽한 스타일에 대해서 알아보자.

### 길이와 너비를 확인한다

일반적으로 말해서, 이메일은 300자 이내로 작성하고 하나의 아이디어를 소개하거나, 하나의 질문만을 하는 것이 좋다. 300자로도 충분하다.

이런 제한을 일관성 있게 지키는 것은 힘든 일이다. 그러나 특히 온라인에서 사람들의 주의력 지속 시간은 아주 짧다. 이 사실을 기억하고 있기를 바란다. 그래서 이메일을 작성하기 전에 미리 핵심 요지나 요청사항을 정확히 아는 것이 중요하다. 대단한 결론인 것처럼 핵심 요지나 요청사항을 숨기지 마라. 그리고 중요한 이차적인 질문도 이메일의 마지막에 가서 이야기하는 실수를 저지르지 마라.

가능한 간략하고 빈틈없이 이메일을 작성해라. 메시지가 점점 장황해진다 싶으면 이 메시지를 이메일로 전달하는 것이 적절한지 다시 생각해봐라. 이메일은 소개글로 사용하고 자세한 내용은 별도의 문서로 작성해 이메일에 첨부하는 것이 좋을지도 모른다. 아니면 메시지를 둘로 나눠서 적절한 시차를 두고 이메일을 보내는 것도 방법이 될 수 있다.

### 스타일을 단순화한다

일상 대화에서 사용되고 친근하고 보편적이며 아주 분명한 단어와 구절을 선택해라. 이메일은 화려하고 참신한 표현을 시험해보는 장소가 아니다. 당신은 수신자가 이메일을 읽자마자 무슨 내용인지를 금방 이해할 수 있기를 원할 것이다. 만약 수신자들이 메시지의 의미를 찾아내야 한다면, 그들은 이메일을 그만 읽거나 자기 마음대로 메시지를 해석해서 당신이 의도했던 것과는 다른 아이디어가 전달될 수 있다. 모든 조직이 이 부분에서 혼란스러운 상황이 발생해서 불필요한 비싼 비용을 치르게 되는 것이다. 콘텐츠와 메시지의 구조에 당신의 에너지를 쏟고 분명하고 직설적인 방식으로 당신의 아이디어를 전달해라. 알기 쉽게 메시지를 작성하고 오해를 일으킬 여지가 있는 모든 요소를 제거해라. 메시지가 생각했던 것보다 무미건조하게 느껴진다 하더라도 괜찮다.

### 짧은 단어, 문장 그리고 문단을 쓴다

제3장의 비즈니스 글쓰기 가이드라인은 이메일을 쓸 때, 더욱 철저히 적용되어야 한다. 이메일은 읽기 쉽고 수신자가 그 이메일을 아주 짧은 시간 안에 완벽하게 이해할 수 있어야 한다. 알기 쉬운 단어를 사용하고 되도록 한두 개의 음절로 된 단어를 사용해라. 목적에 가장 부합하고 효과적이라 판단될 때만 상대적으로 조금 긴 단어를 사용해라. 한 문단은 1~3개의 문장이 적당하고 숨 쉴 공간을 많이 만들어야 한다.

### 그래픽을 사용해 메시지의 명료성을 강화한다

여기서 말하는 그래픽 테크닉에는 특별한 소프트웨어나 예술 감각이 필요하지 않다. 정보를 시각적으로 제시하고 당신의 글을 좀 더 조직적이고 이해하기 쉽게 보여주는 것이다.

글에 여백(문자나 그래픽이 없는 공간)을 집어넣어라. 메시지를 너무 빡빡하게 작성해서 어디서 숨을 쉬어야 할지 모르는 경우가 있는데, 이런 경우는 피해라. 여백은 눈을 쉬게 하고 당신이 원하는 부분을 강조한다.

### 부제목을 추가해라

부제목은 장문의 이메일에 유용하다. 부제목은 굵은 글씨로 작성하고 앞선 단락과 한 줄 띄어서 구분한다. 이메일에서 부제목은 사실적이다.

> **결정기한**
> **스텝 1(스텝 2 등 다음 스텝으로 이어짐)**
> **주의사항**
> **장단점**
> **배경**

이 가이드에 따라 상대방은 정보를 흡수하고 당신은 쉽게 생각을 정리하고 전달할 수 있다.

이메일을 쓰기 전에 부제목의 초안을 작성하는 것은 이메일을 구상하는 아주 좋은 방법이다. 이미 작성한 메시지 중에서 까다로웠던 메시지를 하나 선택해라. 그 메시지의 주제를 찾아라. 그리고 전체 메시지를 아우르는 핵심 내용이나 단계를 생각해보고 각각의 내용을 집약적으로 보여주는 간략하고 적절한 부제목을 작성해라. 논리적 순서에 따라 부제목을 배열하고 각 부제목 아래 관련 내용을 작성해라. 이제 당신의 아이디어를 전달하는 데 필요한 모든 정보가 반영되었는지 확인해라. 만약 그렇지 않다면, 빠진 정보를 첨가해라. 당신의 이메일은 전보다 더 분명하고 응집력 있고 설득력 있는 글로 바뀌었을 것이다.

여기 팁이 하나 더 있다. 전체 메시지의 초안을 작성한 뒤 부제목을 너무 많이 사용했다고 판단된다면 일부 또는 전부를 삭제해라. 그렇게 해도 당신의 메시지는 여전히 탄탄하고 논리적으로 잘 정돈되어 있을 것이다. 부제목이 없어도 문장들이 논리적으로 잘 연결되는지만 분명히 확인해라.

### 글머리 기호와 숫자를 사용해 리스트를 만들어라

글머리 기호는 정보를 제시하는 훌륭한 옵션이 된다. 글머리 기호를 이용해 리스트를 만들면 다음의 효과를 기대할 수 있다.

- » 받아들이기 쉽다.
- » 빠르게 읽을 수 있다.
- » 쓰기 쉽다.
- » 장비 리스트, 사례, 고려사항 등을 정리하는 데 유용하다.

그러나 여기에도 몇 가지 주의사항이 있다.

- » 하나의 리스트에 6~7개 이상의 글머리 기호를 사용하지 마라. 길게 나열된 글머리 기호는 본래의 효과를 완전히 상실한다. 이렇게 되면, 글이 지루해지고 받아들이기 어려워진다.
- » 아이디어를 뒷받침할 또 다른 논리가 필요할 경우 글머리 기호를 사용하지 마라.
- » 이것저것 섞어서 사용하지 마라. 리스트 아이템은 반드시 병렬을 이루어서 동사, 명사 또는 부사 등 동일한 단어의 형태로 구성해야 한다.

글머리 기호는 생각의 쓰레기 처리장이 아니다. 생각을 정리하거나 아이디어를 논리적으로 연결하기 싫다고 글머리 기호를 사용해서는 안 된다. 이 조언에 의구심이 든다면, 무작위로 작성된 것 같은 글머리 기호가 화면을 가득 채우는 형편없이 작성된 파워포인트를 생각해봐라.

특히 순서나 단계를 설명할 때 숫자를 붙여서 리스트를 만드는 것도 좋다. 숫자를 붙여 리스트를 만들어 지시사항을 전달하되, 이런 리스트의 아이템 사이에 어느 정도 여백을 둬서 리스트가 위협적으로 보이지 않도록 해라.

### 강조하고 싶은 부분은 굵은 글씨로 처리하라

굵은 글씨는 주요 주제, 아이디어 또는 단락에 독자의 관심을 집중시키는 좋은 수단이다. 도입부에서 다음처럼 굵은 글씨를 사용할 수 있다.

**휴일을 맞아 큰 파티가 열립니다.** 준비사항 리스트를 확인하시고 어떤 부분을 담당할지 알려주세요.

본문에서 강조하고 싶은 부분을 굵은 글씨로 표시할 수도 있다.

준비사항 리스트를 확인하시고 어떤 부분을 담당할지 결정해서 **12월 10일까지** 알려주세요.

그렇다고 메시지를 굵은 글씨로 '도배하지 마라.' 굵은 글씨를 사용하는 의미가 없어진다. 그리고 굵은 글씨가 다른 이메일 시스템과 소프트웨어로 항상 전환되는 것은 아니다. 그러므로 아이디어를 강조하기 위해서 굵은 글씨에 지나치게 의존할 필요는 없다.

중요한 단어나 구문에 밑줄을 긋는 것도 아이디어를 강조하는 또 하나의 옵션이 될 수 있다. 그러나 이 방법은 구식으로 보일 수 있다.

### 그래픽 효과를 활용해라

그래픽을 잘못 사용하면, 콘텐츠의 힘이 약해진다. 가장 좋은 것은 평범하고 간단한 그래픽을 사용하는 것이다. 평범한 텍스트나 가장 단순한 HTML을 사용해라. 다루기 까다롭거나 귀엽거나 읽기 어려운 서체는 사용하지 마라. 전체 메시지를 대문자나 이탤릭체로 작성하지 말고 글자색은 알록달록한 색깔을 피해라. 알록달록한 글자는 재미 요소로 비치기보다 정신을 산만하게 만든다. 글자 크기도 다양하게 설정해서는 안 된다. 대부분의 사람들이 화면에서 글을 읽기에 적당하다고 생각하는 크기가 좋다. 주로 12포인트 정도 된다. 이메일을 작성하면서 한 번씩 자신에게 이메일을 보내서 화면에 어떻게 나타나는지 확인해라. 전송 과정에서 이메일 형식이 이상하게 변할 수도 있다. 사람들은 빽빽하고 어려워 보이는 메시지는 읽지 않는다. 설령 읽더라도 아주 잠깐 읽고 만다. 당신이 쓰는 모든 메시지와 마찬가지로, 이메일은 시선을 잡아끌고 이해하기 쉬워야 한다.

## 이메일을 똑똑하게 쓰는 법

이메일은 여러모로 손쉽고 빠르게 사용할 수 있는 커뮤니케이션 수단이지만, 분명히 한계가 있다. 이메일이 사용하기 쉽고 편하다는 이유만으로 너무 의존하다 보면, 사용해서는 안 되는 상황에서 사용하는 실수를 저지를 수 있다.

● 복잡한 이슈나 주제를 다루지 마라. 물론 보고서, 제안서나 기타 긴 문서를 이메일에 첨부할 수 있다. 그러나 이메일 자체만으로 투자, 기부 또는 지지를 얻을 수 있으리라 기대하지 마라.

● 철학적이거나 시적인 메시지를 다루지 마라. 사람들은 실용적인 커뮤니케이션을 위해서 이메일을 사용한다. 그래서 이메일에 담긴 메시지가 장황하고 종잡을 수 없으면 짜증을 낸다. 특히 당신의 상사가 그럴 것이다.

● 즐거움을 주기 위해서 사용하지 마라. 일반적으로 빈정거리거나 아이러니한 표현은 삼가는 것이 좋다. 그리고 안타깝게도 이메일에서는 유머 있는 이야기도 피해야 한다. 왜냐하면 유머가 잘못 해석되어 당신에게 불리하게 작용할 수 있기 때문이다.

● 스팸 메일을 보내지 마라. 주제와 직접적인 관계가 있는 사람들에게만 이메일을 보내고 불필요한 회신은 하지 마라. 상대가 좋아할 것이라고 100퍼센트 확신하지 않는 이상 재미있는 일화나 농담을 보내지 마라. 그리고 소위 '행운의 편지'를 다른 사람에게 전달하지 마라. 이 행동이 수신자들의 기분을 상하게 만들 수 있다. 확인하지도 않고 이메일을 전달하지 마라. 철저히 그리고 꼼꼼하게 이메일을 확인해라. "네, 미팅은 3시입니다" 또는 "당신의 피드백을 받았습니다" 처럼 아주 짧은 문장으로 연쇄적으로 주고받는 이메일에 회신하는 것도 스팸 메일로 간주될까? 대화를 마무리할 필요가 있다면 그렇지 않다. 만약 상대가 대화가 마무리되지 않고 붕 떠있다고 느끼거나 불확실성이 남아 있을 수 있다면, 최종 마침표를 찍는 편이 좋다.

● 성의 없다고 여겨지고 아무렇게나 쓰인 이메일에 아무렇게나 회신하지 마라. 누가 당신의 이메일을 볼지 아무도 모른다. 그리고 심지어 당신이 아무렇게나 이메일을 써서 회신한다면, 아무렇게나 이메일을 써서 당신에게 보낸 사람들조차도 아주 불쾌하게 생각할 수 있다. 우월감을 만끽해라(물론 이 우월감을 겉으로 드러내지 마라)! 당신의 세련된 이메일은 장기적으로 아주 큰 보답을 가져다줄 것이다.

## 서명란을 사용한다

요즘 연락처는 꽤 복잡한 정보일 수 있다. 일반적으로 사람들은 이메일이나 전화로 연락을 한다. 여기에 태그라인이 덤으로 따라온다. 여기서 끝이 아니다. 회사명, 웹사이트, 블로그, 직접 발표한 책과 기사, 트위터, 페이스북, 링크드인 등 끝이 없다.

외부에 가장 노출시키고 싶은 것 몇 가지를 선택하고 나머지는 추가하지 마라. 더 좋은 방법은 서명란을 여러 버전으로 준비해두고, 수신자에 따라 선택해서 사용하는 것이다. 이렇게 하면 당신이 메시지를 보내는 사람에게 가장 적합한 서명란을 선택해서 보낼 수 있다. 누군가의 메시지에 회신을 할 때마다, 서명란을 완벽하게 작성할 필요는 없다. 특히 회사 로고가 삽입된 경우라면 더욱 그렇다. 이런 경우 회사 로고는 첨부 파일로 전송한다. 이메일의 설정에서 자동 서명란을 최소로 하거나 완전히 생략해라.

## 편지를 잘 쓰는 테크닉

요즘은 사무용 편지를 잘 쓰지 않는다. 빠르게 돌아가는 이 시대에 쓸 필요가 없다고 생각하는 사람도 있을 것이다. 다시 생각해봐라. 자신도 모르는 사이에 당신은 편지를 쓰고 있는지도 모른다. 전자 배달 시스템을 사용하고 있고 우편이 필요 없다는 사실에 속지 마라. 다른 사람들과 주고받는 메시지가 편지임을 인정해라. 그리고 이런 메시지를 통해 원하는 바를 더 잘 얻을 수 있다.

중요한 것이 걸려 있을 때, 당신은 스스로 만들어내는 모든 메시지의 콘텐츠, 언어 그리고 시각적 효과에 특히 신경을 써야 한다. 그렇다고 이것이 오래된 편지지를 꺼내야 한다는 의미는 아니다. 대부분의 경우, 편지를 이메일이라 생각하고 전달해도 괜찮다. 어떤 경우에는 손편지가 당신에게 더 도움이 되기도 한다. 예를 들어, 당신이 비영리기구의 관리자로 나이가 많은 기부자들에게 글을 쓴다면, 이메일은 좋은 선택이 아니다. 언제나 그랬듯이 글을 쓰는 목적과 대상을 고려해서 가장 적합한 커뮤니케이션 방식을 선택해라.

'여기에는 손편지가 제격이겠어!'라는 생각이 드는 비즈니스적 상황이 있다.

> » **자기소개를 할 때** : 당신은 마을에 새로 온 수의사다. 지금 당신은 환자들에게 글을 쓰거나, VIP고객에게 병원을 방문하여 10분간 면담을 해야 하는 이유와, 왜 그들이 병원을 계속 다녀야 하는지 설명하려고 한다. 이런 경우,

당신은 환자의 마음을 사로잡고 원하는 것을 얻기 위해서 가능한 좋은 첫 인상을 줘야 한다.

» **요청할 때** : 만약 소개서, 추천서, 초청장, 인터뷰, 특별 약속, 좋은 사무실 등을 누군가에게 부탁해야 한다면, 편지를 써라.

» **무언가를 팔기 위해 홍보할 때** : 당신이 물건이나 서비스를 판다면, 우편이나 이메일로 세일즈 레터를 보내는 것이 효과적이다. 무언가를 광고한다면, 당신은 자신의 최고 전략과 메시지를 이용해야 한다.

» **지원서를 제출할 때** : 이력서를 내거나, 제안서를 제출하거나, 교육 기회를 위해 경쟁할 때, 열에 아홉은 커버레터가 필요하다. 만약 커버레터가 선택 사항이라면 그것을 생략하는 것은 실수다. 구인광고에 구체적인 이력서는 제외하고 편지를 보내라고 적혀 있다면, 때때로 편지를 보내는 것만으로 목표가 달성되기도 한다.

» **감사, 사과 또는 유감을 나타낼 때** : 이런 메시지는 개개인에 맞춰서 조심스럽고 세심하게 작성되어야 하고, 또 그렇게 보여야 한다. 읽었을 때 당신이 신경 썼다는 느낌이 전혀 들지 않으면, 그 메시지는 당신이 상대를 신경 쓰고 걱정한다는 사실을 전달하지 못한 것이다. 개인적인 편지가 시중에 판매되는 축하카드나 연하장보다 훨씬 더 효과적이다.

» **감사를 표현할 때** : 만약 누군가가 당신에게 멋진 휴식 시간을 선물해서, 모든 위험을 감수하고 당신을 믿어줘서, 귀중한 충고를 해줘서, 또는 당신을 중요한 사람에게 소개해줘서, 감사의 마음을 편지로 전달했다면, 상대방은 당신의 편지를 아주 소중하게 여길 것이다. 사람들은 감사하는 마음을 담아서 편지를 잘 쓰지 않는다. 그러니 과거에 당신에게 영감을 주거나 도움을 줬던 사람에게 감사의 편지를 보내는 것은 어떤가?

» **누군가를 축하할 때** : 상사, 동료, 부하직원, 대학 친구, 공급업자 등 모든 사람들은 인생에서 중요한 시점에 도달하거나 무언가 의미 있는 일을 해냈을 때 받는 축하 편지를 환영한다.

» **법적인 목적으로 문서를 작성할 때** : 일자리 제의, 계약, 업무 평가 등과 관련해 공식적인 기록으로서 편지가 요구되는 경우가 있다. 이런 공식적인 기록은 지금 또는 미래에 법적 효력을 지닐지도 모른다. 법적 구속력이 있는 계약은 간단해 보이는 편지의 형태를 하고 있을 수 있다. 그러니 스스로를 보

호하기 위해서 꼼꼼하게 계약서를 작성해야 한다. 그리고 다른 사람들이 작성한 계약서에 서명을 할 때, 당신이 무슨 내용에 동의하는지를 알아야 한다!

» **변상을 요구할 때** : 제품이나 서비스 또는 처우에 대해서 불만이 있거나 인쇄 또는 디지털 출판물이 당신 또는 당신의 기관을 왜곡했거나, 진지하게 여겨지기를 원할 때, 편지를 써라.

» **의견과 우려를 제시할 때** : 신문사나 기타 출판사에서는 여전히 '편집장에게 보내는 편지'를 운영한다. 그리고 편집장들은 사람들이 이 섹션을 가장 많이 읽는다는 사실도 알고 있다. 그러나 편지를 잘 써야 뽑혀서 이 섹션에 실릴 수 있다. 현지 정부와 입법 기관들에 보내는 편지도 많은 관심을 받는다.

» **아끼는 사람들에게 영감을 줄 때** : 친구와 동료들이 당신이 믿는 대의를 돈이나 시간이나 마음으로 적극적으로 지지해주기를 바란다면, 편지를 써라. 한 통의 편지가 당신이 대의에 얼마나 헌신하고 있는지를 가장 잘 증명해 줄 것이다.

» **사생활을 중요하게 생각할 때** : 우편 시스템으로 배달되는 편지는 '편지의 비밀(secrecy of correspondence)'에 의해 보호받는 특별한 문서들이다. 많은 국가에서, 배달 중인 편지를 열어서 읽는 것은 불법이다. 디지털 커뮤니케이션의 프라이버시는 모호하다. 그래서 집배원이 배달하는 종이 편지는 사생활의 최후의 보루다.

온라인 검색을 하면, 형식화된 편지들이 수도 없이 많이 나온다. 이런 편지들에서 약간의 아이디어를 얻을 수 있을지는 모르지만 쿠키 틀로 찍어낸 것 같은 천편일률적인 형식의 편지는 당신이 직접 고민해서 작성한 편지만큼 효과적이지 않다. 미리 작성된 편지의 톤이 잘못된 경우가 종종 있고 콘텐츠가 무미건조하고 인간미가 없는 경우도 있다. 이런 경우, 당신이 편지를 쓰는 이유가 완전히 약해진다. 그래서 필자는 편지의 내용이나 형식에 대한 정해진 공식을 소개하지 않을 것이다. 그러나 마케팅 메시지, 일자리 지원 편지 그리고 네트워킹용 노트 등 특정 유형의 편지들은 앞에서 이미 다루었다.

모든 편지는 보기에도 좋아야 한다. 편지가 전자우편으로 배달될 수 있다. 그리고 법률과 관련된 상황에서 우리는 편지에 서명할 수도 있다. 그러나 대다수의 경우, 이런 편지들은 이메일이 아니라 우리가 흔히 생각하는 편지처럼 보여야 한다. 각각의 상황에 맞는 편지를 쓰기 위해서 기본적인 서식을 만들 필요가 있다. '편지 서식 만들기'를 참조하기 바란다.

진짜 편지의 가치에 대해서 생각해보기 바란다. 바로 당신이 손으로 잡고 원하면 언제든지 다시 읽을 수 있고 중요하거나 소중한 문서와 함께 보관할 수 있는 진짜 편지 말이다. 중요한 사건이나 개인적으로 알고 지내는 사람들에 대한 추억을 떠올리게 하는 편지로 가득한 신발상자를 당신은 가지고 있는가? 많은 사람들이 편지를 보관하고 있는 신발상자를 가지고 있다. 직장생활과 관련된 편지는 앞에서 언급한 편지와는 다르지만 분명 우리와 연관이 있다. 특히 그 편지들이 기분을 좋게 만든다면 말이다. 진짜 편지는 이메일과 달리 실제로 존재하고 손으로 만질 수 있고 영원히 존재한다.

우리는 디지털 메시지는 덧없다는 사실에 이미 익숙하다. 스마트폰에 저장된 사진을 인쇄하는 경우는 드물고 많은 시간을 들여서 작성한 소셜미디어 메시지도 몇 분 뒤면 영영 사라진다. 그래서 우리가 손으로 꼭 잡고 의지할 수 있는 의미 있는 커뮤니케이션이 보다 더 귀중하다.

필자는 "도와주셔서 감사합니다", "소개해주셔서 감사합니다", "즐거운 연휴 보내세요", "생일 축하합니다", "수상을 축하합니다", "아드님의 졸업을 축하합니다" 등의 메시지를 노트에 직접 손으로 써서 고객과 기타 중요한 사람들에게 보내는 사람들을 몇 명 알고 있다. 이들은 이렇게 손으로 직접 메시지를 쓸 기회를 찾는다. 비웃지 마라. 그들의 메시지를 받은 사람들은 연락처 메모판에 자랑스럽게 이 메시지를 전시한다. 이 순간, 작은 노력의 전략적 가치가 강화된다. 한마디 하자면, 손으로 메시지를 작성해서 사람들에게 보내는 이 사람들은 모두 대단히 성공했다.

제7장에서는 기본적인 글쓰기 원칙이 제안서, 보고서 등 비즈니스의 성패를 좌우하는 문서를 작성하는 데 어떻게 적용되는지 살펴볼 것이다.

## 【 편지 서식 만들기 】

우편으로 편지를 배달한다면, 표준 사무용 편지 서식을 사용해라. 만약 이메일로 전달한다면 가능한 편지처럼 보이도록 이메일을 작성해서 수신자들이 보다 진지하게 메시지를 읽도록 만들어라. 많은 책과 웹사이트는 편지 서식과 관련한 정보를 제공하고 있다. 다음은 핵심만을 추린 것이다.

● 블록 스타일을 사용해라. 모든 문단을 왼쪽에서 시작해라.

● 들여쓰기를 하지 마라. 대신에 문단 사이를 한 줄 정도 띄어쓰기 해라.

● 분명하고 단순한 서체를 사용해라. 만약 메시지가 짧고 보수적으로 보일 필요가 없다면, 11 또는 12 포인트의 고딕체를 사용해라.

● 그래픽 요소를 신중하게 삽입해라. 헤드라인, 부제목, 글자색과 글자체 변화는 세일즈 레터에 적절할 수 있다. 그러나 메시지의 명료성을 강화하지 않는다면, 기타 편지에는 거의 도움이 안 된다.

● 로고로 레터헤드를 사용해라. 컴퓨터로 레터헤드를 만들 수 있다. 이메일로 보내는 메시지에 로고를 파일로 첨부할 수도 있다.

● 연락처를 제공해라. 레터헤드와 서명란으로 완전한 편지를 만들어라.

● 적당한 종이를 사용해라. 흰색이나 메시지를 읽는 데 방해가 안 되는 연한 바탕색의 종이를 써라.

● 서명을 해라. 격식을 차린 것처럼 보이는 파란색이 좋다. 편지의 일부분처럼 보이게 하지 말고 서명이 두드러질 수 있도록 만들어라.

chapter

# 07

### 강력한
### 비즈니스 문건 작성하기

## 제7장 미리보기

- 어떻게 하면 기업가적인 사고방식을 가질 수 있는지 살펴본다.
- 효율적인 보고서 작성법을 알아본다.
- 성공을 이끄는 제안서와 지원금신청서 작성법을 살펴본다.
- 강렬하고 흥미로운 요약보고서 작성법을 알아본다.

오늘날 우리 모두는 기업가처럼 생각할 필요가 있다. 점점 많은 사람들이 풀타임이나 파트타임으로 자기 사업을 한다. 그리고 대다수가 직업적인 전문가, 컨설턴트 그리고 프리랜서처럼 독자적으로 일해서 생계를 유지한다. 다른 사람들, 특히 취업 시장에 새롭게 참여한 사람들은 프리랜서 일을 하면서 여윳돈을 마련하고 이 일이 미래 사업으로 성장하기를 희망한다. 심지어 자리를 잡은 직장인도 기업가적인 마음가짐에서 혜택을 누릴 수 있다. 왜냐하면 그들은 계속해서 자신의 가치를 증명하고 아이디어를 다른 사람들에게 알리고 직장에서 좋은 기회를 잡기 위해 경쟁하기 때문이다. 점점 많은 사람들이 어떤 식으로든 스스로가 회사의 마케팅에 기여를 하고 있다고 생각한다.

커다란 기계의 하나의 톱니바퀴처럼 정해진 대로 움직이기만 하면 안정적인 삶을 보장하는 직업은 빠르게 사라지고 있다. 그러나 그 누가 이런 톱니바퀴가 되고 싶겠나? 만약 노동시장에 참여해서 활발하게 활동하고 성공하면서 만족감을 느끼고 싶다면, 좋은 커뮤니케이션이 당신에게 핵심이다. 앞에서 당신이 몸담고 있는 기업과 그 기업에서의 역할에 상관없이 일상의 메시지가 당신의 커리어를 어떻게 발전시킬 수 있는지를 살펴봤다. 이제 보고서와 제안서와 같은 주요 비즈니스 문건들은 그 어느 때보다 중요해졌다. 이 문건들이 성공과 실패를 결정할 수 있다. 그러나 놀랍게도 많은 사람들이 이런 문건의 중요성과 가치에 내해서 근시안적인 태도를 지닌다. 이번 장에서는 관심 받는 보고서를 쓰고 원하는 것을 얻어내는 제안서를 작성하고 최고 수준의 요약보고서를 구상하는 방법에 대해서 알아볼 것이다.

## 값어치 있는 보고서를 작성하자

특정 니즈와 목표에 맞게 작성된 보고서가 필요한 경우가 있다. 일반적으로 보고서에는 두 가지 유형이 있다. 활동 보고서와 프로젝트 보고서다. 활동 보고서는 정해진 시간 동안의 업무 성과에 관한 것이다. 주간, 월간, 분기 또는 연간 활동 보고서가 있다. 활동 보고서에는 당신의 업무 내용과 성과에 대한 보고서와 컨설턴트가 고객에게 제출하는 보고서도 포함된다.

프로젝트 보고서는 진행사항, 결과 그리고 제안사항 등에 관한 것이다. 과학자들은 이런 식으로 자신들이 발견해낸 내용에 관해서 보고서를 작성하고 새로운 이니셔티브나 제품 출시 등을 담당하는 사람들도 이런 식으로 보고서를 작성한다. 이런 보고서는 복잡한 정보를 전달한다. 예를 들어, 만약 다른 결정을 했다면 얻을 수 있는 결과가 무엇인지에 관한 보험계리 보고서나 일부 백서들이다.

많은 보고서들이 활동 보고서와 프로젝트 보고서 중 하나 또는 그 사이 어디쯤에 해당된다. 어떤 보고서에는 두 유형의 특성이 섞여 있다. 그러나 변하지 않는 것은 강렬한 요약보고서다. 이번 장의 후반부에서 요약보고서를 작성하는 방법에 대해서 살펴볼 것이다.

## 활동 보고서를 작성하자

일반적으로 활동 보고서를 작성하는 일은 '곡소리가 나는 일'이다. 주마다, 달마다 또는 매년 자신의 활동을 검토해야 한다. 그래서 많은 사람들이 활동 보고서를 '진짜' 업무에 집중할 시간을 잡아먹는 바쁘기만 하고 쓸데없는 것이라고 불평하고 활동 보고서를 작성하라고 지시한 상사를 사려 깊지 못하다고 투덜댄다.

이런 감정을 이겨내라! 만약 보고서 작성이 지루하다고 생각한다면, 당신은 지루한 보고서를 쓸 수밖에 없다. 이는 당신에게 하등의 도움이 안 된다. 왜 누군가가 활동 보고서를 필요로 하는지 그 이유에 대해서 생각해보자. 만약 활동 보고서를 요구한 사람이 당신의 상사라면, 상사는 다음의 내용을 알고 싶어서 그런 지시를 내렸는지도 모른다.

» 부서가 업무 실행계획을 수행하는 동안 당신과 모든 직원의 진행사항
» 목표와 데드라인을 맞추기 위해 중간 조정이 필요한지 여부
» 잠재적 문제 또는 기회
» 직원들이 협업을 잘 하는지와 모든 일이 순조롭게 진행되는지 여부

특히 직원이 여러 명일 때, 관리자는 자신의 부서나 팀에서 일어나는 모든 상황을 파악할 수 없다. 그래서 그룹 회의와 활동 보고서가 중요한 것이다. 그리고 당신의 상사도 보고서를 쓸 거리가 필요하다. 그 역시 자신의 상사에게 보고서를 제출해야 한다. 그래서 보고서를 작성하기 위해서 팀원들로부터 정보를 모으는 것이다. 팀원들의 보고서가 좋으면, 그는 더 좋은 보고서를 쓸 수 있다. 그리고 당신의 의견이 윗사람, 조직에서 가장 높은 사람에게 보고될 수도 있다.

관리자는 당신이 생각하는 것보다 더 자주 직원들의 보고서에 기초해서 의사결정을 내린다. 이상적인 경우, 활동 보고서는 종합적으로 더 큰 관점을 만들어내고 관리자들이 부서 또는 팀의 자원을 효율적으로 활용하는 데 필요한 단서를 제공한다. 당신이 활동 보고서에 의견과 아이디어를 반영할 때, 그 보고서는 가치 있는 것으로 여겨

진다. 왜냐하면 보고서의 내용이 실행으로 옮겨질 가능성이 커지고 현실의 단편을 당신의 활동 보고서가 보여주기 때문이다. 활동 보고서는 일의 진행사항을 정확하게 직시하는 데 도움이 된다.

따라서 활동 보고서는 당신의 역량을 보여주고 가치를 증명할 훌륭한 기회가 된다. 일부러 시간을 들여서 조직적이고 전략적이고 유익하고 구체적인 활동 보고서를 작성해라. 그리고 글쓰기 실력을 발휘해서 가능한 흥미롭게 만들어라. 단순히 제출하기 위해서 기계적으로 작성하는 활동 보고서는 당신의 지루함도 전달한다. 이런 보고서가 당신의 상사에게 당신이 직장에 대해서 어떻게 느끼고 어떻게 일한다고 말할 것 같은가?

제6장에서 살펴보았듯이 이메일을 쓸 때처럼 활동 보고서를 쓰기 전에 목표와 대상을 먼저 고민해라. 당신의 목표는 유용한 정보와 관점을 제공하는 것이다. 그리고 생각이 깊고 능숙하고 재치 있고 창의적인 사람으로 스스로를 남에게 보여주는 것이다. 당신의 보고서를 읽는 사람은 그것을 요구한 직속상사뿐만 아니라 그 사람보다 높은 자리에 있는 사람 모두다.

콘텐츠, 정보의 수준, 글의 스타일 등이 적당한지 판단하려면, 상사의 눈으로 당신의 보고서를 살펴봐라. 그의 정보 선호사항과 의사결정 스타일을 생각해봐라(제2장 참조). 회사의 문화와 당신의 역할에 따라서 보고서의 성향도 달라진다. 만약 당신이 팀 또는 부서를 관리하는 관리자라면, 당신은 자신의 성과뿐만 아니라 팀의 성과도 함께 보고할 책임이 있다.

### 상사의 관심 끌기

활동 기간이나 프로젝트에 대해서 보고할 때, 세부사항에 지나치게 집착할 수 있다. 상사는 당신이 일분일초를 어떻게 썼는지 전혀 관심이 없다. 상사는 당신의 성과, 잠재적인 문제 그리고 어떤 경우에는 당신의 제안에 더 관심이 있다. 상사는 무슨 일이 일어났는지 분석하고 중요한 내용을 걸러내기 위해서 당신에게 의지한다.

직장에서 정기적으로 보고서를 작성한다면, 시간을 내서 당신의 목표와 업무의 본질에 따라 질문 세트를 만들어둬라. 다음에 나오는 리스트를 가지고 시작해보자. 당신의 상황과 상관이 없는 것은 과감히 삭제하고 필요한 것은 받아들여서 다음의 리스트를 당신만의 질문 리스트로 만들어라. 바로 당신의 스토리를 알고 그 스토리대로 보고서를 작성하는 데 도움이 될 것이다.

> » 이번 달에 일어난 가장 중요한 일은 ○○이다.
> » 나의 가장 중요한 성과는 ○○이다.
> » 나는 목표 달성에 얼마나 다가갔나?
> » 나는 무슨 계획을 진행했나? 내가 사용한 새로운 접근법은 무엇인가? 결과는 뭔가?
> » 나의 상사와 동료가 ○○에 대해서 무엇을 알아야 하나?
> » 지난달의 기복에 관해서 나의 핵심 메시지는 ○○이다.
> » 다른 사람의 도움이나 지지가 필요한 문제는 ○○이다.
> » 좋은 소식은 ○○이다. 그저 그런 소식은 ○○이다.
> » 이 보고서를 통해 내가 기대하는 결정이나 반응은 ○○이다.

당신이 무엇을 했는지를 중심으로 보고서를 작성해서는 안 된다("나는 5시간 동안 새로운 고객을 찾았고 3명의 잠재 고객에게 이메일을 보냈다"). 성과가 중심이 되어야 한다("나는 새로운 계약 두 건을 체결했고 지금 세 명의 잠재 고객과 상담을 하고 있다"). 좋은 보고서를 쓰려면, 당신은 자신의 업무상 목표를 알고 그 목표가 보고서를 읽는 사람과 어떤 관련이 있는지 분명히 파악해야 한다.

다음의 추가 질문을 통해 당신의 생각을 보다 큰 그림에 맞춰라.

> » 나는 궁극적 목표에 무슨 기여를 했나? 장기적인 목표에는?
> » 지난달과 달라진 점은 무엇인가? 그 효과는?
> » 진척, 답보 또는 후퇴한 것은 무엇인가?
> » 지난달, 작년 또는 다른 시간대 등 무엇과 비교를 해야 의미가 있을까?
> » 새로운 기회를 포착했나? 그 기회를 잡았나 아니면 다른 사람에게 소개했나? 결과는?

여기서 한 걸음 더 나가면, 보고서에 통찰력과 데이터를 기반으로 한 의견을 제시할 수 있다. 다음 몇 가지 질문이 도움이 될 것이다.

» 무엇이 나를 놀라게 했나?

» 미래에 고려하거나 두고 봐야 할 일은 무엇인가?

» 지난 기간 동안 전반적인 분위기가 도전과제 또는 이점을 제공하나?

» 팀이 옳은 방향으로 움직이고 있나? 내가 어떻게 또는 무엇을 바꿀 수 있나?

» 재미있거나 생각을 하게 만드는 것은 무엇인가?

» 이 보고서의 정보를 바탕으로 나는 무슨 제안을 할까?

» 협업의 기회가 보이나?

물론, 보고서의 내용은 세심하게 결정해야 한다. 회사 문화, 자신의 역할 그리고 상사와의 관계를 생각해보고 나서 포괄적인 제안을 하고 개인적인 관점을 공유해라. 자신만의 질문 리스트를 만들 때, 이것을 항상 염두에 두기를 바란다. 질문들은 반드시 적절해야 하지만 스스로를 생각이 깊고 문제를 해결하는 사람으로 보여줄 수도 있어야 한다.

### 자신의 스토리 알기

활동 보고서의 형식이 미리 정해져 있을 수 있다. 아니면 정보를 전달하는 방식에서 어느 정도의 재량이 허용될 수도 있다. 어느 경우든지, 앞에서 만든 질문 리스트에 답하면서 자신의 스토리부터 찾아야 한다. 가이드로 미리 정해진 형식을 사용해야 한다고 해도 너무 형식에 얽매이지는 마라. 자신이 무슨 이야기를 하고 싶은지를 알고 정해진 형식에 맞게 어떻게 표현할지를 고민해봐라. 보통 간단하게 요약보고서를 작성하면 생각을 정리할 수 있다. 요약보고서는 도입 문단처럼 짧을 수도 있다.

질문을 통해 방향을 잡았다 하더라도, 자신의 경험에서 보고서에 쓸 내용을 찾아내는 것은 어려울 수 있다. 여기 지름길이 있다. 좋은 친구가 당신에게 "지난달에(또는 지난 3개월 또는 1년 동안) 뭘 했어?", "무슨 일이 있었어?"라고 묻는다고 상상해봐라. 친구에게 어떻게 대답할지 생각해봐라. 그러면 보고서의 내용을 어떻게 써야 할지 대략 감이 올 것이다. 그리고 나서 이것을 가지고 보고서의 틀을 잡고 도입부를 써라. 당신의 아이디어를 글로 옮기는 것이다. 그러나 스토리라인과 언어를 지나치게 복잡하게 만들지 마라.

당신만의 보고서 형식을 만든다면, 제5장에서 살펴본 부제목을 활용해라. 예를 들어, 당신이 부서나 팀을 이끄는 사람이라면, 이런 식으로 당신 보고서의 구조를 잡을 수 있을 것이다.

요약보고서

과거의 이니셔티브, 진행사항과 결과

새로운 이니셔티브, 진행사항

직원 변화

예상하지 못한 문제

작업 환경 : 관련 있는 모든 상황

수익구조 : 이익/손실

추정치

자원 또는 지원의 필요성

보고서의 항목이 미리 정해져 있다면 또는 전통적으로 회사에서 내려오는 항목이 있다면, 그것을 따라라. 그러나 자동적으로 그 항목에 따라서 보고서를 작성하지는 마라. 회사 내에서 권력을 쥐고 있는 실세가 주어진 형식을 사용할 것을 고집하더라도 빠르게 읽히는 보고서를 보면 그들의 눈이 반짝 빛날 것이다. 지루한 보고서나 기계적으로 정해진 형식과 정해진 단어 수에 맞춰 필요한 정보를 기록한 보고서는 아무 의미가 없다. 이런 식으로 쓴 보고서는 당신을 생각 없이 주어진 일만 하는 사람처럼 보이게 만들고 장황하기만 하다.

항목을 합리적으로 정리했고 메시지에 대해서 고민을 한 뒤에, 한 번에 항목 하나 또는 한 영역씩 보고서를 쓰기 시작해라. 개인 선호에 따라 순서대로 또는 원하는 대로 보고서를 작성해나가면 된다. 어떤 사람들은 가장 쉬운 부분부터 쓰기를 좋아한다. 문서를 구획으로 나눠서 작성하면 이야기들이 어떻게 연결되는지 미리 알고 있는 상태에서 자신에게 가장 좋은 작업 방식을 선택할 수 있다.

## 보고서의 초안 작성하기

종합적으로 보고서를 작성할 준비가 되었다면, 요약보고서를 작성한 뒤에 첫 부분부터 작성해 나가라. 각각의 부분은 전체 단락을 잘 요약하는 도입부로 시작해야 한다. 수많은 글의 도입부와 마찬가지로, 상대의 관심을 끌고 앞으로 어떤 정보가 제공될지를 설명해야 한다. 보고서와 기타 비즈니스 문건의 경우, 정보를 이해하기 쉽게 설명하는 것이 좋다. 예를 들어, 관리자의 분기별 보고서에서 직원 변화 부분을 작성할 때 다음처럼 시작할 수 있을 것이다.

> 이번 기간 동안, 중간관리자 2명이 퇴사했고 기술이 많이 필요한 부분에 역량이 우수한 전문가 3명을 새로 영입했다. 이것은 우리의 입지를 강화하고 더 좋은 서비스를 기존의 고객에게 판매하는 결과로 이어졌다. 관리직 중 오직 하나만 충원이 필요하다.

그리고 당신이 적절하다고 판단되는 수준으로 세부 내용을 채워나가라. 각각의 주요 파트에 하위 영역을 파악하면 큰 힘을 들이지 않고 체계적으로 보고서를 작성할 수 있다. 앞의 도입부에 다음의 하위 영역이 따라올지도 모른다.

> 신규 기술직 채용
>
> 서비스 역량 확대
>
> 관리자 감소
>
> 전반적인 직원 상황/전망

각 부분이 전체 메시지에 어떻게 기여하는지 그리고 회사의 문제와 우선순위와 어떻게 관련되는지 파악해라. 내용이 어떻게 연결되는지 알고 핵심 메시지를 분명히 전달해라.

스토리라인을 유지하고 그 스토리라인을 뒷받침하는 모든 것을 사용해라. 중요한 내용을 숨기지 마라. 너무 많은 정보로 사람들을 곤란하게 만들지 않으려면, 생략할 수 있는 정보에는 무엇이 있는지 분석해라. 지나치게 자세히 정보를 제공하면 사람들이 이해하기를 바라는 중요한 내용이 사소한 것처럼 보이게 된다. 만약 당신이 자신의 관점을 강력하게 전달하지 않으면, 상대방은 자기 마음대로 결론을 내려버린다. 상대에게 정보를 쓰레기 버리듯 던져주면 안 된다. 특히 당신이 그들을 위해서 일한다면 말이다. 필요하다면, 데이터를 부록으로 처리할 수 있다.

## 프로젝트 보고서를 작성하자

프로젝트 보고서를 작성하는 것은 활동 보고서를 작성하는 것과 유사하다. 물론 프로젝트 보고서는 주제에 따라 구조가 달라지지만 논리적으로 처음, 중간 그리고 끝으로 구분해서 이야기를 써야 한다는 점에서는 다른 보고서와 같다.

프로젝트 보고서에서 까다로운 부분은 바로 상사가 이해할 수 있도록 많은 데이터와 콘셉트를 정리해서 제시하는 것이다. 제대로 정리가 안 된 정보를 마주하면 대부분의 사람들은 읽기를 그만두거나 자신만의 결론을 내려버린다. 둘 다 당신에게 좋은 결과는 아니다. 시간을 내서 중심 메시지를 결정해라. 그리고 상사가 보고서를 읽고 어떻게 반응하면 좋을지 생각해봐라. 이번 장의 앞부분에서 다룬 '상사의 관심 끌기'에서 정리한 질문을 사용해라. 다음 질문으로 시작해라.

이 일을 하는 이유는 무엇인가?

내가 알고 싶은 것은 무엇이고 왜 알고 싶은가?

가능한 자세히 프로젝트의 목표를 이해해라. 당신은 의사 결정의 기초를 제공하고 싶은가? 아니면 의사결정을 지지할 만한 정보를 제공하고 싶은가? 당신은 현 위치에 의문을 제기하고 싶은가? 당신은 여러 가지 시나리오에서 결과를 예측하고 싶은가? 당신은 행동을 정당화하고 싶은가? 아니면 특정 대상에게 정보를 업데이트해주고 싶은가? 기본적인 보고 순서는 여러 목적에 적합하다.

우리가 알고 싶은 것은 무엇이고 왜 알고 싶은가? (문제나 미션)

우리는 무엇을 어떻게 했나? (대부분의 상사들은 이 부분에 큰 관심이 없으니 간략하게 정리하라)

무슨 일이 있었나?

우리는 무엇을 배웠고 어떤 증거를 가지고 있나? (적절하게 정보의 양을 조절해라)

우리의 결론은 무엇인가? (제안, 문제, 다음 단계 등)

각 영역별로 상사의 관점에서 가장 중요한 결과를 바탕으로 흥미로운 도입부를 작해

라. 희소식이 있다면, 그것을 자랑스럽게 알려라. 절대 숨기지 마라. 반면에 나쁜 소식을 애매모호하게 표현하지 마라. 애매모호하게 표현하면 간과되거나 충격으로 다가올 수 있다.

여타 주요 문서와 마찬가지로, 좋은 보고서는 하룻밤 사이에 나오지 않는다. 데드라인이 내일인데 처음부터 보고서를 작성해야 하는 상황을 절대 만들지 마라. 폴더나 컴퓨터 또는 책상에 점진적으로 보고서 작성에 필요한 정보를 모아서 보관해둬라. 이렇게 하면 보고서를 내일까지 써내기 위해서 무슨 일이 있었는지, 참조할 만한 통계치는 어디에 있는지 그리고 이 모든 것이 무엇을 의미하는지 기억해내기 위해서 머리를 쥐어짤 필요가 없다. 보고서 초안을 작성하기 전에, 시간을 두고 당신이 수집한 자료를 읽어보고 메시지를 결정해라.

복잡한 정보 덩어리에서 핵심을 찾아내는 좋은 방법이 있다. 자료를 훑어본 뒤, 한두 시간 또는 며칠 동안 자료를 보지 마라. 그리고 자료를 다시 보지 않고, 입으로 내용을 요약하거나 글로 적어라. 당신의 뇌는 그 많은 정보에서 이미 중요한 내용을 뽑아내서 정리해뒀을 것이다.


## 제안서를 작성하자

미래학자들이 옳다면, 당신은 앞으로 생각했던 것보다 많은 제안서를 쓰게 될 것이다. 매년 많은 기업과 비영리기구는 직원 규모를 최소화하고 컨설턴트와 계약직 직원을 많이 고용하고 있다. 당신이 정규직이라 할지라도, 아마 글로써 새로운 업무나 프로젝트를 알리고 윗사람의 승인을 얻어야 하는 경우를 많이 접하게 될 것이다.

때때로 당신은 조직이나 행사가 미리 정한 형식에 맞춰서 공식적인 제안서를 준비해야 할지도 모른다. 예를 들어, 자본 투자를 받고 싶다면, 당신은 콘텐츠와 스타일에서 투자자의 기대를 충족시켜야 한다. 그러나 많은 경우, 좀 덜 형식적인 제안서가 성공할 수 있고 투자자가 이런 제안서를 더 선호할 수도 있다. 점점 더 많은 컨설턴트들이 자신들의 서비스를 팔기 위해서 간략한 제안서를 사용한다. 다양한 제안서를 작성하는 방법에 대해서 살펴보자.

## 공식적인 제안서를 작성해보자

대부분의 제안요청서에는 형식적이고 표준화된 방식으로 답해야 한다. 이것은 대형 비즈니스에 해당되고 자금지원신청서에도 해당된다. 당신은 충족시켜야 하는 구체적 조건과 이미 정해진 형식을 가지고 있을지도 모른다. 만약 그렇다면, 특히 정부 사업을 따내기 위한 거라면, 편지의 조건을 따라라. 어떤 경우는 당신이 원하는 대로 문서를 작성할 수 있는 재량이 주어지기도 한다.

인터넷과 경영 서적은 길고 중요한 제안서를 작성하는 데 도움이 된다. 제안서의 형식과 구체적인 키워드에 대해서 많은 조언과 아이디어를 얻을 수 있다. 그러나 정작 제안서의 작성법에 대한 정보는 없을 수 있다. 걱정하지 마시라. 여기 제안요청서의 답변서를 작성하는 데 필요한 여러 가지 팁이 있다. 이 팁이 성공과 실패를 결정할 것이다.

» **스토리를 말해라.** 물론 정해진 형식 때문에 스토리텔링이 어려울 수 있다. 그러나 당신이 제안하고자 하는 것, 하고자 하는 것 그리고 자신 또는 회사가 그 일에 적임자인 이유를 응집력 있는 스토리로 전달할 수 있는 방법이 있다. 실제로 전문가들은 오직 몇 가지 부분만을 면밀히 조사할 수 있지만 제안서를 읽는 사람은 전체 문서를 검토하고, 읽을수록 논리적인 스토리가 읽히기를 원한다. 가능하면 같은 정보를 반복적으로 전달받지 않고 말이다 (스토리텔링 팁은 제9장 참조).

» **회사의 목표를 알아라.** 복잡한 계약을 따내기 위해서 프로젝트 설명회를 한다면, 시간을 내서 사업을 의뢰한 회사(혹은 조직)와 회사가 해결하고자 하는 문제에 대해서 이해해라. 답은 제안요청서에 다 나와 있다. 제안요청서를 철저히 읽어라. 그리고 회사의 요청사항이 조직의 전체 니즈에 어떻게 들어맞는지를 고민하고, 더 나아가, 당신이 어떻게 들어맞는지도 고민해라. 이런 고민을 하는 동안, 제안서에 집어넣을 키워드가 떠오르고 회사의 요구사항을 더 잘 이해하게 된다. 결국 당신은 회사가 원하는 제안서를 작성해서 그 회사와 같은 생각을 하고 있다는 메시지를 전달할 수 있다.

» **회사가 필요로 하는 것을 줘라.** 상대의 기대에 구체적으로 부합하는 콘텐츠와 정보를 제공해라. 대부분의 사업가들은 수익성 또는 효율성이 개선되

기를 원한다. 모든 제안서 검토자들은 프로젝트의 일정표, 성공 측정 방식, 예산, 프로젝트를 진행할 사람과 자격, 성과, 프로젝트를 수행하는 데 필요한 구체적인 자질 등을 알고 싶어 한다.

» **간단하게 그리고 대화하듯이 작성해라.** 일상에서 이루어지는 커뮤니케이션의 톤보다 조금 더 형식적인 톤을 사용해라. 예를 들어, 축약형을 덜 사용하는 것이다. 그러나 지나치게 학술적이고 장황하게 들려서는 안 된다. 3인칭을 사용하는 것이 가장 좋다. 당신이 중심 멤버이거나 혼자서 프로젝트를 수행하지 않는다면, 당신 회사를 하나의 독립체로 보는 것이다. 두 사람으로 구성된 조직은 '우리'를 사용할 수 있다. 그리고 도움을 얻을 수 있는 가상의 팀이 있는 경우에도 '우리'를 사용해도 좋다. 현장감을 느낄 수 있는 생생한 언어를 사용해라. 그렇다고 은어를 사용하지는 마라. 제4장에서 이와 관련한 팁을 더 많이 얻을 수 있다.

» **상대의 언어를 사용해라.** 강조되거나 반복되는 구문이 없는지 살펴라. 이것은 그 조직이 가지고 있는 현안과 민감한 사안들의 단서가 된다. 주요 구문과 아이디어를 제안서에 반영해라. 그 조직이 원하는 답을 하되 앵무새처럼 그들의 말을 따라 한다는 인상을 줘서는 안 된다. 그리고 반드시 결과를 어떻게 측정할지를 설명해라!

» **결정을 기다리는 사람이 당신임을 잊지 마라.** 무엇을 제안하든지, 그들에게 자신과 팀을 뽑아달라고 애원하는 사람은 바로 당신이다. 그러니 절대 신상정보를 제공하는 부분을 가볍게 넘기지 마라. 왜 각각의 팀원이 그 역할을 수행하는 데 적임자인지, 어떻게 함께 작업을 하는지, 팀의 성과는 무엇인지 그리고 정해진 기간 내에 주어진 예산 안에서 어떻게 프로젝트를 수행할 수 있는지, 특히 당신을 믿어야 하는 이유가 무엇인지를 보여줘라.

» **증거를 제시해라.** "이 팀은 창의적이고, 신뢰할 수 있으며 효율적이다"라고 하지 마라. 사례, 경력, 통계 그리고 앞선 특징을 보여주는 증언 등을 제시해라. 속 빈 강정 같은 주장보다 알맹이가 꽉 찬 내용으로 상대에게 깊은 인상을 남겨라. "우리 콘크리트는 영원히 지속된다"보다 "실험 결과, 우리 콘크리트가 다른 상품보다 16퍼센트 더 오래 지속되는 것으로 밝혀졌다"라고 하는 것이 훨씬 좋다.

» **제안서를 편집하고 감수해라.** 제안서를 작성한 뒤, 여러 단계로 문서를 검

토하고 수정해라(제4장과 제5장 참고). 한 번의 실수로 신용을 잃는다. 날카로운 눈을 가진 친구에게 제안서를 감수해달라고 부탁해라. 제안서 내에서 자신의 생각을 잘 전달하지 못하면, 따내고자 하는 프로젝트가 무엇이든 당신의 입지는 위태로워진다.

» **보기 좋은 제안서를 작성해라.** 경쟁자들도 보기 좋은 제안서를 작성하려고 할 것이다. 잘 그리고 쉽게 읽히는 제안서를 작성하는 데 도움이 되는 모든 그래픽을 사용해라. 제안서 검토자에게 눈을 쉴 수 있는 기회를 줘라(그래픽 툴 사용에 관한 팁은 제3장에 나온다). 이미지, 그래프, 차트, 인포그래픽 등 제안서의 내용과 관련 있는 그래픽을 사용하고, 관련 없는 그래픽은 사용하지 마라. 제안서에 많은 것이 걸려 있다면, 디자인 감각이 있는 친구에게 도움을 요청해라. 아니면 모범 사례를 찾아 디자인이나 전체 레이아웃의 구성요소를 활용하는 것도 좋다.

제안요청서를 발부하는 조직은 종종 질의를 받는다. 너무 자만하지 말고 이 기회를 적극 활용해라! 자격요건이 되는지가 확실치 않다면, 물어봐라. 요구사항이 잘 이해가 안 된다면, 그렇다고 말해라. 어떤 근거자료를 내야 하는지 모르겠다면, 물어라. 똑부러지게 질문하고 대답을 잘 듣고 얻어낸 단서를 바탕으로 제안서를 작성해라. 이 프로세스는 어쩔 수 없이 웹사이트상에서 진행되겠지만 모든 비즈니스와 마찬가지로 관계는 아주 중요하다. 이런 관계를 맺을 수 있는 기회를 활용하고 유용한 정보를 콕 집어내라.

제안서를 제출하기 전에 항상 거시적인 관점에서 제안서를 검토해라. 자기 자신(또는 동료)에게 다음과 같은 질문을 해라.

» 나는 문제나 목표를 제대로 이해하고 있나?
» 나는 우리가 누구인지 그리고 왜 그 일에 적임자인지 설명했나?
» 나는 그 문제를 해결하기 위한 방법과 예상되는 결과를 상대에게 분명히 이야기했나?
» 나는 성공을 측정하는 방법을 자세히 설명했나?
» 만약 여러 사람들이 나눠서 제안서를 작성했다면, 각자 작업한 부분이 일관성 있고 논리적으로 연결되나?

많은 사람들이 프로세스를 중심으로 제안서를 작성하다. 그리고 결과는 아주 간략하게 서술한다. 예를 들어, 직원의 업무 능력을 업데이트하는 훈련 프로그램에 대한 제안서를 작성한다면, 얼마나 많은 워크숍이 훈련 프로그램에 포함되어 있느냐는 중요한 것이 아니다. 프로그램의 결과로 효율성과 문제해결 능력이 얼마나 향상되고 오류가 얼마나 많이 줄어드는가가 중요하다. 가능하다면, 고객에게 훈련 프로그램이 그의 직원들의 업무 능력을 향상시킬지, 그의 프로세스가 얼마나 향상될지, 또는 당신에게 기회가 주어진다면 삶과 세상이 얼마나 더 좋아질지 등에 대한 비전을 제시해라. 그러나 이 비전은 실현 가능성이 있어야 한다. 허무맹랑한 것이어서는 안 된다.

제안서 전문가들은 구체적이고(Specific) 측정 가능하고(Measurable) 달성 가능하며(Achievable) 실현 가능한(Realistic) 제안서를 쓰고, 제한시간 안에(Time-sensitive) 처리하기 위해 항상 노력한다. 이를 'SMART' 기법이라 부른다.

## 비공식적인 제안서를 작성해보자

이렇게 바쁜 시대에 필요 이상의 일을 하고 싶은 사람은 아무도 없다. 컨설턴트나 계약자도 마찬가지다. 그들도 프로젝트를 따내는 데 필요한 일만 하고 싶다. 정부나 대기업과 계약을 하거나 지원금을 받으려고 한다면, 어쩔 수 없다. 그들이 제시한 조건 등에 따라 형식적인 제안서를 작성해야 한다. 여기에는 시간이 많이 든다. 그러나 시간을 적게 들이고 제안서를 작성할 수 있는 경우도 많다.

제안서를 간단한 계약서로 대체하는 것이다. 이런 경우, 제안서(또는 간단한 계약서)는 이미 어느 정도 논의가 된 계획에 대한 일종의 확인이다. 필요한 내용을 포괄하는 내용을 논리적으로 배열하거나 편지 형식을 사용할 수 있다. 이 제안서는 서면 요청을 분석한 결과보다 직접 상대방을 만나 그 일에 대해서 논의한 결과를 바탕으로 작성되는 것이다. 그래서 앞서 살펴본 형식을 철저히 따라 작성한 제안서와는 작성법이 다르다.

먼저 상대방과 대화할 수 있는 기회를 잡아라. 모든 영업 사원들이 하는 말이 있다. 잠재 고객과 직접 대면해라. 그리고 나서 그 사람과의 대화를 통해 알게 된 사실 등을 바탕으로 제안서를 작성해라. 전화 통화나, 더 최악의 경우, 서로 주고받은 서신을 바탕으로 제안서를 작성해야 할 때, 소위 '뽑히는 제안서'를 작성하기가 더 어렵다. 이상적으로 당신은 첫 만남에 이어 두 번째 만남의 기회를 얻고 싶을 것이다. 바로 그 사람에게 솔루션, 즉 제안서를 전달할 기회 말이다.

첫 만남에서 공격적으로 자신의 자질과 능력을 강조하기보다, 잠재 고객과 자연스럽게 대화를 해라. 그 사람이 계속 이야기할 수 있도록 유도해라. "어떻게 이 자리까지 오셨는지 정말 궁금하네요"라는 말로 시작하는 것이 좋다. 그리고 잠재 고객의 이야기에 경청하고 그 사람이 계속 이야기하도록 유도해라. 그러면서 당신이 듣고 싶은 이야기를 하도록 대화를 이끌어라. 다음의 개방형 질문을 사용해보는 것도 좋다.

> » 무슨 문제를 제일 해결하고 싶나요?
> » 이 문제가 당신의 비즈니스에 어떤 영향을 주고 있나요?
> » 그 문제가 해결되면 무엇이 달라질까요?

그 잠재 고객의 대답 속에서 이 조직이 어떤 도움을 줄 수 있는지와 문제를 얼마나 해결해야 하는지 등에 대한 단서를 찾아라. 잠재 고객으로부터 당신이 직접 찾아가서 논의한 문제가 중요하지 않다는 이야기를 듣게 될 가능성은 없다. 그러나 그 문제를 해결하는 데 적임자가 아닐 수도 있다는 생각이 들 수는 있다. 시간과 돈을 투자해서 제안서를 작성하기 전에 이것을 알게 되는 것이 낫다.

대화를 통해 서로에게 유익한 계약이 가능할 것으로 판단되면, 형식에 얽매이지 말고 편안하게 제안서를 작성해라. 이 제안서에는 다음의 내용을 담으면 좋다.

> » 당신이 해결하고자 하는 문제
> » 그 문제를 해결하는 것이 중요한 이유
> » 제안
> » 프로그램 진행 단계
> » 예상 결과
> » 상호간의 의무, 수행기간 등
> » 예상경비

마지막으로 '위 내용에 동의함'이란 문구를 넣고 서명과 서명 일자를 삽입해라.

다음은 필자가 비즈니스 글쓰기 강연을 할 때 주로 작성하는 제안서다.

### 화이트플래그 유한회사를 위한 워크숍 제안서(CC 라이팅 워크숍 작성)

이메일과 편지로 화이트플래그 고객 서비스팀이 고객의 불만사항을 보다 효과적이고 적극적으로 처리할 수 있도록 글쓰기 워크숍을 제안합니다.

### 문제 : 고객 상실

고객 서비스팀과 고객이 주고받은 문건 24건을 검토해 다음의 결과가 나왔습니다.

- 자신들의 문제가 처리되는 방식에 만족하지 못한 고객들의 불만이 증가함
- 퉁명스럽고 때로는 무례한 톤의 문건이 고객에게 발송됨

  (이 리스트는 더 길게 작성될 수 있지만, 최대 4개 또는 5개까지 적는 것이 좋다)

### 이 문제가 화이트플래그에 미치는 영향

이런 문제는 귀하의 회사에 부정적인 영향을 주고 있습니다. 귀하의 분석 자료에 따르면, 이 문제로 인해 고객층이 4퍼센트 감소했습니다.

### CC 라이팅 워크숍의 제안

(워크숍 시리즈는 단계별로 설명한다. 구체적이지만 간결하게 작성해야 한다)

### 프로그램 목표

워크숍 시리즈는 ○○을 달성할 것입니다.

(당신이 노리는 결과를 제시해라. 결과는 문제에 부합하는 것이어야 한다. 가능하다면 결과를 측정하는 법도 작성해라)

### 작업 방식

(기간, 상호간의 의무 등을 설명해야 한다)

### 진행자

(누가 프로그램을 진행할 것이고 그들의 경력은 어떻게 되는지 설명하라)

### 비용

(서비스 비용이나 시간당 요율을 명시하라. 이것은 소위 '범위 추가', 즉 처음 계약된 업무범위 외의

사항들을 계속적으로 추가 수행하는 상황을 막을 수 있어야 한다. 예컨대, 업무 범위를 초과하는 일에 대해서는 추가 비용을 청구하는 것이다)

**위 내용에 동의함 :** _____

이렇게 작성된 제안서는 불과 몇 쪽 분량이다. 정말 형식에 얽매이지 않고 제안서를 작성하고 싶다면, '제인에게' 또는 '브라운 부인에게' 등으로 시작하는 편지 형식으로 제안서를 작성할 수도 있다. 앞의 예시에서 직원과 그들의 자격을 설명하는 '진행자'에 해당하는 상대적으로 표준화된 형식이 있는 부분은 부록으로 처리할 수 있다.

형식에 얽매이지 않고 작성된 제안서의 톤도 형식에 따라 작성된 제안서의 톤만큼 중요하다. 어쨌든 당신은 잠재 고객과 개인적으로 만나 대화를 했다. 대화를 하면서, 그 사람이 어떤 식으로 이야기하는지, 그의 사무실은 어떻게 생겼는지, 그의 커뮤니케이션 방식은 어떤지, 무엇이 그의 관심과 걱정을 만들어내는지 그리고 그 문제가 그에게 얼마나 중요한지 등을 직접 눈으로 확인했다. 이 모든 단서에 온 정신을 집중하고 제안서를 쓸 때 머릿속에 그 사람을 떠올려라(제2장에서 의식적으로 상대를 분석하고 분석 결과에 따라 글을 쓰는 방법에 대해 살펴봤다).

결국 대부분의 계약과 프로젝트는 당사자들이 직접 만나서 체결한다. 이와 관련해 어떤 준비를 해야 하는지는 제8장을 참조해라. 그러나 대부분의 경우, 기회를 잡는 데 포문을 여는 것은 글이다. 최고의 제안서 없이 잠재 고객의 회사에 발을 들여놓을 수 없다. 좋은 제안서와 그 제안서에 담겨 있는 훌륭한 아이디어는 강력한 무기가 될 수 있다. 필자는 개인적으로 작은 다윗이 우쭐대는 골리앗을 쓰러뜨리고 값진 기회를 얻어내는 경우를 많이 봤다. 그리고 아주 훌륭한 제안서로 성공을 일궈낸 회사들도 많이 봤다.

자신을 소개하는 편지는 일종의 제안서다. 잘 쓴 자기소개서는 많은 경우 기적 같은 효과를 가져다준다. 단순한 일처럼 들릴지 모르겠지만, 당신의 자격에 대해서 상대방이 의문을 덜 가지도록 당신은 자기소개서를 어떻게 쓸지 더 신중하게 고민해야 한다.

## 지원금 신청하기

여러모로 지원금 신청은 제안요청서에 답하는 것과 유사하다. 정부기구, 재단 그리고 대기업의 지원금은 일반적으로 복잡한 질문지를 작성할 것을 요구한다. 자원봉사자가 운영하는 단체는 주로 지역 비영리기구에 소액의 지원금을 주는데, 이렇게 적은 액수의 지원금을 주는 단체는 자신들이 직접 만든 지원서를 사용한다. 요구하는 정보와 형식에 따라 지원서의 종류는 다양하다. 그러나 상식선의 가이드라인을 따르면 지원금을 받을 확률이 커진다.

효율적인 프로세스를 만들고 지원금을 받을 자격이 있는 프로젝트가 선택될 수 있도록, 대부분의 지원기관들이 설명회를 개최한다. 설명회에 의무적으로 참석해야 하는 건 아니지만, 가능한 참석하도록 해라. 지원 프로세스는 지원기관과 관계를 맺을 기회다. 설명회에 참석하는 것 외에도 전화나 서면으로도 궁금한 사항에 대해서 질문할 수 있다. 비영리적인 일에 자금을 지원하는 일에는 신뢰가 수반된다. 훌륭한 취지를 지닌 기관에 투자하는 것은 서비스 제공업자를 고용하거나 상품에 대한 투자보다 더 개인적인 일이다. 주로 투자수익률을 고려해서 서비스나 제품을 선택한다.

그러므로 현명한 질문을 해서 지원기관으로부터 가장 유용한 정보를 얻어내야 한다. 설명문을 자세히 읽으면 알 수 있는 질문은 하지 마라. 최고의 글을 쓰고 정성들여 편집해서 당신(또는 당신의 기관)이 신뢰할 수 있고 전문적이고 진실하다는 메시지를 전달해라. 필자는 공식적인 사업제안서의 초안을 작성하는 데 유용한 팁을 몇 가지 소개했다. 여기에다가 지원금신청서를 작성하는 데 도움이 될 만한 몇 가지 구체적인 아이디어를 추가적으로 소개하겠다(프로젝트나 프로그램에 자금을 모으고 있다고 가정하자. 비영리기구에서 일한 경험이 있다면, 아마 잘 알 것이다. 지원기관은 일반적으로 새로운 프로젝트에 투자를 하거나 성공적인 프로그램을 확정하는 것을 선호한다. 직원 임금과 시설과 같은 일상경비를 지원하는 것은 선호하지 않는다).

> » **지원기관의 미션을 이해해라.** 지원기관이 특정 프로젝트나 프로그램을 지원해서 무엇을 얻고자 하는지를 정확하게 이해해야 한다. 왜 이 회사, 재단, 정부기관은 이런 프로젝트에 투자하고 있을까? 각 지원기관은 달성해야 할 미션을 가지고 있다. 재단은 하나 또는 그 이상의 의의를 추구한다. 그들이 추구하는 의의는 설명 자료와 홈페이지에 분명하게 명시되어 있으니, 항상

이런 자료를 찾아서 활용해라. 대부분의 기업은 자신들의 상업적 이익에 부합하는 것을 선택한다. 예를 들어, 안경 제조업자는 시각 장애를 가지고 있는 어린아이들이 보다 충만한 삶을 누릴 수 있도록 돕는 것을 선택할 가능성이 높다. 또는 기업은 지역사회의 가치에 부합하거나 직원들의 심금을 울리는 프로젝트를 선택한다. 정부기관은 일반적으로 지역 주민들의 충족되니 못한 니즈를 찾아내 만족시키는 프로젝트를 선택한다.

일단 지원기관의 미션을 파악하면, 가능한 그 미션에 맞춰서 신청서를 작성해야 한다. 그 기관이 자신의 미션을 완수하도록 어떻게 도울 것인가? 이 질문에 대한 답을 바탕으로 지원서를 작성해라. 만약 이 질문에 대해서 답할 수 없다면, 그 기관은 당신에게 적합한 지원기관이 아닐 것이다.

» **지원서 검토자를 지루하게 만들지 마라.** 필자도 지원금신청서를 작성해봤다. 그리고 신청서를 심사한 경험도 있다. 두 프로세스 모두 힘들다. 지원기관은 전문가를 고용하거나 자원봉사자들의 도움을 받아 신청서를 심사한다. 어떤 경우든지 지원서를 심사하는 일은 아주 피곤한 일이다. 눈이 빠져라 신청서를 검토해야 하기 때문이다. 보통 지원금신청서는 산더미처럼 쌓여 있다. 검토자가 신청서가 지루하다고 느끼면, 기껏해야 신청서를 한 번씩 훑어보고 만다. 그러므로 다음의 가이드라인을 염두에 두고 신청서를 작성하도록 해라.

- 이야기 구조를 만들어 정보를 전달해라. 자신의 핵심 메시지를 정확히 아는 것이 중요한다. 무엇을 해내고 싶은지, 자신이 누구인지, 무슨 일을 할 것이고 이것이 어떤 결과를 가져올지 등에 대해서 고민해야 한다. 형식이 정해진 신청서의 경우에도 최대한 이런 구조로 신청서를 작성해야 한다. 심지어 주어진 질문에 순서대로 답을 작성해야 한다고 할지라도 말이다(이야기를 구상하는 방법은 제9장을 참조하기 바란다).

- 신념을 분명하게 전달해라. 제안서는 아이디어를 파는 것이다. 서비스나 상품을 파는 상황과 마찬가지로, 추구하는 대의에 대한 신념, 즉 지원금을 받고 싶은 프로젝트가 최고의 무기다. 그러니 절대 복잡하고 추상적인 글로 당신의 신념을 전달하려고 하지 마라. 열정과 에너지를 보여줘라. 당신조차도 프로젝트에 확신이 없는데, 누가 그 프로젝트를 믿고 선택하겠는가?

- 정보의 반복을 피해라. 모든 질문에 대한 답을 똑같은 이야기로 시작할 필요는 없다. 같은 말을 반복하지 않고 답할 방법을 찾아라. 여러 사람들이 영역을 나눠서 제안서를 검토할 수 있다. 물론 아닐 수도 있다. 그러나 한 명 이상의 사람들이 전체 제안서를 평가할 것이라고 생각하고 제안서를 작성하는 것이 좋다. 그래서 정보를 반복해야 한다면 그 아이디어를 전달할 다양한 방식을 고민해라. 지루하게 같은 내용이 반복되는 제안서는 일반적으로 탈락된다.

- 문제에 연연하지 마라. 수백 명의 어린이들이 시각 장애를 가지고 있고 보조기구가 필요하다면, 분명하게 이 문제를 지적해라. 그러나 이 문제를 불필요할 정도로 자세히 서술하기보다는 문제를 해결할 솔루션에 대해서 글을 써라. 할 수 있다면, 당신의 솔루션이 반짝 하고 끝날 프로그램이 아니라 지속적으로 활용하고 강화해나갈 수 있다는 사실을 지원기관에 보장해줘라.

- 프로세스가 아닌 결과를 강조해라. 지원기관은 당신이 어떻게 할 것인가보다 무엇이 바뀌고 어떻게 개선될지에 더 관심이 있다. 예를 들어, 특별한 디바이스로 시각 장애를 가진 어린이들을 돕겠다면, 무료로 소규모의 그룹 워크숍을 열겠다는 등 어떻게 도울 것인지를 설명해야 한다. 그러나 워크숍은 어디서 열고 강사는 어떻게 채용할지 등 실행계획을 지나치게 자세히 설명할 필요는 없다. 대신, 175명 어린이들의 삶이 어떻게 개선될 것인가를 자세히 설명해라.

- 그래픽을 잘 사용해라. 보기 좋은 떡이 먹기에도 좋은 법이다. 사람들은 보기 좋게 정리된 문서를 보다 자세히 읽고 더 신뢰한다. 시간과 정성을 들여 신청서를 보기 좋게 만들어라. 그렇다고 휘황찬란하게 만들라는 의미는 아니다. 차트, 그래픽 또는 표로 데이터를 표현하면, 데이터가 훨씬 이해하기 쉬워진다. 관련 사진과 비디오도 효과적이다. 그러나 사진과 비디오 사용이 금지됐을 수도 있으니, 사전에 확인해라.

» **멀리 내다봐라.** 관계를 맺는 일에는 시간이 든다. 예외는 없다. 지원금신청서는 지원기관에 당신이 누구고 무엇을 할지를 말해준다. 즉 당신과 소속기관을 대표하는 것이다. 그러므로 신청서에 무슨 내용을 쓸지 그리고 어떻게 쓸지를 신중하게 고민하고 결정해야 한다. 이렇게 해야 효과적으로

소속 기관을 대변할 수 있다. 적당한 부분에서 당신의 미션, 그동안의 성과와 앞으로 이룰 성과에 대해서 설명해라. 핵심 멤버와 그들의 역할을 잘 소개해라. 필요하다면 꼼꼼하게 계산해서 세운 예산도 집어넣어라.

이번에는 아쉽게 지원금을 못 받게 되었더라도, 잘 쓴 신청서는 미래에 지원금을 받을 수 있는 가능성을 열어둔다. 내년 또는 그다음 해, 당신의 신청서가 보다 긍정적인 평가를 받게 될지도 모른다. 검토자들은 당신의 끈질김과 지속적인 관심을 분명히 알아차릴 것이다. 탈락된 이유를 묻고 다음에는 어떻게 해야 하는지 물어볼 수도 있다. 심지어 어떤 기관은 신청자들에게 이런 정보를 제공한다. 이런 정보를 얻으면, 해당 정보를 철저히 분석하고 앞으로 지원금신청서 또는 기타 제안서를 작성할 때 반영하도록 해라.

만약 제안서가 채택되어 지원금을 받게 되었다면, 반드시 '감사 인사'를 해라. 너무나 많은 사람들이 지원금을 받고는 감사하다는 말을 안 한다. 당신은 절대 그러지 마라. 감사의 마음을 전해라. 그리고 계속 연락해라! 당신에게 지원금을 주는 사람들은 프로그램이 성공을 했는지 그리고 지원금을 받을 가치가 있었는지 궁금해한다. 지원금을 받고 프로그램을 진행해서 어떤 결과를 얻었는지를 이들에게 보여주면 향후 한 번 더 지원금을 받는 데 도움이 될 것이다.

## 요약보고서를 작성하자

요즘 사람들은 광적으로 요약을 좋아하는 것 같다. 사람들은 기사 맨 앞에 오는 짤막한 축약 기사를 훑어보거나 복잡한 보고서나 제안서 앞에 나오는 몇 쪽 분량의 도입부를 읽기도 한다. 아무튼 사람들은 요약을 사랑한다. 당신도 그렇지 않은가?

이것은 지극히 당연한 일이다. 요약은 시간을 많이 절약하게 해준다. 요약을 읽으면 그 글을 읽을 필요가 있는지 아니면 읽고 싶은지를 금방 알 수 있다. 중요한 결정들이 보고서나 제안서에 달렸다 할지라도 많은 사람들이 전체 문서를 읽지 않는다. CEO들은 요약보고서만 읽고 셀 수 없이 많은 결정을 내린다.

긴 비즈니스 문서가 당신의 미래에 조금이라도 결정적인 영향을 미친다면, 심혈을 기울여 최고의 요약보고서를 작성해라. 요약보고서도 그것 자체로 문서다. 그러니 항상 요약보고서를 작성하는 시간을 따로 둬야 한다. 절대 요약보고서를 전체 문서를 완전히 작성하고 나서 쓰는 글이라고 생각하지 마라. 독창적이고 완전하고 논리적이고 흥미로운 글이 사람들을 당신의 편으로 끌어들이는 수단이라고 생각해라. 요약보고서는 전체 글에서 가장 중요한 것이 무엇이고 당신이 제안하는 것이 무엇인지를 효과적으로 전달할 수 있다.

우리는 목표를 가지고 글을 요약한다. 그러나 우선 요약보고서의 역할과 그 역할을 수행하기 위해 필요한 것을 알아야 한다. 어떤 요약보고서를 써야 할까?

» 보고 대상자로 하여금 흥미 또는 가능하다면 흥분을 불러일으켜 보고서, 제안서 또는 기타 문서를 읽도록 유도하는 요약보고서

» 문서의 주요 포인트를 통합하여 쉽게 이해할 수 있는 응집력 있는 스토리로 만든 요약보고서

» 보고 대상을 위해 전체적으로 긴 문서를 검토하여 그들이 왜 이 문서가 자신들에게 중요한지를 이해시키는 요약보고서

» 열정적이고 생생한 언어로 가장 중요한 모든 포인트를 알려주는 요약보고서

» 머리글 기호가 아닌 보고 대상이 친숙하게 느끼는 형식으로 작성된 요약보고서

» 수동적으로 정보를 제시하여 보고 대상이 자기 마음대로 결론을 내리게 만드는 요약이 아닌, 그의 행동을 촉구하는 요약보고서

## 복잡한 내용을 쉽게 설명하자

사람들은 좋은 보고서, 제안서 그리고 기타 비즈니스 문서를 읽고 실행한다. 지루하게 쓰인 보고서는 어제 잡은 고약한 악취를 풍기는 생선보다 더 빨리 쓰레기통으로 직행한다. 생선을 싸는 데 사용될지도 모른다.

강렬한 요약보고서는 차이를 만들어낸다. 강렬한 요약보고서는 순조롭게 상대와 관계를 맺도록 돕고 그들의 흥미를 불러일으켜서 문서를 끝까지 읽게 만들 수 있다.

먼저 전체 문서를 작성하고 요약보고서를 작성하는 방법이 있다. 이 경우, 전체 메시지가 요약보고서와 일맥상통하는지 검토해야 한다. 반대로 요약보고서를 쓰고 나서 전체 메시지를 작성해 요약보고서를 뒷받침할 수도 있다.

두 방법 모두 효과적이다. 왜냐하면 요약보고서는 당신이 정말 무슨 이야기를 하고 싶은지를 파악하는 데 도움이 된다. 이것은 다양한 종류의 보고서와 제안서 그리고 백서, 지원금신청서, 사업계획서 등도 마찬가지다.

요약보고서는 핵심 정보를 미리 제시하여 보고 대상자들이 복잡한 정보를 쉽게 소화할 수 있도록 준비시키고 의미 있는 관점을 제시하는 것을 목표로 한다. 메시지를 제대로 이해하고 있으면 이런 요약보고서의 목표를 달성할 수 있다.

지난달에 한 일을 보고한다고 가정하자. 앞에 소개된 두 가지 방법을 통해 요약보고서의 틀을 잡을 수 있다.

> » 이미 작성된 보고서를 보지 말고 다음의 질문을 스스로에게 해라. 메시지에서 중요하거나, 흥미롭거나, 자극적이거나, 유망하거나, 교훈적이라고 생각되는 것은 무엇인가?
> » 지난달에 멀리 갔다가 이제 막 돌아온 파트너나 친구가 다음의 질문을 한다고 상상해라. "내가 없는 동안 별일 없었나요?" 이 질문에 뭐라고 대답할 것인가? 예상 대답을 종이에 적어라.

회사나 부서에서 사용하는 보고서 양식을 사용한다면 그리고 트렌드, 새 프로젝트, 수익과 손실 등 미리 정해진 항목이 있다면, 각 항목을 앞의 두 방법 중 하나를 선택해서 작성해봐라. 또한 거시적인 관점에서 브레인스토밍을 할 때 무엇이 중요한지 고민하고 전체 보고서를 관통할 관점이 무엇인지 파악해라.

## 핵심 메시지를 결정하자

요약보고서는 전체 메시지의 일부분의 합이 아니다. 요약보고서의 요약이라고 생각하고 첫 문장 또는 도입부를 작성한 뒤, 전체 메시지의 흐름에 따라 내용을 요약하고 각각의 내용과 아이디어를 통합하여 분명한 메시지로 만들어라.

특히 상대의 관심사항을 고려하여 중요한 것, 즉 상대와 공유할 가치가 있는 것을 알아내라. 보고서를 쓰고 있다면, '상사의 관심 끌기'에 제시된 질문에 대한 답을 검토해봐라.

잘 쓴 요약보고서를 참조하는 것은 요약보고서를 제대로 작성하는 데 도움이 될 것이다. 투자의 귀재, 워런 버핏은 어려운 내용을 아주 분명하고 쉽게 전달하는 것으로 정평이 나있다. 그의 '버크셔 해서웨이의 주주들에게 보내는 편지'는 솔직한 동시에 아주 설득력 있게 관점을 제시한다. 미국 부동산 시장이 붕괴되기 시작한 2007년 그의 편지는 다음과 같이 시작한다.

> 2007년 순수익은 123억 달러입니다. A등급과 B등급의 주당 장부가격이 모두 11퍼센트 증가했습니다. 지난 43년 동안(즉, 지금의 경영진이 회사를 맡은 이후) 장부가격은 19달러에서 7만 8,008달러로 올랐습니다. 연간 상승률이 21퍼센트입니다.
>
> 전반적으로 76개의 자회사들은 작년에 잘해줬습니다. 벽돌, 카펫 그리고 부동산 중개 등 부동산 시장과 관련이 있는 소수의 자회사들이 힘든 한 해를 보냈습니다. 그러나 이들 자회사들이 입은 손실은 미약한 수준이고 일시적입니다. 이 사업 영역에서 우리는 여전히 강력한 경쟁력을 보유하고 있습니다. 그리고 우리에게는 좋을 때나 힘들 때 회사를 잘 이끌어 나가는 최고의 CEO들이 있습니다.
>
> 그러나 일부 주요 금융기관들은 심각한 문제를 경험했습니다. 제가 작년 편지에서 언급한 '쇠약한 대출 관행'에 관여했기 때문입니다. 웰스파고 CEO 존 스텀프는 많은 금융기관의 최근 행보를 적절히 분석했습니다. "기존의 방식이 제대로 작동하는 때 금융 업계가 돈을 잃을 새로운 방법을 고안해냈다는 점은 아주 흥미롭다."

워런 버핏은 한 문단으로 주택시장 위기에 대해서 설명한 뒤, '보다 행복한 생각, 인수에 대하여', '마지막으로 우리의 보험 사업' 그리고 '파티는 끝났다' 등의 제목으로 편지를 이어갔다. 마지막 '파티는 끝났다'에서는 투자자들에게 보험 사업의 수익이 더 하락할 것이라고 경고했다.

전체 도입부는 7개의 단락으로 되어 있다. 이 도입부는 투자자들이 통계, 차트 그리고 어려운 금융 용어로 가득한 전체 보고서를 끝까지 읽을 수 있도록 준비시킨다.

인용문에서 워런 버핏은 이 책에서 소개된 좋은 글을 쓰는 원칙을 그대로 따르고 있다. 그의 목표는 명확하다. 바로 불안한 금융시장에도 불구하고 회사는 굳건하게 자리를 지킬 것이라고 투자자들을 안심시키는 것이다. 자신의 관점을 설득력 있게 만들기 위해서 그는 부정적인 것들을 언급해서 전체 메시지가 균형을 이루도록 했다. 해서웨이 투자자들이 어떤 사람들인지 알고 있다면, 왜 그가 첫 문단에 '팩트'로 가득한 도입부를 선택했는지를 분명히 알 수 있다. 기억하기 쉽지 않지만, 제시된 숫자들은 충분히 그들에게 매력적이다. 그래서 투자자들은 워런 버핏의 수익(그리고 자신들의 수익)에서 눈을 떼지 못한다.

워런 버핏은 요약보고서에 대화체처럼 쉬운 언어를 사용한다. 그래서 누구나 그의 글을 읽고 이해할 수 있다. "우리에게는 좋을 때나 힘들 때 회사를 잘 이끌어 나가는 최고의 CEO들이 있습니다"는 일상 대화체면서 자신감이 있다. 2007년에 작성된 편지는 자신과 파트너들이 얼마나 운이 좋은지에 대한 단락으로 끝난다. "매일이 신나고 즐겁습니다. 그래서 우리는 덩실덩실 춤을 추면서 일을 합니다." 당신이 얼마나 성공을 했는지 또는 얼마나 세련되고 지적인 사람인지는 중요치 않다. 항상 상대와 열정과 열의를 공유해야 한다. 이것은 목표를 달성하는 데 필수다.

www.berkshirehathaway.com에서 워런 버핏의 글을 한 번 읽어보기를 바란다. 금융 분야에 전혀 관심이 없다 할지라도, 그의 글을 읽어보기를 권한다. 단어 선택이 분명하고 간결하며 체계적으로 글을 썼다는 사실을 알 수 있을 것이다. 그는 이 복잡한 정보를 고등학생도 이해할 수 있는 수준으로 쉽게 전달한다. 이 간단함은 금융 업계 종사자들이나 이해할 수 있는 아주 어려운 단어를 사용하는 것보다 훨씬 효과적이다. 그리고 그가 각 편지의 톤을 어떻게 잡았는지를 살펴봐라. 그리고 딱 10분 동안 도대체 무엇이 워런 버핏을 신뢰가 가는 작가로 만들었는지 고민해봐라. 그리고 그가 심지어 나쁜 소식을 전달할 때조차도 어떻게 사람들에게 신뢰를 주는지도 고민해봐라.

요약보고서를 작성하는 데 유용한 팁을 하나 더 주자면, 절대 '요약보고서'라고 보고서 제일 위에 쓰지 마라. 제목을 보자마자 벌써 지루해진다. 요약보고서의 콘텐츠를 구체적으로 전달하는 헤드라인을 작성하고 사람들의 흥미를 자극해라. 물론 '요약보고서'란 단어를 사용할 수 있지만, 의미를 강조해라.

요약보고서 : 회계감사가 내년 회사의 우선순위를 바꾸다

지금부터 요약보고서에서 헤드라인과 부제목을 사용하는 방법에 대해서 구체적으로 살펴보도록 하자.

## 헤드라인을 활용하자

비즈니스 문서를 더 매력적이고 친숙하게 만들려면, 저널리즘에서 사용하는 몇 가지 테크닉을 사용하면 된다. 각 항목에 제목이 아닌 헤드라인을 다는 것이다.

제목과 헤드라인은 어떻게 다를까? 제목은 정적이고 지루하며 충분한 정보를 전달하지 않는다. 반면에 헤드라인은 독자들에게 지금 무슨 일이 일어나고 있는지를 말하고 앞으로 읽게 될 내용에 대해서 호기심을 불러일으킨다. 헤드라인은 무언가 움직이고 행동한다는 느낌을 준다. 다시 말해 생동감이 있다.

보고서, 제안서, 백서 그리고 사업계획서를 작성할 때 각 항목을 헤드라인으로 시작할 수 있다. 항목에 제목을 붙인다기보다 정보를 전달한다고 생각하면 헤드라인을 작성하기 쉽다. 몇 가지 제목을 헤드라인으로 바꿔서 작성해보자.

> **제목** : 예상치 대비 입장객 수
> **헤드라인** : 9월 입장객 수가 예상치를 10퍼센트 초과하다
>
> **제목** : 전반적인 재정상태
> **헤드라인** : 실망스럽게 시작된 6월, 협업 필요
>
> **제목** : 캘류멧 프로그램 사례
> **헤드라인** : 어떻게 캘류멧 프로그램은 석유회사의 검은 이미지를 초록빛으로 바꿨나

만약 항목이 정해져 있고 각각의 항목에 대해서 글을 쓴다면, 제목 뒤에 헤드라인을 쓰면 된다. 주어진 제목 뒤에 콜론을 쓰고 헤드라인을 써라.

입학 성과 : 올해 등록률은 작년보다 19퍼센트 이상 증가했다

헤드라인뿐만 아니라 부제목도 사용해라. 대부분의 보고서, 제안서 그리고 사업계획서에 부제목을 사용하는 것은 상당히 좋은 전략이다. 부제목을 사용하면 구조적인 문제를 해결하는 데 도움이 된다. 제6장에서 제안한 것처럼, 메시지의 초안을 작성하기 전에 부제목부터 순서대로 나열하고 각 부제목에 해당되는 정보와 아이디어를 부제목 밑에 작성해라.

부제목으로 긴 문서를 짧은 단락으로 나누는 것이 좋다. 이렇게 하면 독자들의 관심을 끌 수 있고 그들이 메시지를 쉽게 이해하도록 돕는다. 부제목은 독자들이 반드시 알아야 하는 중요한 정보와 알고 싶은 정보에 집중해서 문서를 읽을 수 있도록 한다. 예를 들어, 금융 지표에 대해서 수십 쪽의 자료가 있다면 전체 그림을 파악할 수 있도록 헤드라인을 작성하고 각 주제에 맞게 부제목을 단다.

### 3월 지표에 큰 희망을 걸었으나, 별 변화 없음

경력직 채용 주춤 : 계획 대비 0.5퍼센트 감소

주식가격 2퍼센트 증가한 126 기록

후멕스 덕분에 매출이 2012년 수준으로 증가

재무담당자 4월에 대해 조심스럽게 자신감을 나타냄

이 헤드라인과 부제목은 지나치게 구체적이어서 독자들이 헤드라인과 부제목만 보고 정작 본문을 읽지 않을 것이라는 생각이 들 수 있다. 그러나 실제로 헤드라인과 부제목이 구체적이고 설득력이 있을수록, 더 많은 독자들이 당신의 자료를 찾고 더 많이 읽는다.

문서에서 특정 정보의 위치가 어디인지 그리고 왜 그 정보가 중요한지를 구체적이고 분명하게 알려줄수록, 더 좋은 반응을 얻을 수 있다. 사람들은 자신의 에너지와 시간을 극히 선택적으로 투자한다. 읽을거리를 선택하는 데 도움을 주는 것은 훌륭한 전략이다. 헤드라인과 부제목은 글을 더 재미있어 보이게 만들고 독자들은 그 글을 쓴 사람을 책임감 있고 행동 지향적인 지도자로 생각하게 된다. 나쁜 소식을 전하는 글도 마찬가지다.

강력한 헤드라인은 특히 블로그에 중요하다. 블로그에 쓰는 헤드라인과 관련하여 제 12장을 참조하기 바란다.

## 모든 비즈니스 문서를 위한 글쓰기 팁

이 책은 주로 구체적으로 형식이 정해져 있는 글을 다룬다. 그러나 일을 하다 보면 여기서 다룬 형식과 다른 글도 써야 하는 경우가 분명히 생긴다. 설령 이 책에 등장하는 형식의 글이 아니더라도, 각 장에서 살펴본 글쓰기 팁은 여전히 유효하다. 사업계획서, 백서, 제안요청서, 조사결과 보고서 등 다양한 유형의 비즈니스 문서를 작성할 때 난관에 봉착하면, 각 장에서 살펴본 글쓰기 팁을 활용해보기를 바란다. 무슨 글을 쓰든 일반적인 글쓰기 가이드라인과 테크닉을 기억하고 활용하는 것이 글을 쓰는 데 아주 도움이 될 것이다.

무슨 글을 쓰든지, 톤을 잘 잡는 것이 중요하다. 중요한 비즈니스 커뮤니케이션은 권위가 있고, 객관적이고, 신뢰할 수 있고, 자신감 있게 느껴져야 한다. 무언가를 하도록 누군가를 설득하는 글을 쓴다면, 그 글은 장황하고 지루하게 들려서는 안 된다. 반대로 현장감 있고 사람을 잡아끄는 매력이 있는 글을 써야 한다. 이런 글이 독자들로부터 원하는 반응을 이끌어낼 가능성이 크다. 지루한 글은 도처에 존재한다. 그렇기 때문에 읽을거리를 제공한 당신에게 독자들은 오히려 고마워할 것이다.

대형 프로젝트를 두고 여러 사람들과 경쟁을 벌이고 있다. 그런데 어떤 사람이 이 계약을 따내기 위해서 거창한 단어를 사용해 장황한 글을 쓰라고 조언한다면, 귀를 꽉 닫아버려라. 자신의 생각을 제대로 전달하는 아주 분명한, 분명하다 못해 속까지 들여다보이는 글을 써야 한다. 장황하고 화려하기만 한 글은 절대 독자의 관심을 끌 수 없다. 좋은 글을 쓰는 데 도움이 되는 팁과 테크닉은 주변에서 쉽게 얻을 수 있다. 매번 글을 쓸 때마다 이런 팁과 테크닉을 활용하기를 바란다. 제3, 4, 5장에서 우리는 좋은 글쓰기 전략을 많이 다루었다. 이 책에서 다룬 몇 가지 글쓰기 전략을 다음과 같이 간추려봤다. 이것을 출력해서 책상 옆에 붙여두고 글을 쓸 때마다 참고하는 것은 어떨까?

## 최대한 적게 사용해야 할 것들

» 딱딱하고 잘난 체하는 톤

» 건방지거나 스스로를 대단하게 보이도록 하는 분위기

» 수동적이고 간접적인 문장

» 길고 복잡한 단어

» 은어, 축약어, 유행어

» 복잡하고 두서가 없어서 두 번을 읽어야 의미를 겨우 알 수 있는 문장

» 추상적인 표현

» 화려한 수식어와 입증이 안 된 주장 등 내용이 없는 표현들

» 지나치게 완곡하고 가정적인 표현들

» 글의 요지를 뒷받침하지 않는 불필요한 자료

» 문법, 구두점 또는 철자 실수

## 최대한 많이 사용해야 할 것들

» 일상적으로 사용하는 대화체지만 공손한 스타일

» 글에서 은근히 자신감이 느껴지도록 하기

» 짧고 기초적인 단어

» 3~5개의 문장으로 구성된 짧은 문단

» 리듬감이 있는 언어(소리 내서 읽어보기)

» 구체적이고 생생한 단어와 참신한 비교법

» 사실, 통계, 이미지, 사례 등 주장을 뒷받침할 증거

» 단서를 달거나 얼버무리지 않는 긍정적인 언어

» 정확한 철자, 구두점, 문법

이제 당신은 굉장히 존재감 있는 비즈니스 문서를 작성하는 방법을 알게 되었다. 스피치 준비를 하든, 비즈니스 스토리를 공유하든 또는 구직활동을 하든지 간에, 앞으로는 글을 통해 사람들에게 스스로를 효과적으로 보여주는 방법에 대해서 자세히 살펴볼 것이다.

**PART**

**3**

효과적인 자기소개서 쓰기

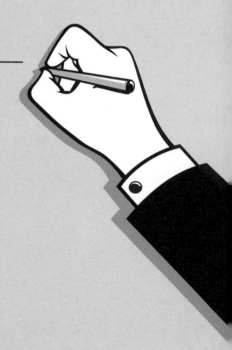

## 제3부 미리보기

- 성공적인 프레젠테이션과 스피치를 위한 팁을 알려준다.

- 잘 구성된 엘리베이터 스피치가 인간관계를 효과적으로 맺는 데 왜 중요한지, 그리고 '목표 + 청중' 전략이 엘리베이터 스피치를 준비하는 데 얼마나 도움이 되는지 살펴본다.

- 제품이나 서비스가 사람들에게 어떤 혜택을 주는지 보여주고, 경쟁자들과 차별화할 수 있는 개인적 또는 공적인 이야기를 찾아본다.

- 자기 홍보, 서비스 시연, 제품 소개, 창의적인 아이디어 소개 등 다양한 마케팅 방법을 살펴본다.

- 면접과 취업으로 이어지는 이력서와 자기소개서 쓰는 법을 알아본다.

- 이메일로 원하는 정보를 얻기 위해 인터뷰를 잡고, 인터뷰에 응해준 상대방에게 감사 인사를 전함으로써 어떻게 취직에 도움이 되는 인맥을 형성할 수 있는지 그 전략을 살펴본다.

# 자신을
## 효과적으로 소개하기

- 엘리베이터 스피치 작성법을 알아본다.
- 프레젠테이션과 스피치를 어떻게 준비해야 하는지 살펴본다.
- 토킹 포인트를 준비하는 방법을 알아본다.

대다수의 사람들이 스피치, 프레젠테이션 그리고 원고를 준비할 때 간과하는 두 개의 핵심 포인트가 있다.

> » 작성한다.
> » 말한다.

어처구니없을 정도로 당연한 소리를 한다 싶겠지만, 이 두 포인트를 진지하게 여긴다면 당신이 어떤 일을 하든지 경쟁자들보다 한 발 앞설 수 있다. 즉석에서 자연스럽게 말할 수 있다고 생각하고 많은 사람들이 아무런 준비 없이 무대에 서거나 자기소개를 한다. 이와 반대로 한 편의 문학 작품처럼 거창하게 원고를 미리 작성하는 사람들도 있다. 그들은 정작 무대에서 그 원고대로 스피치를 하려니 사람들에게 핵심 메시지를 전달하는 것이 너무 어렵다는 사실에 놀란다.

단 몇 초 만에 끝나는 엘리베이터 스피치부터 정식 프레젠테이션까지 원고의 길이나 중요도는 상관없다. 이번 장에서 다룰 글쓰기 프로세스는 스피치 원고를 준비할 때 필요한 기초를 다지는 데 도움이 될 것이다. 그리고 즉흥적으로 말할 거리를 생각해야 하는 상황이 있을 수 있다. 이런 상황을 남들보다 더 잘 대처할 수 있는 방법도 소개할 것이다. 관점을 옹호하거나 반대 의견에 반박할 때 많은 이해관계가 얽혀 있을 수 있다. 그냥 기업인과 정치인들처럼 준비하면 된다. 바로 토킹 포인트를 작성하는 것이다.

먼저 엘리베이터 스피치부터 살펴보자. 엘리베이터 스피치는 짧지만 강렬해야 한다.

## 엘리베이터 스피치를 준비하자

엘리베이터 스피치는 외부 세계와 상호작용을 할 때 반드시 필요한 비즈니스 도구다. 당신이 어떤 조직에 소속되었거나 직접 조직을 운영하든 상관없다. 때때로 '내부 세계'와 상호작용을 할 때 엘리베이터 스피치가 필요하다. 특히 당신이 수많은 부서로 이뤄진 거대한 조직에서 일하고 있다면 말이다. 왜 엘리베이터 스피치라고 부를까? 간단하다. 당신이 관계를 맺고 싶은 사람과 엘리베이터를 타게 되었다. 엘리베이터가 제일 아래층에서 제일 꼭대기 층까지 올라가는 동안, 또는 제일 꼭대기 층에서 제일 아래층으로 내려가는 동안, 당신은 그 사람에게 자신을 최대한 인상적으로 소개해야 한다. 그 사람과 공통의 관심사를 찾아내기 위해서 당신은 무슨 이야기를 할 것인가? 즉석에서 생각해내기에 굉장히 도전적이고 힘든 일이다. 그래서 엘리베이터 스피치라는 말이 생겼다.

엘리베이터 스피치를 자기를 소개하는 정식 스피치의 축소판이라 생각해라. 사람을 직접 대면했을 때 커뮤니케이션의 효과가 이 엘리베이터 스피치에 달렸다. 그러니 상황에 맞닥뜨리면 즉흥적으로 말할 거리를 생각하겠다는 어리석은 짓은 하지 마라. 계획하고 적고 편집하고 연습하고 상황에 맞게 수정해라. 가장 성공한 사업가와 전문가는 이 엘리베이터 스피치에 목을 맨다. 계속 시간을 들여 엘리베이터 스피치를 진화시킨다. 일단 기본적인 엘리베이터 스피치가 마련되면 어디서든지 이것을 활용해 자신을 소개할 수 있다. 엘리베이터 스피치가 필요하다고 생각하지 않는다면, 아직 세상을 덜 경험한 것이다.

엘리베이터 스피치에서 가장 어려운 부분은 상대방에게 당신이 누구고, 무슨 일을 하고, 서로 어떤 관계가 있는지를 아주 간결하게 전달할 수 있어야 한다는 것이다. 그래서 좋은 이메일을 작성할 때 우리가 항상 마주하는 질문이 엘리베이터 스피치에도 적용된다. 바로 "왜 그 사람이 관심을 가져야 하나?"다.

불과 얼마 전까지는 대략 30초 정도의 엘리베이터 스피치가 적당하다고 사람들은 생각했다. 그러다가 20초가 적당한 엘리베이터 스피치의 길이가 되었다. 그러나 세상의 모든 것들의 속도가 빨라지고 있다. 엘리베이터 스피치도 마찬가지다. 필자는 15~20초의 엘리베이터 스피치를 준비하라고 사람들에게 조언한다. 추가적으로 10초 정도는 따로 비축해두고 상대가 관심을 보인다 싶으면 더 말해도 좋다. 그러나 15초 버전 그 자체만으로 효과적인 엘리베이터 스피치가 되어야 한다. 일부 강사들은 수강생에게 불을 붙인 성냥개비를 손에 들고 엘리베이터 스피치를 하도록 시킨다. 시간 내에 엘리베이터 스피치를 끝내지 못한다면? 글쎄, 당신의 상상에 맡기겠다.

15초는 많은 것을 이야기하기에 아주 짧은 시간이다. 그러니 최대한 핵심만을 전달해야 한다. 그러나 간결해야 한다. 효과적인 엘리베이터 스피치는 대화의 출발 신호다. 만약 엘리베이터 스피치로 상대방의 호기심을 조금이라도 유발해서 질문을 이끌어낼 수 있다면, 성공한 거다.

새로운 엘리베이터 스피치를 쓰거나 기존의 스피치를 손보는 경우, 이메일, 제안서와 블로그를 작성하는 것처럼 하면 된다. 바로 '질문하고 답해라' 전략이다. 나의 목표는 뭐지? 내가 목표로 하는 대상은 누구지? 어떻게 이 둘을 잘 연결하지? 자신의 경쟁력을 확실히 보여주고 당신만 줄 수 있는 것이 무엇인지를 전달해라. 제10장은 구직활동 상황에서 어떻게 성공할 수 있는지 살펴볼 것이고 제14장은 회사의 가치 제안에 대해서 살펴볼 것이다. 각 장에 나오는 프로세스로 핵심 메시지를 찾기를 바란다. 다음부터는 커뮤니케이션의 상황과 스타일에 적합하게 프로세스에 살짝 변형을 줘보자.

## 목표를 정의하자

사람마다 그리고 상황에 따라 다르다. 그러나 일반적으로 엘리베이터 스피치의 목표는 모르는 사람 또는 공통의 관심사를 공유하거나 당신에게 중요한 기회를 줄 수 있는 정말 중요한 사람을 알고 있는 사람과 관계를 맺는 것이다. 훌륭한 자기소개는 마케팅의 일부다. 장기간에 걸쳐 좋은 평판을 얻고 좋은 기회에 소개될 수도 있다.

사람들이 모인 장소에서 차례대로 한 사람씩 자기소개를 요청하면 어떤 일이 일어날 것 같은가? 누군가 자신을 효과적으로 소개하면(물론 겸손하게) 거의 대부분의 경우 적어도 한 사람이라도 그 사람에게 가서 명함을 요청한다. 청중의 관심사를 정확하게 간파한 기억에 남는 자기소개는 많은 이들에 의해서 기억되고 나중에 더 많은 사람들이 반응을 한다. 필자가 하라는 대로 하면 당신도 이렇게 효과적인 자기소개, 즉 엘리베이터 스피치를 쓸 수 있다.

엘리베이터 스피치는 관계를 맺는 첫 단계란 사실을 기억해라. 현장에서 일자리를 찾아주거나 컨설팅 계약을 따내는 엘리베이터 스피치는 없다. 이건 사실이다. 그러니 첫 만남에서 긴장을 풀고 다음 만남으로 이어지도록 기회를 만들어라. 연락처를 얻거나 오페라나 앤틱 자동차에 관심이 있다든지 보다 개인적인 정보를 얻어라. 운이 좋으면 앞으로 계속 알고 지내는 지인이 될 수 있는 기회를 얻을 수 있다.

## 청중을 정의하자

청중의 관점에서 엘리베이터 스피치를 하지 않으면, 절대 효과적인 엘리베이터 스피치를 할 수 없다. 그러니 그들의 관심사, 그들이 알고 싶은 것, 그들의 애로사항 그리고 그들이 왜 당신을 알고 싶어 하는지 고민해야 한다. 좋은 자기소개는 '내'가 아닌 '그들'에 관한 것이다.

이런 이유로, 네트워킹에 능한 사람들은 이제 막 만난 상대방이 더 이야기하도록 유도한다. 그리고 상대방의 이야기를 최대한 집중해서 열심히 듣고 자기소개와 상대방에게 도움이 될 방법을 적절히 수정한다.

물론, 엘리베이터 스피치를 작성할 때, 특별히 누군가를 염두에 두지는 않는다. 그러나 한 무리의 사람들이 공통적으로 가지는 특성들을 생각하면서 엘리베이터 스피치를 작성해라. 아무래도 법조인들은 의학이나 설계 분야에 있는 사람들과 많이 다를 것이다. 또래 사람들이나 고객으로 구성된 그룹이라면, 그 사람들에 대해서 많은 것을 알고 있고 그래서 쉽게 프로필을 작성할 수 있다.

그룹의 프로필을 작성하는 좋은 방법은 바로 이상적인 고객이나 관계를 시각화하는 것이다. 그들이 가장 관심 있어 할 것이 무엇인지 그리고 어떻게 거기에 맞출 수 있을지를 생각해라. 무엇 때문에 그 사람은 잠도 못 자고 뜬 눈으로 밤을 지새울까? 그 사람의 문제가 무엇이고 어떻게 해결할 수 있도록 도와줄까? 이런 질문들에 답하다 보면 좋은 아이디어가 떠오를 것이다.

목표와 대상을 분석하는 것은 중요하다. 왜냐하면 당신의 이야기를 들려주고 싶은 사람들을 만나려면 어디를 가야 할지 알 수 있게 되기 때문이다. 이런 전략적인 사고는 많은 사업가들이 저지르는 실수를 피할 수 있도록 돕는다. 바로 자신들과 비슷한 사람들에게 많은 시간을 투자하는 실수 말이다. 만약 당신이 부동산 중개업자라면, 동료 부동산 중개업자에게서 많은 것을 배울 수 있고 그들과 함께하는 것이 즐거울 것이다. 그리고 아마도 전략적인 파트너십도 만들 수 있을지 모른다. 그러나 마케팅이 목표라면 구매자들이 모여 있는 곳으로 가는 것이 현명하다. 잠재 고객들이 모이는 장소나 모임을 찾아라(www.meetup.com은 주제별로 다양한 모임을 알려주는 사이트다. 여기서 좋은 정보를 얻을 수 있을 것이다. 그리고 온라인 검색으로 관련 사업과 직종의 모임에 대한 정보를 얻을 수 있다).

## 전략적으로 콘텐츠를 짠다

자신을 나타낼 가치가 무엇인지 고민하고 있다면 좋은 엘리베이터 스피치로 나아가는 첫 발걸음을 뗀 것이다. 당신이 전달하고 싶은 가장 핵심적인 메시지에 가까운 표현을 찾고 듣기 좋은 단어로 표현해봐라. 다음은 제10장에 사례로 제시한 제드의 가치 리스트다.

예술가. 미술사가. 문서보관, 보존 그리고 촬영술에 경험이 있고 고등 교육을 받은 관리자. 보다 효율적이고 경제적으로 행정 업무를 처리하는 컴퓨터 시스템 개발에 대한 전문성. 대인관계에 능함. 새로운 기술을 사용한 지원 교육에 능함.

만약 제드가 박물관 관리자들의 모임에 참석했다면, 다음과 같이 내용을 다듬을 필요가 있다.

안녕하세요. 저는 제드 화이트라고 합니다. 저는 아트 테크놀로지 전문가입니다. 저는 박물관이 경비를 절약할 수 있는 컴퓨터 프로그램을 만듭니다. 최근에는 알카이브 하우스에 수작업으로 진행한 많은 업무를 디지털화하는 방법을 소개했습니다. 그리고 저는 새로운 기술에 대한 강의도 합니다. 많은 사람들이 저의 강의에 만족합니다. 지금 저는 새로운 일자리를 찾고 있습니다.

제드는 앞선 가치 리스트를 말하기 쉽고 구체적인 대화체의 자기소개글로 만들었다. 게다가 상대가 중요하게 생각하는 포인트에 초점을 맞췄다. 이것은 약 20초 분량의 스피치다. 물론 어디서 자랐는지 발화에 영향을 주는 것이 무엇인지 등 다양한 요건에 따라 말하는 속도는 다양하다. 정해진 시간에 얼마나 많은 정보를 전달할 수 있는지만 알고 있으면 된다.

길이에 상관없이 좋은 스피치를 쓰기 위해서는 먼저 종이 위든 컴퓨터든 직접 원고를 작성해야 한다. 그리고 원고를 보고 다시 생각하고 편집하면서 다듬어라. 그리고 나서 원고를 바탕으로 직접 말하는 것이다. 큰 소리로 원고를 읽는 것보다 좋은 방법은 없다. 스피치는 궁극적으로 말로 하는 커뮤니케이션이고 소리를 들으면서 다듬어야 한다.

물론 즉흥적으로 스피치를 한다는 인상을 주고 싶을 것이다. 엘리베이터 스피치라면 더욱 그렇다. 그래서 마지막으로 반드시 해야 할 것이 있다. 연습이다. 준비가 되었다고 생각하면 친구들 앞에서 엘리베이터 스피치를 하고 그들의 반응을 살펴라. 그리고 반응에 따라 엘리베이터 스피치를 다듬어라.

그러나 단어를 하나도 빠뜨리지 않고 원고를 읽을 필요는 없다. 보다 중요한 것은 메시지를 완전히 내재화하는 것이다. 그래야 스트레스를 받지 않고 대화 파트너의 이야기에 모든 신경을 집중하고 필요하면 현장에서 스피치의 내용을 수정할 수 있다.

자신을 대표할 핵심 가치를 고민하거나 처음부터 엘리베이터 스피치를 작성한다면 내가 누구를 도울 수 있는가에 대해서 치열하게 고민해라. 제품이나 서비스의 종류에 상관없이, 궁극적으로 누군가에게 이득이 되어야 한다. 어떻게 그리고 무엇이 그들에게 이득인지 찾아라. 그리고 자신이 열정을 쏟는 것과 가장 자랑스럽게 생각하는 것이 무엇인지도 생각해봐라.

엘리베이터 스피치를 대상과 상황에 맞춰라. 검색 엔진 최적화 전문가는 마케팅 디렉터들에게 다음의 내용을 이야기할 것이다.

> 저는 메리언 스미스입니다. 저는 SEO 플러스라는 컨설팅 그룹을 가지고 있습니다. 저의 미션은 구글에 검색했을 때 고객의 비즈니스가 검색 결과의 제일 위에 나오도록 하는 것입니다. 저는 마케팅 부서의 비밀 병기입니다.

반면 방을 가득 채운 기업가들에게는 다음처럼 말할 것이다.

> 저는 SEO 플러스의 메리언 스미스입니다. 저희 회사는 온라인 마케팅, 웹사이트 그리고 소셜미디어 등 모든 서비스를 한 번에 제공하고 있습니다. 우리는 중소기업들을 위해 경쟁의 장을 평등하게 만들고 있고 저렴한 비용에 마케팅을 하는 법을 알고 있습니다. 우리는 SEO의 마법사들입니다.

여기 대표적인 엘리베이터 스피치가 있다. 당신의 엘리베이터 스피치를 만드는 데 많은 아이디어를 줄 것이다.

> 저는 개인 트레이너입니다. 저의 주요 고객은 몸매가 망가졌다고 생각하는 중년의 여성들입니다. 저는 고객이 편안하게 느끼는 맞춤형 운동 프로그램을 만들어 본인들이 혼자서도 운동을 할 수 있도록 돕고 있습니다. 저와 몇 번만 운동을 해보면 삶에 상당히 놀라운 변화가 생긴 것을 경험하게 될 것입니다.

> 저는 재무 설계사입니다. 재무 설계는 대단한 부자들만이 누리는 서비스가 아닙니다. 재무 설계는 모두에게 중요합니다. 저는 전화로 저렴한 가격에 재무 상담을 제공하고 있습니다. 학자금 대출 상환, 노후자금 마련 또는 주택 구입 등 당신의 목표를 달성하는 데 필요한 재무 상담을 제공합니다.

간략한 엘리베이터 스피치를 듣고 사람들은 질문을 한다. 그러니 예상 질문에 대한 답을 미리 생각해둬라. 다음 사례를 살펴보자.

> 치과의사 : 저는 멜라니 블랙입니다. 저는 미취학 아동을 전문적으로 치료하는 치과의사입니다. 치과에서 좋은 경험을 한 아이들은 치과 가는 것을 두려워하지 않습니다. 이것은 일평생 치아를 철저히 관리하는 습관으로 이어집니다.

> 청중 : 음…, 어떻게 그렇게 하시나요?

> 치과의사 : 저는 충분한 시간을 들여 아이들에게 밝은 색으로 칠해진 치과 기구를 모두 보여줍니다. 그리고 집에서 가지고 놀도록 장난감을 주죠. 물론 고통을 최소화하려고 노력합니다만, 아이들에게 몇 초 동안 무언가 따끔하거나 아플 수도 있다는 이야기를 해줍니다. 이렇게 하면 거의 대부분의 경우 아이들은 상황을 잘 받아들입니다. 제 명함을 드려도 될까요? 혹시 집에 어린아이가 있는 사람을 알고 계시면 소개를 좀 부탁드리겠습니다.

자신이 몸담고 있는 업계에서는 무엇이 효과가 있는지 그리고 스스로가 어떤 엘리베이터 스피치에 반응을 하는지를 적극적으로 살펴라. 그리고 자신의 엘리베이터 스피치로 작은 실험을 해보고 조금씩 수정해나가라. 여기 효과적인 엘리베이터 스피치를 작성하는 확실한 전략이 있다.

» 무슨 일을 하는지와 누가 그 일로 혜택을 보는지를 구체적으로 설명해라. 일반화는 당신을 수많은 누군가 중 한 명으로 만든다.

» 짧은 단어와 문장을 사용해라. 그리고 이 단어와 문장이 외워서 말하는 것이 아니라 자연스러운 대화처럼 들리게 만들어라.

» 기억에 남고 반복하기 쉬운 엘리베이터 스피치를 작성해라.

» 기운을 내고 목소리를 활기차게 만들어서 긍정적이고 열정적이며 생기 넘치는 사람처럼 보이도록 해라.

» 자신의 일을 소개하는 단어에 열정을 불어넣어라.

» 엘리베이터 스피치를 할 때 보디랭귀지와 얼굴 표정에 신경 써라.

» 즉흥적으로 이야기하는 것처럼 들릴 때까지 그리고 즉석에서 청중의 반응

에 따라 내용을 적절히 수정할 수 있을 때까지 엘리베이터 스피치를 연습해라. 엘리베이터 스피치는 당신이 전달하고 싶은 아이디어다. 그러므로 대화와 상황에 적합하도록 필요할 때마다 다르게 그 아이디어를 표현할 수 있어야 한다.

엘리베이터 스피치를 듣고 청중은 "어떻게 하시죠?", "어떤 기회에 관심이 있으신가요?", "그게 어떻게 되는 거죠?"라고 질문할 수 있다. 그러니 미리 대답을 준비해둬라.

엘리베이터 스피치를 직접적인 질문이나 요청으로 끝맺어도 좋다. 지금까지 살펴본 여러 가지 사례의 엘리베이터 스피치를 "혹시 이게 필요하다고 생각되는 분을 아시나요?"라는 의문형으로 끝낼 수 있다. 또는 적어도 "제가 명함을 드려도 될까요?"로 끝낼 수 있다.

대부분의 경우, 자신이 원하는 것을 요청하는 것으로 엘리베이터 스피치를 끝내도 좋다. 직업을 찾거나 이직을 고려하고 있다면, 소개의 마지막 부분에 또는 대화 도중에 이것을 말해라. 이렇게 하면 청중이 당신이 정확하게 무엇을 원하는지 알 수 있다. 조금이라도 관심을 끌고 싶다면 "저는 마케팅 분야에서 일자리를 찾고 있습니다"보다는 다음처럼 엘리베이터 스피치를 끝내는 것이 더 효과적이다.

> 저는 금융 서비스 분야에서 5년간 일을 했습니다. 지금은 마케팅과 관련하여 학위과정을 밟고 있습니다. 마케팅이 제가 정말 하고 싶은 분야거든요. 저의 금융 서비스업에 대한 경험이 가치 있게 평가되는 곳에서 마케팅 업무를 하고 싶습니다. 제가 이야기할 만한 분을 혹시 알고 계신가요?

100퍼센트 장담은 못하지만, 옳은 장소에 있다면 상대방은 방을 둘러보고 적당한 사람을 소개해주거나 조언을 해줄 것이다.

구직시장에 참여했다면, 이 사실을 이야기하는 것도 좋다. 그러나 자신이 가지고 있는 자산을 정확하게 인식하고 힘 있고 자신감 있게 자기소개를 해라. 그리고 전문가처럼 자신을 소개하는 것도 잊지 마라!

> 저는 테니슨을 이제 막 졸업한 마케팅 전문가입니다. 많은 인턴 경험을 했습니다. 작년 여름에는 펩시코에서 일했습니다. 저는 특히 소셜미디어와 전통적인 마

케팅을 접목하는 것에 관심이 있습니다. 제가 이야기를 나누면 좋을 것 같은 분을 아시면 소개해주시겠습니까?

대부분의 젊은이들은 사람을 직접 만나서 대화를 나누면서 관계를 맺는 것의 중요성을 과소평가하고 동종 업계의 사람들이 모여서 조직한 협회에 별 관심이 없다. 이런 협회는 관습적으로 젊은이들을 환영한다. 많은 협회가 학생들과 소통하기 위해서 다양한 프로그램을 개발하고 있다. 이들 협회에 있어 젊은이들은 업계와 자신들의 미래이기 때문이다. 그래서 협회는 합리적인 수준에서 회원비를 학생에게 제시한다. 그리고 대부분의 경우, 학생들은 회원비를 안 내고 모임에 참석할 수 있다.

최근 몇 년 동안, 일부 협회는 잠시 일을 쉬고 있는 사람들을 대상으로 이와 유사한 프로그램을 제공하기 시작했다. 나이와 구직 상태에 상관없이, 이직을 고민하거나 관련 정보를 얻고 싶다면 이런 모임에 참석해라!

## 소속 조직과 자기 자신을 대표해라

자신을 회사 또는 기타 조직의 대표로 소개할 때, 당신은 그 회사와 조직을 대표해서 이야기하는 것이다. 잠재 고객이나 업계 사람들을 대상으로 이야기할 때, 자기 자신에게 초점을 맞추는 것은 적절하지 않다. 그러나 자신의 역할이 무엇인지는 분명히 말해줄 필요가 있다.

> 저는 낸시 윌리엄스입니다. 브래시 앤드 브럼블에서 사업개발부서를 이끌고 있죠. 저희는 변호사들이 소셜미디어를 활용하여 자신들의 브랜드를 만드는 일을 도와주고 있습니다. 저의 역할은….

조직에 대한 설명은 15~20초가 이상적이다. 개인적인 엘리베이터 스피치에서처럼 조직의 핵심 가치 위주로 소개한다. 기억에 남고 열정적인 톤으로 조직을 소개해야 한다. 이미 만들어진 회사소개가 있을지도 모른다. 그럼 이것을 기본으로 상황에 따라 적절하게 바꿔가면서 사용하면 된다.

1인 기업가라면, 자신의 이름이나 회사명을 사용하거나 '우리'라는 주어를 사용할 수 있다.

저는 마크 스미스입니다. 저희 회사는 포 레그 온 더 런입니다. 우리는 경주마를 전 지역에 운송하는 일을 하고 있습니다.

엘리베이터 스피치를 하는 상황에서 청중은 당신만큼 새로운 관계를 맺고 사람들에게 자신의 엘리베이터 스피치를 들려주고 싶어 한다는 사실을 잊지 말기 바란다. 두 귀를 활짝 열고 경청해라. 아주 소소한 것이라도 상대방을 도와줄 수 있다고 느끼면, 그 기회를 놓치지 마라. 네트워킹에 능한 사람들은 관련 있는 조각 기사나 링크 또는 여행지에 대한 정보나 다른 소소한 정보를 제공해서 관계를 이어나간다. 또는 이런 소통이 서로에게 이익이 되고 공통의 관심사가 분명하면 정식으로 만날 것을 제안한다.

좋은 엘리베이터 스피치를 작성하는 것이 부담스럽다면, 엘리베이터 스피치를 준비하면서 얻을 수 있는 부수적인 효과들에 대해서 생각해봐라. 자신이 누구인지를 고민하고 정리를 해두면 웹사이트, 온라인 프로필, 블로그나 기사 등 모든 커뮤니케이션에 좋은 자료가 된다. 레터헤드나 이메일 서명란에 엘리베이터 스피치를 적절하게 편집해서 사용하는 사람들도 일부 있다. 그리고 자신에게 가장 효과적인 방법을 20초 분량의 온갖 종류의 짧은 프레젠테이션에도 사용할 수 있다. 이 부분에 대해서는 다음부터 자세히 알아보도록 하자.

좋은 커뮤니케이션 테크닉을 일단 배워두면 모든 종류의 커뮤니케이션과 글에 활용할 수 있다. 잘 쓴 글은 사람들에게 자신이 누구인지 그리고 무엇을 할 수 있는지 설명하는 데 도움이 된다. 자신이 누구인지를 알면 그다음은 자연스럽게 따라온다.

## 프레젠테이션을 준비하고 직접 프레젠테이션을 하자

프레젠테이션 코치들이 흔히 하는 말이 있다. 많은 사람들이 다른 사람들 앞에서 이야기하는 것을 죽는 것보다 더 싫어하고 무서워한다는 것. 이것이 사실인지는 알 수 없다. 관련 조사를 본 적이 없기 때문이다. 그러나 많은 사람들 앞에서 이야기한다는 생각에 사람들이 겁먹는 것 같다. 그러나 효과적인 프레젠테이션은 비즈니스 세계에서 갈수록 필수적인 것이 되고 있다. 따라서 프레젠테이션이 두렵다면, 반드시 이 두려움을 극복해야 한다!

청중에게 직접 이야기를 하는 기회가 그 어느 때보다 넘쳐나고 있다. 누구나 비디오, 스카이프, 줌 등의 기술을 이용해서 온라인회의, 텔레세미나, 온라인 워크숍을 시작할 수 있다. 당신은 스피치나 프레젠테이션을 해야 할지도 모른다. 또는 세미나 패널로 초청되거나 다소 캐주얼한 분위기에서 전문 지식이나 생각을 나누도록 요청받을 수도 있다.

일반적으로 이야기하면, 프레젠테이션에서 청중과의 상호작용이 많이 이뤄질수록, 즉흥적으로 생각을 해내야 하는 순간이 많아진다. 독백하듯이 준비한 원고를 읽고 프레젠테이션을 끝내는 경우와는 완전히 다르다. 그러나 겁먹을 필요는 없다. 프레젠테이션을 해내기 위해서 준비만 제대로 하면 된다. 그러므로 필자는 이 책에서 독자들이 경험할 가능성이 큰 프레젠테이션 스타일에 대해서 자세히 살펴보겠다. 바로 정보와 아이디어를 전달하거나 자신의 노하우를 대규모 또는 중요한 청중과 공유하는 것이다. 굳이 연단에 설 필요는 없다. 회의실이나 구석 사무실에서 프레젠테이션을 할 수도 있다. 비디오로 할 수도 있다. 그러나 채널과 형식에 상관없이, 중요한 상황이라면 최선을 다해서 프레젠테이션을 해야 한다.

수많은 시도를 통해 사실임이 입증된 전통적인 방법이 있다. 프레젠테이션을 준비하고 연습하는 것이다. 상황에 맞게 아이디어를 수정하여 접목시키면 된다. 콘텐츠를 전략적으로 준비하고 시나리오를 작성하는 방법이 중심이 될 것이다. 여기에 실제로 프레젠테이션을 할 때 도움이 될 만한 팁도 몇 가지 알려주겠다.

## 무슨 말을 할지 계획한다

엘리베이터 스피치와 마찬가지로 목표와 청중을 기준으로 프레젠테이션의 내용을 결정해라. 프레젠테이션을 하는 목적이 무엇인가? 동기부여? 청중에게 영감을 주기 위해서? 물건을 팔려고? 정보를 공유하기 위해서? 자신의 전문성을 알리기 위해서? 사람들의 의견이나 행동을 바꾸기 위해서? 각각의 목표는 주제가 무엇이든지 간에 다른 콘텐츠를 필요로 한다.

목표를 자세히 정의할수록 더 좋은 지침이 된다. 예를 들어, 정보를 공유하고 싶을 때는 왜 그 정보를 사람들과 나누고 싶은지를 곰곰이 생각해봐야 한다. 청중이 더 열심히 그리고 더 현명하게 일하도록 돕는 것은 일대일 코칭 프로그램에 가입하도록 설득하는 것과 다르다. 첫 번째 목표는 청중에게 동기를 부여하고 실용적인 정보를 제공할 필요가 있다. 두 번째 목표를 달성하기 위해서는 청중에게 제공할 정보의 양을 정확히 정해서 청중의 관심을 끌어내 그들이 더 많은 정보를 원하도록 만들어야 한다.

프레젠테이션을 준비할 때 당신이 정보를 제공하는 청중이 누구인지를 정확하게 이해해야 한다. 당신이 과학자라면 다른 직종의 사람들에게 유용하거나 재미있는 것에 관심이 있는 일반 대중과는 다른 내용의 프레젠테이션을 제공할 것이다. 청중이 알고 싶은 것, 그들이 걱정하는 것 그리고 그들이 신경 쓰는 것에 대해서 진지하게 고민해야 한다. '이 프레젠테이션이 그들의 문제를 어떻게 해결할까?' 또는 '아주 조금이라도 그들의 삶을 개선할까?' 등에 대해서 고민해라.

동종 업계의 사람들을 대상으로 프레젠테이션을 하는 기술 전문가가 아니라면, 깊고 자세하고 복잡한 내용을 전달하기 위해서 프레젠테이션을 하는 경우는 드물다. 대부분의 학습은 말로 이뤄진다. 그럼에도 불구하고 말을 통한 학습은 그렇게 효과적이지 않다. 학습의 보조도구로 많은 사람들이 사용하는 비주얼 효과와 동영상도 그렇게 많은 도움은 되지 않는다.

경험상 가장 효과적인 방법은 프레젠테이션을 간단하게 하는 것이다. 프레젠테이션을 계획할 때, 마지막부터 시작해라. 프레젠테이션이 끝나고 청중이 어떤 내용을 기억한 채 자리를 떠나기를 원하는가? 최고의 선생님들은 학생들이 지식을 갑자기 습득하게 하기보다 서서히 키워주려고 노력한다. 15분 동안 자신이 알고 있는 모든 것을 퍼붓겠다는 생각은 일찌감치 접어라.

기본 메시지, 즉 프레젠테이션의 주제를 분명하게 정해라. 내용을 관점에 맞게 준비하고 알기 쉽게 풀어라. 이것이 사람들에게 단순히 사실만 던져주는 것보다 훨씬 효과적이다. 이미 우리는 정보의 홍수에 빠져 허우적대고 있다. 사람들은 무슨 데이터가 의미가 있는지, 무슨 제품이나 서비스가 자신들에게 유용한지, 그 아이디어를 받아들이거나 투자를 하면 무엇이 달라지는지 듣고 싶을 뿐이다.

할리우드식으로 기본 메시지를 전달해보자. 즉 한 문장으로 기본 메시지를 전달하는 것이다. 실제로 수십억 달러의 영화들이 "소년 로봇과 소녀 로봇이 사랑에 빠지고 아기를 원한다"처럼 한 문장으로 투자를 받는다. 이것을 비즈니스에 적용한다면? 인사 관리 담당자가 청중이라면 "업무 능률을 19퍼센트 향상시키는 비교 문화 커뮤니케이션 워크숍에 투자하세요"로 기본 메시지를 구상해볼 수도 있다. 신상품을 소개한다면 "이 간단한 기기에 투자하면 생산 비용을 11퍼센트 절감할 수 있다"란 기본 메시지를 생각해볼 수 있다.

### 프레젠테이션의 구조 잡기

처음, 중간, 끝을 나눠서 프레젠테이션을 구상해라. 대부분의 글처럼, 프레젠테이션의 문을 여는 도입부는 가장 중요한 부분이다. 이것은 프레젠테이션의 톤을 정하고 청중의 기대감을 고취시킨다. 사람들의 참여를 유도하고 그들의 주목을 끌어라. 일화로 시작하는 것도 한 방법이다. 단, 일화는 관련이 있는 것이어야 하고 청중이 잘 받아들일 것이란 확신이 있어야 한다.

이상적으로 자신의 경험에서 관련 있는 일화를 찾는 것이 좋다. 또는 많은 전문 스피치 라이터들이 사용하는 방법을 시도해라. 바로 친구들에게 해당 주제, 장소 또는 청중의 직업에 대해서 좋은 일화를 알고 있는 것이 없는지 물어보는 것이다. 그러나 청중을 비웃는 것 같은 느낌을 주는 농담은 절대 하지 마라. 스스로를 비웃는 농담은 괜찮다.

그렇다고 엄청 똑똑할 필요는 없다. 왜 이 프레젠테이션에 관심을 가져야 하는지를 직접 이야기해주는 것으로 청중의 이목을 집중시키고 프레젠테이션에 귀를 기울이도록 만들 수 있다. 프레젠테이션에서 다룰 문제를 전반적으로 설명하고 간단히 해결책을 언급할 수 있다. 또는 메시지와 연관 있는 개인적인 경험을 소개해서 청중과 공감대를 형성할 수도 있다. 당신이 제시할 해결책으로 이어지는 수사적 질문을 해도 좋다. 또는 일단 프레젠테이션이 전달하는 정보나 아이디어를 받아들여서 삶이 얼마나 좋아질지를 설명해도 된다.

메시지의 핵심을 알고 프레젠테이션에 집중해서 청중이 얻는 혜택을 안다면 절대 도입부에서 실패할 일이 없다. 최근에 필자는 비즈니스 글쓰기 강사들을 대상으로 워크숍을 열었다. 비즈니스 글쓰기는 대학의 필수 과목이다. 필자는 글쓰기 실력을 쌓는 새로운 테크닉을 소개해 달라는 요청을 받았다. 그러나 학생들과 나눈 이전 대화를 회상하면서 필자는 학생의 무관심이 가장 큰 문제임을 깨달았다. 그리고 강사와 학생이 먼저 글을 더 잘 쓰는 것이 중요하며 재미있다고 느낄 필요가 있다고 생각했다. 그래서 필자는 "많은 학생들이 비즈니스 글쓰기 수업이 지루하다고 생각하고 있었습니다. 비즈니스 글쓰기가 자신들의 경력에 얼마나 도움이 되고 필수적인지 모르기 때문이죠. 비즈니스 글쓰기와 경력 쌓기의 관계를 이해시키는 몇 가지 방법을 살펴봅시다"라고 워크숍을 시작했다.

이것은 좋은 도입부였다. 강사들은 비난받고 있다고 느끼지 않고 자유롭게 질문을 쏟아냈다.

'내가 그것을 해서 뭐가 좋지?'라는 원칙을 기억해라. 그리고 그 답에 따라 행동해라.

## 본문 쓰기

이메일 또는 기타 문서와 마찬가지로, 프레젠테이션의 목표를 달성할 탄탄한 본문의 콘텐츠에 대해서 브레인스토밍을 해라. 주제에서 벗어나지 말고 논리적이고 이해하기 쉬운 순서로 본문 내용을 조직해라. 온 우주를 설명할 필요는 없다. 물론 알고 있으면 좋은 정보는 정말 많다. 그러나 프레젠테이션에서 소개할 정보의 양을 정해두는 게 좋다.

주제와 관련된 분야의 리스트를 작성해봐라. 이것은 제6장에서 살펴본 부제목 리스트를 적어보는 것과 유사하다. 새로운 의료 기기를 소개하는 의사라고 가정하자. 다음의 리스트를 작성할 수 있다.

1. 디바이스 X가 해결할 문제 : 왜 필요한가?

2. 우리가 요구하는 것은 무엇이고 왜 요구하는가?

3. 누구에게 도움이 될까? : 숫자

4. 이 디바이스는 무엇을 대체하고 장점은 무엇인가?

5. 아이디어는 어디서 나왔고 어떻게 발전되었나?

6. 현재 개발 상황은?

7. 다음 단계 : 필요한 자금이 얼마이고 어떻게 사용할 것인가?

8. 미래 비전 : 예상 시장

동료 의사들을 대상으로 프레젠테이션을 한다면, 자금과 예산계획 부분은 생략할 수 있다. 그러나 보다 기술적인 데이터, 장점과 단점 그리고 자세한 실험 결과 등을 제공해야 한다. '미래 비전'은 환자를 도와주는 보다 큰 기기가 제공되는 점에 초점을 맞춰야 할 것이다. 만약 새로운 의료용 기기를 치료에 사용하게 될 경우 가장 큰 혜택을 볼 노인들을 대상으로 프레젠테이션을 한다면, 그 기기가 어떻게 도움이 될지, 누가 그 기기를 사용하기에 적당한지 그리고 어떻게 사후 관리가 이뤄질지에 대하여 자세한 정보를 제공해야 한다. '미래 비전'은 삶의 질이 향상되는 것과 언제부터 어떻게 효과가 나타나는가에 관한 것이 될 것이다.

모든 프레젠테이션과 마찬가지로, 정보를 재미있게 전달할수록 청중에 상관없이 정보 전달의 효과는 더 좋아진다. 의료용 기기의 경우, 재미있는 사례나 놀라운 발견 등 일화를 사용할 수 있다.

숫자를 붙여서 정보를 전달하는 것은 많은 주제에 효과적이고 내용을 정리하기도 쉽다. "광고업계에 영향을 줄 6개의 중요한 변화가 있습니다" 또는 "이 새로운 소프트웨어가 프로젝트 관리에 도움이 되는 4가지 방법"으로 내용을 전달해도 좋다. 대부분의 청중은 이런 숫자 전략을 좋아한다. 연사의 이야기를 들으면서 숫자를 하나씩 지워나가는 재미가 있기 때문이다. 이렇게 하면 청중은 나름의 성취감을 느끼고 나중에 프레젠테이션 내용을 기억하기도 쉽다. 몇 분 이상 집중력을 유지하는 것은 성인에게 참 힘든 일이다!

### 잘 끝내기

적절하게 결론을 내리고 내용을 요약하고 핵심 메시지를 한 번 더 강조해라. 프레젠테이션의 주제가 청중에게 왜 중요한지 그리고 만약 관련이 있다면 다음 단계로 어떻게 넘어갈지 또는 실제로 어떻게 활용할지 정확하게 전달해라. 적절하다면 프레젠테이션 주제와 관련해서 미래가 얼마나 활기차고 긍정적으로 변하는지로 끝을 맺어도 좋다. 그러나 절대 전체 프레젠테이션을 재탕하지는 마라. 이렇게 하면 청중이 지루해한다. 간략하게 프레젠테이션을 마무리해라.

"끝날 때까지 끝난 게 아니다"라는 말이 있다. 프레젠테이션을 잘 끝내려면, 예상 질문에 대비하는 과정이 필요하다. 프레젠테이션이 끝나고 있을 질의응답 시간을 준비하면 보다 자신 있게 프레젠테이션을 할 수 있다. 프레젠테이션이 끝나고 까다롭고 어려운 질문을 받았다면, 좋은 신호라고 생각해라. 그러나 그 질문에 답할 준비가 되어 있어야 한다. 가능하다면 동료들과 함께 예상 질문에 대해서 브레인스토밍을 해라. 특히 아무도 안 물어봤으면 하는 질문을 예상하고 어떻게 답할지 준비해라. 이번 장의 마지막 부분에서 다룰 토킹 포인트를 이용하는 것도 좋은 전략이다.

### 프레젠테이션의 시나리오를 작성한다

복잡한 과학과 뇌수술이 아니면 분명하고 간단한 언어로 표현하지 못할 정도로 복잡한 주제나 내용은 없다. 간단하고 명료하게 표현하는 것이 어렵다면, 주제에 대해서 제대로 이해하고 있지 않기 때문일 수 있다. 또는 그 주제에 대해서 완전히 다시 생각해볼 필요가 있다.

글쓰기는 프레젠테이션의 콘텐츠와 접근법에 대해서 곰곰이 생각해볼 기회를 제공한다. 그래서 종이나 컴퓨터 스크린에 원고를 직접 작성해봐야 한다. 다음 두 가지 옵션 중 자신에게 가장 효과적인 방법을 선택해라.

> » 부제목을 기본으로 전체 스크립트를 작성하거나 주요 포인트를 알 수 있도록 간략하게 개요만 작성할 수 있다. 주요 아이디어는 최대 3개까지가 적당하다.

> » 아이디어 덩어리를 나누고 자연스럽게 배열한다. 이렇게 하면 논리적으로 콘텐츠를 전달할 수 있다. 그러나 현장에서 무슨 말을 할지도 계획해야 한다.

옵션 1처럼 프레젠테이션에서 사용할 원고를 작성하는 것이 안정적으로 느껴질 수 있다. 그러나 자칫 잘못하면 원고의 내용을 토씨 하나 틀리지 않고 줄줄 읽는 최악의 상황이 벌어지거나 완벽하게 원고를 암기해야 한다. 이것은 정말 어려운 일이다. 암기한 내용을 기억하기 위해 애쓰다 보면 정작 청중을 신경 쓰지 못한다. 그래서 무슨 말을 할지 떠오르도록 도움만 받을 수 있는 큐카드를 준비하는 것이 좋다.

옵션 2가 가장 좋은 방법이다. 이것을 선택하려면 프레젠테이션의 주제와 내용을 완전히 편안하게 느껴야 한다. 내용을 알고 청중을 알아야 한다. 다루고 싶은 각 영역에 대해서 철저히 생각하고 한 번에 하나씩 이야기해라. 색인 카드나 스크린이 이야기의 주제를 생각하는 데 도움이 될 수 있다.

이런 식으로 프레젠테이션을 하면 콘텐츠가 신선하게 느껴질 수 있다. 실제로 신선하다. 왜냐하면 일상적으로 말하는 방식으로 프레젠테이션을 하고 청중의 표정, 제스처, 보디랭귀지를 살피면서 그때그때 내용을 살짝 수정할 수 있기 때문이다. 무슨 이야기를 할지 생각하듯이 프레젠테이션을 하는 것도 괜찮다. 정말 천천히 말하는 것이 아니라면 말이다. 적당히 천천히 내용을 곱씹으면서 프레젠테이션을 하면 청중도 연사의 말에 집중하게 된다. 그리고 자연스럽게 청중의 학습 속도에 맞춰서 프레젠테이션이 진행된다.

전체 원고를 암기하는 전략과 즉석에서 생각나는 대로 이야기하는 전략을 적절히 섞는 것이 좋다. 원고를 작성하고 도입부를 충분히 연습하면 최대한 자신감 있게 프레젠테이션을 시작할 수 있다. 본 행사 전에 친구들 앞에서 연습하는 것을 잊지 말라.

절대 원고나 개요를 들고 무대에 오르지 마라. 굉장히 공식적인 행사라서 전체 원고를 읽어야 한다면, 텔레프롬프터가 있는지 확인해라. 그러나 텔레프롬프터를 능숙하게 사용하려면 시간을 들여 연습을 해야 한다는 사실을 기억해라. 또 다른 방법은 큰 폰트로 원고를 작성하고 문장 사이를 많이 띄어서 보고 읽기 편하게 만드는 것이다. 예를 들면, 다음처럼 작성하는 것이다.

> 87년 전
>
> 우리의 선조들이 이 대륙에서
>
> 태어났습니다.

어떤 방법을 사용하든지, 청중과 상호작용을 하는 것이 단어나 아이디어보다 더 중요하다는 점을 항상 기억해라.

다음의 테크닉을 염두에 둬라.

» 일상 대화에서 사용하는 기본적이고 자연스러운 언어를 사용해라. 짧은 단어, 짧은 문장이 좋다. 이렇게 하면 청중은 말을 듣자마자 내용을 이해하고 신뢰하게 된다.

» 글을 쓸 때 문단 사이에 여백을 두듯 말을 하는 중간중간에 적절히 쉬어줘라. 아이디어와 아이디어, 부분과 부분 그리고 중요한 문장과 문장 사이에서 쉬어주면, 사람들이 내용을 쉽게 흡수한다.

» 단어를 크게 말해보고 듣기 편한 억양이 나오는지 들어라. 어색하고 말하기 어려운 부분이 발견되거나 호흡이 모자라다면 다시 원고를 쓰고 소리 내서 말해봐라.

» 통계치나 숫자를 지나치게 많이 사용하지 마라. 지나치게 많이 사용된 통계치나 숫자는 감각을 마비시키고 뇌를 무디게 만든다.

» 주장을 강조하기 위해서 암시와 비유를 사용해라. "지원자들이 축구 경기장의 절반을 채울 정도로 많이 몰렸다"가 단순히 숫자를 제시하는 것보다 효과적이다.

» 감정을 보여주고 상황을 전달할 수 있도록 생생한 언어를 사용해라. 다채로운 언어를 사용하기 위해서 유의어 사전을 활용해 단어의 반복을 피해라.

» 프레젠테이션의 시간을 재고 여유 시간을 좀 남겨라. 할 수 있다면 소개와 질의응답 시간을 넣는 것도 좋다. 말이 너무 길어져서 자칫 마무리는 제대로 하지 못할 상황이 생겼을 때 생략해도 좋을 부분을 확인해둬라.

» 콘텐츠 옵션을 몇 가지 마련해둬라. 청중이 지루해한다 싶으면 콘텐츠를 바꾸고 다음으로 넘어갈 수 있어야 한다.

## 프레젠테이션에 비주얼을 삽입한다

지금까지 마이크로소프트 파워포인트, 프레지, 구글 슬라이드 또는 기타 프레젠테이션 프로그램에 대해서 단 한 번도 언급하지 않았다. 그럴 만한 충분한 이유가 있다. 이런 시각 효과는 프레젠테이션에서 메시지를 전달할 때 보조 수단이기 때문이다. 절대 주인공이 될 수 없다.

프레젠테이션을 구상할 때 절대 파워포인트나 기타 프로그램을 사용하지 마라. 제한적이고 구조화된 형식에 메시지를 억지로 맞추려다 내용이 왜곡될 수 있다. 미리 할당된 공간이나 화려한 템플릿에 무슨 내용을 넣을지 또는 무슨 내용을 생략할지 결정하고 싶은 충동을 억눌러라.

먼저 프레젠테이션의 내용을 계획하고 적은 뒤 보조 수단으로서 어떤 프로그램을 사용할지 생각해라. 또는 하고 싶은 이야기대로 즉흥적으로 슬라이드를 작성할 수 있다. 슬라이드를 만들 때, 작성된 원고의 내용을 잘라 붙이기 하지 마라. 각각의 슬라이드를 개별적인 커뮤니케이션 수단이라 생각하고 무슨 단어를 넣어야 하는지와 무슨 시각 효과가 같은 포인트를 전달하는 데 도움이 될지를 고민해라. 모든 콘텐츠를 슬라이드에 적을 생각을 애초에 버려라.

말할 때는 자기 자신이 중심이어야 한다. 사람들은 당신을 보고 당신의 이야기를 들으러 왔지 스크린을 보러 온 것이 아니다. 절대 슬라이드를 보면서 읽지 마라. 그리고 프레젠테이션을 끝내기 전에 유인물을 나눠주지 마라. 사람들은 받은 유인물의 제일 뒷장을 미리 읽고 프레젠테이션이 언제 끝날지 지루하게 기다릴 것이다.

프레젠테이션에서 시각 효과를 사용하는 기본적인 가이드라인을 소개하겠다.

» 한 번 보고 내용을 이해하기 쉽게 간단하게 슬라이드를 작성해라. 글머리 기호를 너무 많이 사용하지 마라. 복잡한 차트와 그래픽의 사용도 자제하고 통계도 지나치게 많이 사용하지 마라.

» 통계나 아이디어를 그래픽으로 표현해라. 나노미터의 크기를 설명하고자 한다면, 사람의 머리카락과 다른 물건을 비교하는 것도 한 방법이다.

» 단순한 서체를 사용하고 제일 뒤에 앉은 사람도 내용을 읽을 수 있도록 큰 서체를 사용해라. 서체의 크기는 장소와 청중의 규모에 따라 정해지는데, 일반적으로 최소 24포인트는 사용해야 한다.

» 그래픽은 단순하고 형식, 스타일, 색깔 그리고 일러스트레이션의 유형 등에 일관성이 있어야 한다. 예를 들어, 사진과 만화를 함께 사용하는 것은 조화롭지 못하다. 청중에게 보여주기 전에 텍스트가 잘 보이고 읽기 쉬운지 등을 미리 점검해라.

» 역동적인 시각 효과를 주기 위해서 움직이는 아이템을 사용해라. 예를 들면

오랜 시간에 걸쳐 그래프의 직선이 어떻게 변하는지를 보여주는 것이다. 그러나 이런 애니메이션 효과는 아주 가끔 사용하는 것이 좋다. 너무 많이 사용하면 산만해진다.

» 생동감 있는 프레젠테이션을 위해서 동영상을 사용해라. 그러나 이 동영상이 시간을 들여서 볼 가치가 있는지 그리고 메시지를 뒷받침하는지 확인해라. 그리고 동영상은 짧은 것이 더 좋다.

» 본 프레젠테이션 전에 모든 기술이 제대로 작동하는지 점검해라. 특히 슬라이드를 이메일로 보내거나 익숙하지 않은 기구를 사용한다면 사전점검은 필수다. 특정 동영상이 재생이 안 될 수 있다. 노련한 발표자는 파워포인트와 인터넷 액세스가 없는 상황에서도 프레젠테이션을 할 준비가 되어 있다. 왜냐하면 이런 보조 수단들이 항상 제대로 작동하고 준비가 된다는 보장이 전혀 없기 때문이다.

프레젠테이션 자료를 만드는 데 너무 스트레스 받지 마라. 중요한 것은 껍데기가 아니라 알맹이다. 안정적으로 프레젠테이션을 하는 좋은 방법은 프레젠테이션 슬라이드를 보조 수단으로 활용하는 것이다. 헤드라인과 부제목을 만들어라. 이때 헤드라인과 부제목을 보고 중요한 포인트를 생각해낼 수 있어야 한다. 이렇게 작성된 프레젠테이션 슬라이드는 청중이 계속 연사에 집중하게 만들기도 한다. 예를 들어, 슬라이드에 '문제', '대응', '효과', '결론', '다음 단계'라고만 적고 순서대로 청중에게 보여준다고 치자. 각 슬라이드에 간략하게 내용을 삽입할 수는 있다. 청중은 슬라이드를 읽기보다는 연사의 이야기를 듣고 싶을 것이다. 그렇게 생각하지 않나?

## 당당하게 프레젠테이션을 한다

성공적인 프레젠테이션을 위해서 해야 할 숙제를 다 끝내고 청중과 목표에 따라 메시지를 작성할 때, 주제에 알맞은 콘텐츠가 만들어지고 자신감도 생긴다. 본 행사에서 무슨 이야기를 할지 직접 작성하고 그 내용을 내재화하기 위해 연습하는 것도 잊지 마라.

댄서, 음악가, 연기자, 운동선수 그리고 CEO는 무대에 서거나 경기에 참여할 때 실수를 하지 않기 위해서 연습한다. 내용을 완전히 숙지하고 편안하게 전달할 수 있도록 필요한 만큼 리허설을 해라. 노트 없이 프레젠테이션을 못할 것 같으면, 큐카드를 사용해라. 그러나 몇 분 동안 큐카드를 쳐다보거나 지금 말하고 있는 부분이 어딘지 찾으려고 큐카드를 부산스럽게 넘기는 등의 아마추어 같은 행동은 하지 마라.

효과적인 프레젠테이션을 하는 데 유용한 방법은 많다. 보이스 코치의 수업을 받은 경험이 있거나 정식 스피치를 한 경험이 있다면 잘 알 것이다. 연습을 하다고 해서 '완벽하게' 프레젠테이션을 할 수 있는 것은 아니다. 그리고 군이 프레젠테이션이 완벽할 필요는 없다. 그러나 몇 가지 유용한 테크닉만 알고 있어도 성공적으로 프레젠테이션을 해낼 수 있다. 전문가처럼 자신감 있게 프레젠테이션을 하고 싶은가? 그러면 필자가 가장 선호하는 다음의 10가지 방법을 시도해봐라.

» 몸을 푼다. 많은 전문 연사들은 프레젠테이션을 하기 전에 가벼운 운동을 한다. 이런 운동은 긴장을 풀고 몸 전체에 에너지가 돌게 한다. 연사들은 목소리도 푼다.

» 앉아 있지 말고 서 있어라. 엘리베이터 스피치 등을 연습할 때에도 서서 해라.

» 몸을 꼿꼿이 세우고 균형을 잡는다. 그러나 지나치게 경직된 자세는 피해라. 몸을 앞뒤로 흔들거나 꼼지락거리거나 무대 위를 서성이지 마라(그러나 자연스러운 손짓과 몸짓은 아주 좋다).

» 단전에서부터 심호흡을 한다. 이것은 연습이 필요하다.

» 긍정적인 에너지를 발산하고 이 자리에 있는 것이 너무 기쁘다는 메시지를 전달한다.

» 목소리의 크기와 톤을 다양하게 변화시켜라. 그리고 말의 속도를 조절해라. 너무 빨리 말하지 마라. 자연스럽게 대화할 때보다 조금 느리게 말하는 것이 가장 적당한 속도다.

» 목소리에 힘을 유지한다. 말끝을 흐리거나 말끝을 올려서 마치 질문을 하는 것 같은 인상을 주지 마라. 주요 포인트의 앞과 뒤에서 잠깐 멈춰라.

» 말하는 동안, 한 번에 한 명만 쳐다본다. 약 5초 뒤, 다른 청중으로 시선을 돌린다. 눈을 어디에 둘지 몰라 두리번거리거나 도움을 요청하듯 하늘을 쳐다보지 마라.

» 청중의 반응을 살핀다. 청중이 눈을 게슴츠레 뜨고 지루해하거나 절반이

다음의 테크닉 전부 또는 일부를 직접 실험해봐라. 프레젠테이션을 앞두고 긴장을 풀고 열정적으로 프레젠테이션을 하는 데 도움이 되는 것은 무엇인가?

● '나는 당신을 좋아해요' 기법 : 프레젠테이션을 위해 본 무대에 오르기 전에 마음속으로 되뇌어보자. '나는 이 사람들을 좋아한다. 그리고 여기 모인 사람들은 나의 프레젠테이션을 열정적으로 들어준다.'

● 최면 요법 : 프레젠테이션을 하기 바로 직전에 프레젠테이션을 이제 막 끝마쳤고 대성공이었다고 상상한다. 느낌도 한 번 상상해본다. 무대 위에 당당히 서서 미소를 짓는다. 고개를 들고 무대 위를 자연스럽게 걸어 다니며 기대에 찬 청중의 얼굴을 둘러본다. 이 경험을 눈으로 보고 느껴라. 정말 필요한 순간에 자연스럽게 행동할 수 있도록 연습해라. 프레젠테이션을 시작하기 전에, 몇 분 동안 이 만족스러운 순간의 느낌을 다시 떠올리고 무대로 나가라.

● 배우 기법 : 프레젠테이션을 시작하기 바로 전 또는 중요한 순간에 스스로에게 "지금부터 신나는 무언가를 당신과 공유할 것입니다"라고 말하라. 이렇게 하면 열정과 열의가 커져서 자연스럽게 밖으로 드러날 것이다.

> 스마트폰을 보고 있다면 새로운 슬라이드로 넘어가라.
>
> » 잊어버린 것을 기억해내려고 애쓰지 않는다. 주요 포인트를 건너뛰었나? 당황할 필요 없다. 그 사실을 아는 사람은 연사인 당신뿐이다. 확신을 가지고 나머지 내용을 전달하는 데만 집중해라.

직업상 프레젠테이션이 중요하다면, 프레젠테이션 능력을 키우는 데 도움이 될 만한 교육 등에 참여하는 것도 좋다. 프레젠테이션은 사업을 성장시키기에 아주 좋은 방법이다. 많은 연사들이 토스트마스터 인터내셔널(www.toastmasters.org)을 추천한다. 현지 대학, 기타 교육센터 등에서 발성 및 프레젠테이션에 관한 다양한 강의가 제공되고 있다.

## 토킹 포인트를 준비하자

지금까지 엘리베이터 스피치 또는 프레젠테이션 등 일방향 커뮤니케이션을 준비하는 테크닉에 대해서 살펴봤다. 기본적으로 '내가 말할 테니, 너는 들어라'다. 글은 쌍방향 커뮤니케이션에도 유용하다. 스피치는 멋지게 잘해놓고 질의응답 시간에 폭삭 망하고 싶지는 않을 것이다. CEO와 정치인이 토론에서 이기고 인터뷰를 척척 해내고 기자회견도 잘 준비하는 모습을 봤을 것이다. 어떻게 그들은 그렇게 해내는 것일까? 바로 토킹 포인트가 있기 때문이다. 많은 조직들이 토킹 포인트를 미리 마련해두고 모든 임직원들이 회사를 위해서 또는 회사에 대해서 이야기할 때 일관적인 메시지를 전달하도록 한다.

토킹 포인트는 언론 인터뷰, 질의응답, 대질 심문 또는 스스로 생각을 해서 대화를 이끌어야 하는 쌍방향 커뮤니케이션에 아주 유용하다.

방법은 간단하다. 동료, 친구 또는 작은 그룹의 사람들과 함께 주어진 시나리오에서 주요 포인트가 무엇인지 브레인스토밍을 한다. 그리고 전신 부호처럼 적는다. 예를 들어, 인터뷰를 준비하고 있다면 지원한 직종과 관련된 포인트와 사례를 준비한다. 그리고 종이에 한두 줄로 적는다. 한쪽 분량으로 준비하는 것이 가장 좋다. 영업부장 직에 지원을 하는 사람이라면 다음의 리스트를 작성할 수 있다.

유사 업종에서 7년 종사해 인맥이 넓음

전임자 대비 매출 14퍼센트 상승

1년 전 영업 대리로 승진

'올해의 영업사원'에 3번 뽑힘

신입 영업사원 교육

승진 기회가 제한적이어서 전 직장을 나옴

마샬대학교에서 경영학위 취득

경쟁력 있는 보트팀 캡틴

커뮤니티 활동에 적극적으로 참여 : 현지 심장연합회 임원, 전 교육위원회 임원, 매년 학교 가장무도회에서 산타클로스로 변장하고 참여

물론, 각 포인트에서 할 말이 많을 것이다. 그러나 토킹 포인트를 만드는 목적은 인터뷰를 하는 동안 전달하고 싶은 핵심 메시지에 대해서 미리 생각해보고 아는 것이다. 그리고 전체 아이디어가 생각이 나도록 힌트가 되는 단어나 문구를 작성하면 된다.

그러면 이렇게 미리 작성한 자료에 의지해서 자신에게 유리하게 인터뷰를 이끌고 질문에 답을 잘할 수 있다.

실제 상황에 적합하지 않다고 판단되는 포인트를 이야기할 필요는 없다. 그러나 머릿속에 자신의 장점을 정리한 리스트가 있으면, 인터뷰의 시작을 알리기 위해 상대방이 던지는 질문에 잘 대답할 수 있고 즉석에서 자기소개를 잘할 수 있다. 그리고 인터뷰의 마지막까지 언급되지 않은 주요 포인트로 인터뷰를 우아하고 자연스럽게 유도할 수도 있다("○○에 대해서도 알고 싶으실 것 같은데요").

정치인들이 자주 사용하는 기술을 사용할 수도 있다. 정치인들은 답하기 싫거나 답할 수 없는 질문을 자신이 이야기하고 싶은 포인트로 은근 슬쩍 잘 연결한다(예를 들어, "그 전략을 직접 사용해본 적은 없지만 ○○을 아는 것이 더 중요합니다"). 그러나 이 기술을 사용할 때, 질문에 대한 대답을 회피한다는 인상을 주지 않도록 조심해라. 대부분의 사람들은 정치인들이 이런 식으로 곤란한 질문을 교묘히 피한다는 사실을 알고 있다. 그래서 자칫 의심을 낳을 수 있다. 당신이 있는 사실을 꾸밈없이 이야기하는 솔직한 사람이라는 인상을 주는 것이 중요하다. 정치인들이 잘 사용하는 이 기술을 '부드럽게' 사용한다면, "아직 라텍스49 소프트웨어를 사용하지 못했지만, 3년 정도 48버전을 사용해 작업을 했고 ○○을 배웠습니다"라고 말할 수 있다.

토킹 포인트는 특히 어렵거나 적대적인 질문을 받을 것으로 예상되는 상황을 대비하는 데 매우 유용하다. 가령 당신이 무언가를 지지하고 있는데, 당신의 생각에 동의하지 않는 사람들이 질문을 하거나 공격할 수 있다.

이런 경우, 반대자의 관점에서 상황을 보고 브레인스토밍을 해라. 그들이 무슨 질문을 할 수 있을까? 악몽처럼 곤란한 질문은 무엇일까? 당신이 두려워하는 질문까지 모두 포함시켜라. 일단 완전한 리스트를 작성하고 더 이상 생각나는 것이 없다 싶으면, 질문을 하나씩 읽으면서 할 수 있는 최대한 간결한 답변을 생각해봐라.

이런 체계적인 준비는 무슨 질문을 받든지 잘 답할 수 있다는 자신감을 심어준다. 이렇게 준비가 되면 반대편 사람들의 이야기를 직관적으로 들을 수 있게 되고 필요에 따라서 미리 생각한 것보다 더 좋은 답변을 만들어낼 수 있다. 게다가 차분하고 확신에 찬 태도로 대응할 수 있다. 그래서 상대편의 공격에 방어한다는 인상보다는 그날의 진정한 승리자가 될 수도 있다.

토킹 포인트는 '말을 맞추기'에도 좋다. 예를 들어, 정부기관은 특정 이슈에 대해서 토킹 포인트를 만들 때 모든 이해관계자들을 참여시킨다. 일단 합의가 이뤄지면, 작성한 문서를 관련된 모든 사람들에게 배포하고 그에 따라 대응하도록 한다.

이와 유사하게, 압박을 받고 있는 기업은 토킹 포인트를 만들고 기업을 대표하는 모든 사람에게 배포한다. 이렇게 해서 모두 같은 메시지를 전달하도록 만든다. 위험이 큰 상황일 경우, 토킹 포인트는 전 직원에게 배포하여 모두가 한 목소리를 낼 수 있도록 한다. 영업 부서는 현장 직원을 위해 토킹 포인트를 만든다. 그래서 직원들이 잘 알고 있는 상황에서 같은 메시지를 전달하도록 한다.

특히 여러 사람들이 의견을 제시하거나 질문을 하면서 토킹 포인트를 작성하면, 토킹 포인트는 여러 버전을 거치면서 진화한다.

토킹 포인트는 다목적용이다. 임금 인상을 요구할 때, 어려운 대화를 할 때, 무언가를 팔 때, 질문을 할 때, 어떤 입장에 동의하지 않을 때, 또는 인기 없는 행동 방침을 제안할 때, 토킹 포인트가 당신의 성공에 큰 보탬이 된다. 그러나 절대 토킹 포인트를 들고 가지는 마라. 사전에 토킹 포인트를 훑어보고 어떤 이야기를 하고 싶은지 한 번 더 마음속으로 정리해라.

많은 사람들 앞에서 이야기하는 것과 관련해서 필자가 마지막으로 해주고 싶은 말이 있다. 말을 할 때 미소를 지어라. 최고의 엘리베이터 스피치, 프레젠테이션 또는 영업용 멘트를 작성하고 어려운 질문에 능숙하게 대답할 수 있다. 그러나 확신과 열정 없이 메시지를 전달하면 성공하지 못할 것이다. 스스로 믿는 것을 적고 말하는 것을 믿어라.

다음 장에서는 계속해서 개인 스토리 또는 비즈니스 스토리를 통해 많은 사람들의 기억에 남을 수 있게 자신을 표현하는 법에 대해 살펴볼 것이다. 특히 갈수록 중요해지는 커뮤니케이션 수단인 비디오를 활용해 이런 스토리를 전달하는 법에 대해서 살펴보자.

# 자신의
## 비즈니스 스토리 말하기

특정 사업체, 비영리기구, 정부기관 또는 어떤 종류의 조직에 소속되어 일하고 있다면, 세상과 긍정적으로 소통하고 관계를 맺는 것도 당신이 해야 할 일의 일부다. 성공하고 싶다면 어떤 상황에서든 자신의 조직 또는 자신에 대하여 최고의 이야기를 들려줘야 한다. 당신이 자기 분야와 관련된 일이라면 뭐든지 할 준비가 된 프리랜서라면, 아마도 가끔 주어지는 일 그 이상의 무언가를 원할 것이다. 그렇다면 스스로를 사업자라고 생각하고 자신의 사업에 대해서 남들에게 들려줄 수 있는 최고의 이야기를 생각해라.

조직이나 기업체는 그들이 추구하는 가치를 이해하고, 일관성 있게 그 메시지를 전달해야 한다. 물론 모든 커뮤니케이션에서 당신은 이 핵심 메시지를 말하지는 않을 것이다. 그러나 이 핵심 메시지는 모든 커뮤니케이션의 기반시설과 같다. 웹사이트의 모든 페이지, 블로그, 트위터 메시지, 프로필 그리고 친구나 친척만 보라고 올리는 것이 아닌 소셜미디어 메시지에도 이 핵심 메시지를 담아야 한다. 친구에게 쓰는 메시지도 이 기준을 맞춰야 하는지는 확실히 모르겠다. 그러나 요즘 일과 놀이의 경계가 갈수록 모호해지고 있고, 오늘의 친구가 내일의 고용주나 일자리를 소개해주는 사람이 될 수도 있다.

이번 장에서는 자신의 핵심 메시지를 찾고 그 메시지를 구현하는 이야기를 하는 방법에 대해서 살펴볼 것이다. 그리고 이 이야기를 잘 전달할 수 있는 미디어인 비디오를 이용하는 방법도 살펴보자. 이 책의 모든 부분이 강조하듯이, 좋은 글을 쓰려면 무엇을 말하는 것뿐만 아니라 어떻게 말해야 하는지도 알아야 한다. 이메일, 이력서 또는 제안서를 쓰거나 마케팅 비디오를 만든다면 가장 먼저 바로 전략적으로 콘텐츠를 짜야 한다. 내용이 중요하다. 스타일은 그다음 문제다.

## 핵심 비즈니스 메시지를 찾자
--------------------------------

마케팅을 하는 것부터 영업용 멘트, 제안서 그리고 이력서를 작성하는 것까지 이 모든 것의 핵심은 바로 핵심 메시지를 찾는 것이다.

가치 제안은 제품이나 서비스가 어떤 혜택을 제공하는지와 경쟁사와 어떤 차이점이 있는지를 사람들에게 말해준다. 필자는 핵심 메시지란 단어를 더 선호한다. 왜냐하면 이 용어가 개념을 더 분명히 나타내고 더 실용적이기 때문이다.

기업에게 핵심 메시지는 내부 문서일 수 있다. 현명한 기업은 핵심 메시지를 작성하는 데 투자하고 모든 커뮤니케이션을 핵심 메시지 중심으로 진행하며 중요한 결정을 할 때 핵심 메시지를 항상 고려한다. 좋은 핵심 메시지는 직원이 한 명인 기업이든 전 세계 수천 명의 직원을 거느린 조직이든, 모든 결정의 기준이 된다. 그리고 핵심 메시지는 모든 직원들을 단합시켜 합심하도록 만든다.

핵심 메시지는 기업 또는 조직의 강령과 같을까? 이상적으로 둘은 같다. 그러나 종종 강령은 현실성이 다소 떨어지는 대중에게 보여주기 위한 조직의 피상적인 정체성이다. CEO 혼자 강령을 만들거나 위원회가 강령을 만들거나 직원들의 폭넓은 참여를 통해 강령이 만들어지기도 한다. 어떤 경우든지 강령은 너무 일반적이라서 직원이나 조직의 외부 사람들에게 별 의미가 없다.

조직의 구성원들이 강령을 공유하면 무슨 일이 일어나는지를 잘 보여주는 사례 중 필자가 좋아하는 사례는 바로 존 F. 케네디와 관련이 있다. 임기 초기, 케네디 대통령은 미국항공우주국을 방문했다가 청소부와 마주쳤다. 그는 청소부에게 "당신은 무슨 일을 하고 있습니까?"라고 물었고 청소부는 자랑스럽게 "우리는 사람을 달에 보내고 있습니다"라고 답했다고 한다. 이것은 미국항공우주국의 공식적인 강령이 아닐 것이다. 아마 미국항공우주국의 공식 강령은 이보다 훨씬 더 숭고하게 들릴 것이다. 그러나 청소부의 대답은 최고의 비즈니스 리더들이 꿈꾸는 조직에 대한 직원들의 지지를 보여준다.

필자는 이런 단합이 사라지면 조직 내에서 어떤 일이 일어나는지 많이 봤다. 특히 대형 교육기관을 위해 비디오를 만들 때 확실히 경험했다. 이 기관은 공동구매, 기술 지원, 교사 훈련 프로그램 등 100여 개에 달하는 다양한 서비스를 지역 내 학교에 제공하고 있었다. 그들은 이 서비스를 잠재 고객을 대상으로 마케팅을 할 생각이었고 비디오를 사용하기로 했다.

대부분의 홍보 영상은 성공적으로 제작되었다. 그러나 홍보 영상을 제작하는 데 훨씬 힘이 드는 몇몇 서비스가 있었다. 어떤 서비스는 홍보 영상을 제작하는 것이 거의 불가능했다. 알고 보니, 이들 서비스는 목적이 불분명하다는 공통점이 있었다. 서비스 책임자들은 "고객이 원하는 것이라면 무엇이든지 제공할 것입니다"라는 이야기를 하는 경향이 있었다. 어렵고 비효율적인 메시지다! 이런 문제는 홍보 전단지와 온라인 마케팅 자료를 만들 때도 등장했다. 그러나 동영상이 현실을 가장 가까이에서 보여주기 때문인지, 서비스의 단점이 보이지 않게 홍보 동영상을 촬영하는 것이 너무 힘들었다. 최종 동영상은 서비스처럼 핵심 메시지가 없었다.

농담이 아니다. 의미 있는 핵심 메시지를 만드는 것은 정말 힘든 일이다. 그러나 서비스나 상품을 팔거나 사업을 시작하려는 사람에게는 필수적으로 해야 하는 일이다. 그리고 영업 사원이 아니더라도 핵심 메시지는 중요하다. 개인의 핵심 메시지를 만드는 법에 대해서 자세히 알고 싶으면 제8장을 참조해라.

청중의 관점에서 메시지를 전달해야 한다. 이렇게 하면 청중은 즉시 연사가 자신과 같은 입장에 있다고 느낀다. '최첨단의', '가장 혁신적인', '가장 잘 산 물건' 등의 진부한 표현으로는 성공적으로 메시지를 전달할 수 없다. 깊고 넓게 봐라. 자신이 청중에게 제공할 수 있는 가장 진실한 가치가 무엇인지를 찾아야 한다. 이렇게 하면 소위 '가장 잘 팔리는' 포인트를 찾을 수 있고 이 포인트를 기초로 핵심 메시지를 작성할 수 있다. 핵심 메시지를 알면, 독자에게 무슨 이야기를 들려주고 싶은지, 그들의 고민에 어떻게 접근할지 그리고 일관된 브랜드를 어떻게 만들지를 이미 아는 것이나 마찬가지다. 이것은 어떤 플랫폼이든 상관없이, 마케팅 자료를 만드는 데 매우 유용하다.

단지 단어를 던지는 것과 고객과 직접 관련이 있는 메시지를 전달하는 것의 차이를 알아보자. 다른 기업이 핵심 메시지를 작성하도록 돕는 컨설팅 업체를 운영하고 있다고 치자.

> 키스톤 메시징은 당신이 세상에 자신의 이야기를 들려주도록 돕습니다. 그 이야기를 통해 고객들과 공감대를 형성하세요. 영업용 멘트, 웹사이트, 네트워킹 메시지 등에 활력을 불어넣어 드리겠습니다. 우리는 당신의 시간을 절약하고 이 어려운 일을 해내는 데 필요한 창의적인 아이디어를 제공합니다. 그 결과 당신의 영업 팀은 활력을 되찾고 더 많은 사람들이 당신의 웹사이트를 방문하고 모든 프레젠테이션이 흥미로워질 것입니다. 전문가들로 구성된 우리 직원들은….

그렇게 나쁘지는 않다. 그러나 다음처럼 글을 시작한다고 생각해보자.

> 키스톤 메시징은 당신과 함께 회사의 메시지를 찾습니다. 이 메시지는 오직 당신만이 제공하는 것이 무엇인지를 분명히 보여주고 회사의 가치가 고객의 핵심 가치에 부합하도록 만들 것입니다.

이것은 이전 예보다 더 구체적이다. 그리고 앞에서 본 사례와는 다른 내용이 이어진다. 이런 식으로 메시지를 시작하면 다음과 같이 구체적인 증거를 제시해야 한다.

세계적으로 실시된 조사에 따르면 커뮤니케이션을 잘하는 조직의 퍼포먼스는 그렇지 않은 조직보다 1.7배 높았습니다. 당신과 유사한 업종의 고객들은 핵심 메시지를 이용하자 웹사이트 방문자 수가 10~20퍼센트 증가했다고 보고했습니다.

첫 번째 메시지도 괜찮지만 '공감대를 형성한다', '창의적인', '활력을 불어넣다', '흥미롭게 만든다' 등 의미 없는 단어만을 전달하고 있다. 이것은 결과를 보여주는 단어가 아닌 과정을 보여주는 단어다. 고객들은 과정에는 관심이 없다. 그들은 당신이 무엇을 하는지 알고 싶지 않다. 단지 당신이 자신들을 위해 무엇을 할 수 있는지 알고 싶을 뿐이다. 두 번째 메시지는 고객의 기본적인 어젠다를 직접 공략한다. 고객의 기본적인 어젠다는 회사의 재정 상태를 개선하는 것이다.

경험상, 가치를 찾고 그 가치를 증명하는 것이 좋은 마케팅이다. 사례로 든 키스톤 메시징보다 당신의 회사는 덜 추상적일 것이다. 또는 당신이 제공하는 제품이 서비스보다 결과를 수치로 환산하기에 더 쉬울 수 있다. 사업의 종류에 상관없이, 고객이 마케팅에 유용한 의미 있는 '숫자'를 제공할 수도 있다. 그렇지 않다면, 또는 이제 막 사업을 시작했다면, 조사를 좀 하고 업계 통계를 이용해라. 또는 고객에게 도움이 되었던 성공 사례 하나를 언급해라. 아니면 여기서 말한 모든 것을 다 해라.

## 비즈니스의 진정한 가치를 찾자

다양한 방법으로 조직의 진짜 가치를 찾을 수 있다. 다음 프로세스 중에서 자기 자신과 회사에 적합한 것은 무엇인지 고민하고 한두 가지를 선택해라.

» **소비자나 고객에게 직접 물어봐라.** 그들에게 어떤 부분에서 도움이 되었고 가장 가치 있게 생각하는 부분이 무엇인지 물어라. 구체적인 대답이 가능한 업계라면, 특히 재정 부분과 관련해서 그들에게 구체적으로 묻고 구체적으로 답해달라고 요청해라. 생각한 것보다 소비자나 고객은 정보를 제공할 준비가 많이 되어 있을 수 있다. 만약 고객이나 소비자와 지속적으로 거래 관계를 유지했다면, 그들은 자신의 투자수익률을 정확하게 인지하고 있을 것이다. 어떻게 질문하는 것이 좋은지 알고 싶다면 '고객에게 물어볼 질문'을 참조해라.

» **내부 그룹과 브레인스토밍을 해라.** 동료나 다른 부서 관계자들과 함께 일을 하면, 다른 이해관계자들로부터 미리 지지를 얻을 수 있다. 또는 업계를 잘 알고 있는 사람들 중 신뢰하는 한두 명의 사람에게 물어봐라. '팀과 자기 자신에게 물어볼 질문'을 보면 이 과정에서 필요한 것들이 무엇인지 알 수 있을 것이다.

이렇게 내부 사람들과 조직의 진짜 가치 또는 자신의 강점에 대해서 고민하면, 중요한 것이 무엇이고 무엇에 집중해야 하는지에 대한 자신의 생각이 넓어지고 확고해진다. 그리고 이것은 폭넓은 커뮤니케이션의 기반이 되고, 비즈니스 스토리텔링에도 도움이 된다. 비즈니스 스토리텔링에 대해서는 이번 장 후반부에서 자세히 살펴볼 것이다.

조직의 내부 사람들과 진짜 가치를 찾기로 했다면, 최소한 외부사람 몇 명의 의견은 수용할 필요가 있다. 이렇게 하면 올바른 방향으로 나아가고 있는지 그리고 고객의 가치에 부합하는지 등 현실을 확인할 수 있다.

» **혼자서 해라.** 자기 자신에게 진짜 가치를 찾기 위한 질문을 하거나 다른 조직에 소속된 동종 업계의 사람들과 작은 그룹을 만들어라. 일류 기업의 CEO들은 이렇게 자신들만의 작은 그룹을 만들어 업계의 문제와 해결책을 공유한다. 당신도 이렇게 할 수 있다. 한 번에 그룹 구성원 한 명을 위한 핵심 가치를 고민한 뒤 다음 구성원의 핵심 가치로 넘어가는 것이다.

» **비즈니스 카운슬러의 도움을 받아라.** 1인 기업은 전문적인 카운슬러의 도움을 받아 생산적인 결론에 이를 수 있다. 당신의 사업 분야에서 사업 개발 컨설팅을 제공하는 업체를 찾아봐라. 지역 도서관에서 무료 또는 저렴하게 해당 서비스를 제공받을 수 있다. 지역 대학도 비즈니스 컨설팅 센터를 캠퍼스에 두거나 기업가들에게 필요한 자원을 제공한다. 또는 유료로 많은 비즈니스 컨설턴트와 코치의 도움을 받을 수 있다.

고객에게 서비스에 만족했는지 그리고 개선할 부분을 알려달라고 요청하면, 그들은 기꺼이 답해줄 것이다. 그러니 고객 조사를 부담스러운 일이라기보다 좋은 관계를 맺을 수 있는 기회로 생각해라. 조사 결과가 예상한 것과 달라도 놀라지 마라.

고객에게 직접 물어보면 핵심 메시지를 쉽게 파악할 수 있다. 서면 질의, 전화 통화 또는 직접 대면 등 다양한 방법으로 고객의 의견을 물어볼 수 있다. 고객의 의견을 수집하면 그들의 답을 해석하고 더할 것은 더하고 뺄 것은 빼면서 핵심 메시지를 잡아라.

핵심 메시지를 수립하는 데 필요한 기초자료를 고객에게서 얻을 수 있을 뿐만 아니라, 웹사이트와 기타 홍보 자료에 넣은 추천 문구를 딸 수도 있다(사전에 고객의 동의를 얻어야 한다).

고객의 의견을 검토하면서, 그들이 아쉬워하는 부분에 특히 관심을 기울이고 개선해라.

- 우리의 제품 또는 서비스에 대해서 제일 높이 평가하는 것은 무엇인가? 그 이유는?
- 우리가 수익성 향상에 도움이 되었나? 어떻게 도움이 되었나? 수치화할 수 있나?
- 우리가 시장 점유율을 높이는 데 도움이 되었나? 얼마나 시장 점유율이 올랐나?
- 우리의 제품 또는 서비스를 사용하고 돈을 절약했나? 얼마나 절약했나?
- 절약한 돈을 다른 데 사용하였나? 그 결과는 무엇인가?
- 우리가 비용 절감에 도움이 되었나? 어떻게 도움이 되었나?
- 우리가 무슨 문제를 해결해줬나?
- 우리가 새로운 시장이나 소비자층을 발굴하는 데 도움이 되었나? 어떤 시장이나 소비자층인가?
- 우리가 효율성을 증가시켰나? 시스템은?
- 우리가 직원 간 관계를 개선했나? 직원 간 갈등을 방지했나? 이것이 어떻게 중요한가?
- 우리와 일하면서 무엇이 좋은가? 무엇이 싫은가?
- 우리와 일하면서 놀랐던 일이 있는가?
- 향후 우리와 다시 일할 계획이 있나? 있다면 언제인가?
- 동료에게 우리에 관해서 무슨 이야기를 할 것인가?
- 우리가 당신의 기대에 부흥했나? 개선할 점이 있다면 무엇이고 어떻게 개선했으면 하는가?
- 우리가 ○○서비스를 제공하고 있다는 사실을 알고 있나?
- 서비스 종류를 늘려야 한다고 생각하나?

## 비즈니스에 맞게 주장을 펼치자

조직의 핵심 가치를 선언할 때는 항상 현재 고객과 잠재 고객을 염두에 둬야 한다. 그래서 조직이 핵심 가치를 선언할 때 약간의 변용이 필요한 경우도 종종 있다. 사업을

# 【 팀과 자기 자신에게 물어볼 질문 】

파트너나 조력자와 함께 브레인스토밍을 해서 핵심 메시지를 작성하는 데 도움이 될 아이디어를 찾아라. 그리고 만약 큰 조직이라면, 다른 부서의 대표자들과 브레인스토밍을 해라. 또는 비즈니스 카운슬러나 동료, 파트너 또는 친구로 구성된 팀과 브레인스토밍을 해봐라. 외부사람의 의견을 듣지 않으면, 최고의 기회를 간과하거나 계속 잘못된 방향으로 핵심 메시지를 만들 위험이 있다.

아래 제시된 질문의 일부만 당신과 당신의 조직에 의미가 있을지도 모른다. 그래도 괜찮다. 조직을 독보적인 존재로 만들고 입지를 다지는 데 도움이 되는 아이디어를 찾아내려고 노력해라. 해당되는 질문이 하나도 없다면 전부 건너뛰고, 해당될 만한 질문을 스스로 고민하고 그 질문에 답해봐라.

- 무엇이 우리를 특별하게 만드는가?
- 경쟁업체의 차이는 무엇인가?
- 무엇에 영감을 받고 이 일을 시작했나?
- 우리의 연혁과 관련해서 이례적이거나 흥미롭거나 놀라운 것이 있나?
- 사명감을 느끼고 있는가? 무슨 일에 사명감을 느끼나?
- 남들과 차별화된 철학이나 회사 문화가 있나? 그것은 무엇인가?
- 직원들이 만족하며 일하고 있는가? 직원들의 경력 계발에 적극적인가? 직원의 성장을 돕나?
- 가장 자랑스럽게 생각하는 것은 무엇인가(성과, 문제해결, 창의적 사고, 협업, 업계 리더, 신뢰성 등)?
- 특정 사람이 회사의 역사와 가치를 대표하나? 어떻게?
- 현재 하고 있는 업무는 우리에 대해서 무엇을 이야기하나?
- 최상의 서비스를 보여주는 최고의 사례는 무엇인가?
- 고객, 소비자, 자원봉사자 또는 기부자들을 대하는 방식에 특별한 점이 있는가?
- 고객 만족도가 높은가? 얼마나 많은 고객이 회사의 서비스나 제품을 다시 이용하나?
- 지금까지 가장 어렵고 복잡한 프로젝트는 무엇인가?
- 고객들이 뜬눈으로 밤을 지새우며 고민하던 문제를 해결하도록 어떻게 도왔나?
- 임무를 성공적으로 수행했음을 어떻게 증명할 수 있나?
- 모든 사람들이 우리의 서비스나 제품을 사용한다면 이 세상(또는 업계)은 어떻게 변할까?
- 우리의 성장 패턴은 안정적인가? 무엇의 영향을 받나?
- 경쟁업체보다 더 우수하다고 주장하는 이유는 무엇인가? 고객들이 왜 우리를 선택해야 하는가?
- 1년, 5년 또는 10년 뒤 우리는 어디에 있을까?
- 고객들이 우리의 제품이나 서비스에 대해서 뭐라고 말하길 원하는가?
- 지금 우리가 하는 일이 어떤 식으로든 이 세상을 더 좋은 곳으로 만들고 있나?

이런 질문들에 대답하다 보면 필연적으로 회사의 경쟁력뿐만 아니라 약점도 드러날 것이다. 기본적으로 달성하고자 하는 것이 무엇인지를 명확히 할 때, 그 일을 실제로 잘 해냈는지를 평가하는 기준도 분명해진다. 성공한 많은 조직들은 다음 단계를 준비하고 부족한 부분을 보완하기 위해서 현실을 점검한다.

하는 사람들에게 그들만의 용어로 핵심 가치를 전달하는 것은 그리 어려운 일이 아니다. 조직의 핵심 메시지는 보통 돈에 관한 것이다. 이를 알면 보다 효과적이고 강력한 핵심 메시지를 만들 수 있다.

핵심 메시지 또는 핵심 가치를 계발할 때, 문제를 해결하기 위해서 조직이 무엇을 했는지 자세히 살펴볼 필요가 있다. 다음의 내용을 핵심 메시지에 어떻게 표현할지 고민해봐라.

» **향상된 수익과 수익성** : 시장 점유율을 높이는 법, 고객을 유지하는 법, 새로운 시장을 발견하는 법, 다양한 고객을 확보하는 법, 보다 생산적으로 마케팅을 진행하는 법 등

» **비용 절감과 간소화** : 비용을 줄이는 법, 효율성을 높이는 법, 불필요한 자원의 중복 사용을 줄이는 법, 실수를 줄이는 법, 직원을 재배치하는 법, 직원 이직률을 줄이는 법, 반품률을 최소화하는 법, 번거로운 절차를 줄이는 법 등

» **포지셔닝 개선** : 사람들이 부러워할 만한 고객 또는 제품 이미지를 만드는 법, 대중 또는 고객의 인식을 개선하는 법, 회사의 위상을 높이는 법, 불평을 최소화하는 법, 고객 만족도를 높이는 법 등

» **행동 변화** : 팀워크를 발휘하거나 커뮤니케이션을 더 잘하도록 직원을 교육하는 법, 조직의 핵심 미션과 가치를 널리 알리는 법, 비생산적인 시스템과 경영방식을 생산적으로 바꾸는 법 등

돈은 중요하다. 그러나 돈이 전부는 아니다. 고객의 가려운 부분을 찾아라. 그리고 경쟁업체와 차별화된 방법으로 그들의 가려운 부분을 시원하게 긁어줄 수 있을지를 고민해라. 낮에 일을 해야 하는 사람들의 편의를 봐주기 위해서 늦게까지 사무실을 열

수 있다. 고객의 집에서 그들의 강아지를 목욕시키거나, 제품을 구입한 고객에게 사용법을 알려줄 수 있고, 10년의 무료 보증 기간을 제공할 수도 있다. 현재 사업을 하고 있다면, 이미 고객에게 특정 편의 시설을 제공하고 있을 수 있다. 여기서 핵심은 가치에 대해서 보다 체계적으로 생각해보고 가치를 전달하는 데 집중하는 것이다.

모든 산업은 다르다. 그러나 모든 산업이 똑같이 반드시 해야 하는 것들이 있다. 비록 그 형태는 다를지라도 말이다. 비영리기구가 수익을 높인다는 것은 기부금, 스폰서십 또는 기금을 늘린다는 의미일 것이다. 또는 자원봉사자의 수를 늘린다는 의미일 수 있다. 정부기관은 일반적으로 서비스에 대한 니즈를 명확히 하거나 새로운 효율화 방안을 제시하거나 클라이언트를 늘려서, 정부 정책에서 더 큰 파이를 차지하려고 한다.

'선량한 시민'이란 메시지를 빠뜨려서는 절대 안 된다. 요즘 많은 사람들, 특히 젊은 세대들은 지역사회 그리고 지역사회를 넘어 공익을 지지하고 기여하는 기업에 높은 가치를 부과한다. 당신은 사람들을 돕고 있는가? 아주 조금이라도 이 세계를 보다 살기 좋은 곳으로 만들고 있는가? 회사 직원들의 성장을 돕고 있는가? 이것들은 사업을 운영하는 데 중요한 요소들일 수 있다. 그래서 핵심 메시지에서도 당당히 한 자리를 차지해야 한다.

## 자신만의 이야기를 찾아 구성하고 활용하자

기술이 중심이 되는 현대에서 아이러니하게 스토리텔링이 다시 중요해졌다. 스토리텔링은 아마도 인류 역사상 가장 오래된 커뮤니케이션 방식으로 메시지를 가장 잘 전달한다. 마케팅, 브랜딩, 광고, 홍보, 영업 그리고 교육 전문가들은 이야기로 아이디어, 가치 그리고 경쟁력을 전달한다.

이는 아주 당연한 일이다. 인류는 수천 년 동안 서로에게 이야기를 들려줬다. 그리고 신경학자들에 따르면 인간의 뇌는 이야기에 반응하도록 굳어졌다. 뇌의 특정 부분은 이야기를 처리한다. 그리고 생생한 이야기는 실제 경험을 할 때 흥분되는 뇌 회로를 자극한다. 그래서 우리가 생생한 이야기를 들을 때 다른 사람의 행동을 따라 하고 그 사람의 감정을 나의 감정인 양 느끼는 것이다.

아이들은 복잡한 세상을 이야기를 통해 이해한다. 그리고 이야기는 아이들에게 영감을 준다. 이는 어른들도 마찬가지다. 혼란스럽고 무작위한 환경에서 사람들이 세상을 이해하기 쉽게 설명하고 처음, 중간 그리고 끝이 있는 좋은 이야기를 갈구하는 것은 아주 당연한 일이다.

이야기를 사용하면 프레젠테이션은 생기가 돈다. 청중은 계속 이야기에 집중하고 이야기를 하는 사람과 듣는 사람 사이에 유대감이 생긴다. 이야기는 추상적인 아이디어를 실제로 존재하는 생생한 아이디어로 만들 수 있다. 이야기는 기관 또는 지도자를 개별화하고 인간화하는 무한한 기회를 제공한다. 그리고 이야기는 사람의 감정을 건드린다. 많은 경제학자들과 심리학자들이 이야기가 사람들이 크고 작은 결정을 내릴 때 정보를 처리하는 뇌 부위를 자극한다고 입을 모은다.

이러한 이야기의 힘을 자기 자신과 자신의 기업을 위해 사용하고 싶다고 생각하는 것은 자연스러운 일이다. 문제는 어떻게 사용하느냐다. 핵심 메시지를 구현하는 이야기를 어디서 찾을 수 있을까? 마트에서 하나 살 수 있나? 아니면 소설 쓰기 강의를 들어야 하나? 이것도 아니면 아예 소설가를 고용해서 멋진 이야기를 하나 써달라고 해야 하는 걸까? 아니올시다.

핵심 메시지를 전달하는 이야기를 찾으려면, 단순하고 실용적으로 접근해야 한다. 이야기는 무엇이 일어났는가를 말한다. 때때로 무엇이 일어날 수 있는가를 말하기도 한다. 이야기는 사업을 시작하고 성장시킨 숱한 여정에 고스란히 녹아 있다. 이야기는 그 직업을 선택한 이유이고 다른 사람들을 돕는 방식이다. 여기서 끝이 아니다.

「뉴욕타임스」는 〈8백만 개 중 하나(One in 8 Million)〉라는 시리즈 기사를 싣고 있다. 이것은 '뉴욕은 각양각색의 사람들이 모여 사는 도시'란 아이디어에서 출발한 시리즈로 최근에 온라인 비디오로도 제작되었다. 물론 뉴욕 밖에도 항상 이야기가 있다. 실제로 어떤 이야기는 다른 이야기보다 더 흥미롭고 자연스럽다. 깊은 내면을 자세히 들여다보면 대단히 흥미로운 무언가가 당신에게도 있다.

핵심적인 비즈니스 메시지를 전달하는 이야기를 만들 수 있다. 또는 반대로 핵심적인 비즈니스 메시지가 이야기를 전달할 수도 있다. 사람들이 당신이 하는 일을 이해하는 데 도움이 되는 이야기의 줄거리가 이미 당신의 머릿속에 있을지도 모른다.

## 자신의 이야기를 찾자

스토리텔링의 묘미는 다양하게 사용될 수 있다는 것이다. 이야기는 스피치를 흥미롭게 하는 일화로 사용될 수 있다(제8장 참조). 또는 웹사이트, 블로그 또는 프로필에 사용될 수도 있다(제12장 참조). 그러나 이 책에서는 북극성처럼 핵심적인 비즈니스 메시지를 완벽하게 보여주고 이 메시지를 구상하고 다른 사람들에게 전달하는 방법에 대한 길잡이가 되어줄 이야기에 대해서 살펴볼 것이다. 이런 이야기는 시간을 두고 진화하고 '핵심 비즈니스 메시지를 찾자'에서 설명한 핵심 가치를 반드시 담아야 한다.

이야기의 유형은 다양하다. 다음은 이야기를 구성하는 데 적합한 기본적인 네 가지 유형이다.

> » **발견에 대한 이야기** : 나는 이 비즈니스를 어떻게 시작했나? 나의 재능 또는 열정을 어떻게 발견했나? 나의 사명을 어떻게 찾았나? 가치와 일을 어떻게 일치시켜왔나?
> » **우여곡절에 대한 이야기** : 내가 경험한 난관, 실수, 약점은 무엇인가? 나는 어떻게 이런 어려움을 극복했고 비즈니스를 성장시켰나?
> » **성공에 대한 이야기** : 나는 기술, 제품 또는 서비스로 어떻게 다른 사람이 원하는 것을 달성하도록 도왔나? 또는 그들이 처한 문제를 어떻게 해결하도록 도왔나?
> » **비전을 제시하는 이야기** : 모든 사람들이 내가 제공하는 서비스나 제품을 사용할 때 이 세상은 얼마나 더 좋아질까? 또는 질병이 치유될 때, 어려움에 처한 사람들이 도움을 받을 때 이 세상은 얼마나 더 좋아질까?

이 네 가지 유형 모두 사람을 중심으로 이야기가 진행된다. 일반적으로 좋은 이야기는 사람이 중심이다. 그리고 물론 당신의 이야기는 당신이 원하는 특정 사람들, 즉 청중과 관련이 있어야 한다. 지금 하고 있는 일에 왜 열정적인지에 대해서 이야기한다면 그것은 청중과 관련된 일이어야 한다. 우여곡절에 관한 이야기는 반드시 청중이 신경 쓰는 메시지를 담고 있어야 한다. 아마도 청중의 문제를 해결하기 위해서 어떤 준비를 했는지에 관한 이야기가 될 것이다. 성공에 관한 이야기는 청중과 다를 것 없는 평범한 누군가에 대한 것으로 해야 이야기를 듣고 청중이 바로 공감할 수 있다. 비전을 제시하는 이야기는 청중의 니즈와 연관이 있어야 한다. 아마도 청중이 중요하다고 여기는 문제에 대한 해결책을 약속하는 내용이 될 것이다.

이야기를 구성할 때 경험을 각색하고 기억을 선택적으로 편집한다. 이렇게 해도 문제가 될 것은 없다. 그러나 기본적으로 사실이 아닌 이야기를 하지는 마라. 기본적으로 진실이 아닌 이야기를 하면, 우선 이야기를 잘할 수가 없고 이 이야기를 하는 순간 신뢰가 무너진다. 진실을 말해라.

이야기를 구상하려면 어떻게 해야 할까? 먼저 전달하고 싶은 핵심 메시지에서 출발해야 한다. 그리고 핵심 메시지를 보여주는 경험에는 어떤 것들이 있는지 생각해보고 그 경험 자체를 이야기로 만드는 것이다. 아직 핵심 메시지가 없다는 것은 오히려 지금 당장 이야기를 구상해야 하는 훌륭한 이유가 된다.

## 자신의 이야기를 구성하자

저널리스트와 마찬가지로 소설가와 극작가도 도입부 쓰는 것을 제일 어렵게 생각한다. 도입부는 이야기가 시작되는 부분이다. 당신이 자신의 이야기를 구상하는 데 이와 똑같은 어려움이 등장한다고 놀라지 마라.

일어난 사건을 연대기 순으로 나열하는 것은 이야기를 잘 시작하는 것이 아니다. 제일 처음 일어난 사건부터 순서대로 이야기를 써나가면, 그 이야기에는 긴장감이 부족해져 사람들로 하여금 호기심을 자극하지 못한다.

흥미를 유발할 만한 도입부를 찾아라. 깜짝 놀랄 만한 사건이나 대조적인 사건으로 시작하는 것도 좋다. 스티브 잡스가 대학교를 중퇴하고 애플을 세웠다는 사실은 매우 흥미롭다. 이와 유사하게 페이스북이 대학교 기숙사에서 탄생했다는 이야기, XYZ 스타트업이 단돈 20달러로 시작했다는 이야기 그리고 17세 소년이 3,700만 달러에 자신이 개발한 소프트웨어를 팔았다는 이야기는 사람들의 관심을 사로잡는다.

청중에게 깊은 감명을 줄 필요는 없다. 무언가를 발견했다거나 자신의 인생이나 경력에서 경험한 터닝 포인트도 이야기를 시작할 좋은 소재가 된다.

> 토요일 밤이다. 나는 지하 단칸방에 있는 테이블에 몸을 웅크리고 앉아 있다. 나는 지금 혼자다. 어제 고양이가 집을 나갔다. 창문 하나 없는 이 지하 단칸방은

항상 어둡다. 나는 마지막 땅콩버터가 든 병을 바라보고 있다. 병 밑에는 출판사에서 받은 127장의 거절 편지들이 놓여 있다. 이것이 지난 3년간 내가 한 일의 결과다. 그러던 중 나는 오려둔 ○○ 광고가 생각났다.

실제로 이 이야기는 화자의 개인적인 경험의 중간에서 결정적인 순간에 시작한다(나의 이야기는 아니지만 대부분의 작가, 예술가 등 많은 사람들이 경험했을 이야기다). 이 다음에는 무엇 때문에 이렇게 바닥까지 내려왔는지 그리고 어떻게 앞으로 이 모든 역경을 극복했는지에 대한 이야기가 이어질 것이다. 당신이 어떻게 도움이 되었는지 보여주기 위해 다른 사람의 성공적인 이야기를 들려줄 때 이런 식으로 이야기에 접근해도 효과가 있다.

무언가 중요한 것을 깨닫게 되는 '유레카 순간'을 이야기하는 것도 좋은 방법이다. 워크숍에서 프레젠테이션 스킬을 가르치는 동료는 자신의 첫 수업에 있었던 일로 이야기를 시작한다. 그녀는 어색하고 불편했다. 그리고 자신이 학생들과 교감을 못하고 있다는 사실을 알고 있었다. 첫 번째 쉬는 시간에 한 어린 여학생이 그녀에게 다가와서 조용히 마법과도 같은 말을 했다. "그냥 선생님답게 하세요." 이 말을 듣고 그녀는 자신이 어떻게 능숙한 연사가 될 수 있었는지를 간략하게 이야기했다. 그녀는 지금 다른 사람들이 연사로서 최고가 될 수 있도록 도울 준비가 되어 있다.

## 스토리텔링의 귀재가 되는 법

다음은 소설가들이 사용하는 글쓰기 전략의 일부다. 이런 전략들이 비즈니스와 관련된 이야기에도 도움이 될 수 있다. 이야기를 하거나 글로 쓸 때, 이 전략들을 활용해보기 바란다.

» **말하지 말고 보여줘라.** 직접적으로 서술하거나 형용사를 계속 사용하는 대신, 독자(혹은 청중)들을 그 장면에 참여시켜 스스로 결론을 내릴 수 있도록 해라. 상황, 사건, 장소나 사람에 대해서 세세한 그림을 그려라.
   과거형이 아닌 현재형으로 이야기하려고 노력해라. 이렇게 하면 독자나 청중은 이야기를 더 생생하게 받아들인다. 자세한 내용을 충분히 이해하고 재현된 경험 속에서 이야기를 해라.
» **오감을 활용해라.** 생생한 언어를 사용해서 사람들의 후각, 청각, 촉각 그리

고 시각을 자극해라. 그리고 마치 그 이야기 속에 있는 것처럼 느끼게 만들어라. 연구에 따르면 뇌의 특정 부분은 손이 '거칠다' 보다 '가죽처럼 메말랐다'라고 할 때 반응을 한다.

» **대화와 직접 인용을 사용해라.** "6학년 때 선생님은 나에게 너는 실패자가 될 거라고 했다"보다 "하루는 창밖을 멍하니 바라보며 교실에 앉아 있었다. 고개를 들어보니 6학년 때 담임선생님인 딤 부인이 나를 쳐다보고 있었다. 그녀는 '제레미, 너를 보고 있으니 내가 널 잘못 가르친 것 같구나. 넌 인생에서 실패할 거야'라고 말했다"가 더 낫다.

» **구체적으로 이야기해라.** 세부 내용에 집중하고 옳은 단어를 선택해라. 추상적인 표현은 사람들의 공감을 불러일으키지 않는다. "나는 사람들에게 글쓰기 실력을 향상시키는 법을 가르친다"보다 "나는 기업가들에게 어떻게 사람들의 마음을 사로잡고 계약을 따내는 메시지를 작성하는지를 보여준다"가 더 효과적이다.

» **간단하고 쉬운 언어를 사용해라.** 짧은 문장 그리고 평범한 구조를 사용해라. 이것은 특히 글에 해당되는 말이다. 왜냐하면 말로 전달되는 이야기는 단어를 듣는 즉시 사람들의 기대감을 불러일으킨다. 예를 들어, '옛날 옛적에'라는 말을 듣고 그 누가 다음 이야기를 궁금해하지 않겠는가? 자연스러운 이야기의 억양에 대해서 생각해보고 직접 소리 내서 읽어봐라. 또는 들으면 여러 가지 생각이 떠오르는 단어를 메시지에 그대로 사용해봐라. 예를 들면, "예전에 나는 첫 양복을 입고 처음으로 고객을 방문했다"는 식이다.

» **긍정적인 태도를 유지해라.** 실수와 역경을 중심으로 이야기하는 것도 효과적이다. 사람들은 이런 이야기를 들으면서 공감대를 형성하고 심지어 마음속으로 극복하도록 응원할지도 모른다. 그러나 이 이야기는 반드시 해피엔딩이어야 한다. 바로 청중에게 좋은 인상을 남기면서 이야기를 끝맺어라.

» **주제를 알아라.** 왜 이 이야기를 하는지 확실히 알아라. 그리고 이 이야기의 교훈이 사람들에게 들려주고 싶은 핵심 메시지와 일치하는지도 살펴라. 실제로 많은 사람들이 마지막 부분, 즉 주제를 먼저 쓰고 나머지 이야기를 채워나간다. "이 많은 샛길을 걸어온 덕분에 여러분이 잘못된 길로 빠지지 않고 바른 길로 갈 수 있도록 도울 수 있게 되었습니다"처럼 주제를 청중에게 그대로 전달할 수 있다. 또는 이야기 스스로 주제를 말하도록 내버려둔

다. 거대한 비전을 제시하는 이야기는 "저는 그 누구도 깨끗한 공기를 얻기 위해 투쟁하지 않는, 그리고 모든 아이들이 건강한 세상을 봅니다" 또는 "나의 아이디어는 업계의 데이터 저장 문제를 해결하고 수백만 달러를 절약하고 수백만 그루의 나무를 살릴 것입니다"처럼 끝날 것이다.

이야기가 핵심 메시지를 담고 있는지를 알려면, 직접 입으로 이야기를 해보는 것이 좋다. 마음속에 사라지지 않고 남아 있는 무언가를 찾아라. 그것이 중요한 경험이든 작은 사건이든 중요하지 않다. 그리고 그 이야기를 누군가에게 입으로 직접 말해라. 몇 분 뒤에 자신이 특정 장소와 시간 속으로 빠져들고 그때의 사건을 그대로 경험하고 있다는 사실에 놀랄 것이다. 그 이야기가 당신을 어디로 데리고 갈지 살펴봐라. 그 사건이 머릿속에 떠올랐을 때, 그 이야기가 경력이나 특정 결정, 행동, 아이디어에 대해서 예상한 것보다 더 많은 의미를 부여할지도 모른다. 그러고 나서 종이에 이야기를 옮겨 적어라.

이야기는 도처에 있다. 프레젠테이션을 보고 읽고 들으면서 좋은 스토리텔링의 감을 익혀라. 미국 공영 라디오 방송 NPR과 영국 공영 방송사 BBC는 좋은 스토리텔링 프로그램을 제공한다. 누군가가 또박또박 잘 읽어주는 잘 짜인 이야기를 듣는 것도 스토리텔링 능력을 키우는 데 좋다. 스토리텔링 능력을 키우는 데 좀 더 실질적인 방법으로 쿼라(Quora, www.quora.com)가 있다. 이 웹사이트에서는 누구나 질문을 하고 질문과 관련된 분야에 관심이 있는 '일반인'부터 해당 분야의 유명인사에 이르기까지 다양한 사람들이 그 질문에 답한다. 하나의 질문에 꼬리를 물고 여러 사람들이 한두 줄로 답을 하는 모습을 보게 될 것이다. 답의 내용이 유익하면서 재미있어서 한번 클릭을 하면 멈출 수가 없을 것이다.

## 자신의 이야기를 비즈니스에 활용하자

자기 자신이 자신의 이야기에 대한 가장 중요한 청중이다. 강력한 이야기는 자신의 과거, 현재 그리고 미래를 알려준다. 그리고 이야기는 정체성, 커리어 그리고 앞으로의 목표를 연결한다. 그래서 심리치료사들은 사람들이 자신의 인생경험을 이해하고 재조명하도록 돕는 데 이야기를 사용한다. 나의 인생과 커리어가 계속 앞으로 나아가고 있음을 알고 있으면 저절로 힘이 난다. 그리고 우리는 결말을 바꾸기 위해서 경로를 조정할 수 있다! 이것은 조직도 마찬가지다. 이야기는 조직원들을 단합시키고 같은 목표를 향해 나아가게 만드는 접착제 역할을 하는 공동의 역사나 비전을 전달한다.

실질적으로 이야기는 다음과 같이 다방면으로 사용할 수 있다.

>> 웹사이트의 '회사소개'
>> 사회 기여 활동이나 니즈에 대한 웹페이지
>> 엘리베이터 스피치
>> 이력서의 자기소개서
>> 온라인 프로필
>> 투자나 지지를 얻기 위한 스피치
>> 브로슈어와 마케팅 자료
>> 스피치나 프레젠테이션 오프닝
>> 회사에 대한 언론 보도
>> 창립일과 같은 특별 행사 홍보
>> 액자로 만들어 사무실에 걸어두는 포스팅
>> 박람회와 기타 공식 행사용 유인물
>> 블로그

필자는 최근에 레스토랑에서 사용하는 플레이스 매트에 좋은 이야기가 적혀 있는 것을 봤다. 각 이야기는 기본적으로 레스토랑의 창립자가 누구이고 자신들은 어디서 왔고 어떻게 레스토랑 문을 열었고 어떻게 성장했으며 창립자의 후손 중 누가 현재 경영하고 있고 무엇이 특별한지에 대한 것이다. 음식이 나오기를 지루하게 기다리면서 이런 이야기를 어떻게 안 읽을 수가 있겠는가! 당신의 이야기를 사람들과 공유하고 사람들에게 들려줄 적절한 기회를 찾아라(굳이 플레이스 매트일 필요는 없다).

비영리기구에서 이야기는 자금 조달, 자원봉사자 확보 등 많은 일을 가능하게 하는 열쇠일 수 있다. 이야기는 비영리기구가 추구하는 목표를 실질적이고 중요하게 그리고 흥미롭게 만들 수 있다. 몇몇 비영리기구는 '창립자' 이야기를 통해 이런 일을 해낸다. 특히 창립자가 유명하거나 카리스마가 있는 인물이라면 이런 전략은 더 효과적이다. 종종 자선단체들은 자신들이 돕는 사람들 또는 성공 사례에 대해서 감동적인 이야기를 소개한다. 가장 효과적인 이야기는 특정 사람들에 대한 것이다.

많은 비영리기구들은 자신들의 사명감과 성취를 이야기에 잘 녹여낸다. 이들은 사람들에게 감동을 주고 조직이 기억에 남도록 만들기 위해 '추상적인 아이디어에 사람의 얼굴을 씌운다.' 이런 부분에서 일반 기업들이 비영리기구들에게서 많은 것을 배울 수 있다.

이야기는 기업의 선행을 알리는 데 아주 좋은 수단이다. 예를 들면 기업이 후원하는 자선활동이나 지속 가능성, 친환경 건물 그리고 자연 보전을 위해서 기업이 어떤 노력을 하고 있는지를 대중에게 알리는 데 이야기만큼 좋은 것이 없다. 요즘 기업들은 사회적 책임활동을 반드시 해야 한다. 이야기가 이런 사회적 책임활동을 알리는 데 좋은 방법이 된다.

## 비디오로 자신의 이야기를 전달하자

비디오는 (지금) 궁극적인 스토리텔링 수단이다. 영화처럼, 비디오는 움직이는 이미지, 목소리 그리고 음악을 통합적으로 전달해서 우리의 관심을 끈다. 비디오를 활용하는 방법은 점점 다양해지고 있다. 제작 과정이 완전히 변했기 때문이다. 오늘날 누구나 사진작가와 저널리스트가 될 수 있는 것처럼, 우리 모두 비디오 제작자가 될 수 있다.

우리는 유능한 비디오 제작자인가? 이것은 비디오를 어떻게 보느냐에 따라 달라진다. 일전에 커뮤니케이션 전문가와 이야기를 한 적이 있다. 그는 자신의 에이전시가 많은 돈을 들여서 잘 만든 비디오가 우편물실 직원의 유튜브 영상보다 사람들의 관심을 끌지 못한다는 사실을 눈치 챘다. 그래서 그는 그 우편물실 직원에게 비디오 제작을 맡겼다.

이제 사람들은 좋은 영상, 음향 그리고 잘 쓴 스크립트를 가지고 비디오를 더 이상 만들지 않는 것일까? 우리는 친구들과 보기 위해서 만든 10초의 짧은 강렬한 비디오를 좋아하지만 아름다운 장면으로 가득하고 기술적으로 우수한 영화와 텔레비전 쇼도 좋아한다. 유튜브 등 일부 장소에서 사람들은 스마트폰으로 찍은 아마추어 비디오를 더 좋아하는 것일까? 가끔 보면 그런 것 같기도 하다. 이런 비디오는 '진짜'처럼 느껴진다. 물론 스마트폰과 기타 디바이스가 짧은 비디오를 찍기에 기술적으로 놀라우리

만치 정교해진 이유도 있다. 그리고 기술의 발전과 함께 경험과 상상력을 공유하는 방법들도 다양해지고 있다.

스냅챗과 인스타그램과 같은 소셜미디어는 창의적으로 비디오 등 이미지를 활용하여 시각적으로 커뮤니케이션한다. 그리고 비디오 제작은 점점 쉬워지고 저렴해지고 있다. 이에 따라 온라인 학습, 엔터테인먼트, 마케팅 등에서 비디오의 역할도 점점 커지고 있다.

지금부터 무언가를 직접 만들고 수리하고 장식하는 노하우를 알려주는 DIY 비디오와 고급 제작 기술이 필요한 보다 전통적인 비디오를 만들고 활용하는 실질적인 방법에 대해서 살펴볼 것이다. 이런 테크닉을 알아두면 감독, 작가, 카메라맨, 음향 전문가, 해설가, 편집감독, 동영상 제작자 등 혼자서 이 모든 역할을 해내야 하는 경우, 더 잘할 수 있다.

비디오의 '민주화'는 사람들에게 메시지를 전달하고 비즈니스 목표를 달성하는 것을 의미한다. 단순히 매력적이거나 귀엽거나 충격적인 영상을 온라인에서 공유하는 것과 다르다. 그러므로 당신이 만든 비디오는 반드시 훌륭해야 한다. 자신의 목표와 청중에 적합한 아이디어와 테크닉을 사용해 비디오를 만들어라. 스마트폰으로 비디오를 제작한다 하더라도 이 아이디어와 테크닉을 적용하는 것이 좋다. 만약 수준 높은 비디오를 만들고 싶고 여기에 투자할 돈과 함께 일할 팀이 있다면, 이런 아이디어가 자원을 효과적으로 사용하는 데 도움이 될 것이다.

## 비디오를 어떻게 활용할지 결정하자

소셜미디어 업체들은 이미지, 특히 움직이는 이미지가 메시지를 전달하는 데 매우 중요하다는 사실을 증명하기 위해서 계속 조사를 한다. 필자가 본 마지막 통계 자료에 따르면 사람들은 비디오가 있는 포스팅을 열어볼 확률이 비디오가 없는 포스팅을 열어볼 확률보다 40배나 높았다. 엄청난 통계 결과다. 이 책을 쓸 무렵에 페이스북은 하루에 80억 개의 비디오 조회 수를 기록했다고 보도했다. 유튜브는 동영상을 보는 시간이 전년 대비 60퍼센트 늘어났고 유튜브 사용자의 수가 10억 명을 넘어섰다고 주장했다.

비디오에 대한 채울 수 없는 갈증이 있다. 그러나 대부분의 비디오가 엔터테인먼트용으로 제작된다. 소셜미디어의 등장으로 기업들은 고객에게 어필하는 동시에 자신들의 목표를 널리 알리는 비디오를 제작하기 시작했다. 그리고 그 수준도 나날이 좋아지고 있다. 당신도 이렇게 할 수 있다. 소셜미디어처럼 비디오는 중소기업, 스타트업, 전문직 종사자, 1인 기업 등을 위해 공평한 경쟁의 장을 만드는 또 다른 수단이 되고 있다. 이 경쟁의 장에 참여하는 비용은 크지 않다. 시간과 창의력만 있으면 된다. 그러면 어떤 비디오를 만들 수 있을까?

» 고객 후기와 스토리 비디오
» 제품 시연 비디오
» 서비스를 제공하는 비디오(워크숍 강의, 자전거 수리 등)
» 자기소개, 팀소개, 회사소개 비디오
» 정보를 공유하거나 영감을 주기 위해서 회사 VIP 메시지를 담은 비디오
» 무언가를 하는 모습을 보여주는 비디오
» 무언가를 만드는 모습을 보여주는 비디오
» 지원 교육이나 채용하는 모습을 보여주는 비디오
» 브랜드 정체성을 보여주는 비디오
» 자신이 직접 등장하거나 담당 직원이 등장하여 고객들이 자주 하는 문의에 답하는 비디오
» 펀딩이나 크라우드소싱을 위한 스피치 비디오
» 전문적인 의견을 공유하는 비디오(신제품 검토 등)

15초 고객 후기 비디오나 2~5분 시연 비디오 등 앞서 언급한 내용은 짧거나 긴 비디오로 표현될 수 있다. 그리고 이런 내용들을 어떻게 사용하느냐는 당신의 상상력에 따라 그 한계가 정해진다. 디지털의 묘미는 비디오를 끝없이 재활용할 수 있다는 것이다. 그래서 시간과 돈을 투자해서 비디오를 잘 만들 가치가 있다. 앞에서 언급한 비디오들은 웹사이트에 올릴 수 있고 유튜브나 다른 공공 플랫폼에 올릴 수도 있다. 제품 시연 비디오는 회사 웹사이트나 유튜브 등에 올리기 딱 적당하다. 그리고 제품 시연 비디오를 방문 판매에 사용할 수도 있다. 이런 비디오를 사용하면 블로그가 더욱 흥미로워진다. 거의 모든 소셜미디어 사이트에서 이런 비디오를 올려 메시지를 많은 사람들에게 전달할 수 있다.

자신의 비즈니스에 적합한 아이디어라면 그것이 무엇이든지 간에 얼마든지 원하는 대로 활용할 수 있다. 예를 들어, 고객에게 직접 비디오를 만들어 자신들이 경험한 서비스의 가치에 대해서 말해달라고 요청하는 것이다. 또는 회사 웹사이트에 업계에서 일어나는 행사 등을 라이브스트림하거나 카메라를 들고 거리로 나가거나 어떤 행사에 참석해서 준비된 질문에 대한 사람들의 대답을 기록하는 것이다. 자신이 발을 담그고 있는 틈새시장에서 사람들이 선호하는 브랜드가 무엇인지에 대하여 거리 조사를 실시해봐라. 이렇게 하면 사람들이 특정 제품의 어떤 부분을 가치 있게 평가하는지 보여주는 흥미로운 자료를 얻을 수 있을 것이다.

예를 들어, 서비스 기업은 무슨 서비스를 어떻게 제공하는지를 보여주는 비디오를 제작할 수 있다. 연수 프로그램 업체는 끝없는 설명보다는 실제로 연수 또는 워크숍을 진행하는 모습을 비디오로 제작하는 것이 더욱 효과적이다. 비영리기구는 도움을 준 사람들을 중심으로 성과에 관한 비디오를 제작할 수 있다. 감사하는 수혜자들의 가슴 따뜻한 인터뷰 비디오는 사람들에게 감동을 줄 수 있다. 이것은 수많은 브로슈어로는 불가능한 일일지 모른다. 니즈는 시각적으로 생생하게 전달되어야 한다. 예를 들어 자연재해 피해자, 재정적 도움이 필요한 가난한 아이들 또는 복구 작업이 필요한 파괴된 자연 경관 등이 있다.

비디오는 팀의 단결력을 기르는 데도 유용하다. 국제기구들은 비디오로 본사의 메시지를 전달하고 전 세계 직원들이 CEO를 '진짜' 사람처럼 느끼도록 만든다. 영리한 커뮤니케이션 부서는 개인 관심사와 열정에 대해서 이야기하는 직원 한 명 한 명을 찍어서 비디오를 만든다. 이렇게 하면 직원들은 회사가 실제로 여러 사람들이 모여서 함께 일하는 공간이라 생각하게 되어 보다 화기애애한 분위기와 동료애가 생긴다. 그리고 직원들은 자신들이 흥미로운 사람들과 함께 일하고 있다는 사실에 감사하고 스스로 중요한 존재라고 느낀다. 좋은 뜻에서 그리고 직원들을 위해서 하는 활동들을 보여주기 위해서 비디오를 제작하는 기업들도 있다. 이런 비디오는 기업 안팎에 긍정적인 감정을 만들어낸다.

## 비디오로 마케팅을 하자

기업과 비영리기구는 모두 다양한 상황에서 사용하기 위해 수많은 비디오를 제작한다. 세일즈 프레젠테이션부터 스피치와 특별 이벤트에 이르기까지 비디오를 사용하는 상황은 다양하다. 마케팅 전문가들은 비디오를 사랑한다. 비디오가 고객의 이성적인 부분을 우회하여 곧바로 감성을 자극할 수 있기 때문이다. 심지어 30초의 텔레비전 광고로도 소비자들의 감성을 자극할 수 있다. 불과 얼마 전까지만 해도 광고와 마케팅용 비디오를 촬영하려면 철저한 계획, 전문 장비와 수많은 전문 인력이 필요했다. 그러나 요즘은 기술 발전 덕분에 값비싼 장비와 전문가들의 도움 없이 자기 자신을 홍보하거나 비즈니스를 홍보하는 비디오를 손쉽게 만들 수 있게 되었다.

모든 커뮤니케이션 도구와 마찬가지로 비디오를 가장 잘 활용하려면 전략이 필요하다. 당신이 비디오 제작의 어느 단계에 개입하든지 간에, 다음의 기본적인 가이드라인이 목적에 적합한 유용한 비디오를 제작하는 데 도움이 될 것이다.

> **비디오의 강점과 약점을 알자.** 영상, 소리, 목소리 그리고 음악이 통합되어 만들어지는 영화와 비디오는 인간의 감정을 잡아당기는 엄청난 힘을 가지고 있다. 그러나 비디오는 학습 도구로는 그다지 효과적이지 않다. 학습용 비디오는 우리에게 무엇을 어떻게 하는지 시각적으로 보여줄 수 있다. 그러나 세부 내용, 추상적인 정보를 전달하기에는 부족하다. 오히려 인쇄물이 더 적합하다.

> **비디오를 마케팅을 위한 또 하나의 전략적인 도구로 생각하자.** 재미 삼아 또는 아무나 보라고 만드는 비디오가 아니라면, 지금 하고 있는 일에 적합하고 핵심 메시지를 효과적이고 강렬하게 전달할 수 있도록 고민을 하면서 비디오를 만들어야 한다.

> **처음에 만들 때 의도했던 것과 다른 용도로 비디오가 사용될 수도 있다.** 가령, 지금 제작하고 있는 회사의 웹사이트용 고객 후기 비디오가 회사 웹사이트 이외의 다른 웹사이트 또는 블로그나 페이스북에 올라갈 수도 있다. 비디오를 찍을 기회가 단 한 번밖에 없다면, 이왕 찍는 거 조금 더 길게 그리고 더 많은 내용을 담는 것이 어떤가? 목표를 가지고 수준 높은 비디오를 제작하는 데는 많은 시간이 걸리는 법이다.

> **촬영하기 전에 비디오 스크립트를 준비해라.** 우리 인생의 다른 모든 것들도 마찬가지다. 원하는 것이 무엇인지도 모르는데 어떻게 원하는 것을 얻을 수 있겠는가? 얼마를 투자하여 비디오를 제작하느냐는 중요하지 않다.

어떤 비디오든지 제작하기 전에 미리 스크립트를 만들고 그 스크립트에 따라서 비디오를 제작하는 것이 좋다. 이렇게 하면 비디오의 수준이 극적으로 올라갈 것이다.

최종 비디오에 글자는 단 한 자도 나오지 않고 오직 영상만 나온다 하더라도, 비디오를 제작하기 전에 항상 구상하고 계획해야 한다(이를 제작 준비 단계라고 한다). 몇 초의 아주 짧은 영화나 비디오를 찍을 때도 계획이 필요하다. 모든 계획에는 언어가 필요하다. 어떤 매체를 사용하든지 간에 메시지를 전달하려면 우리는 제일 먼저 그 메시지를 글로 적어보거나 머릿속으로 생각해본다. 그리고 나서 언어 형태의 메시지를 영상으로 바꾼다. 이 영상을 보고 사람들은 그 영상을 다시 언어로 바꿔서 머릿속에 저장한다. 이렇게 해야 영상이 전달하는 의미를 이해할 수 있기 때문이다.

게다가 다른 사람들과 함께 비디오를 만들 계획이라면, 필히 사전에 스크립트를 작성하는 것이 좋다. 이런 과정을 통해 비디오 제작에 참여하는 모든 사람들이 동의하는 제작 방향을 잡을 수 있다. 그리고 사람들은 이 방향에 맞춰 각자의 전문성을 발휘하여 비디오를 제작할 것이다.

여러 가지 가능성을 고려해야 하기 때문에 스크립트 작성은 어렵다. 내레이션이나 라이브 사운드에 맞는 영상이 재생되어야 한다. 이게 무슨 소린가 싶겠지만 15초 이상의 비디오를 만들어본 경험이 있다면, 이 말의 의미를 분명히 이해할 것이다. 필자가 처음으로 비디오 제작에 참여했던 경험을 들려주겠다. 당시, 필자는 정성 들여서 작성한 15장의 스크립트를 들고 영상 편집실로 갔다. 거기서 내레이션을 녹음하고 며칠 동안 현장 촬영을 진행했다. 편집 감독이 첫 2분의 사운드를 저장했고 "좋습니다. 영상은 뭐죠?"라고 말했다. 우리에게는 30초 분량의 관련 영상밖에 없었고 스크립트가 영상보다 더 길었다.

처음부터 비디오를 제작하는 목적을 분명히 파악하고 소박하게 계획을 세워야 한다. 지나친 욕심은 버리는 것이 좋다. 이 비디오를 제작하는 목적을 달성하는 데 집중해야 한다. 그리고 보유한 장비와 가지고 있는 노하우로 효과적으로 표현할 수 있는 주제를 선택해야 한다. 그리고 나서 주제를 잘 표현할 콘텐츠를 고민해라.

비디오를 제작하는 목적(그리고 예산)에 따라 콘텐츠가 달라진다.

- » 토킹 헤드(카메라를 정면으로 바라보며 이야기하는 사람들)
- » 라이브 액션(프로세스나 무언가의 진행 순서를 보여주는 것)
- » 컷어웨이(모델, 차트 또는 장면의 클로즈업)
- » 배경과 장면 전환을 위한 2차 영상인 비롤
- » 간단하게 조작해서 움직이는 것처럼 보이는 정지 이미지
- » 화면 타이틀, 애니메이션 등
- » 파일, 고객 또는 상업적인 소스에서 확보한 보관 문서

## 비디오로 자기소개를 하자

기업의 대표가 등장하는 비디오는 웹사이트 또는 소셜미디어의 흥미를 높이는 강력한 방법이다. 심지어 1인 기업도 이런 효과를 볼 수 있다. 누군가가, 아마도 당신이, 카메라를 보면서 당신의 비즈니스, 제품, 서비스 또는 직업적 꿈에 대해서 이야기하는 것은 평범하게 글로 작성된 자기소개보다 더 효과적인 자기소개가 될 수 있다. 당신과 당신의 비즈니스는 고객에게 '진짜' 존재하는 것이 되고 사람들은 당신을 마치 개인적으로 알고 지내던 사람이라 느낀다.

그러나 모든 사람들이 비디오에서 좋은 인상으로 다가오는 것은 아니다. 카메라를 완전히 자신에게 고정시키고 카메라를 응시하면서 스피치를 한다면 비디오는 특히 리스크가 큰 매체일 수 있다. 리스크를 줄이기 위해서 큐카드나 카메라 앵글에 잡히지 않도록 노트를 준비하는 등 간단한 텔레프롬프터를 준비할 수 있다. 이때 텔레프롬프터를 그대로 읽어서는 안 된다. 처음 시도하는 것이라면 생각했던 것보다 텔레프롬프터를 자연스럽게 읽는 것이 생각보다 훨씬 어렵다는 사실을 알게 될 것이다. 재능이 없거나 연습하지 않으면 토킹 헤드 영상에서 따뜻하고 자연스러운 인상을 전달하는 것은 어렵다.

몇 분 동안 카메라를 직접 바라보면서 말하는 자신의 모습을 찍고 화면 속 자신이 어떻게 보이는지 자세히 분석해라. 동료에게 솔직한 의견을 물어라. 이 영상에서 자신이 돋보이지 않는다면, 다음을 시도해봐라.

» 당분간 "나 여기 있어요" 식의 비디오는 포기해라.

» 정말 짧은 비디오를 만들어봐라.

20~30초는 생각보다 자기소개를 하기에 긴 시간이다. 카메라 앞에서 엘리베이터 스피치를 한다고 생각해보자. 우리는 제8장에서 엘리베이터 스피치에 대해서 살펴봤다. 엘리베이터 스피치를 준비하는 것은 비디오의 핵심 메시지를 결정하는 데 도움이 될 것이다. 그리고 마찬가지로 제8장에서 살펴본 개인적인 가치 또는 이번 장의 초반부에서 다룬 자신의 이야기를 찾아서 활용하는 것도 비디오의 핵심 메시지를 결정하는 데 도움이 될 것이다.

보통 가장 효과가 좋은 것은 지금 하고 있는 일에서 진짜 열정이나 열의를 느끼는 무언가는 찾는 것이다. 필자는 여행사 홍보 비디오 스크립트를 검토한 적이 있다. 스크립트는 다음과 같이 시작했다. "안녕하세요. 저의 이름은 비올라 스미스입니다. 저희 여행사는, 여러분이 어디에 있든, 필요한 모든 서비스를 제공하고 있습니다." 필자는 다음으로 스크립트를 수정할 것을 제안했다. "저는 비올라 스미스입니다. 제가 이 일에서 가장 좋아하는 것이 뭐냐고요? 바로 전 세계를 여행하면서 예상치 못한 곤란한 상황에 처한 사람들을 도와주는 것입니다."

도입부가 정해지면 그 나머지는 자연스럽게 따라온다. 비올라는 새벽 4시에 4인 가족을 위해 아프가니스탄에서 집으로 돌아오는 비행기를 찾아준 일, 딸의 생일에 맞춰 집으로 돌아올 수 있도록 돈과 여권을 잃어버린 여행객을 도와준 일 등 극단적인 사례를 언급했다. 불과 몇 분 만에 비디오는 비올라의 문제 해결능력을 보여주며 그녀의 여행사가 아주 상상을 초월하는 서비스를 제공한다는 사실을 전달한다. 이것은 잠재 고객들에게도 매력적인 비디오다. 여행을 가서 끔찍한 경험을 안 해본 사람이 누가 있겠는가? 그리고 그런 경험이 한 번에서 끝난다고 누가 장담할 수 있나? 비올라의 메시지를 들으면 안심이 된다. 마치 "걱정하지 마세요. 제가 항상 당신 뒤에 있어요. 제가 할 수 있는 일은 무엇이든지 할 거예요. 그리고 저는 이 일을 너무 사랑해요"라고 말하는 것 같다.

한두 문장의 간단한 자기소개가 비디오 오프닝으로 적당하다. 화려한 자기소개나 마법과 같은 단어를 사용할 필요는 없다. 그러나 확신을 가지고 커뮤니케이션할 수 있는 내용을 찾아야 한다. 시어도어 루스벨트의 말을 인용하자면, "당신이 얼마나 진심인지 알기 전까지 사람들은 당신이 얼마나 많이 알고 있는지에 관심이 없다."

## 비디오로 전문 지식을 공유하자

요즘 대부분의 사람들은 컴퓨터를 어떻게 고치는지, 뭉친 근육을 어떻게 푸는지, 퀼트를 어떻게 만드는지 등 무언가를 배우려고 곧바로 인터넷 앞으로 달려간다. 무언가를 남들보다 잘하거나 전문 지식을 가지고 있다면, 당신은 무언가를 하는 방법을 보여주는 비디오에 적합한 소재를 가지고 있는 것이다.

이런 종류의 비디오를 만들어서 유포하면 특정 분야에 전문성이나 권위를 쌓을 수 있다. 순수하게 자신이 알고 있는 것을 많은 사람들과 공유하는 것이 즐겁고 만족스러워서 블로그에 글이나 사진을 올리는 사람들이 있다. 인터넷에는 이런 사람들이 올린 비디오도 많다. 이것은 정말 멋진 일이라 생각한다. 그러나 얼마나 경쟁이 치열할지 생각해봤나? 최대한 분명하게 지식이나 조언을 다른 사람들에게 전달할 방법에 대해서 곰곰이 생각해봐라. 단계적으로 영상과 이야기가 합쳐진 비디오를 만들어봐라.

어떤 일을 하는 방법을 보여주는 비디오는 특히 기업의 웹사이트나 블로그에 좋은 이야깃거리가 된다. 부츠를 만들든, 유리공예를 하든, 요가를 가르치든 또는 카뷰레이터를 고치든 간에, 어떤 일을 하는 팁을 제공하는 비디오는 시청자의 흥미를 불러일으킬 수 있다. 이런 비디오는 무엇 때문에 당신의 제품이 특별하고 심지어 비싼지 그 이유도 알려줄 수 있다. 그 결과 사람들은 특별한 재료를 쓰고 손이 많이 가고 오랜 경험이 필요해서 제품이 특별하고 비싸다고 이해하게 된다.

한 번쯤 이런 비디오를 인터넷에서 검색해본 적이 있을 것이다. 이런 비디오를 볼 때마다 아마도 비디오가 너무 제멋대로 만들어졌다는 느낌을 받았을 것이다. 비디오가 영상의 초점이 안 맞거나 음향이 나쁘다거나 따라 하기 어려웠을 수 있다. 상식적으로 비디오를 제작할 때 정성을 들여라. 같은 값이면 다홍치마라고 했다. 내용이 같다면 사람들은 잘 만들어진 비디오를 선택할 것이다.

함께 일할 전문가가 없다면 좋은 아이디어를 가지고 있고 기꺼이 비디오 제작에 동참할 동료를 찾아라. 참신한 아이디어와 기발한 상상력이 부족한 기술을 어느 정도 보완할 수 있다.

비디오를 함께 제작할 팀이 있는가? 그렇다면, 다음에 주의하면서 비디오를 제작해라(제17장에 핵심 메시지를 잘 전달하는 양질의 비디오를 제작하는 방법이 단계적으로 잘 설명되어 있으니 그것을 참고해라).

» **조명에 투자해라.** 흥미롭고 분명한 영상과 그저 그런 영상은 조명이 결정 짓는다. 대상이 잘 보일 수 있도록 시간과 공을 들여서 조명을 조절하는 것이 좋다.

» **음향에 신경 써라.** 집에서 만든 비디오의 가장 큰 결점은 나쁜 음향이다. 사람들은 그저 그런 화면은 용서하지만 귀를 스피커에 바짝 갖다 대야 무슨 말을 하는지 겨우 알아들을 수 있을 정도로 나쁜 음향은 정말 싫어한다. 좋은 마이크로폰을 구매하라.

자신의 특별한 가치를 분명히 파악하고 제대로 표현하는 것이 비즈니스의 성공 여부를 결정한다. 이런 가치와 핵심 메시지를 전달할 때 스토리텔링 기법과 비디오를 활용해라. 이렇게 하면 보다 다채롭고 탄탄한 커뮤니케이션이 가능하다. 그리고 이런 노하우와 테크닉을 알고 있는 것이 여러 상황에서 스스로에게 도움이 된다. 가령 온라인에서 자신을 홍보하거나 다음 장의 주제인 구직활동을 하는 등 어떤 식으로든 다른 사람들에게 자신의 가치를 알릴 때, 자신의 가치를 분명히 표현하고 스토리텔링 기법과 비디오를 활용하는 것이 큰 도움이 될 것이다.

# 이력서 쓰기

## 제10장 미리보기

- 자신의 가치를 파악할 수 있도록 도와주고, 그 가치를 다른 사람에게 효과적으로 알리는 법을 알려준다.
- 취업으로 이어지는 이력서 쓰기의 핵심을 살펴본다.
- 효과적인 자기소개서는 어떻게 써야 하는지 알아본다.
- 메시지로 인간관계를 넓히는 방법을 살펴본다.

미국노동통계청이 옳다면, 근로자가 직업을 바꾸는 주기는 대략 4.4년이다. 그러나 대부분의 밀레니얼세대는 대략 3년을 주기로 직업을 바꾼다. 이 말인즉, 1981년 이후 출생한 밀레니얼세대는 평생 15~20개의 직업을 가지게 될 것이다. 그러나 요즘 엄청나게 빠른 속도로 새로운 산업이 생겼다가 사라지는 상황을 고려하면, 일부 미래학자들은 오늘의 젊은이들은 평생 40개의 직업을 가지게 되고 그중 10개는 완전히 다른 직종일 수 있다고 예견한다.

어느 통계를 믿든지 상관없다. 중요한 것은 사실을 직시하는 것이다. 앞으로 셀 수 없이 많은 이력서와 커버레터를 쓰고 인터뷰를 하고 네트워킹 메시지를 쓰게 될 것이다. 새로운 기술이 등장한다고 해서 이런 상황이 크게 바뀌지는 않을 것이다. 기회를 잡는 데 있어 글을 통한 커뮤니케이션 능력이 점점 더 중요해질 것이다. 정기적으로 CEO와 식사를 하지 않는다면, 이력서와 커버레터를 쓰고 한두 번의 필기시험을 통과하지 않고는 취업을 할 가능성은 거의 없다.

이번 장에서는 스스로를 돋보이게 하는 글을 쓰는 방법에 대해서 살펴보고자 한다. 이것은 특히나 중요하다. 이제 한평생 구직활동을 하면서 보내야 하는 시대가 되었기 때문이다. 그러므로 이런 시대에 살아남기 위해서 가장 먼저 해야 하는 일은 자신이 누구인지를 분명히 파악하고 자신이 제공할 수 있는 것이 무엇인지를 정확히 이해하는 것이다. 현재 직업이 있다 하더라도 자신이 가치가 있다는 것을 계속 증명하고 원하는 기회를 얻기 위해서 계속 경쟁해야 한다. 그래서 자기 자신에 대해서 진지하게 고민하는 일은 항상 중요하다(제7장에서 기업가적인 마음가짐을 갖추는 것에 대해서 살펴봤다). 앞으로 자신의 가치를 찾고 분명하게 표현하는 법에 대해서 살펴보자.

## 자신의 가치를 알고 표현하자

마케터는 개인의 가치나 회사(또는 조직)의 가치를 나타내는 메시지를 '핵심 가치 선언'이라 부른다. 이것은 '가치 제안' 또는 'USP 전략(unique selling proposition, 제품 분석을 통해 우리 제품만이 갖고 있는 특성을 찾아낸 후 그 특성이 소비자에게 줄 수 있는 이익을 전달하는 광고전략)'이라고도 불린다. 조직의 경우, 핵심 가치 전략은 그 기업만이 제공하는 가치를 의미한다. 즉, 그 기업이 고객과 세상에 무슨 기여를 하고 있는지를 분명하게 보여준다. 쉽게 말하면, 그 기업만이 제공할 수 있는 양질의 서비스, 혁신적이거나 우월한 틈새 제품 또는 문제를 해결하는 독특한 방식 등이다.

가장 효과적인 브랜딩은 핵심 가치 선언에 근거를 둔다. 조직은 체계적이고 일관성 있게 핵심 가치를 알린다. 이때의 커뮤니케이션 채널은 웹사이트, 광고, 인쇄물 등 다양하다. 개인의 핵심 가치는 정체성을 분명하게 표현하고 자신의 목표를 향해 똑바로 나아가도록 방향을 잡아준다. 핵심 가치가 기업, 비영리기구 등 다양한 조직의 길잡이가 되는 것처럼, 개인의 핵심 가치는 자신이 누구인지, 무엇을 하고 있는지 그리고 왜 하는지를 이해하는 데 도움을 준다.

자신의 정체성을 잃지 않는 것은 카멜레온처럼 시시각각 변화하는 환경에 능숙하게 반응하고 적응해야 하는 요즘 시대에 특히 중요하다. 특정 직업에 지원을 할 때, 자신의 어떤 부분을 겉으로 드러내야 할지도 모른다. 자신만 가지고 있는 특징을 아는 것은 중요하다. 이것은 이력서와 커버레터를 작성하고 온라인 활동을 하는 데 영향을 미친다.

자기 자신을 제대로 이해하는 것은 스스로에게 도움이 된다. 무엇이 스스로를 가치 있고 귀중한 존재로 만드는지를 분명히 알고 있는 상태에서 면접을 본다고 상상해보자. 이것은 자기 자신을 면접관에게 효과적으로 보여줄 수 있는 강력한 메시지를 이미 가지고 있는 셈이다. 개인의 핵심 가치를 알고 그것이 사실이라 믿으면, 면접관에게 자신을 잘 표현할 수 있다는 자신감이 생긴다. 말을 더듬거나 실수하지 않고 면접관의 질문에 답할 준비가 된 것이다. 그러면 면접관이 무슨 질문을 하든지 간에, 능숙하게 질문에 대처할 수 있고 적절하게 대답할 수 있다. 이때 자신의 내재적 가치가 단단한 돛이 되어준다.

원하는 직업을 가지고 있더라도 자신의 핵심 가치에 대해서 끊임없이 고민해야 한다. 새로운 부서장이나 관리자가 누구를 해고하고 누구를 승진시킬지 항상 직원들을 예의주시한다. 이런 경우, 어떻게 자신에 대한 회사의 투자가 정당하다고 주장할 수 있을까? 자신이 유능한 직원임을 어떻게 증명할까? 자신의 핵심 가치를 이해하고 있다면, 그렇지 않은 동료들보다 더 잘해낼 수 있다. 어떻게 자신의 핵심 가치를 찾고 계발할 수 있을까?

## 자신의 강점을 정확히 짚어낸다

현명한 리더는 조직의 가치 제안을 파악하려고 많은 에너지를 쏟는다. 임직원, 고객, 자기 자신, 일반 대중에게 물어보기도 한다. 이때 자신의 회사에 대해서 다양한 이해관계자들이 가장 가치 있게 생각하는 부분을 분명히 보여주는 질문을 한다. 그러고 나서 그들의 답변을 분석하고 핵심을 찾아내 회사의 핵심 가치를 결정하고 이 핵심 가치를 알릴 적당한 언어를 찾는다(제9장에서 조직이 핵심 가치를 찾고 그것을 알리는 방법에 대해서 살펴봤다).

여기서는 개인의 핵심 가치를 찾아보고 다른 사람들에게 알리는 방법을 소개할 것이다. 절대 이 방법 혹은 프로세스가 10분 정도 생각하면 답을 얻을 수 있는 간단한 숙제라고 생각하지 마라. 좋은 답은 시간과 공을 들여야 나온다. 종종 다른 일을 하고 있을 때 불현듯 떠오르기도 한다. 이 프로세스를 심각하게 시도해보기를 바란다. 왜냐하면 자신의 핵심 가치를 알면 구직활동에 필요한 이력서와 자기소개 콘텐츠의 수준이 급진적으로 높아지기 때문이다. 좋은 소재를 찾는 것이 좋은 글을 쓰기 위해서 반드시 해야 하는 첫 번째 노력이다.

신뢰하는 편안한 한두 명의 사람들과 각자의 핵심 가치를 찾는 여정을 함께하는 것도 좋다. 먼저 각자 자신의 핵심 가치 선언을 만들고 상대방의 핵심 가치 선언을 만들어본다. 장담하건대, 스스로에 대해서 새롭게 알게 되는 사실들이 기분 좋은 놀라움을 선사할 것이다. 이것은 자기 자신을 발견하는 과정이다.

다음 접근법의 일부 또는 모두를 시도해봐라.

» **한편의 이야기처럼 과거의 경험을 더듬어본다.** 누군가가 "그래서 어떻게 이 자리까지 오신 거죠?"라고 물었다고 상상해보자. 뭐라고 말하겠는가? 지금까지의 진로뿐만 아니라 어떻게 살아왔는지에 대해서도 생각해보길 바란다. 그리고 직접 말로 답해라. 어떤 말이 자신의 입에서 나오는지 집중해라. 그리고 그것들을 종이에 옮겨 적어라(제9장에서 자신의 이야기를 찾는 데 도움이 되는 보다 구체적인 팁을 제공한다).

» **글로 자신의 경험을 분석한다.** 이렇게 하면 출생지, 가족관계, 교육수준, 첫 번째 직업과 그다음 직업들 등 자신의 경험에 대해서 보다 깊이 생각하게 된다. 인생에서 터닝 포인트가 있었나? 어떤 어려움이 있었나? 개인의 삶과 직업 선택 사이에 연관이 있나? 무엇을 이뤄냈고 어떻게 인정을 받았으며 어떤 영광스러운 일이 있었는지 모두 적어라.

» **자신의 자산에 집중한다.** 어떤 재능을 타고났나? 어떤 기술 또는 능력을 계발했나? 스스로 가치 있다고 여기는 기술은 무엇인가? 다른 사람들이 가치 있다고 평가하는 자신의 기술은 무엇인가? 자신의 이상을 어떻게 설명

할 것인가? 이 질문에 대한 답도 모두 글로 적어라.

» **다른 사람에게 의견을 구한다.** 혼자서 일을 한다면, 친구, 전 동료, 파트너, 전 상사 등 다른 상황에서 당신과 관계를 맺은 사람들에게 할 질문을 준비해라. 예를 들면 다음의 질문을 해볼 수 있다.

- 내가 잘 하는 게 뭐라고 생각하나요?
- 내가 친구(또는 동료, 상사, 파트너)라서 뭐가 좋은가요?
- 다른 사람들과 다른 나만의 특징이 있다고 생각하나요?
- 미래의 고용주(또는 친구, 동료)에게 나에 대해서 뭐라고 말할 건가요?
- 나를 알고 있는 것이 어떤 식으로든 도움이 되나요? 나를 알게 되면서 당신의 삶이 어떤 식으로든 달라졌나요?

그러곤 자신에게 다음 질문을 한다.

- 나는 무엇에 정말 관심이 있을까? 나는 무엇을 좋아할까?
- 내가 가장 자랑스럽게 생각하는 것은 뭘까?
- 나의 가장 높은 욕망은 무엇일까?
- 나는 다른 사람들이 나를 어떻게 봐주기를 원할까?
- 고용주, 친구, 가족에게 지금까지 나는 무슨 기여를 했는가?
- 나는 일과 삶이 어떤 관계를 맺기를 바라는 걸까?
- 나는 세상에 무슨 기여를 하고 싶은 걸까?

재미있는 활동이 하나 있다. 이 활동이 자신의 핵심 가치에 대해서 유용한 아이디어를 떠오르게 할지도 모르겠다. 8~10명의 사람들을 불러 모으고 한 명을 서기로 임명해라. 그러고 나서 한 사람에 대해서 나머지 사람들이 그 사람을 가장 잘 보여주는 단어나 짧은 문장을 돌아가면서 이야기한다. 한 명씩 차례대로 이 과정을 반복한다. 서기는 이 내용을 모두 종이에 받아 적는다. 마지막에 그 종이를 각자에게 나눠준다. 종이에 적힌 글을 읽다 보면 놀라운 일관성과 자신은 몰랐던 자신의 성격이나 재능을 찾아낼 수 있을지도 모른다.

## 아이디어를 모은다

지금까지 자신의 핵심 가치를 찾기 위해서 한 노력들을 검토한다. 어떤 패턴이 보이는가? 개인의 삶, 배경 그리고 진로에서 예상보다 더 많은 연관관계를 발견했나? 아니면 생각보다 연관이 별로 없나? 스스로가 자신을 바라보는 시각과 다른 사람이 바라보는 시각이 얼마나 비슷한가? 그동안의 직업들을 살펴보니 생각했던 것보다 더 곧은 진로를 걸어왔나? 의도한 방향으로 걸어오고 있나? 생각했던 것보다 더 끈기 있고 효과적으로 장애를 극복했다고 할 수 있나?

인류는 부정적인 경험에 연연하고 긍정적인 경험을 하찮게 생각하는 경향이 있다. 심리학자들은 생존에 유리하게 이런 식으로 사고하도록 인간의 뇌가 프로그램되었다고 주장한다. 수천 년 동안, 낯선 사람들이 자신을 해코지할 것이란 생각 때문에 비관론자들이 낙관론자들보다 더 잘 살아남을 수 있었던 것인지도 모른다. 자신의 과거 경험과 가치를 부정적으로 바라본다면, 다시 생각해라! 한번 긍정적으로 생각해보는 것은 어떤가? 과거의 실수, 아깝게 놓친 기회와 좌절의 경험은 잊어라. 심리치료사는 과거를 바라보는 관점과 현재를 바라보는 관점을 바꿔서 사람들의 심리를 치료한다.

검토 결과를 한 문단으로 작성해라. 우리 모두는 정말 독특하고 유일무이한 존재다. 그러므로 글을 쓰는 데 정해진 공식은 없다. 이 핵심 가치 선언은 자신만을 위한 것이고 잠정적인 것이다. 그러니 무슨 단어를 쓸지, 어떤 표현을 사용할지 고민하지 마라. 다음이 핵심 가치 선언을 작성하는 데 도움이 될 것이다.

다른 사람들의 이야기 덕분에 제대로 이해하게 된, 알지 못했거나 당연하게 여겼거나 하찮게 생각했던 자신의 성격, 자산과 기술은 무엇인가?

- » **인생에서 다른 시기에 발견한 성공의 증거들** : 일과 관련하여 고용주가 시간이나 돈을 절약하도록 도왔나? 프로젝트를 성공시키거나 프로젝트 성공에 기여했나? 무언가에 대해서 다른 사람들이 도움을 요청하는 사람인가?
- » **일과의 관계** : 직장에서 이상, 재능과 역량을 발휘할 여지가 있나? 자신이 가진 최고의 기술을 사용하는가? 목표를 향해 전진하고 있나? 또는 목표 달성을 위해 진로를 수정해야 하나?
- » **성격** : 본인은 자신의 성격을 잘 모른다. 유머감각이 있는지, 잘 적응하는

지, 친절한지 그리고 탄력적인지 등 다른 사람들이 그 사람의 성격이 어떤
지 쉽게 파악한다. 관계를 맺고 있는 사람들이 당신을 특별하다고 생각하
게 만드는 특징은 무엇인가?

» **관심사** : 관심사가 일에 드러나는가? 관심사가 일에 드러나기를 바라는가?

개인의 경험을 현실적으로 바라보는 방법이 있다. 바로 스스로를 유일무이하게 만드
는 기술과 흥밋거리의 결합을 찾아내는 것이다. 필자는 말에 대한 개인적인 애정을
자신의 일과 접목시킨 심리학자를 알고 있다. 그녀는 환자들을 치료하는 데 말을 이
용한다. 어떤 음악가는 경영학을 공부하고 어떤 변호사는 의학 학위를 가지고 있으며
사진을 사랑하는 무용가도 있다. 겉으로 봤을 때 전혀 관련이 없어 보이는 기술들의
조합은 그 사람의 시장 가치를 높이고 매우 만족스러운 경력을 쌓도록 돕는다. 취미
나 관심사가 자신의 독특한 가치를 어떻게 배가시킬지도 생각해봐라. 자신의 전문성
을 완전히 새로운 관점에서 평가할 수 있는 무엇을 배울 수 있을지 생각해봐라.

간단한 리스트를 작성하는 것도 자신의 핵심 가치를 찾는 데 도움이 된다. 다음과 같
은 리스트를 작성해보자.

» 나의 최대 관심사
» 나의 기술 조합
» 나의 성취와 성공
» 내가 가장 자랑스러웠던 순간
» 나의 성격과 강점
» 계발하고 싶은 재능과 기술
» 궁극적으로 원하는 일과 삶에 대한 비전

자신과 관련 있는 항목은 추가하고 관련 없는 항목은 삭제하면서 가능한 자세히 각
항목을 채워보자. 이렇게 하면 자신의 가치와 잠재력을 잘 이해할 수 있을 것이다. 무
엇이 더 흥미로울 수 있을까? 스스로에게 영감을 불어넣어라!

이 무미건조한 세상에서 개인적인 가치 선언은 구직자에게 훌륭한 경쟁력이 된다. 이것은 어떤 직업을 추구해야 하고 그 직업에 요구되는 조건과 개인의 강점을 어떻게 일치시키고 자신의 역량을 어떻게 보여줄지에 대하여 좋은 결정을 내릴 수 있도록 돕는 일종의 나침반이다.

필자는 제드라는 젊은이를 알고 있다. 그는 미술 분야에 다양한 학위를 가지고 있는 예비 화가다. 그는 동시에 실용적인 지식도 키웠다. 그 과정에서 컴퓨터에 대해서 큰 관심이 생겼다. 그리고 사학자를 도와 사진을 정리하는 일을 하면서 현장 경험을 쌓았다. 부모님으로부터 독립하기 위해서 제드는 자신이 원하는 삶을 지탱할 풀타임 직업이 필요했다. 아무도 스튜디오 화가들을 고용하지 않았다.

제드는 자신의 능력과 경험을 살펴보고 자신의 핵심 가치를 결정하기로 했다. 그는 다른 사람들에게 자신이 가지고 있는 기술과 자산에 대해서 어떻게 생각하는지 물었고 관심 분야와 강점에 대해서 간단한 리스트를 작성했다. 그러자 즉시 그의 목표가 분명해졌다. 예술 분야 내에서 직업을 찾는 것이다. 특히 자신의 취미를 적극적으로 활용하고 즐기면서 커리어를 쌓을 수 있는 직업을 찾기로 했다. 제드는 곧 박물관에서 행정 직원을 구한다는 채용공고를 봤다. 그는 자격 요건을 꼼꼼히 읽고 자신의 핵심 가치와 어떻게 연결할지 고민했다. 그 결과 다음과 같은 자기소개서가 나왔다.

> 개인적인 배경과 관심사 덕분에 저는 박물관에서 사람들과 함께 일하는 것이 완전히 편안하고 익숙합니다. 저는 문서 보관, 보존 그리고 촬영술과 관련한 학위가 있고 관련 분야에서 일한 경험도 있습니다.

> 저의 전문 기술은 응용 기술입니다. 사람들은 컴퓨터에 문제가 생기면 언제나 저를 찾아와 도움을 청합니다. 저는 빠르게 기술 시스템을 분석해서 작업에 더 적합한 시스템을 만들 수 있습니다. 최근에는 사진 보관 회사와 관련한 프로젝트를 맡았습니다. 그 프로젝트에서 저는 수작업으로 하면 몇 시간이 걸리는 일을 단 몇 분 만에 해내는 컴퓨터 시스템을 설계했습니다.

> 저는 쉽고 편하게 새로운 기술을 가르치는 것도 좋아합니다. 저에게서 수업을 받은 사람들은 새로운 기술을 사용하는 것을 편안하게 느낍니다.

제드는 자신의 핵심 가치를 중심으로 자기소개서를 작성했다. 이 자기소개서는 이력서의 내용을 뒷받침하고 여러 면접에서 자신을 잘 대변할 수 있도록 돕는다. 그는 성공적으로 취업했고 이 경력을 발판 삼아 다음 기회를 얻을 수 있었다. 그리고 계속 자신의 가치를 증명했다. 그는 현재 국제아트갤러리에서 보수를 두둑이 받으며 일하고 있다.

# 한 장의 이력서로 취업하자

온라인 채용이 기준이 된 지금 더 이상 이력서를 쓰지 않아도 될 것이라 생각하는가?

그것은 환상에 불과하다. 고용주들은 그 어느 때보다 지원자들을 평가할 표준화된 방법이 필요하다. 왜냐하면 너무 많은 지원자들이 온라인 채용 공고에 지원하기 때문이다.

고용주와 구직자 모두 서로에게 딱 맞는 일자리와 직원을 찾는 것은 정말 힘든 일이다. 그런데 눈에 띌 정도로 잘 쓴 이력서는 큰 무기가 될 것이다. 이력서를 작성할 때 목표와 대상을 분석하는 것이 어떻게 도움이 되는지 살펴보자.

이력서를 쓰는 목표는 단순히 취업을 하는 것이 아니다. 채용 프로세스에서 한 단계를 넘어서 다음 단계로 나아가는 것이다. 자신을 돋보이게 하고 대면 또는 온라인 면접의 기회를 얻을 수 있도록 이력서에 뭐라고 적어야 할까?

이력서에 자신이 다음과 같은 사람임을 보여줘야 한다.

> » 조직과 직무를 정확히 이해하고 있다.
> » 해당 직무에 적합한 사람이고 회사에 가치를 제공한다.
> » 그동안의 성취를 증거로 자신의 역량을 증명할 수 있다.

나아가 문제를 해결하기 위해 의지할 수 있고, 진취적이고 다른 사람들과 잘 어울리고, 도전을 두려워하지 않고 앞장서는, 에너지 넘치고 적극적인 사람이라는 것도 보여줘야 한다. 그리고 서류 전형을 통과하려면 워드프로세서 등 기본적인 프로그램을 다룰 수 있는 사람이라는 것도 보여줘야 한다.

이 모든 것을 달성하기 위해서, 진지하게 생각하고 고민해서 이력서를 잘 써야 한다. 실제로 이력서를 통해 커뮤니케이션 능력이 우수하다는 것을 보여줄 필요가 있다. 왜냐하면 커뮤니케이션 능력은 채용 공고에 적혀 있든 적혀 있지 않든 간에 고용주들이 중요하게 생각하는 것이다.

이력서를 읽을 채용담당자와 관련해서 다음 세 가지 포인트에 주의해야 한다.

> » **지원자로서 자신이 해당 직무에 적합한 사람임을 보여야 한다.** 이것은 당신의 니즈보다 고용주의 요구사항이 더 중요하다는 의미다. 솔직히 인정하고 받아들이자. 회사는 당신이 "내가 가지고 있는 기술을 모두 활용하고 나의 성장에 도움이 되며 내가 좋아하는 분야에서 흥미로운 일을 하고 싶다"

고 말하는 것에 관심 없다. 그들은 당신이 자신들에게 무엇을 해줄 수 있는지 알고 싶을 뿐이다.

» **지원하는 자리와 회사에 맞춰서 이력서를 작성한다.** 모든 직무와 회사에 맞는 이력서는 없다. 일반적으로 사용할 수 있는 이력서를 작성하고 지원하는 회사와 직무에 따라 적절하게 수정할 수 있다. 가령 마케팅이나 PR에 관심이 있다면 다른 관점에서 두 개 이상의 이력서를 작성할 수 있다. 그러나 지원할 가치가 있는 직무라면 그 직무에 맞게 이력서를 수정해야 한다.

» **지원하는 회사에 대해 미리 알아둔다.** 회사의 역사, 제품, 업계 내 입지, 도전과제, 문제점 등 지원하는 회사에 대한 정보를 최대한 많이 파악한다. 회사의 웹사이트, 소셜미디어, 직원들의 온라인 커뮤니케이션, 채용 사이트 또는 간단한 구글 검색으로 무한한 정보를 얻을 수 있다. 채용 공고를 샅샅이 살펴서 그 회사의 니즈와 지원자의 자격요건 등 최대한 많은 정보를 확보하는 것도 잊지 마라.

경고메시지

지원하는 회사의 채용담당자들이 이력서와 자기소개서를 제외하고 지원자의 무엇을 읽을까? 혹시 링크드인에 적힌 경험과 관심사가 이력서에 적힌 것과 다르지 않은가? 페이스북에 흥청망청 노는 사진이 올라와 있지는 않은가? 싫어하는 사람에게 또는 그 사람에 대해서 트위터에서 욕설을 하지 않았나(제12장에서 온라인 행실을 바로잡는 방법에 대해서 살펴본다)? 지금의 고용주와 마찬가지로 채용담당자가 지원자에 대해서 이 모든 것들을 검색하고 확인한다는 사실을 염두에 두자.

이제 구체적으로 취업으로 이어지는 이력서를 작성하는 방법에 대해서 살펴보자. 이력서를 잘 쓰는 것에 대해서 유용한 팁을 제공하는 책이 많다. 그래서 필자는 이력서의 형식, 콘텐츠 선택과 글 스타일에 대해서 주로 살펴볼 것이다.

## 이력서 형식을 선택한다

약간의 차이는 있지만, 전통적인 이력서는 일반적으로 다음의 형식으로 지원자의 전 인생을 담는다.

연락처(이름, 이메일 주소, 집 주소, 전화번호 등)

근무 희망 부서(선임 프로젝트 매니저, 비영리기구 등)

역량 기술서

직책, 직무에 대한 간단한 설명, 성과, 날짜 등을 내용으로 최근 경력부터 과거의 경력 기록

학력사항

보유 기술, 지식, 자격증(작업 기초 능력이라 불리는 것들)

여기에 수상 이력, 관심 분야, 출판 경험, 자원봉사 활동, 종교 등 다양한 항목을 추가할 수 있다.

직무 능력을 강조하는 '기능 중심적 이력서'는 전통적인 이력서와는 완전히 다른 형식이다. 기능 중심적 이력서는 페이지 절반 정도를 할애하여 구체적인 경력보다 보유 기술과 역량을 간략하고 자세하게 설명하는 요약문으로 시작한다. 이런 형식은 컨설턴트, 프리랜서 등에 적합하다. 채용담당자는 특정 프로젝트를 진행함에 있어 지원자의 경력보다 과연 그가 그 프로젝트를 해낼 수 있는지를 더 궁금해하기 때문이다.

풀타임의 사무직종이 목표라고 하더라도, 기능 중심적 이력서는 전통적인 이력서 형식으로는 효과적으로 전달되지 않는 능력이나 경험을 전달하는 데 도움이 된다. 기능 중심적 이력서는 다음과 같은 형식을 가진다.

연락처

근무하는 회사 및 직책(해당할 경우에 한해)

관련 기술을 구체적으로 보여주는 요약글

수행 프로젝트 샘플

경력(예를 들어, 현재 지원하는 프로젝트와 관련된 업무를 한 경험)

추천인

원하는 직무나 부서를 강조하는 데 도움이 된다면 기능 중심적 이력서의 몇 가지 항목을 적절하게 활용해라. 이렇게 하면 부족한 부분을 최소화할 수 있다. 전통적인 이력서 형식을 조금 수정해서 스스로를 최대한 돋보이게 만들 수도 있다. 예를 들면 다음과 같다.

» **이제 막 학교를 졸업했는가?** 관련 분야에서 일한 경험이 부족하다면, 전통적인 이력서 형식을 사용해라. 그러나 학력 수준을 제일 앞에 쓰고 학교에서 직무와 관련하여 어떤 수업을 들었는지 적고 상을 받은 적이 있으면 그 내용도 적어라. 지원하는 업무와 관련 있는 것들을 중심으로 이력서를 작성해라.

» **오랫동안 실직 상태이거나 경력 사이에 긴 공백이 있나?** 기능 중심적 이력서에서 보유 역량과 기술을 간략하게 작성하는 부분을 좀 더 길게 작성하고 역량과 성과를 중심으로 좋은 이야기를 만들어라. 그러나 왜 긴 공백이 생겼는지를 설명하고 그 기간 동안 무슨 활동을 했는지 설명해야 한다(이 부분에 대해서는 이번 장의 후반부에서 더 자세히 살펴볼 것이다).

» **지원하는 직무에 대해서 자신이 너무 어리거나 너무 늙었다고 생각하나?** 그렇다면 괄호를 사용해서 이 정보가 시각적으로 두드러지지 않게 처리해라. 나이가 많은 쪽이라면 이 정보를 분명히 밝힐 필요는 없다. 그 어떤 법도 지원자가 모든 정보를 공개해야 한다고 강제하지 않는다. 그렇다고 자신의 가치를 떨어뜨리지는 말기 바란다. 자신의 경험과 지식을 자랑스럽게 알려라. 채용 과정에서 적어도 한 번쯤은 채용담당자와 직접 대면하게 된다. 그러니 채용담당자에게 잘못된 정보 또는 지나치게 적은 정보를 제공하는 것은 생각이 짧은 행동이다.

» **이직을 고민하고 있나?** 기능 중심적 이력서가 적당하다. 지원하는 직무에 맞게 현장에서 쌓은 실력과 기술을 분명히 그리고 효과적으로 전달하는 요약문을 작성해라.

» **경력에 일관성이 없어 닥치는 대로 일을 했다는 인상을 주는가?** 유사한 성격의 일들은 하나의 항목으로 묶고 근무기간을 기준으로 정리해봐라. 예를 들면, '리테일 업계 관련 경력, 2012~2015'라고 제목을 정하고 '2년 연속 여름에 빙과류 전문점 관리, 직원 3명으로 된 팀 관리, 금전 등록기 운영, 재고 관리' 등 이 항목에 해당되는 근무 경험을 적는다. 인턴십도 이렇게 정리할 수 있다. 유사한 경력을 하나로 묶으면 기준 없이 하나씩 열거하는 것보다 더 효과적이고 깊은 인상을 남길 수 있다.

핵심은 지원하는 직무에 맞게 이력서를 수정하고 자신의 강점과 자산을 강조하는 것이다.

## 경력과 역량을 효과적으로 전달하는 요약문을 작성한다

서너 줄로 자신의 강점과 자산 등을 강렬하고 효과적으로 전달하는 요약문으로 이력서를 시작하는 것이 좋다. 채용담당자가 지원자의 경력이나 능력을 어떻게 보느냐를 이 요약문이 결정한다고 해도 과언이 아니다. 이 요약문은 왜 채용담당자가 당신에게 관심을 가져야 하는지 알려주는 역할을 한다. 자신이 어떤 종류의 일을 원하는지 적기보다는 자신이 채용담당자가 찾고 있는 '바로 그 사람'이라는 메시지를 전달해야 한다.

효과적으로 잘 작성된 요약문은 지원자가 이 직무를 통해 달성하고자 하는 목표를 분명히 보여주고 그 직무에 필요한 모든 자격을 갖춘 사람이라는 메시지를 전달한다. 그래서 이력서의 요약문을 작성하는 데는 많은 시간과 생각이 필요하니 절대 놀라지 마라. 그러나 이번 장의 '자신의 가치를 알고 표현하자'에서 이야기한 것처럼 핵심 메시지를 분명히 이해하고 있다면 쉽게 이력서의 요약문을 작성할 수 있다. 핵심 메시지를 이력서에 맞게 수정만 하면 되기 때문이다. 예를 들어 우리의 친구 제드라면 다음처럼 쓸 수 있을 것이다.

### 예술 행정가, 예술사학자, 현직 예술가

문서기록, 보존 및 촬영과 관련한 분야에서 일한 경험이 있고 해당 분야와 관련한 교육을 받음. 보다 효율적이고 경제적으로 행정 업무를 처리하는 컴퓨터 시스템 설계에 전문성이 있음. 새로운 기술을 낯설어하고 어려워하는 사람들을 친구처럼 잘 도와주고 가르침. 모든 직장에서 컴퓨터와 관련해 문제가 있으면 동료들이 항상 도움을 요청함.

자신을 효과적으로 소개하는 요약문을 작성하려면, 지원하는 직무에서부터 시작하는 것이 좋다. 지금 딱히 지원하는 업무가 없다면, 관심 분야의 온라인 채용공고를 한번 훑어보고 어떤 자질을 원하는지 꼼꼼히 살펴봐라. 이렇게 하면 채용담당자(혹은 회사)가 무엇을 중요하게 생각하는지 알 수 있다. 그러고 나서 자신의 핵심 능력과 자격요건을 어떻게 하면 거기에 잘 맞춰서 정리할 수 있을지 고민해봐라.

본인이 직접 자신이 생각하는 이상적인 직업에 대한 채용공고를 만들어보는 것도 좋다. 바로 채용담당자의 입장이 되어서 담당 업무와 도전과제, 필수적인 하드 스킬과 소프트 스킬, 관련 경력과 기타 자격요건 등 해당 직무에 대해서 자세히 서술해보는 것이다. 마지막으로 이 채용공고에 직접 지원해라. 이렇게 하면 이력서에 쓸 내용에 대해서 유용한 아이디어와 통찰력을 얻을 수 있고 자신이 무엇을 원하는지 보다 자세하게 정의할 수 있다. 그리고 자신에게 딱 맞는 직업이 무엇인지를 알고 그 직업을 가지는 방법을 찾는데도 도움이 된다. 예를 들면 새로운 무언가를 배우는 것이다.

최고의 이력서는 지원자가 그 직무를 수행하기 위해서 오랫동안 준비를 해온 것 같은 인상을 준다. 자신의 기술과 자질을 왜곡하지 않고 주어진 여건 속에서 적절하게 표현하여 이런 이력서를 작성할 수 있어야 한다. 이력서를 쓸 때 어떤 경험이나 기술을 강조해야 할지를 전략적으로 결정해야 한다. 과연 어떤 요소들이 유리하게 작용할까? 다른 곳에서 습득한 기술의 가치를 지원 업무에 맞게 창의적으로 해석해야만 한다. 절대 채용담당자가 알아서 당신의 기술 또는 경험과 해당 직무의 관련성을 찾아내면서 이력서를 검토할 것이라 생각하지 마라.

자신의 경험을 차별화해야 한다. 다시 말해 지원하는 직무와 관련해서 더 중요한 경험과 덜 중요한 경험을 구분할 필요가 있다. 예를 들어 제드의 주요 관심사는 그림이지만 그림은 직업을 찾는 데 별 도움이 되지 않는다. 그래서 제드는 실용적인 기술을 강조하기로 한다. 물론 제드는 예비 예술가이기 때문에 그림에 대해서 언급하겠지만 자세한 언급은 피한다.

요약문은 이력서의 처음 또는 끝에 나온다. 요약문으로 채용담당자에게 자신의 가치를 전달해봐라. 다시 말해 요약문을 읽고 당신에게 관심이 생겨 끝까지 이력서를 읽게 만드는 것이다. 그리고 요약문을 제대로 쓰면 이력서의 나머지 내용들은 이 요약문을 뒷받침하는 자료에 불과하다.

### 경력을 기술한다

경력란은 자신의 경력을 요약해서 작성하는데, 가장 최근의 경력부터 적는 것이 일반적이다. 이때 최근의 경력일수록 더 자세히 적고, 오래된 경력일수록 해당 직무에 대해서 간단히 설명하면 된다. 이력서의 경력란을 작성할 때 활용할 수 있는 몇 가지 아이디어를 살펴보자.

» **직책, 회사명 그리고 위치, 근무일자** : 직책은 원하는 대로 살짝 바꿀 수 있는 아이템이다. 예를 들어, 공식 직책은 기술팀 대리지만 주요 업무가 기술적 결함을 수리하는 것이라면(이것은 순전히 나의 의견이니 판단은 당신에게 맡긴다), 기술결함 해결 전문가라고 적는 것이다. 이것이 살짝 양심에 찔린다면 포괄적으로 사용되는 표현을 사용해도 좋다. 근무일자와 관련해서 어떤 이유로 얼마 동안 일을 했는지 밝히고 싶지 않다면, 굵은 글씨로 대문짝만 하게 적지 말고 문장 맨 끝에 보일 듯 말 듯 하게 적어라.

필요하다고 판단되면 근무한 조직에 대해서 간단하게 설명하는 것도 좋다. 잘 알려지지 않은 회사라면 설명을 덧붙이는 것이 좋다. 예를 들어, '화이트 헤드 햇, 매출 2억 달러의 중서부 지역 최대 실크 정장 모자 도매업체'라고 적는 것이다. GE라면 물론 모르는 사람이 없을 정도로 유명한 회사니 이렇게까지 적을 필요는 없겠지만, 워낙 큰 회사라 어느 분야에서 어떤 업무를 담당했는지 사람들이 잘 모를 수 있으니 이 부분에 대해서는 설명을 해주는 것이 좋다.

» **직무 개요** : 글머리 기호로 직무를 기술하지 마라. 먼저 간결하게 해당 직책에서 어떤 업무를 담당했는지 설명해야 한다. 강조하고 싶은 성과에 대해서 글머리 기호를 사용해라. 직무 개요를 작성하는 게 어렵다면 가장 일반적이고 포괄적인 내용을 기본으로 자신의 실제 직무에 맞게 늘릴 부분은 늘리고 줄일 부분은 줄여가면서 수정하면 도움이 될 것이다. 예를 들어, 잡지 편집자는 다음처럼 쓸 수 있다.

무술용품 공급업계의 주요 출판물을 편집하고 디자인하고 생산함. 9명의 직원들과 120쪽 분량의 월간지를 12권 출판함. 5년 동안 광고 수입이 19퍼센트 증가함.

» **글머리 기호와 성과** : 각각의 글머리 기호는 직무에 대한 상세한 설명을 제공해야 한다. 그리고 가능할 때마다 성과를 강조하는 것이 좋다. 글머리 기

호는 그냥 보기 좋으라고 사용하는 것이 아니다. 글머리 기호는 그 누구도 불평할 수 없게 당신이 수행한 업무를 분명하게 나타내고 그 업무를 수행해서 어떤 변화를 만들어냈는지를 강조하기 위해서 사용되는 그래픽이다. 앞의 편집자라면 다음처럼 쓸 수 있을 것이다.

> 영업팀과 편집팀의 업무 조율 담당.

그러나 이것보다는 다음이 더 좋다.

> 월간지의 주제를 결정하고 광고 판매가 용이하도록 영업팀과 편집팀을 통합하여 조직적인 팀을 만듦.

이것은 훨씬 덜 수동적이고 덜 지루하게 들린다. 그러나 아직도 부족하다. 다음의 내용이 더 좋다.

> 영업팀과 편집팀이 서로 협업하는 시스템을 도입하여 잡지의 월별 주제를 결정함. 이를 통해 첫 6개월 동안 17개의 광고 계약을 따냄.

마지막 버전이 제일 좋다. 왜냐하면 성과를 수치화했기 때문이다. 가능하다면 이렇게 성과를 수치화하도록 해라. 모든 관리자들은 수치로 대화를 한다. 최종 결산 작업이라고 부르자. 시간이나 돈을 절약했나? 효율성을 높였나? 문제를 해결했나? 구체적인 목표를 달성하기 위하여 성공적이거나 혁신적인 무언가를 도입했나? 이런 질문에 대한 답을 수치로 나타내면 아주 효과적이다. 잘한 일이 있으면 자랑해라! 현재 직업에 대해서 적당하게 설명하고 강조할 가치가 있는 성과는 글머리 기호를 활용해라.

자신의 가치를 증명할 구체적인 사례를 분명히 제시해야 한다. 이를 위해 과거 그 일을 통해 한 모든 경험을 다시 곱씹을 필요가 있다. 자신이 이끌었거나 팀원으로 참여했던 프로젝트들을 살펴보는 것도 좋은 방법이다. 왜냐하면 프로젝트는 문제로 시작해서 성공적인 해결책으로 끝나는 경우가 일반적이기 때문이다. 그리고 예를 들어, '3개월 동안 전환율을 두 배로 끌어올린 랜딩 페이지 구축' 등 가시적인 결과를 도출한 모든 일을 살펴라.

'만약 내가 없었다면 그 팀이나 조직은 어떻게 달라졌을까?'란 질문을 자신에게 해봐

라. 성과 중 일부는 소프트 스킬과 관련되어서 시간이나 돈으로 환산하기 어려운 것일 수 있다. 이런 경우 일화나 증언을 확보해서 가능한 자세히 서술하는 것이 좋다. 예를 들어, 'CEO가 선정하는 이번 달의 최고의 근무 환경 개선 아이디어 10개 중 하나로 선정', '수업 시간의 기명 논평 작성 과제에서 우수 글로 선정되어 지역 신문에 실림', ' 담당했던 인턴십 프로그램의 참여자 만족도가 92퍼센트에 이름' 등으로 작성하는 것이다.

오래된 경력도 이와 유사하게 처리하면 된다. 글머리 기호로 강조할 필요가 있는 성과를 간략하게 작성한다. 단 오래된 경력의 경우 최근 경력보다 이력서에서 공간을 적게 할애하는 것이 논리적이다.

## 자신의 장점(강점)을 자랑한다

자신의 주요 '셀링 포인트'에 맞게 이력서 형식을 수정했다면, 이제 이력서에서 강조할 콘텐츠를 결정해야 한다. 자신의 강점과 그 직업의 요구사항을 강조하는 방법에 대해서 살펴보자.

- » **강조할 만한 경력을 따로 분리하여 작성한다.** 연대순으로 경력을 작성하면 뭐가 중요하고 뭐가 덜 중요한지 알 수가 없다. 그러나 주요 경력만 따로 분리하여 작성하면 효과를 극대화할 수 있다. 자신의 역량을 강조하기 위해서 경력 리스트 바로 위에 강조하고픈 경력만 따로 정리해라. 실제로 어디서 해당 경력을 쌓았는지 간략하게 설명해라. 이것은 경험이 풍부한 구직자, 이직을 생각하는 사람 또는 취업시장에 재진입하는 사람에게 좋은 전술이 된다.
- » **증언을 확보한다.** 교수님에게서 회계를 가르친 학생 중 최고였다는 칭찬을 들었다면, 이 경험을 이력서에 적어라. 가끔 동료나 친구에게 지원 직무와 관련해 도움을 준 경험도 좋은 '조미료'가 되어 이력서를 더 흥미롭게 만들기도 한다. 이런 증언에 그래픽 효과를 줘서 시각적으로 더 두드러지게 만드는 것도 좋은 방법이다. 이력서의 맨 끝에 증언을 삽입하거나 적당한 장소에 박스로 처리할 수도 있다.
- » **보유 기술과 역량을 분명히 알리기 위해서 전문 분야를 서술하는 공간을**

**삽입한다.** 기술처럼 빠르게 움직이고 변하는 분야에 몸담고 있다면 경력을 어떻게 개발해왔는지를 설명하는 것도 좋다. 변화가 많거나 빠르게 움직이지 않는 분야라 하더라도 강의, 워크숍 등 계속 무언가를 배우기 위해 노력했다는 것을 알려라. 이런 헌신적인 노력이 자연스럽게 당신의 가치를 말해줄 것이다.

» **지역사회 활동을 넣는다.** 오랫동안 직장생활을 하지 않았다면 이런 내용을 이력서에 추가하는 것도 좋은 전략이다. 실제로 이력서에는 단순한 직업과 관련된 경험뿐만 아니라 이런 경험을 적는 것도 도움이 된다. 금전적 보수가 주어지지 않는데도 불구하고 하는 일이 참된 노동이고 의미가 있을 수 있다. 만약 회계사인데 쉬는 동안 연말정산에 대해서 무료 강의를 했다면 반드시 이 내용을 이력서에 적어라. 이것은 집에서 빈둥대며 시간을 보냈다는 것보다 당신의 이미지를 더 좋고 인상적으로 채용담당자에게 전달한다. 지원 직무와 관련이 없는 활동도 타인을 배려하고 사회활동에 참여하는 사람이라는 인상을 줄 수 있다. 누가 이런 사람에게 연락을 하지 않겠는가? 그러나 이것은 자원봉사활동이라고 부르지 마라. 지역사회활동이라 불러라.

» **경력 사이에 존재하는 긴 공백을 설명한다.** 왜 이렇게 긴 공백이 생겼는지 제대로 설명하지 않으면, 채용담당자들은 자기들 좋을 대로 해석한다. 이런 쓸데없는 위험을 감수할 필요가 있는가? 그리고 채용담당자들도 지원자가 이 긴 시간 동안 무슨 일을 하면서 보냈는지 알고 싶을 것이다. 기본적으로 진실을 말해라. 대부분의 회사들은 특히 요즘 불규칙적인 경력에 대해서 상대적으로 개방적이다. 왜냐하면 개인의 힘으로 어떻게 할 수 없는 일들이 너무나 많기 때문이다. 가령 아픈 친척을 돌보기 위해서 오랜 시간 일을 쉬어야 했다면 솔직하게 그렇게 말하면 된다. 그 기간 동안 직접 컨설팅 회사를 차렸지만 결과가 그렇게 만족스럽지 못했다 하더라도 괜찮다. 그러나 그런 경험과 결과에 대해서 말할 준비를 하는 동시에 큰 조직에 소속되어 다른 사람들과 함께 일하는 것도 선호한다는 이야기를 빠뜨리지 말고 반드시 해라.

» **목표를 향해 나아간 경험을 적극 활용한다.** 가령 3개월 만에 승진을 했다고 치자. 또는 최연소 지부장으로 임명되었다고 치자. 그럼 이런 경험을 분명히 전달해라. 특히 한 곳에서 오래 일했다면, 자신이 그 조직에서 어떻게

**272**

성장했는지를 분명히 보여주는 것이 좋다. 이런 성공을 이력서에 적절히 담아내거나 따로 항목을 만들어 강조할 수도 있다.

이전 직장에서 담당한 행정업무에 회의 준비, 비품 관리, 서류 관리 등의 소위 잡무가 포함되어 있다면, 문서 정리를 하는 자리에 지원하지 않는 이상, 이력서에 이런 내용을 적지는 마라. 이력서에 이전 직장에서 무슨 일을 했는지 하나도 빠짐없이 전부 다 적을 필요는 없다. 오히려 세세한 부분까지 다 적으면, 채용담당자에게 중요한 일과 그렇지 않은 일을 가려내지 못하는 사람이라는 인상을 줄 수 있다. 최악의 경우, 사람들은 당신을 최하위의 가치 없는 지원자라고 생각할 수 있다. 차고 넘치는 것보다 모자란 것이 낫다.

이력서를 작성할 때 유용한 팁을 더 알고 싶다면 제16장을 참조하기 바란다. 다음은 자기소개서를 작성하는 방법에 대해서 살펴볼 것이다.

## 성공적인 자기소개서를 작성해보자

이력서를 제출할 때마다 시간을 들여 지원 직무와 회사에 맞는 독창적이고 체계적인 자기소개서를 작성하라. 채용공고에서 자기소개서를 반드시 작성할 필요가 없다는 안내가 있더라도 자기소개서를 잘 쓰는 것이 좋다(단, '절대 자기소개서를 작성하지 마시오' 라고 한다면 시키는 대로 해라).

효과적인 자기소개서 작성은 어렵지만 노력할 만한 가치가 있다. 한 개인으로서 자신에 대해서 1인칭으로 말할 첫 번째 기회가 바로 자기소개서다. 자기소개서는 지원서와 이력서의 무미건조한 정보를 보완한다. 그리고 이를 통해 채용담당자의 관점을 원하는 방향으로 살짝 돌릴 수도 있다. 자기소개서는 이력서에 적힌 성과의 맥락을 제공하고 무엇이 가장 의미 있고 해당 직무와 관련된 경험인지를 말해주며 주목할 가치가 있는 경험과 기술에 자세한 부연설명을 한다. 그리고 바람직한 톤을 잡아준다.

지금부터 이력서를 뒷받침하고 취업의 가능성을 높일 자기소개서를 조직하고 작성하는 방법에 대해서 살펴보자.

## 자기소개서를 구상하자

제2장에서 소개한 기본적인 의사결정 시스템과 제6장에서 소개한 이메일 쓰는 법은 자기소개서를 작성하는 데도 효과가 있다. 우선 목표에 집중한다. 이력서의 경우와 마찬가지로 자기소개서의 궁극적인 목표는 직업을 얻거나 계약을 체결하는 것이다. 이 목표는 문서 작업만으로는 달성하기 힘들다. 자기소개서는 이력서를 소개하는 최고의 수단이다. 어떤 경우에는 자기소개서 자체가 지원서 역할을 한다.

미리 세심히 계획한 것이 아니라 나중에 불현듯 생각나서 작성하는 것이 자기소개서라고 생각하지 마라. 아무렇게나 작성한 자기소개서 때문에 채용 과정에서 완전히 낙오될 수도 있다. 왜냐하면 수많은 지원서를 보느라 지칠 대로 지친 채용담당자들은 탈락시킬 구실만 눈이 빠져라 찾는다. 그런 그들에게 마구 쓴 자기소개서는 좋은 구실이 된다. 자기소개서를 계획하면, 그 과정에서 남들보다 돋보일 수 있는 방법에 대한 통찰력을 얻을 수 있다.

자기소개서를 잘 쓰기 위해서 제6장에 소개한 간단한 프로세스를 한 번 사용해봐라. 먼저 전달하고 싶은 포인트에 대해서 생각해보고 리스트를 작성한다. 그리고 콘텐츠 아이디어를 얻기 위해서 다음 질문에 답해본다.

» 흥미롭지만 이력서에 포함시킬 수 없는 개인적인 경험이나 정보는 무엇인가?

» 언급할 가치가 있는 채용담당자 또는 지원 회사와 자신을 이어주는 연결고리가 있는가? 서로 아는 사람이 있다거나 동문은 아닌가?

» 지원 회사에서 찾고 있는 핵심 역량과 자질은 무엇인가? 자신과 가장 두드러지게 맞는 부분은 무엇인가?

» 창의력 또는 세세한 것에 대한 집중력 등 지원 회사가 찾고 있는 역량을 가지고 있다는 사실을 자기소개서에서 어떻게 보여줄 수 있을까?

» 왜 이 회사에서 일하고 싶은가? 자신의 동기에 대해서 솔직하게 그리고 긍정적으로 이야기할 수 있는가? 열정을 보여줄 수 있는가?

» 채용담당자나 지원 회사에 대해서 솔직하게 그리고 긍정적으로 무엇을 말할 수 있는가? 그리고 왜 자신이 지원 업무와 잘 어울린다고 생각하나?

## 활기찬 문장으로 자기소개서를 시작한다

자기소개서의 첫 문장과 첫 문단을 적는 데 수고를 아끼지 말아야 한다. 이메일처럼, 자기소개서는 가능한 빨리 핵심으로 들어가고 채용담당자에게 가장 중요한 내용에 집중해야 한다. 그래야 채용담당자가 끝까지 읽는다. 그러나 자기소개서는 보통 콘텐츠가 필요하다.

이메일로 자기소개서를 보낸다면, '소프트웨어 엔지니어링 채용 #1465 지원' 등 제목에 편지를 보내는 목적을 적을 수 있다. 그러나 우편으로 부친다면, 지루한 도입부는 생략하도록 해라. 이를 피할 방법이 여기 있다. 편지의 위에, 가능하면 오른쪽에, '데일리 테키 7월 1일, SEO 스페셜리스트 지원'이라고 적는 것이다. 그러고 나서 "저는 9살부터 어두컴컴한 방에서 플래시 불빛에 의지하여 컴퓨터 소프트웨어를 개발했습니다. 잘 시간이었기 때문에 방에 불을 켤 수가 없어 플래시를 사용해야만 했죠"라는 식으로 편지를 시작하는 것이다. 또는 "탑시 소프트웨어에서 7년 동안 개발자로 일했습니다. 그래서 저는 제가 귀하가 찾고 있는 SEO 스페셜리스트라 생각합니다"란 식으로 간단하고 단도직입적으로 편지를 시작해도 된다(두 방법 중 어느 것이 더 좋은지는 개인의 판단에 맡기겠다).

더 강력한 오프닝을 작성하려면, 앞에서 브레인스토밍을 해서 만든 리스트를 살펴보면서 자신의 이야기를 전달하는 데 도움이 될 만한 콘텐츠가 무엇인지 찾아봐라. 채용담당자가 당신의 이력서에서 가장 알아봐줬으면 하는 내용은 무엇인가? 무엇이 당신을 채용담당자에게 실제로 존재하는 진짜 사람처럼 느껴지게 만들까? 지원 직무와 딱 맞아 떨어지는 당신의 강점은 무엇인가?

이력서에 쓴 단어를 그대로 반복해서 사용하지 마라. 그것은 채용담당자의 시간을 낭비하고 그들을 지루하게 만든다.

이메일로 이력서를 보낼 때에는 철저히 예의를 지켜서 작성해야 한다. 가능하다면 받는 사람의 이름과 직책을 명확하게 지칭하는 것이 좋고, '○○ 드림'이라는 말로 끝맺음을 해야 한다.

여기 주의할 것 하나 더! 적어도 10번 이상 편집하고 검토해라. 친구에서 한 번 봐달라고 부탁해라. 거꾸로 읽어봐라. 하룻밤 묵혀두고 다음날 다시 읽어봐라. 자기소개서에서 철자나 문법 실수를 하는 것은 이력서에서 하는 것보다 더 무례하게 느껴진다. 어쩌면 이 실수 때문에 지원서가 곧바로 휴지통으로 갈 수도 있다.

# 글로 네트워킹을 하자

온라인 네트워킹을 하려고 즉흥적으로 메시지를 작성하는 경우가 있다. 그러나 구직 활동을 하고 있을 때, 이렇게 보내는 네트워킹 메시지도 예의를 지켜야 하는 편지로 생각해야 한다. 정보를 얻기 위해 인터뷰를 요청하거나, 소개나 추천을 부탁하는 것은 영향력이 있는 사람에게 귀중한 시간을 좀 내주기를 부탁하거나 그 사람의 명성을 우리에게 걸어달라고 요청하는 것과 마찬가지다. 이런 경우 상대방에게 '시간을 내주셔서 감사합니다' 란 편지를 쓴다면, 그 사람은 당신을 직접 대면하지 않는다 하더라도 그 메시지 자체를 보고 당신을 높이 평가할 것이다. 그러므로 모든 감각을 동원해서 예의를 철저히 지켜가면서 이런 네트워킹 메시지를 작성해야 한다.

## 인터뷰를 요청해 정보를 모은다

누군가에게 글로 무언가를 부탁할 때 글, 즉 메시지가 우리를 대변한다. 그 메시지를 읽게 될 사람이 우리를 직접 만나본 적이 있든 없든 간에 상관이 없다. 무슨 말을 하고 어떻게 말을 하는지로 평가된다. 아무렇게나 메시지를 써서 무언가를 알려달라고 요청한다면 상대방이 당신을 위해 많은 것을 해주리라는 기대는 절대 하지 마라. 올바른 방법으로 도움을 요청하면 놀라울 정도로 많은 사람들이 기꺼이 도움을 줄 것이다. 예를 들면, 사람들은 30분 정도 짬을 내서 당신에게 자신의 경험에 대해서 직접 또는 전화로 이야기를 해줄 것이다. 당신이 다음을 제대로 지키면서 메시지를 쓴다면 말이다.

> » 적절한 사람을 목표로 한다.
> » 자신의 기대를 정의하고 제한하다.
> » 대화의 기회를 준 것에 존경과 감사를 표한다.

» 업계의 다른 사람들과도 만날 기회를 준다면, 그 사람과 그 업계에도 좋은 일이 될 것임을 보여준다.

» 미래에 알고 있으면 좋을 사람이란 인상을 준다.

무언가를 요청하는 메시지를 작성할 때, '내가 얻는 것은 뭐지?'란 질문을 생각하면서 콘텐츠를 고민해보는 것이 좋다. 자신보다 어린 사람에게 어떤 정보를 얻기 위해 만나줄 것을 부탁한다면, 상대는 자신이 해당 분야에 지식과 영향력이 있는 사람으로 보인다는 사실에 기뻐할 것이다. 성공한 사람들은 '사회 환원'에 관심이 많다. 동문, 같은 업계에 종사하는 사람들 등에게 조금이라도 도움이 되고자 한다. 그리고 그들은 단순히 자신들의 성공이 인정받는다는 사실만으로도 기뻐 도움을 줄 것이다. 자신들이 도와줄 수 없다면, 빠른 시간 안에 같은 업계에 있는 사람들 중에서 자신을 대신하여 도움을 줄 수 있을 것 같은 사람을 소개해줄지도 모른다. 그리고 자녀를 둔 성공한 사람들은 젊은 사람을 돕는 것에 순수하게 만족감을 느낀다.

이런 이타주의적인 동기 이외에도 현명한 사업가들은 가치 있는 사람들과 함께 알고 지내고 자신들의 업계로 끌어들이는 것을 좋아한다. 그들은 자신들의 네트워킹 스킬이 높이 평가받는 것을 즐긴다. 메시지를 작성할 때, 직접적으로 '내가 얻는 것은 뭐지?'에 대한 답을 언급하지 않는다. 그러나 가능한 대답을 염두에 두면, 톤과 콘텐츠를 잡는 데 분명히 도움이 될 것이다.

다른 사람과의 관계를 언급하고자 한다면, 가능하면 도입부에서 빨리 언급하는 것이 좋다. 예를 들어, "친구인 팻 존스가 당신에게 연락해보라고 제안했습니다. 저는 지금 당신이 일하고 있는 바이오메디컬 엔지니어링 분야에서 일을 하고 싶습니다. 조언을 해주신다면 정말 감사하겠습니다"라는 식으로 공통의 관계를 언급하는 것이다.

이런 관계가 없다면, 메시지를 받게 될 사람에 대해서 조사를 하고 뭔가 연결지을 만한 부분이 없는지를 찾아봐라. 예를 들면, 같은 대학을 나왔거나, 경력을 쌓고 있는 과정이 유사하거나, 같은 협회 회원일 수 있다. 그 사람이 콘퍼런스에서 연설하는 것을 들었거나 그 사람의 기사를 읽었을 수도 있다. 그 사람을 동경하는 이유가 특별히 있을 수도 있다.

미리 상대에 대한 정보를 수집하고 조사한 내용이 메시지에 드러나도록 작성해라. 특정 개인과 조직에 편지를 쓰는 충분한 이유가 필요하다. 특정인에 맞춰서 작성된 메시지는 되는대로 써서 아무에게나 보내는 메시지와는 차원이 다른 효과를 낸다.

필자가 하는 말이 무슨 의미인지 알고 싶다면, 다음 두 메시지를 읽고 자신이 어떤 반응을 할지 한 번 생각해보기 바란다.

**메시지 1**

롭 워터에게,

저는 이제 막 대학교를 졸업한 경영학 학사입니다. 저는 국제적인 비영리기구에서 일하고 싶습니다. 당신이 현재 국제적인 비영리기구에서 일하고 있다는 사실을 알았습니다. 저는 당신과 멀지 않은 곳에 살고 있습니다. 다음 주 목요일 2시부터 4시까지 이야기를 나누고 싶은데, 어떠신가요? 감사합니다. -마크

**메시지 2**

워터 씨에게,

지난 여름 당신의 사무실에서 인턴을 했던 앨리슨 제임스의 추천으로 연락을 드립니다. 앨리슨은 그 인턴 경험에 대해 아주 높이 평가하고 있습니다. 저는 당신과 저의 진로에 대해서 잠깐 이야기를 나누고 싶습니다. 단 10분만이라도 저에게는 큰 의미가 될 것입니다.

저는 이제 막 마샬주립대학교를 졸업했습니다. 저는 대학교에서 비영리기구 경영학을 공부했습니다. 지난 5년 동안, 저는 4개의 국제개발기구에서 인턴생활을 했고 이 일에 제가 한평생을 바치고 싶은 일이라는 확신을 가지게 되었습니다. 저는 몇 달 동안 나이지리아, 스리랑카 그리고 페루에서 생활했습니다.

저는 당신처럼 해외 현지 봉사단을 관리하는 일을 하고 싶습니다. 이를 위해 저는 다양한 직업들을 살펴보고 있는데 당신의 의견을 듣고 싶습니다.

잠깐의 전화 인터뷰라도 감사드리겠습니다. 다음 주에 편안한 시간을 말씀해주세요.

이 메시지를 읽어주셔서 정말 감사합니다.

멜레인 블랙 드림

메시지 2가 너무 지나치게 예의를 차린다고 생각할 수도 있다. 아마 그게 사실일 것이다. 그러나 만약 당신이 롭 워커라면 마크와 멜레인 중 누구와 이야기를 나누고 싶겠는가? 두 사람 중 누가 당신의 시간을 투자할 만한 가치가 있는 사람이라 생각하는가? 얼마나 그 기회를 가치 있게 생각하는지뿐만 아니라 그 사람의 상대적인 성장 가능성에 대해서도 생각해봐라. 이렇게 생각하면 멜레인은 도와줄 가치가 있는 사람으로 보인다.

글로 새로운 인간관계를 성공적으로 맺으려면 콘텐츠에 대해서 고민하고 특정 대상에 맞춰 메시지를 조직하고 정성 들여서 편집하고 감수해야 한다. 이렇게 메시지를 작성해서 보내면 많은 기회를 잡고 많은 사람들과 관계를 맺을 수 있게 될 것이다. 글로 두 사람을 소개해주는 경우에는 두 사람에게 서로 알고 지내는 것이 왜 모두에게 득이 되는지를 자세하게 설명해야 한다.

메시지로 새로운 인간관계를 맺을 수 있다고 해서 직접 얼굴을 보면서 사람들과 관계를 맺는 일을 소홀히 해서는 절대 안 된다. 온종일 컴퓨터 앞에 앉아서 메시지를 서로 주고받을 수는 있지만, 이것이 직접 대화를 하거나 실시간으로 소통하는 것을 대신할 수는 없다. 간단한 메시지나 이메일을 받고 누군가를 고용할 사람은 아무도 없다.

최고의 정보, 인간관계 등을 얻고 싶다면, 직접 대면해라. 협회를 통해서 업계 사람들과 직접 얼굴을 보면서 네트워킹하는 것은 엄청난 혜택을 가져온다. 글쓰기 실력으로 이렇게 직접 대면할 기회를 만들어라.

## 감사의 마음을 전한다

드디어 원하던 사람과 만나기로 약속을 했다고 치자. 감사하다는 메시지를 보내야 할까? 이것은 물어볼 필요도 없는 질문이다. 내 대답은 '그렇다'가 아니라, '항상, 그렇다'다. 설령 전혀 도움이 되지 않았더라도, 누군가가 정보를 제공하거나, 조언을 해주거나, 시간을 내서 인터뷰를 해주거나, 다른 누군가의 연락처를 알려주거나, 다른 누군가를 소개해줬다면 항상 감사의 마음을 전달해야 한다. 만약 감사 메시지를 보내지 않는다면, 이런 무례한 행동이 나중에 당신을 곤란하게 만들 수 있다.

좋은 감사 메시지를 쓰는 것은 어렵기로 악명이 높다. 필자는 세미나의 홍보를 담당한 대학원생들에게 세미나에 참석해준 손님들에게 감사의 메시지를 전달하라고 한다. 대부분의 학생들이 감사 메시지를 간단하게 작성하는 데도 상당히 큰 고민을 해야 한다는 사실에 놀란다.

간단한 감사 메시지를 쓴다고 머리를 쥐어짜고 있는 당신에게 도움의 동아줄을 한 번 더 내려주겠다. 목표와 그 대상을 정의하라! 만나서 유용한 정보를 주거나, 취업 정보를 주거나, 소개나 추천을 해주는 등 도움을 준 사람에게 감사 마음을 전해야 한다. 감사의 메시지를 작성하는 이유는 감사의 마음을 전달하고 앞으로 연락을 계속 주고받거나 도움을 또 받을 수 있는 여지를 만드는 것이다. 목표 대상을 정의하려면 다음에 대해서 생각해봐야 한다.

> 그 사람이 무슨 일을 해서 감사한가?
> 그 사람은 어떤 피드백을 가치 있게 여길까?

로저의 경우를 한 번 살펴보자. 로저는 자신의 고객인 젠으로부터 지역 내 서비스를 받고 싶어 하는 고객을 소개받았다. 다음은 로저가 젠에게 보낸 감사 메시지다.

젠, 밥 블랙을 소개해줘서 고마워요. 모든 게 잘 되었습니다. 감사합니다. -로저

이 감사 메시지에는 중요한 무언가가 빠져 있다. 정보가 애매모호하고 로저와 밥이 만나서 어떤 이야기를 했는지 또는 결과가 어떠한지에 대한 내용은 전혀 없다. 로저로부터 이렇게 최소한의 정보만을 전달하는 피드백을 받은 젠은(그녀는 자신의 명성을 로저에게 걸었다) 두 사람을 소개해준 것에 대해 불안함을 느끼고 다시는 로저를 위해 나서려고 하지 않을 것이다. 앞의 메시지보다 좀 더 잘 쓴 감사 메시지를 보자.

젠에게,

밥 블랙을 소개해주셔서 정말 감사합니다. 오늘 아침 블랙 씨의 사무실에서 그의 기술 업데이트 프로그램을 저희 팀이 어떻게 도와줄 수 있을지에 대해서 좋은 대화를 나눴습니다.

밥은 자신의 팀이 검토할 수 있도록 비공식적인 제안서를 준비해달라고 요청했습니다. 저는 기꺼이 그렇게 하겠다고 말씀드렸습니다.

젠, 당신이 밥을 소개해준 덕분에 이렇게 좋은 기회를 얻을 수 있었습니다. 정말 고맙습니다. 향후 진행상황에 대해서도 계속 알려드리겠습니다.

로저 드림

이 메시지는 세심하게 구조를 잡아 쓰였을 뿐만 아니라 밥을 소개해준 젠의 너그러움에 감사하는 것도 잊지 않았다. 그리고 로저가 실수를 하지 않고 자신의 고객에게 좋은 인상을 주었다는 사실을 알고 젠은 안심할 수 있다. 이 상황에서 젠이 얻게 되는 것은 두 사람에게 득이 되는 관계를 만들도록 도왔고 스스로의 이미지도 좋아지고 기분도 좋아진다는 것이다.

상황에 따라서 보다 결정적으로 감사의 마음을 전달해야 할 수도 있다. 예를 들면, 도움을 준 사람에게 커피나 점심식사 대접을 하는 것이다. 놀랍게도 도움을 받고 감사의 마음을 전달하는 사람이 거의 없다. 물론, 도움을 받은 만큼 상대방에게 도움을 주는 것이 가장 확실하고 효과적인 보답이다. 감사할 일이 생길 때마다, 일일이 감사의 마음을 전달해야 마땅하다.

인터뷰를 하거나 프로젝트 광고를 하는 도중에 감사의 메시지를 쓰는 경우가 있다. 이런 경우, 감사의 메시지도 그 과정의 일부다. 감사의 메시지를 작성하는 것을 자신의 커뮤니케이션 스킬을 시험하고 의사결정자에게 좋은 인상을 심어줄 좋은 기회라고 생각해라. 현장에 있는 사람과 직접 이야기를 하거나 그 환경을 직접 경험하면, 조직이 가장 중요하게 생각하는 자질과 역량에 대해 새로운 정보를 얻게 된다. 또는 직접 만났을 때 중요한 무언가를 빠뜨리고 이야기하지 않았다는 사실이 문뜩 떠오를 수 있다. 이런 경우 감사의 메시지가 아주 유용하다. 그리고 감사의 메시지는 지원 회사가 찾고 있는 사람이 바로 당신이라는 생각을 강화하는 좋은 방법이기도 하다.

이상하게 들릴 수도 있겠지만, 취업을 못하거나 계약을 따내지 못하거나 지원금을 받지 못하더라도 기회를 준 사람에게 시간을 내서 감사의 마음을 전달해야 한다. 바로 이 사람이 다음에도 최종 결정을 내리는 사람이 될 수 있다. 결과가 나쁨에도 불구하고 감사의 마음을 전하는 당신의 긍정적인 태도가 나중에 도움이 될 것이다. 누군가에게 기회를 준 것에 대해서 감사하는 것은 스스로를 프로페셔널한 사람으로 보이게 만들고 조금이라도 더 상대방의 기억에 남게 한다. 누군가를 채용하거나 프로젝트를 맡기는 등 기회를 주는 지위에 있는 많은 사람들이 이 세상은 예의가 없는 사람들로 가득하다고 생각한다. 자신만은 예외인 것처럼 예의를 차려 감사의 마음을 전달하고 앞으로 어떤 일이 일어나는지 지켜봐라.

다음 장에서는 단독으로 일하는 사람들, 필요에 따라 온라인에서 여러 사람들과 팀을 꾸려 일하는 사람들에게 특히 유용한 스킬을 살펴볼 것이다. 그리고 이 스킬은 컨설턴트, 프리랜서와 전문가로서 자리를 잡는 데도 유용하다. 뿐만 아니라 어떤 조직에 소속된 사람에게도 공동 글쓰기, 온라인 팀 활동, 분산 업무 시스템 그리고 마케팅 수단이 도움이 될 것이다. 이 모든 활동은 글을 통한 좋은 커뮤니케이션에 달렸다.

PART

**4**

# 온라인 미디어에
# 적합한 글쓰기

## 제4부 미리보기

- 전략적으로 콘텐츠를 선택하고 각각의 온라인 미디어에 맞는 글을 써서 온라인에서 원하는 이미지를 만드는 법을 살펴본다.

- 웹사이트, 블로그, 페이스북, 링크드인, 트위터, 이메일 등 스스로에게 적합한 디지털 플랫폼을 어떻게 결정하는지 알아본다.

- 온라인 미디어에서 장문의 콘텐츠를 작성하는 방법에 대해서 살펴보고, 읽기 쉽게 글을 작성하는 것이 독자의 관심을 사로잡는 데 왜 중요한지 생각해본다.

- 어떻게 하면 처음부터 철저하게 웹사이트 콘텐츠를 만들 수 있는지 알아본다.

- 최고의 블로그 주제, 올바른 톤과 스타일을 결정하는 방법을 살펴본다.

- 트위터로 네트워킹 하고, 링크드인의 온라인 프로필을 작성하고, 다른 소셜미디어 사이트에 가입하는 팁을 살펴본다.

온라인 글쓰기

**제11장 미리보기**

- 온라인에서 존재감 있는 사람이 되는 방법을 알아본다.
- 자신에게 적합한 디지털 플랫폼을 결정하는 법을 생각해본다.
- 디지털 미디어에 적합한 글쓰기가 무엇인지 살펴본다.
- SEO 활용법을 알아본다.

인터넷은 커뮤니케이션을 민주화시키는 마법의 문 같다. 인터넷을 통해 우리는 거의 모든 세상 사람과 소통할 수 있게 되었다. 그리고 인터넷은 개인의 관심사와 이익을 대변하는 가상의 공간을 제공한다. 인터넷을 통한 온라인 세상으로의 진입 장벽이 계속 낮아지고 있다. 과거에는 주로 시간보다 돈이 많은 사람들이 전문가들을 고용해서 자신만의 웹사이트를 만들었다. 그러나 웹사이트를 만드는 데 사용하는 장치와 프로그램들이 점점 정교해지고 사용하기 쉬워지면서 돈이 없어도 누구나 효과적으로 웹사이트를 만들 수 있게 되었다. 이제는 한두 시간이면 직접 블로그도 하나 만들 수 있게 되었다. 그리고 마우스 클릭 한 번으로 다른 사람들의 블로그에 댓글을 달 수 있다.

소셜미디어의 등장으로 온라인 세상은 더 극적으로 진화하고 있다. 채용의 92퍼센트가 소셜미디어 플랫폼에서 이뤄지고, 회사 4곳 중 3곳이 온라인에서 지원자들에 대한 심사를 진행한다. 10년 전만 해도 상상할 수 없는 일이었다. 상거래의 절반 이상이 온라인에서 이뤄지리라고 그 누구도 생각하지 못했다. 그리고 소셜미디어가 약 70퍼센트의 구매 결정에 영향을 미칠 것이라고 생각한 사람도 거의 없었다.

대부분의 사람들이 온라인을 통해 세상 돌아가는 일을 알고 의견을 공유하고 자신들만의 공동체를 찾는다. 점점 많은 학습 활동이 온라인에서 이뤄지고 있다. 사람들은 온라인에서 새로운 기술을 익히거나 아보카도를 자르는 법도 배운다. 우리는 정재계 인사들이 무슨 이야기를 하는지도 온라인을 통해 듣는다. 디지털 미디어는 지지의 형태와 방식도 바꿔놓았다. 사회 운동, 대규모 시위와 공동의 대의가 온라인에서 생겨나고 확산되고 있다.

온라인은 비즈니스 세계에도 영향을 준다. 어떤 조직에 소속된 회사원이든 기업가, 하청업자 또는 프리랜서든 간에, 온라인 콘텐츠로 만들어낸 온라인 프로필이 중요해졌다. 개인의 흥미나 열정을 추구하거나, 새로운 친구를 사귀고 오랜 친구들과 연락을 하거나, 개인적인 배움을 추구하는 수단으로서 디지털 미디어를 생각하고 있더라도, 디지털 미디어를 잘 이해할 필요가 있다.

현실적으로 디지털 시대는 우리 모두에게 도전이다. 인터넷과 함께 성장한 세대는 인터넷을 아주 당연한 것으로 여길 것이다. 그들에게 인터넷은 개인 생활을 영위하는 데 필요한 일종의 기반시설이자, 직장생활에서 아주 큰 부분을 차지한다. 좀 더 나이가 많은 세대는 쉴 새 없이 등장하는 새로운 미디어에 적응해야 한다는 일종의 압박감을 느낀다. 그들은 헐떡이며 빛의 속도로 진화하는 새로운 디지털 미디어에 적응하려 애쓴다.

모두에게는 학습 곡선이 있다. 베이비부머와 X세대는 자신들의 커뮤니케이션 노하우와 네트워킹 스킬을 이 새로운 커뮤니케이션 채널로 이전해야 한다. 그리고 대다수의 밀레니얼세대는 커뮤니케이션과 마케팅에 대해서 좀 더 깊은 생각과 고민을 해야 한다. 만약 자신들이 원하는 것을 얻고 싶다면 말이다. 현재 추구하는 비즈니스 목표와 보유하고 있는 새로운 미디어를 활용하는 능력에 상관없이, 이번 장에서는 디지털 미디어를 통해 온라인 세상에서 존재감을 발휘하는 법에 대해서 자세히 살펴볼 것이다. 여기서 글쓰기가 그 기반을 닦을 것이다. 디지털 미디어를 효과적으로 활용하려면, 자신의 콘텐츠를 전략적으로 선택하고 각 디지털 미디어의 특성에 맞는 글을 쓸 수 있어야 한다.

## 온라인 포지셔닝을 하자

이 책의 초판을 썼던 2013년 인터넷의 작동원리를 기꺼이 배우려는 사람들에게 인터넷은 모두가 동등한 조건에서 경쟁할 수 있는 분위기와 여건을 마련하는 혁신과도 같았다. 사람들은 인터넷으로 일자리를 찾을 수 있었고, 마우스 클릭 한 번으로 다른 사람과 소통할 수 있게 되었다. 채용담당자들도 인터넷을 통해 능력 있는 인재를 찾을 수 있었다. 그리고 좋은 아이디어와 웹사이트를 가지고 있는 작은 기업들도 인터넷을 통해 자금력이 있는 거대한 기업들과 당당히 경쟁할 수 있게 되었다. 인터넷 덕분에 작가뿐만 아니라 평론가, 편집자 그리고 출판사가 될 수 있는 힘을 얻게 되었다. 인터넷의 등장으로 새로운 영역으로 진출하는 것을 막는 '문지기'가 사라진 것이다!

이것은 부정할 수 없는 사실이다. 인터넷 덕분에 점점 더 많은 일들이 가능해지고 있다. 그러나 여기에 예상 밖의 문제가 있다. 오늘날 거의 모두가 이 경쟁의 장에 진입한다는 것이다. 다시 말해, 인터넷의 등장으로 경쟁자는 더 이상 같은 업종에 종사하는 사람들에 국한되지 않는다. 능력 있고 높은 보수를 받는 커뮤니케이션 전문가들이 새로운 경쟁자로 등장했다. 대다수 기업들이 회사 내부 또는 외부 자원을 동원하여 웹사이트, 블로그와 트위터를 관리하고 비디오와 인포그래픽을 제작하고 소셜미디어에 영리하게 포스팅을 한다. 얼리어답터만이 새로운 디지털 미디어를 활용하여 이득을 보는 시대는 끝났다.

그러나 전략적으로 디지털 미디어를 활용한다면, 분명히 이 수많은 경쟁에서 승리할 수 있다. 그래서 글로 자신의 창의적인 아이디어를 표현할 수 있는 능력이 온라인 세상에서 중요하다.

페이스북, 스냅챗, 핀터레스트, 인스타그램처럼 비주얼이 기본이 되는 디지털 미디어는 어떻게 해야 하느냐고 물어볼 수 있다. 과연 이런 디지털 미디어에서도 글쓰기 능력이 중요하냐고 묻고 싶을 것이다.

제9장에서 비디오에 대해서 이야기를 할 때, 모든 아이디어는 문자에서 시작된다고 말했다. 우리는 상상력을 발휘하여 이런 단어나 글을 이미지로 전환한다. 많은 사람들의 사랑을 받는 기업의 포스트는 즉흥적인 아이디어의 산물이라기보다 정해진 마케팅 틀 안에서 고민에 고민을 거듭하여 만들어진 메시지인 경우가 대부분이다. 그들은 글과 스토리보드라는 전통적인 마케팅 도구를 사용한다. 결과물에 글자가 거의 없을 수 있다. 이미지로 메시지를 전달하고 있기 때문이다.

때때로 디지털 미디어의 비주얼 이미지는 환상에 불과하다. 예를 들어, 주제에 따라 이미지를 모으고 보여주는 핀터레스트는 인포그래픽처럼 다양한 정보를 전달한다. 인포그래픽은 일반적으로 광범위한 계획, 조사, 글쓰기 그리고 그래픽 디자인을 통해 만들어진다.

그러나 이런 디지털 미디어를 사용하는 목적이 친구들을 즐겁게 해주거나 자신의 인생의 한 순간을 많은 이들과 공유하는 것이라면, 전략적인 사고는 많이 필요하지 않다. 많은 사람들에게 디지털 미디어의 가치는 바로 즉흥적인 자연스러움이다. 디지털 미디어로 자신이 무엇을 하고 어디에 있는지 알리고 싶다면, 또는 재미있거나 아름답거나 영감을 주는 아이디어나 이미지를 공유하고 싶다면, 그렇게 해라. 이런 행동을 비난할 사람은 아무도 없다.

디지털 미디어로 보다 큰 무언가를 지지하는 메시지를 전달하고 싶다면, 전략적으로 사고하고 접근해야 한다. 계획 없이 닥치는 대로 보낸 트윗은 그저 그런 반응만 이끌어낼 뿐이다. 아무리 심사숙고해서 블로그를 만들더라도 자신이 추구하는 목표와 블로그의 포스팅이 맞지 않으면, 자신의 대의를 추구하는 데 블로그 활동은 아무런 도움이 되지 않는다. 계획 없이 즉흥적으로 소셜미디어에 메시지를 올리면, 바라던 또는 중요한 반응을 이끌어낼 수 없다.

인터넷에 올린 모든 정보들이 쌓이고 쌓여 자신만의 독특한 온라인 프로필을 만들어낸다. 이 온라인 프로필이 기회를 가져다줄 수 있고, 오히려 기회를 빼앗아 갈 수도 있다. 그러므로 인터넷 활동을 할 때, 자신이 무엇을 얻고 싶고 누구와 소통하고 싶은 지를 정확하게 이해하고 있어야 한다.

## 전략적으로 디지털 플랫폼을 선택하자

유명 만화 캐릭터 포고는 "우리는 대처할 수 없는 기회로 둘러싸여 있다"고 말했다. 전략적으로 사용하더라도, 온라인 채널은 시간을 소진하고 우리의 에너지와 창의력을 빨아들인다. 온라인 채널 때문에 우리는 현실에 대한 집중력을 잃고 비생산적인 존재가 되기도 한다. 그러므로 온라인 채널과 관련하여 선택과 집중의 전략이 필요하다.

제12장에서 몇몇 미디어 플랫폼을 활용하는 방법을 살펴볼 것이다. 그러나 그에 앞서 다양한 미디어 플랫폼을 살펴보고, 자신에게 가장 적합한 미디어 플랫폼을 찾는 것이 현명하다. 그리고 자신의 에너지와 자원을 적절하게 잘 분배해야 한다. 다음과 같은 미디어 플랫폼을 활용할 수 있다.

» **웹사이트를 만들어보자.** 개인적으로 사업을 하든, 일자리를 찾든, 지역사회 활동이나 자선단체 활동을 이끌든 간에, 웹사이트는 없어서는 안 될 존재일 것이다. 이 웹사이트가 수많은 페이지로 구성된 복잡한 전자상거래를 위한 사이트이거나 블로그일 수 있다. 사실 홈페이지와 블로그는 크게 다르지 않다. 자신이 가지고 있는 모든 자원과 돈을 투자해서 웹사이트를 만들 수 있다. 또는 개인적으로 시간을 내서 워드프레스닷컴, 윅스닷컴, 웹닷컴 등을 사용해 본인이 직접 웹사이트를 만들 수도 있다. 웹사이트는 성장하고 변해야 한다. 다시 말해, 항상 업데이트를 하고 관리를 해줘야 웹사이트가 효과적일 수 있다는 사실을 잊지 않기를 바란다.

» **페이스북의 비즈니스 페이지를 만들어보자.** 페이스북은 많은 기업에 유용한 미디어 플랫폼이다. 모든 연령대의 사람들이 페이스북을 통해 여러 가지 정보와 관심거리 등을 공유하면서 일상을 즐기고 있기 때문이다. 그러나

페이스북의 비즈니스 페이지도 시각적으로 즐거움을 주고 뉴스를 공유하기 위한 목적으로 만들어졌다. 그래서 이것은 자세한 정보를 제공하여 기업 활동을 홍보하기에는 적당하지 않다. 그러나 페이스북은 두터운 팬층을 확보하고, 대회를 알리고, 흥미로운 이슈를 적시에 사람들과 공유하고, 기업의 개성을 보여주기에 아주 좋은 미디어 플랫폼이다.

» **블로그를 시작하자.** 정기적인 블로그 활동은 신뢰를 쌓고 특정 분야에 권위를 얻는 데 유용하다. 개인적으로 블로그를 만들어 인터넷에 올리는 것을 선호하지 않는다면, 미디엄닷컴이나 링크드인 등 다양한 미디어 플랫폼을 활용하여 손쉽게 블로그를 만들 수 있다. 이런 경우, 전문가들은 새로운 게시물을 적어도 일주일에 두 번 이상 포스팅할 것을 조언한다. 이때, 게시물은 반드시 실속 있는 콘텐츠여야 한다. 요즘은 블로그가 너무 많다(혹자는 1억 5,200만 개라고 블로그 수를 추정한다). 많은 사람들이 블로그 게시물을 짧게 작성하는 것이 좋다는 조언을 받는다. 그러나 한 조사에 따르면 놀랍게도 글자 수가 2,000자 이상인 블로그가 더 잘 읽히고 높은 평가를 받는 것으로 드러났다. 그러나 앞으로 블로그는 양보다 질을 우선시하게 될 것이다.

» **링크드인을 적극적으로 활용하자.** 링크드인은 전문직 종사자들(또는 직장인들)이 서로 네트워킹하기에 좋은 미디어 플랫폼이다. 대다수의 소셜미디어가 주로 구직자들에게 유용하지만, 링크드인은 채용담당자에게 좋은 인재를 찾기에 가장 좋은 미디어 플랫폼이다. 따라서, 링크드인은 구직자들이 구직활동을 하기에도 훌륭한 미디어 플랫폼이 된다. 컨설턴트, 프리랜서 등에게 링크드인은 필수다. 잠재적인 고용주들이 좋은 인재를 찾기 위해서 링크드인을 확인하기 때문이다. 그리고 링크드인에는 둘러볼 만한 업계에 특화된 사이트들이 많이 있으며 해외 취업에 관한 유용한 정보도 많다.

» **트위터를 활용하자.** 불과 몇 년 전까지 140자로 커뮤니케이션하는 트위터가 반짝 하고 사라질 것이라고 많은 사람들은 생각했다. 대통령 선거 운동이나 소소한 대의명분을 위해서 트위터를 사용하게 되리라고 그 누가 상상이나 했을까? 많은 기자와 편집자가 트위터에서 이야깃거리를 찾는다. 이제 트위터에 단순히 글만 적을 수 있는 것이 아니다. 이미지와 비디오가 트위터를 점령하기 시작했다. 하루에 5~20개 트윗이 딱 적당하다. 많은 팔로어를 보유하고 있는 트위터 사용자들은 시간 단위로 트윗을 올리기도 한다.

» **소셜미디어를 활용하자.** 사람들이 복잡한 플롯을 지닌 영화에 대해서 이야기하는 것을 즐기듯, 필자도 여기서 좀 복잡한 이야기를 해볼까 한다. 이 애플리케이션들은 사용자들에게 가장 큰 감동을 준다. 이들은 빠르게 확산될 뿐만 아니라 끊임없이 변해서 변덕스러운 사용자가 다른 곳으로 떠나지 않도록 붙잡고 새로운 사용자를 끌어들인다. 각각의 미디어 플랫폼은 나름의 개성과 기능을 지닌다. 페이스북, 인스타그램, 스냅챗 등 현재 존재하고 앞으로 나올 소셜미디어는 전통적인 매스컴이 아니다. 사용자들이 자신을 표현하고 서로의 관심사에 대해서 대화를 나누는 플랫폼이다. Z세대와 밀레니얼세대에게 브랜드를 명확하게 각인시키고 싶은 기업이나 조직은 이 소셜미디어를 적극 활용해야 한다. 그리고 이 소셜미디어로 그들에게 재미를 주는 방법을 찾아야 한다.

» **이메일을 보내자.** 제6장의 주제는 이메일이었다. 여기서 이메일에 대해서 한 번 더 언급하는 까닭은 이메일이 절대 간과해서는 안 될 마케팅 수단이기 때문이다. 이메일은 도처에 있고 온라인 미디어와 아주 잘 엮인다. 크고 작은 기업들이 이메일의 파급력과 영향력에 의존한다. 가장 영향력 있는 블로거 중 일부는 이메일로 게시물을 홍보하거나 호기심을 돋우는 메시지와 함께 링크를 보낸다. 블로그와 웹사이트는 이메일 리스트를 수집하기 위해서 세일즈 깔때기 전략(sales-funnel strategies, 소비자가 처음 제품을 접한 시점부터 구매에 이르기까지의 과정-역주)을 활용한다. 이메일로 제공되는 경품을 받거나 뉴스레터 구독을 하려면 당연히 자신의 이메일 주소를 상대방에게 제공해야 한다. 그래야 상대방이 당신이 어디에 있는지를 알고 해당 경품이나 뉴스레터를 보낼 수 있기 때문이다. 좋든 싫든 간에, 이런 다양한 미디어 플랫폼을 잘 이해하고 비즈니스에 활용하기를 바란다.

프로그램을 어떻게 디자인할까? 일부 전문가들은 단일 플랫폼에 집중하거나 여러 개의 작은 플랫폼을 적절히 조율하여 활용하라고 조언한다. 그리고 플랫폼을 잘 활용할 것을 조언한다. 자기 자신에 대해서 현실적인 기대를 하는 것이 좋다. 다시 말해, 아이디어를 계발하기 위한 계획을 직접 작성해보고 개인적인 자원을 최대한 활용하는 방안에 대해서 고민해야 한다. 여기서 세 가지 요소를 고려해야 한다. 목표, 대상 그리고 개인 역량. 개인 역량은 개인이 보유한 기술뿐만 아니라 가용 시간도 포함한다.

## 목표를 세분화한다

궁극적인 목표가 상품이나 서비스를 마케팅하는 것이라면, 인터넷이 어떻게 도움이 될지에 대하여 브레인스토밍을 해보는 것이 좋다. 다음처럼 여러 가지 목표가 있을 수 있다.

» 신뢰성, 신용 그리고 호감을 만든다.
» 특정 분야에서 전문성과 권위를 증명한다.
» 고객 그리고 알고 지내는 사람들과 실시간으로 소통한다.
» 현재 고객과 연락을 유지한다.
» 새로운 잠재 고객과 관계를 맺는다.
» 비즈니스를 인간화한다.
» 시장과 고객층을 더 잘 이해하기 위해서 대화에 참여한다.

이 리스트에서 뺄 것은 빼고 더할 것은 더해서 개인의 니즈에 맞게 수정하는 것이 좋다. 그리고 나서 보다 구체적으로 일련의 목표를 어떻게 달성할지에 대하여 생각해야 한다. 몇 가지 예를 살펴보자.

» 기존의 온라인 커뮤니티에서 활발하게 활동한다.
» 충성심이 있는 고객들로 구성된 자신만의 커뮤니티를 만든다.
» 기존 고객과 잠재 고객을 자신의 웹사이트, 블로그 그리고 소셜미디어로 끌어들인다.
» 기존 고객, 잠재 고객 등 여러 사람들을 대상으로 자신의 비즈니스에 대해서 알려준다.
» 회사 사람들과 그들이 무슨 일을 하는지 또는 상품이 어떻게 생산되는지 등에 대해서 살짝 알려준다.
» 생중계 이벤트, 온라인 보고회, 온라인 미팅 등 이벤트를 구성하고 알린다.
» 긍정적인 입소문을 만드는 방법을 찾는다.
» 자신이 목표로 하는 대상에게 영향력이 있는 사람들과 파트너 관계를 맺는다.

목표를 세부적으로 잡을수록, 이 목표를 달성하는 데 가장 효과적인 디지털 미디어를 선택할 수 있다. 그리고 해당 디지털 미디어를 어떻게 활용할 것인가에 대하여 보다 많은 아이디어를 얻을 수 있다. 예를 들어, 고객의 속마음을 엿보고 싶다면, 그들이 모이는 곳을 직접 찾아가서 듣는 방법이 있다. 자기 자신이나 몸담고 있는 회사에 대해서 친근하고 다가가기 쉬운 이미지를 만들려면 페이스북, 스냅챗과 인스타그램을 활용하는 것이 좋다. 만약 자신이 사람들에게 무언가를 하는 방법을 알려주는 데 전문적인 재능이 있다면 유튜브가 디지털 미디어 후보군에서 단연 1위다. 소셜미디어에 짤막한 동영상을 올리는 것도 한 방법일 수 있다.

장기적인 안목을 가져야 한다. 현재 자신의 입지가 안정적이라 할지라도, 디지털 미디어상에서 자신을 따르는 사람들이나 온라인 커뮤니티에 도움을 주고 같은 분야의 사람들과 관계를 맺는 것이 좋다. 어느 시점에서 조력자가 필요하거나, 비즈니스 아이디어의 성공 가능성을 가늠하기 위해서 미리 시장 상황 등을 살펴야 한다거나, 개인 역량을 보여줘야 한다거나, 개인적인 흥밋거리를 업으로 삼는 방법을 찾아야 할 수도 있다.

## 자신의 목표 대상이 어디에 있는지 안다

여러 장에 걸쳐서 목표 대상을 분석하는 것에 대하여 살펴봤다. 이렇게 한 까닭은 매체를 막론하고 성공적으로 글을 쓰기 위해서 자신이 목표로 하는 대상을 정확히 파악하는 것이 아주 중요하기 때문이다(특히 제2장을 참조하기 바란다). 그러나 온라인 플랫폼에서 대상을 분석하는 것은 조금 더 까다로울 수 있다. 온라인 플랫폼에서 글을 쓰기에 앞서 자신의 목표 대상이 어디에 있는지를 알면 다음의 일들이 가능하다.

» **직접적으로 목표 대상을 겨냥할 수 있다.** 인류 역사상 최초로 중개인을 거치지 않고 다양한 사람들과 관계를 맺을 수 있게 되었다. 더 많은 고객을 확보하거나 다른 분야에서 잠재 고객을 끌어들이고 싶은가? 열정적으로 개인적인 관심사를 추구하는 사람들이나 밀레니얼세대처럼 특정 연령층에 닿고 싶은가? 어디서 자신이 원하는 대상을 찾을 수 있을지 분석하고 그들에게 닿을 수 있는 채널에 투자를 해야 한다. 각각의 디지털 플랫폼은 인구통계에 대해 구체적인 정보를 제공하고 목표 그룹을 찾는 방법을 알려준

다. 단순하게 구글 검색을 통해서도 자신의 목표 대상들 사이에서 어느 사이트가 인기가 있는지를 알 수 있다. 인터넷의 핵심은 자신의 커뮤니티를 찾기 위해서 손쉽게 찾아지는 정보를 활용하는 것이다.

» **자신이 원하는 대상을 엄격하게 정의할 수 있다.** 자신이 닿고 싶은 사람들이 누구인지를 구체적으로 알수록 그들을 더 잘 끌어들일 수 있다. 사람을 끌어들이는 것은 일종의 물고기 낚시와 같다. 바다에는 물고기가 바글바글하다. 물고기 종에 따라 선호하는 먹이와 서식지가 다르다. 잡으려는 물고기에 대해서 확실히 알면, 그 물고기가 어디서 시간을 보내고 그들이 어떤 먹이를 좋아하는지도 알 수 있다. 그러면 그들이 있는 곳으로 가서 그들의 식성에 맞는 미끼로 낚시를 하면 된다. 우선 상대에 대해서 구체적인 정보를 확보해야 한다. 예를 들어, '젊은 여성'이 목표라면 수많은 가능성이 존재할 수 있다. 15세는 18세 또는 21세와는 완전히 다른 관심사를 가지고 있고 다른 디지털 플랫폼에서 시간을 보낼 것이다. 누구에게 닿고 싶은가? 인터넷의 핵심은 내로캐스팅(narrowcasting, 케이블TV의 발전에 따라 활용된 TV서비스의 새로운 개념으로 지역적 또는 계층적으로 한정된 시청자를 대상으로 하는 방송-역주)이다.

» **자신의 온라인 콘텐츠로 사람들을 유도할 수 있다.** 목표 대상들이 자신의 웹사이트나 블로그 등을 쉽고 빠르게 찾을 수 있도록 해야 한다. 이때 필요한 것이 검색 엔진 최적화(search engines optimization, 이하 SEO)다. 블로그든 개인 홈페이지든 콘텐츠 제작자가 올리는 글이 사람들에게 보이려면 검색이 잘 되도록 만드는 것이 중요한데, SEO는 검색 엔진에서 검색이 잘 되게 하는 방법을 말한다. 또는 다양한 사이트에 '빵 부스러기'를 흘려서 사람들을 자신의 웹사이트, 블로그, 특가 판매 또는 스냅챗, 트위터로 유도할 수 있다. 인터넷의 핵심은 크로스 프로모션(cross-promotion, 채널을 여러 개 소유한 방송사들이 교차적으로 행하는 프로모션 전략-역주)이다.

» **공유를 통해 대상을 확대할 수 있다.** 관계를 맺고 있는 사람이나 기관이 가치 있다고 평가하는 콘텐츠를 제공하는 것이 좋다. 이렇게 하면 그 콘텐츠를 좋아하는 다른 사람들에게도 다가갈 수 있고 나아가 개인적인 팬층을 확보할 수도 있다. 모든 디지털 플랫폼에서 사람들은 자신들이 찾은 정보를 자신의 트위터나 블로그에 올리거나 원본 메시지나 사이트의 링크를 달

아서 개인적으로 알고 있는 사람들과 공유한다. 이렇게 하면 다른 사람들이 쉽게 당신의 웹사이트나 블로그를 찾아올 수 있다. 운이 좋은 아주 소수의 사람들만이 인터넷상에서 바이러스처럼 삽시간에 확산되는 포스트를 올리는 데 성공한다. 그렇더라도 이런 포스트를 쓰는 것을 목표로 하는 것이 좋다. 마케팅의 경우, 인터넷의 핵심은 상품이나 서비스 또는 자기 자신에 대해서 입소문을 내는 것이다.

### 자신의 기술과 잠재력을 평가한다

대부분의 인터넷 채널은 돈보다는 시간을 더 많이 투자해야 한다는 문제가 있다. 막무가내로 자신이 감당할 수 있는 것 이상을 해내려고 시도하기보다는, 목표와 우선순위를 검토해야 한다. 온라인 활동에 얼마나 많은 시간을 투자할 수 있는지와 상대적으로 그 시간을 들여서 무엇을 얻을 수 있는지를 현실적으로 평가해야 한다. 그리고 회사나 팀에 소속되어 있다면 자신이 동원할 수 있는 인적 자원에 대해서도 고려해봐야 한다.

자신의 기술 수준도 평가해야 한다. 온라인 채널은 그 종류에 따라 요구되는 마음가짐과 재능이 다르다. 자신이 가장 편안하게 느끼고 목표를 달성하는 데 가장 생산적인 채널을 선택하는 것이 합리적인 행동이다. 필요 이상으로 글을 쓰고 싶지 않은데, 일주일에 두 번씩 블로그에 새로운 게시글을 올릴 이유가 있을까?

자신의 생각을 시각적으로 잘 표현해내는가? 그럼 이제 당신의 시대가 왔다! 요즘 콘텐츠를 시각적으로 잘 표현해낼 수 있는 사람들이 각광받고 있다. 왜냐하면 사진과 동영상이 모든 디지털 미디어에서 핵심 콘텐츠이기 때문이다. 요즘은 이런 사진이나 동영상 등을 만들고 편집하는 데 사용하기 쉬운 프로그램들이 많이 나와 있다. 연습만 하면 쉽게 이런 프로그램을 활용해 원하는 콘텐츠를 만들어낼 수 있다. 만약 그래픽을 사용하는 방법을 배웠거나 여기에 재능이 있다면, 마음껏 뽐내라!

소셜미디어 활동을 하다 보면 자신의 숨겨진 강점과 재능을 찾아낼 수도 있다. 유머 감각이나 깜짝 놀랄 만한 콘텐츠를 만들어내는 재능을 발견할지도 모른다. 단순히 인터넷에서 시간을 보내면서 다른 사람들이 하고 있는 좋은 일들을 찾는 것을 좋아한다면, 큐레이션(다른 사람이 만들어놓은 콘텐츠를 목적에 따라 분류하고 배포하는 일-역주)에 재능

## 【 SEO 활용법을 알자 】

검색 엔진 최적화는 온라인 글쓰기에서 매우 중요하다. 인터넷에서 자신이 쓴 글이 사람들에게 많이 노출되어야 그들을 자신의 웹사이트나 블로그로 유인할 수 있기 때문이다. 구글과 같은 검색 엔진은 콘텐츠에 순위를 매긴다. 이때 기준은 그 콘텐츠가 검색 엔진의 이용자들에게 얼마나 가치가 있느냐이다. 사람들은 검색 결과의 첫 페이지를 넘기는 경우가 극히 드물다. 그래서 모든 사람들이 자신들의 콘텐츠가 검색 결과의 상위 10개 안에 들기를 원한다.

검색 엔진이 지속적으로 기준과 알고리즘을 재정립해서 자신들이 가장 높은 가치를 부여하는 콘텐츠가 무엇인지를 보여준다. 웹사이트와 블로그에서는 자주 바뀌고, 인바운드 링크(Inbound link, 다른 웹사이트나 페이지로부터 해당 웹사이트로 유입되는 링크-역주)가 많고, 키워드와 검색어가 효과적인 콘텐츠가 높은 점수를 받는다. 콘텐츠와 검색어를 조절해서 웹사이트를 최적화하는 데 도움을 주는 전문가들이 많이 있고 이와 관련한 수많은 책이 시중에 나와 있다. 필자는 간략하게 웹사이트를 최적화하는 방법에 대해서 소개하겠다.

목표 대상이 제품, 서비스 또는 게시글을 검색할 때 사용할 가능성이 가장 큰 단어나 표현 등을 찾아야 한다. 이렇게 하려면 자신의 기업에 대해서 진지하게 브레인스토밍을 해야 한다. 제품이나 서비스 이름, 관련이 있다면 위치 그리고 게리 스미스 촬영, 피츠버그 배관공, ABC 인증 영양사 등 사람들이 생각할 업계와 관련이 있는 구체적인 단어를 포함한 적어도 30개의 표현들을 생각해봐라. 가장 대중적으로 사용되는 검색어를 사용하고 싶을 것이다. 그러나 거의 모든 동종 업계의 사람들이 주로 사용하는 검색어를 사용하면 자신의 웹사이트나 블로그가 묻혀버리는 결과를 낳을 수도 있다. 많은 사람들이 분명한 것과 애매한 것의 균형을 맞추고 이 스펙트럼의 양 끝을 아우르는 검색어를 찾는 것이 좋다.

구글 자체에서 도움을 받을 수 있다. 검색어를 입력하고 '관련 검색'을 클릭하면 경쟁자들이 사용하는 검색어들을 살펴볼 수 있다. 또는 구글 인사이트와 구글 애드워즈를 살펴보는 것도 좋다. 또 다른 유용한 웹사이트로 모즈가 있다.

일단 검색어를 결정하면, 그 검색어를 자유롭게 활용해야 한다. 헤드라인이나 글의 도입부에 키워드를 포진시키는 것이 좋다. 웹사이트와 블로그 콘텐츠의 곳곳에 키워드를 사용하라. 그리고 가장 중요한 키워드는 첫 문단에 사용하는 것이 가장 좋다. 일부 전문가들은 페이지당 3~5개의 키워드를 사용하라고 조언한다. 그러나 최근 알고리즘은 첫 몇 개의 문단에 사용된 키워드에 대체로 점수를 준다. 각각의 웹페이지는 콘텐츠를 구분하는 일련의 용어를 가지고 있어야 한다. 키워드는 소셜미디어의 개인 신상 정보와 게시글에도 중요하다. 소셜미디어를 능숙하게 사용하는 사람들은 트위터의 한 줄로 된 자기소개조차 키워드와 해시태그로 도배한다. 다행히도 웹사이트나 블로그를 만드는 데 필요한 기초 작업을 통해 키워드를 파악할 수 있고 각 플랫폼의 가이드라인에 맞게 이 키워드들은 조정 가능하다.

무엇보다 가장 중요한 것은 검색어에 상관없이 자연스럽고 잘 읽히는 글을 쓰는 것이다. 웹페이지당 3개의 키워드를 넣어 글을 작성하는 것은 메시지의 효과를 방해할 수 있다. 너무 많은 키워드를 억지로 집어넣으면 사람들이 해당 메시지를 읽고 즐거움을 느끼는 데 방해가 된다. 이렇게 하면 그 메시지를 작성한 목적을 오히려 훼손시키는 것이다.

항상 사용자를 먼저 생각하고 나서 검색 엔진에 대해서 고민을 해야 한다. 여기서 눈여겨볼 트렌드가 몇 가지 있다.

- 검색어가 길어지고 있다. 사람들은 일상에서 사용하는 자연스러운 표현들로 자신들이 필요한 것들을 검색한다. 다시 말해, 자신들이 묻고 싶은 질문에 가장 근접한 검색어를 입력하는 것이다. 예를 들면 '정장 나비넥타이'라고 검색어를 입력하는 대신, '턱시도에 매는 나비넥타이'로 검색어를 입력하는 것이다. 이런 트렌트는 애플의 음성 인식 서비스인 시리나 아마존의 음성 인식 서비스인 알렉사에 무언가를 찾아달라고 요청하는 음성 검색과 맥을 같이한다.

- 모바일 커뮤니케이션에 적합한 검색어가 등장했다. 사람들은 모바일 기기로 검색을 할 때, 짧고 간단 명료한 검색어를 사용한다. 반면 음성 검색을 하면 사람들의 검색어는 길어지는 경향이 있다. 모바일 기기의 기동성으로 인해 콘텐츠를 만들어내는 기준이 더 까다로워졌다. 화면이 작을수록 더 구체적이고 관련성이 크고 군더더기가 전혀 없는 글을 써야 한다. 이 책에서 소개한 전략들이 장황한 메시지에서 핵심 메시지를 찾아내는 데 큰 도움이 될 것이다.

콘텐츠의 최적화가 우선이라는 점을 항상 기억해두기 바란다. 콘텐츠를 최적화하고 나서 검색 엔진 최적화를 고민해야 한다. 항상 신선하고 생생하게 살아 있는 콘텐츠를 제작해야 한다.

이 있을지도 모른다. 목표 대상이 관심 있어 할 콘텐츠를 찾아서 공유해봐라.

소셜미디어를 활용하다 보면 많은 시행착오를 경험하게 된다. 이런 시행착오를 통해 지속적으로 활용할 수 있고 자신에게 가장 도움이 되는 미디어 플랫폼을 찾으려고 노력해야 한다.

## 디지털 미디어에 적합한 글을 쓰자

------------------------------------

이번에는 블로그, 프로필, 뉴스레터, 웹사이트 등 상대적으로 전통적인 디지털 미디어에 적합한 글쓰기 방법에 대해서 살펴보고자 한다. 이런 디지털 미디어들에는 주로 장문의 글이 적합하다. 그래서 이런 디지털 미디어를 '롱 폼' 미디어라고 부르기도 한다. 그리고 요즘은 장문의 글이 대세다! 이 디지털 미디어에 적합한 글을 쓰는 테크닉은 웹사이트와 블로그를 만드는 구체적인 방법과 함께 다음 장에서 다룰 다양한 소셜 플랫폼에도 적용된다.

과연 좋은 글이 온라인에서도 중요할까? 물론이다! '자신의 목표 대상이 어디에 있는지 안다'에서 언급한 물고기들은 자신들이 좋아하는 양질의 미끼가 아니면 절대 물지 않을 것이다. 그 물고기의 습성에 대해서 아무리 많이 알고 있다고 하더라도 말이다. 이것은 온라인 글도 마찬가지다. 그리고 좋은 글을 쓰는 것은 온라인에서 신용과 신뢰성을 확보하는 데도 없어서는 안 될 필수 요건이다. 사람들은 지속적으로 글의 우수성에 대해서 평가하지 않을 것이다. 그러나 글이 잘 쓰였는지에 대해서 평가하면서 사람들은 이 낯선 사람이 시간을 할애하고 믿을 만한 가치가 있는지를 자동적으로 결정한다. 과연 사람들은 소개글이 지루하거나 과장이 심하고 실수가 많은 제품을 구매할까? 허술하게 쓰인 주장이 설득력이 있을까? 엉터리로 소개된 제품을 구매하거나 잘못 쓴 주장이 설득력 있다고 생각한다면, 당신이 특이한 것이다.

제1부에서 살펴본 출판물을 작성하는 가이드라인은 온라인 글에도 적용된다. 단, 보다 집중적으로 이 가이드라인에 따라서 온라인에 올릴 글을 작성해야 한다. 보다 직설적이고 간결하고 분명하고 역동적인 글을 쓸 필요가 있다. 길고 복잡한 문장과 어려운 단어로 구성된 형식적이고 딱딱한 학술 에세이를 상상해보자. 아마 대학교를 다니면서 이런 종류의 글을 많이 써봤을 것이다. 이렇게 빡빡하게 쓰인 글은 가독성을 떨어뜨리고 여러 번 반복해서 읽어야 핵심을 파악할 수 있다.

완전히 반대 방식으로 온라인 미디어를 위한 글을 써보자. 우선 미디어 사용자의 관심을 낚아챈다. 그러고 나서 읽기 쉬운 글처럼 보이도록 메시지를 작성하는 것이다. 보기에도 복잡하고 실제로도 복잡한 글은 온라인에 적합하지 않다. 스크린으로 글을 읽는 것은 육체적으로 매우 피곤한 일이기 때문이다. 눈이 쉽게 피로해지고 많이 깜빡이게 된다. 그리고 사람들은 스크롤을 내려가면서 작은 화면에 다 들어가지도 않은 긴 글을 읽지 않고 그냥 다음 읽을거리로 넘어간다. 사람들은 빠르게 금방 읽을 수 있는 글을 온라인에서 기대한다. 이해하는 데 노력이 필요한 장황한 글은 선호하지 않는다. 그러니 디지털 플랫폼에서는 간결하고 명료한 글을 쓰도록 노력해야 한다.

## 글은 간단하게 쓰고 비주얼을 활용한다

일반 대중을 상대로 글을 쓴다면, 복잡한 아이디어는 깊이 숨기고 짧고 간단하게 글을 써야 한다. 아니면 복잡한 내용이나 아이디어는 분리해서 작성하는 것이 좋다. 물론, 많은 예외들이 있다. 예를 들어, 기술적인 내용의 글이나 복잡한 사상을 소개하는 글을 좋아하는 사람을 상대로 글을 쓴다면, 말은 달라진다. 제12장에서 논의하겠지만 장문의 블로그 글이 일반적으로 단문의 블로그 글보다 더 널리 읽히고 더 좋은 평가를 받는다. 그리고 어떤 사상을 주도적으로 전달하고 싶다면 백서와 오피니언이 해당 주제를 깊이 있게 다루기에 적합한 형식이다.

어떤 사람들은 글을 대충 훑어보고 또 어떤 사람들은 아주 빨리 글을 읽는다. 이런 사람들을 끌어들이려면 정보를 서술적으로 전달하기보다는 한눈에 보고 이해할 수 있도록 전달하는 것이 좋다. 설명서와 기술내역서는 이런 식으로 쓰여야 한다. 긴 리스트의 정보를 요약하는 소개문단을 간단하게 작성하여 독자들이 복잡한 내용의 글을 보다 빠르게 읽어 내려갈 수 있도록 돕는 것이 중요하다.

제품 사용처

키트 내역

개인 물품 관리

예약 방법

글머리 기호를 사용하는 것도 효과적이다. 그러나 리스트를 지나치게 길게 만들거나 문맥 없이 정보만을 전달하지 않도록 주의해야 한다.

그렇다면 유머는 어떨까? 유머 감각을 발휘해서 콘텐츠를 재미있게 작성할 수 있다면, 아주 훌륭한 재능이다. 보통 재능이 있는 사람들로 구성된 팀이 몇 주, 몇 달 그리고 심지어 몇 년 동안 고민을 해야 위트 있는 글이 나온다. 그만큼 이런 글을 쓰는 것은 힘든 일이다. 작가라면 물론 자신의 재능과 글 솜씨를 마음껏 발휘하고 싶을 것이다. 그러나 웹사이트 등 디지털 미디어의 경우, 현실적이고 이해하기 쉽게 주제를 표현하는 것이 가장 좋다.

즉흥적이고 사람들의 마음을 사로잡는 매력이 있다면 온라인 글을 쓸 때 십분 활용하도록 해라. 그러나 그 글을 인터넷에 올리기 전에 반드시 친구들에게 보여주는 것이 좋다. 신입 캠프 카운슬러를 위한 조언이 하나 있는데, 지금 상황에도 적합할 것 같다. "아이들과 함께 있을 때는, 그런 척하는 한이 있더라도, 항상 진정성 있는 태도를 지녀야 한다."

## 신뢰를 주는 글을 쓴다

사람들은 자기 자신이나 자신의 비즈니스를 널리 알리기 위해서 인터넷을 사용한다. 이때 인터넷에 올리는 모든 글은 자신이 권위가 있고 지식이 풍부하고 믿을 만한 사람이며 다른 사람들의 의견에 관심이 있고 개방적이고 좋은 사람이라는 메시지를 전달해야 한다. 사람들은 온라인 글을 읽으면서 그 글을 쓴 사람이 신뢰할 만한 사람인지를 결정하기 위해 단서를 찾는다. 그래서 온라인 글을 쓸 때는 최선을 다해서 좋은 글을 쓰고 꼼꼼하게 감수를 해야 한다. 나아가 다음의 테크닉을 이용해서 자신이 신뢰해도 좋은 사람임을 알려야 한다.

>> 확인된 정보만을 전달하고 링크를 계속 업데이트한다.

>> 아주 가끔 그리고 사람들에게 필요한 경우에만 기술적인 용어를 사용한다.

>> 분명하고 찾기 쉬운 연락처를 제공한다.

>> 자신의 이력을 분명히 밝히고 권위를 인정받았다는 증거가 될 만한 정보를 제공한다.

>> 후기를 통해 다른 사람들의 니즈를 충족시켰다는 사실을 보여준다.

>> 구체적인 방식으로 피드백을 요구하고 거기에 답한다.

그리고 다음은 절대로 해서는 안 된다.

>> 개인적으로 누군가를 비난한다.

>> 온라인에서 개인적인 주장이나 의견을 밝힌다.

>> 세상에 공개하고 싶지 않은 개인적인 정보를 누설한다.

>> 할머니나 미래의 고용주가 본다면 곤란해질 사진이나 동영상을 온라인에 올린다.

>> 욕설을 사용하거나 공격적인 톤을 사용한다.

인터넷으로 노골적으로 자기 홍보를 하는 것은 좋지 않다. 예를 들어, 웹사이트는 자연스럽게 제품에 대한 정보와 구매처를 포함한다. 페이스북의 비즈니스 페이지는 은근 슬쩍 제품이나 서비스를 홍보한다. 그러나 소셜미디어의 메시지는 사용자들의 우선순위와 연관된 주제를 창의적으로 해석해서 작성하는 것이 최고다. 그들이 배우고자 하는 것은 무엇일까? 무엇이 그들을 즐겁게 할까? 또는 그들을 웃게 만들까? 어떻게 그들을 움직일까? 다른 기업과 사람들이 어떻게 성공적으로 그 일을 해내고 있는지 소셜미디어를 잘 살펴보기 바란다.

결국 인터넷 플랫폼의 언어로 가치를 전달할 때 인터넷 플랫폼을 활용한 보람이 생기는 것이다. 순전히 네트워킹을 목적으로 만들어진 소셜미디어의 경우에는 미소 지을 수 있는 이야기, 영감을 주는 짧막한 이야기, 업계의 내부를 살짝 보여주는 이야기 그리고 특별한 순간 등을 공유하는 것이다. 장문의 디지털 플랫폼의 경우에는 사용자들에게 유용한 정보를 주고 그들이 알고 싶어 하는 것은 알려주거나 그들의 세상의 넓혀주는 것이다.

어떤 디지털 플랫폼을 사용하든, 항상 최고를 공유해야 한다. 인터넷은 정보와 엔터테인먼트의 압도적인 원천이다. 진정한 기여를 통해서만 추종자를 얻을 수 있다. 가장 성공한 전자상거래 전문가들은 블로그, 동영상, 온라인 보고회와 전자책을 통해 좋은 거래 기회를 제공한다. 왜 사람들은 수천 마일 떨어진 곳에 살고 있는, 심지어 제품이나 서비스에 대해서 실망을 해서 책임을 물을 수도 없는 생면부지의 사람에게 돈을 보내 상품이나 서비스를 구입하는 것일까? 디지털 플랫폼을 이용해 판매활동을 한다면 자신이 가치가 있고 신뢰할 수 있는 사람임을 반드시 증명해야 한다. 인터넷에 올린 글을 보고 당신의 전문성에 감명을 받은 사람들은 당신에 대해서 더 많은 것을 알고 싶어 할 것이고 충성스러운 고객이 될 수도 있다.

### 과장된 표현을 줄이고 주장을 뒷받침할 증거를 제시한다

인류는 수천 년 동안 전통적인 광고와 홍보를 봐왔다. 그러는 동안 지나친 홍보글에 대한 감각이 무뎌진 것 같다. 대부분의 사람들이 광고와 마케팅 글이 싫다고 말하지만, 여전히 흥밋거리를 찾기 위해서 광고문으로 도배된 인쇄물을 훑어본다. 이것은 인터넷에서는 어림도 없는 소리다. 온라인 사용자들은 진부하고 과장되고 신뢰하기 힘든 글에 강한 거부반응을 보인다. 그리고 스크린으로 글을 읽으면 집중력이 짧아진다. 게다가 인터넷에 좋은 자료가 차고 넘치는 바람에 사람들은 장황하고 지나치게 공을 들인 홍보성 콘텐츠를 용납하지 않는다.

사람들은 주로 스마트폰, 스마트워치와 태블릿PC 등 작은 스크린에서 글을 읽는다. 그래서 장황하고 과장된 표현들을 없애는 것이 아주 중요해졌다. 화려한 표현은 생략하고 상상력을 이용해 핵심 메시지를 전달할 방법을 찾아내서 목표 대상에게 가장 간결하게 하지만 전혀 지루하지 않게 자신의 가치를 증명해야 한다.

근거를 제시할 수 없는 주장을 하지 말자. 이 간단한 원칙으로 온라인 글을 쓰는 것은 어떨까? '20세기를 통틀어 기술기업이 제시한 가장 혁신적인 돌파구'처럼 속 빈 강정 같은 주장을 믿을 사람은 아무도 없다. 가능하면 구체적으로 왜 그리고 어떻게 그것이 사람들의 삶을 개선할지 설명해야 한다.

가능하면 형용사와 묘사는 사용하지 않는 것이 좋다. 통계, 사실, 후기, 사례 연구 그리고 적합하다면 시각적 증거를 사용해야 한다. 특징보다는 혜택에 주목해야 한다.

물론 사람들이 알고 싶어 할 것 같은 특징이나 기술적 특성에 대한 설명을 포함할 수는 있다. 그러나 이런 정보가 핵심 메시지와 글의 흐름을 방해해서는 안 될 것이다.

## 비선형 전략을 짠다

필자는 스토리라인을 두고 비디오 프로듀서와 말다툼을 한 적이 있다. 물론 그 스토리라인은 필자가 작성한 것이었다. 영상 편집 과정에서 시퀀스가 엉망이 되었다. "A, B, C, D 순서로 이어져야죠"라고 필자가 주장을 하면, "아니에요. 모르시겠어요? 이제 스토리라인에서 처음 – 중간 – 끝은 없어요!"라고 그가 소리쳤다.

필자는 비디오 프로듀서의 말이 옳다고 결정했지만 실제로 그가 틀렸다. 인터넷에서 모든 사람들은 정보를 찾는 서퍼들이다. 정보를 검색하다 보면 어떤 웹사이트의 페이지나 온라인 대화의 한 부분이 나온다. 이때, 사람들은 전체 웹사이트나 온라인 대화의 논리적 전개에는 관심이 없다. 사람들은 인터넷에서 얻은 정보를 소설처럼 처음부터 끝까지 읽어 내려가지 않는다. 왜냐하면 인터넷에서 제공하는 수많은 정보는 순서대로 일어나는 일련의 사건들로 읽히지 않기 때문이다. 대신 모듈에 가깝다. 한 덩어리 그 자체만으로도 이야기가 된다.

온라인 글은 온라인 사용자들의 습성에 맞는 테크닉으로 작성되어야 한다. 구체적으로 다음과 같다.

» 전체 정보를 이해하기 쉬운 단위로 잘라서 전달을 해야 한다. 이렇게 해야 소위 뜨내기 방문객들이 웹사이트, 블로그 등으로 들어와 자신들이 원하는 정보를 얻을 수 있다.

» 전체 정보의 일부분이라 하더라도 그것 자체로 논리적이고 말이 되어야 한다. 그래서 사람들이 눈앞에 놓인 정보를 이해하기 위해서 다른 자료를 찾아볼 필요가 없게 만들어야 한다.

» 필요하다면 일부 정보를 반복해서 사람들이 원하는 것을 얻을 수 있도록 만들어야 한다.

» 해당 정보에 접근할 수 있는 다양한 액세스 포인트를 제공해야 한다. 이렇게 하면 사람들은 다양한 루트를 통해서 해당 사이트를 찾고 들어갈 수 있다.

» 선택지를 준다. 더 깊이 있거나 포괄적인 정보 또는 해당 주제에 대하여 다

른 관점을 소개하는 페이지 링크를 제공하거나 다른 사이트의 정보 출처 링크를 제공한다.

» 모든 웹페이지와 포스트에 사람들의 행동을 촉구하는 메시지를 전달한다. 예를 들면, 더 많은 정보를 찾도록 유도하거나 무료 사은품을 받기 위해 양식을 작성하라고 하거나 개인의 문제에 대해서 이야기하기 위해 전화하라고 이야기하는 것이다.

그렇다고 모듈 형식의 비선형 전략이 일관성 없는 여러 가지 정보를 한꺼번에 조금씩 전달하는 것이라고 생각해서는 안 된다. 이렇게 제공된 정보는 다 합쳐도 완전한 전체를 이루지 못한다. 예를 들어, 웹사이트의 모든 페이지는 그 자체로 논리적이고 말이 되어야 한다. 응집력 있는 계획에 따라 각 페이지의 정보가 논리적으로 전개되어야 한다. 블로그 포스트는 처음, 중간 그리고 끝의 구조가 필요하다.

### 온라인 글을 통해 미디어 사용자와 상호작용한다

디지털 미디어와 프린트 미디어의 가장 큰 차이는 미디어 사용자와 상호작용할 수 있는 힘을 얼마나 가지고 있느냐다. 요즘 사람들은 자신들이 읽은 정보나 글에 대해서 자신만의 아이디어, 경험 그리고 의견 등을 바탕으로 댓글을 다는 데 아주 익숙해져 있다. 그리고 사람들은 정보 제공자 또는 그 글을 쓴 사람이 자신들에게 어떻게 생각하는지 의견을 묻는다고 생각한다. 오늘날의 미디어 사용자들은 수동적인 구경꾼 대신 적극적으로 온라인 커뮤니케이션에 참여하기를 원한다. 상호작용 전술은 밀레니얼세대 등 젊은 세대들과 커뮤니케이션하는 데 특히 중요하다.

디지털 세상은 관계 맺기를 가장 중요하게 생각한다. 생각해낼 수 있는 모든 수단을 동원해서 고객과 관계를 맺어야 한다.

» **블로그** : 고객들에게 피드백을 구체적으로 요청한다. 어떻게 생각하나요? 이런 일이 당신에게도 일어났나요? 당신이라면 무엇을 할 건가요? 찬반 투표를 해주시겠어요? 공유하고 싶은 유사한 경험이 있나요? 이 문제에 대한 해결책을 알고 있나요? 더 알아보고 싶은 것은 무엇인가요?

» **웹사이트** : 무료 정보, e뉴스레터, 할인 등 가시적인 무언가를 제공한다. 고객들에게 무언가를 사라고 요구하거나 무언가에 참여하라고 요청하거나

무언가에 기여하라고 말하거나 이야기를 널리 퍼트려달라고 요청한다. 또는 제품이나 경험에 대해서 등급을 매겨달라고 말하거나 조리법을 보내달라고 하거나 주어진 주제와 관련한 사진을 보내달라고 할 수도 있다.

» **소셜미디어** : 창의적인 상호작용을 권장한다. 소셜미디어를 활용하는 기업들은 고객의 대화를 잘 모니터하고 그들의 대화에 직접 참여한다. 그리고 기업들은 최신 뉴스와 자신들의 브랜드에 대한 내부 시각을 제공한다. 그들은 고객의 이야기에 귀를 기울이고 그들의 애로사항에 반응하고 캠페인과 경진대회를 연다.

조직은 미디어 사용자가 직접 제작한 콘텐츠에 여러모로 관심이 많다. 오늘날, 젊은 사람들은 특히 이미지, '셀카'와 개인적인 경험을 보내달라는 요청을 환영한다. 여행 관련 기업은 사람들에게 여행을 하면서 경험한 가장 재미있는 이야기나, 여행에서 만났던 가장 흥미로웠던 사람이나, 전 우주적으로 가장 인기 있는 주제인 가장 맛있었던 음식에 관한 이야기를 보내달라고 요청한다. 사용자가 직접 제작한 콘텐츠는 궁극적으로 상호작용을 위한 것이다. 그리고 사실상 무료이기 때문에 인터넷의 정보와 콘텐츠에 대한 끝없는 배고픔을 채우기에 아주 매력적인 방법이다. 인터넷 사용자들이 자신의 이야기나 이미지를 제공하게 만드는 방법에 대하여 브레인스토밍하자. 특별한 프로모션이나 게임에 참여하라고 하거나, 가장 좋아하는 영화, 책 또는 스포츠에 대한 글을 써서 보내달라고 요청하는 등 웹사이트를 만든 목적에 부합하는 활동이라면 뭐든지 좋다.

물론, 사용자들에게 약속한 일을 해낼 수 있는 준비가 되어 있어야 하고 반드시 약속을 이행해야 한다. 무료 상품을 보내고 결과를 공유하고 사람들의 피드백에 관심을 가지고 그들의 코멘트에 대답을 해야 한다. 비판적인 코멘트도 마찬가지다. 그리고 포럼을 열고 포럼에 대한 아이디어를 요구할 수도 있다. 당연히 이 모든 일을 해내는 데는 시간이 필요하다.

# 텍스트를 비주얼로 전환하자

다음과 같이 무시하기 힘든 통계와 예측이 있다.

> » 사람들은 1/50,000초에 첫인상을 결정한다.
> » 이미지를 포함하고 있는 포스트는 텍스트로만 이뤄진 포스트보다 사용자의 참여를 유도할 확률이 650퍼센트 높다.
> » 판매 제품에 대한 동영상을 본 사람들이 해당 제품을 구매할 확률이 85퍼센트 높다.
> » 이미지를 포함한 트윗이 18퍼센트 더 많은 클릭 수, 89퍼센트 더 많은 '좋아요'와 150퍼센트 더 많은 리트윗을 기록했다.
> » 대략 커뮤니케이션의 84퍼센트가 2018년까지 비주얼 중심으로 이뤄질 것이다.
> » 대략 인터넷 트래픽의 79퍼센트가 2018년까지 동영상 콘텐츠가 될 것이다.

자신의 커뮤니케이션 도구를 활용해서 이런 변화에 어떻게 대처할 수 있을까?

젊은 세대는 아마도 스냅챗, 인스타그램 그리고 요즘 나온 디지털 플랫폼을 통해서 비주얼 중심의 커뮤니케이션으로 나아가고 있을 것이다. 그러나 밀레니얼세대보다 나이가 많은 사람들은 자신들의 메시지를 시각적으로 강화하거나 재해석하는 방법에 대해서 고민을 해봐야 한다. 생각의 전환을 위해서 인터넷이 본래 수요를 만들어내도록 개발되었다는 점에 대해서 생각해볼 필요가 있다.

> » **우선 이미지는 사람들의 관심을 끈다.** 경쟁이 갈수록 치열해지는 디지털 세상에서 사람들은 수백만 개의 트윗이나 블로그나 스냅챗 중 자신의 것이 온라인 사용자들에 의해 선택받고 단순히 읽히는 데 만족하지 않는다. 사용자들이 개인적으로 알고 있는 사람들과 그 내용을 공유하도록 만들고 싶어 한다. 온라인에서 무언가를 파는 사람들은 다른 사람들로부터 신뢰를 얻어내거나 궁극적으로 그들의 시간이나 돈을 투자하도록 유도하고 싶을 것이다. 비주얼은 즉시 사람들의 관심을 사로잡는다.
> » **이미지는 사람들의 감성을 건드리기도 한다.** 고급 신발 이미지는 사람들에

게서 격한 감정적 반응을 일으킨다. 이것은 잘 쓰인 설명서로는 해낼 수 없는 일이기도 한다. 그렇다고 잘 쓴 설명서가 중요하지 않다는 것은 아니다. 만약 사람들이 이미 신발 디자이너의 팬이고 유통업자를 신뢰하지 않는다면 신발 사진 그 자체가 판매로 이어지지는 않을 것이다. 사람들은 신발의 품질, 착용감, 반품 방법 등에 대한 정보를 원한다. 이미지로 사람들의 관심을 끌 수는 있겠지만 신발을 사도록 설득할 수는 없다.

» **이미지는 많은 말이 필요 없다.** 이미지는 무언가를 하는 방법을 알려줄 때 유용하다. 이미지는 많은 상황에서 지루하고 자세한 설명을 대체할 수 있다. 패션 신발을 묘사해보자. 필자가 이 책 전반에 걸쳐 이야기했듯이, 이미지는 빠른 비교가 가능하다. 그리고 이미지는 보다 진짜인 것 같고 믿을 수 있는 것처럼 다가온다. 결국에는 '백문이 불여일견'이다. 워크숍에서 작업을 하고 있는 사람의 동영상을 보는 것은 글로 작업 방식을 설명하는 것보다 훨씬 더 효과적이다.

» **비주얼은 사람들에게 더 현실감 있게 다가온다.** 불과 얼마 전까지만 해도 우리는 가게에서 직접 신발을 샀다. 사람들은 신발을 직접 만져보고 색깔을 확인하고 신어보고 다른 신발들과 비교해가면서 신발을 골랐다. 이렇게 하면서 편안한지, 예쁜지, 어려 보이는지 등 신발을 신었을 때 어떤 느낌인지를 직접 경험할 수 있었다. 그러나 온라인에서 신발을 사면 이런 실질적인 경험은 불가능하다. 기껏해야 사진이 전부다. 자선단체를 운영하거나 온라인 학습을 제공하는 경우도 크게 다르지 않다. 사람들은 자선활동의 결과와 온라인 강좌 후기 등 자신들이 무엇을 얻게 되는지를 직접 경험하고 느끼기를 원한다.

» **비주얼은 온라인에서 관계를 맺은 사람들을 현실에 존재하는 사람처럼 느껴지도록 만든다.** 인터넷의 가장 큰 목적은 바로 인간관계를 맺는 것이다. 인터넷에서 사람들과 관계를 맺는 것은 인터넷에서 직접 만져보지도 않고 물건을 사는 것과 크게 다르지 않다. 요즘 사람들은 디지털 세상에서 친구를 사귀고 직원을 채용하고 한 번도 만난 적이 없는 전 세계 사람들과 협업한다. 프로필 사진이든 스티커나 필터로 개성을 표현한 소셜미디어의 '셀카'를 통해서라도 상대방을 직접 눈으로 보는 것이 현실에 존재하는 진짜 사람과 관계를 맺고 있다는 느낌이 더 들지 않을까?

» **비주얼은 추상적이고 복잡한 정보를 임팩트 있게 표현할 수 있다.** 사업가와 과학자는 보고와 설득을 위해 차트, 그래프와 표를 항상 사용해왔다. 기술의 발달 덕분에 누구든지 정보를 전달하는 동시에 사람들을 즐겁게 만드는 생생하고 다채로운 자료를 쉽게 만들 수 있게 되었다. 현재 인포그래픽이 부상하고 있다. 인포그래픽을 사용하면 한 잔의 차를 만드는 것부터 수질이 악화되는 이유에 이르기까지 다양한 방식으로 정보를 전달할 수 있다. 인포그래픽은 정보를 보다 쉽게 이해하고 흥미로운 비교가 가능하도록 만든다.

» **이미지는 아이디어를 상징적으로 나타낼 수 있다.** 필자의 생각으로는 이것이 가장 까다로운 작업인 것 같다. 하지만 특히 블로거와 마케터는 살펴볼 가치가 있는 부분이다. 이미지가 들어가면 글을 읽기가 훨씬 쉬워진다는 것은 우리 모두가 아는 사실이다. 그러나 불필요한 서류작업을 줄여야 한다는 논점을 어떻게 이미지로 표현할 수 있을까? '쇼는 말하지 않는다'는 마음가짐을 지닐 필요가 있다. 문학시간에 '객관적 상관물'이란 용어를 들어봤을 것이다. 객관적 상관물이란 감정이나 추상적인 무언가를 다른 이들에게 전달하는 물리적인 상황, 사물, 사건 등을 의미한다. "난 정말 화가 났어"라고 말하는 대신, 등장인물이 자신의 분노를 표현하기 위해서 값비싼 꽃병을 부숴버리는 모습을 보여주는 것이다. 또는 "감당할 수 없는 이 세상과 나 자신을 완전히 단절시킬 거야"라고 말하는 대신, 등장인물이 자신의 신발을 모두 불태워버리는 모습을 보여줄 수 있다.

추상적인 무언가를 표현하거나 재미 삼아서 객관적 상관물을 찾아봐라. 불필요한 서류작업이 너무 많다는 문제를 표현하는 경우, 사람들이 빨간 리본으로 묶인 종이 뭉치를 언덕 꼭대기로 낑낑대며 밀고 올라가는 모습을 보여줄 수도 있다. 또는 깜깜한 어둠에 둘러싸인 채 책상에 앉아 있는 회사원과 램프 하나가 산더미처럼 쌓인 서류 뭉치를 비추는 이미지는 어떤가? 아니면 캐비닛에서 서류 파일이 흘러넘쳐 바닥에 널브러진 이미지는? 불필요한 서류 작업을 없애는 해결책을 이미지로 표현할 수도 있다. 한쪽으로 쓰러진 엄청난 서류 뭉치와 저울 그리고 다른 한편에 놓인 하드 드라이브의 이미지를 사용할 수도 있고 서류 뭉치를 먹어 없애며 앞으로 나가는 악어 모양의 하드 드라이브를 이미지로 보여줄 수도 있다.

놀라운 점은 여기서 언급한 모든 비주얼 활용 전략은 기술을 잘 모르는 아주 평범한 사람들도 얼마든지 활용할 수 있다는 사실이다. 이미 존재하는 좋은 사진을 그대로 사용할 수도 있고 스마트폰으로 직접 사진을 찍을 수도 있다. 그리고 스마트폰의 애플리케이션이나 온라인 프로그램을 이용해서 사진이나 이미지를 보다 쉽게 편집할 수도 있다. 무료 또는 합리적인 가격에 사진, 삽화, 그래픽 인터체인지 포맷, 동영상 등을 원 없이 사용할 수도 있다. 그리고 시중에 나온 툴을 활용해서 효과적인 차트와 그래프도 만들 수 있다.

특정 목적을 위해서 이미지를 수정할 수 있고 캔바, 인포그램, 픽토차트와 같은 애플리케이션으로 인포그래픽도 만들 수 있다. 직접 영상을 촬영하고 편집하고 음악과 음성을 삽입하고 제목을 달고 특수 효과를 집어넣을 수도 있다. 비디오와 움직임뿐만 아니라 차트와 사진을 결합하는 프로그램은 더 좋은 프레젠테이션 자료를 만들어낸다. 페이스북 라이브, 인스타그램 스토리, 페리스코프와 스냅챗 같은 소셜미디어는 동영상을 실시간으로 중계할 수도 있다. 그리고 이런 프로그램이나 소셜미디어와 함께 유튜브 튜토리얼에서도 더 많이 유용한 툴이나 팁을 얻을 수 있다.

상상하기 나름이다. 텍스트를 사용하지 않고 이미지만 사용하는 것이라 생각하지 않기를 바란다. 텍스트만이 해낼 수 있는 것이 있고 이미지만이 해낼 수 있는 것이 있다. 그래서 이 둘을 결합해서 사용하면 두 마리 토끼를 한꺼번에 찾는 것이나 마찬가지다. 비주얼이 중심이 되는 디지털 미디어는 메시지를 전달하는 데 도움이 된다. 그리고 해당 디지털 미디어에 적합하다면 자신의 브랜드와 목표를 알리는 데도 유용하다. 새로운 디지털 미디어에만 매달릴 필요는 전혀 없다. 기존의 웹사이트, 제품 정보, 마케팅 자료를 검토하고 어디에 어떻게 비주얼을 삽입하는 것이 더 좋은 효과를 내는지 고민해보는 것도 좋다.

텍스트를 용도에 맞게 고쳐서 비주얼과 함께 사용하면 그 효과는 배가 된다. 그러나 주의할 사항이 몇 가지 있다.

» 스타일을 혼합하지 않는다. 자신의 브랜드를 일관성 있게 유지해야 한다. 비주얼로 주로 삽화를 사용했다면 사진과 삽화를 섞지 마라(그러나 사진과 동영상을 섞어서 사용하는 것은 괜찮다).

» 단순히 관심을 끌거나 이미지 자체를 과시하기 위해서 사용하지 않는다.

사람들은 자료와 관련이 없는 불필요한 이미지를 싫어한다.

» 행복한 표정의 다양한 인종의 사람들이 회의 테이블에 둘러앉아서 이야기를 하고 있는 모습과 같은 지루한 클립아트를 사용하지 마라. 사람들이 싫어한다.

» 목적에 맞는 비주얼을 만들거나 찾아내는 데 필요한 시간을 과소평가하지 마라.

자신의 목적에 딱 맞는 이미지를 찾아낸다는 것은 특히나 힘든 일이다. 필자가 예로 든 불필요한 서류 작업과 관련한 이미지 말이다. 이런 경우 거꾸로 작업을 진행하면 상상력을 자극해 필요한 이미지를 찾거나 만드는 것이 더 쉬워질 수도 있다. 다시 말해, 인터넷에 존재하는 이미지를 훑어보고 지금 쓰고 있는 글에 좋은 아이디어를 주는 이미지 몇 개를 선택하거나 그 아이디어를 시각적으로 표현해본다.

모든 텍스트를 없애고 이미지만 사용하겠다는 생각은 버려라. 이렇게 하면 메시지의 의미와 맥락이 사라질 수 있다. 필자는 제품 조립 설명서를 간단하게 정리해달라는 요청을 받은 적이 있다. 그 사람이 만족할 만큼 제품 조립 설명서를 단순화하는 것이 불가능했다. 그 사람은 완전히 비주얼만을 사용해서 제품 조립 설명서를 만들고 싶어 했다. 이케아의 제품 조립 설명서처럼 말이다. 이케아는 전 세계 시장을 타깃으로 하는 만큼 텍스트는 모두 생략하고 이미지로 제품을 어떻게 조립하는지를 설명한다. 문제는 텍스트를 완전히 삭제하면 설명서의 존재 목적이 사라진다는 것이었다. 설명서의 목적이 뭔가? 사람들이 설명서를 읽고 쉽게 제품을 조립하거나 사용하도록 돕는 것이다. 그러므로 자신의 목표와 대상에 대해서 고민하고 기억하는 것이 중요하다.

다음 장부터 웹사이트, 블로그, 트위터 그리고 기타 소셜미디어에 온라인 글쓰기 전략이 적용되는지 살펴보자.

## 디지털 미디어 활용하기

**제12장 미리보기**

● 웹사이트 만드는 방법을 알아본다.
● 어떻게 블로그를 시작하고 콘텐츠를 찾을 수 있는지 보여준다.
● 트위터 계정 만드는 법을 살펴본다.
● 소셜미디어를 생산적으로 활용하는 방안을 알아본다.

디지털 미디어는 아주 매력적인 커뮤니케이션 수단이다. 특히 비즈니스용 글을 쓸 때, 여러 가지 디지털 미디어를 통합적으로 사용하고 우선순위를 설정하는 것이 좋다. 디지털 미디어와 함께 마케팅 자료, 광고 전단지, 기사, 책 등 전통적인 커뮤니케이션 채널도 활용하는 것을 잊지 말라. 오직 디지털 미디어에만 매달리다 보면 많은 기회를 놓칠 수도 있다.

직접 사람들과 소통하는 것은 인간관계를 맺고 명성을 쌓는 데 최고의 방법이다. 연설을 하고 워크숍에서 프레젠테이션을 하고 업계 사람들과 네트워킹하고 협회에 참여하는 것이 좋다. 팟캐스트, 비디오 그리고 온라인 워크숍을 통해 사람들을 만나는 것은 직접 얼굴을 보면서 소통하는 것과는 차이가 있다.

의식적으로 모든 커뮤니케이션을 통합하면 시간과 돈을 절약할 수 있다. 바로 다음의 일들이 가능해지기 때문이다.

- » 가장 생산적으로 커뮤니케이션에 집중할 수 있다.
- » 여러 가지 채널에 맞게 콘텐츠를 조절할 수 있다.
- » 각각의 커뮤니케이션 채널이 서로를 보완할 수 있도록 크로스 프로모션할 수 있다.
- » 최신의, 최고의 애플리케이션을 평가할 수 있다.
- » 목표를 더 잘 달성할 수 있도록 커뮤니케이션 툴을 세부조정 할 수 있다.

다양한 커뮤니케이션 툴을 조절해서 함께 사용하면 부분의 합보다 더 큰 효과를 얻을 수 있다. 소셜미디어 전문가의 말을 빌리자면, 종합적으로 각각의 커뮤니케이션 툴의 성격에 맞게 콘텐츠를 수정하여 사람들과 소통하다 보면 자신만의 '종족'이 형성된다. 제9장에서 필자가 설명했듯이 자신의 가치 제안과 개인적인 이야기를 중심으로 다양한 커뮤니케이션 툴을 한꺼번에 활용할 수 있다. 이렇게 여러 가지 커뮤니케이션 툴을 동시에 사용할 때는 지속적으로 자신의 계획을 검토해야 한다. 왜냐하면 매달, 특히 소셜미디어에서 새로운 트렌드가 등장하기 때문이다.

일단 실행 계획을 세우면, 홋스위트, 아고라 플러스처럼 다수의 플랫폼에 새로운 포스트를 올릴 일정을 짜고 자동적으로 포스트가 업데이트되도록 도와주는 프로그램이 많이 있다.

가장 일반적이고 안정적인 디지털 미디어인 웹사이트부터 제일 먼저 살펴보자. 대다수의 기업들이 웹사이트를 마케팅 수단으로 사용하고 있다. 이번 장의 후반부에서는 블로그를 시작하고 트위터를 통해 네트워킹하고 기타 소셜미디어를 활용하는 것에 대해서 살펴볼 것이다.

# 웹사이트를 만들어보자

-----------------------

한동안 사업을 해왔다면, 분명히 웹사이트를 가지고 있을 것이다. 만약 지금 웹사이트를 운영하고 있다면 잠시 동안 어떻게 다른 반복을 만들어냈는지 생각해보자. 누군가가 "이 공간들을 채울 만한 말이나 단어는 없나요?"라고 말할 때까지 플레이스 홀더(빠져 있는 다른 것을 대신하는 기호나 텍스트의 일부-역주)를 포함한 그래픽이 우선이었나? 이것이 대부분의 웹사이트가 지닌 문제다. 그래픽의 매력이 글의 힘을 압도한다.

좋은 웹사이트는 탄탄한 계획과 잘 쓴 글을 바탕으로 만들어진다. 비주얼이 사람들의 관심을 끌고 사람들을 즐겁게 하지만 업계를 막론하고 웹사이트를 방문하는 사람들은 그래픽보다 웹사이트에 적힌 텍스트에 더 많은 가치를 부여한다는 사실이 조사를 통해 밝혀졌다. 웹사이트의 기술적인 요소는 메시지를 전달한 기반시설을 제공하기 위해서 존재한다. 그리고 웹사이트를 방문한 사람들이 자신들이 원하는 것을 쉽게 찾고 직관적으로 웹사이트를 사용할 수 있도록 하는 데 그 목적이 있다. 보기에 좋은 디자인과 기술은 웹사이트의 텍스트를 효과적으로 만든다. 그리고 바로 여기서 메시지가 나온다.

인터넷에 존재하는 프로그램을 이용해서 개인이 직접 웹사이트를 디자인하고 만들 수 있다. 물론 마케팅 전문가, 작가, 디자이너와 디지털 미디어 전문가로 구성된 팀을 가지고 있다면 가장 좋을 것이다. 그러나 1인 사업자도 조금의 전략적인 도움만 받으면 문제없이 직접 웹사이트를 만들 수 있다. 이렇게 자신이 직접 웹사이트를 만들 때 가장 중요한 고객은 바로 자기 자신이다. 자기 자신보다 자신의 비즈니스에 대해서 더 잘 알고 있는 사람이 누가 있겠는가?

## 목표, 콘텐츠, 고객을 결정한다

어떤 종류의 웹사이트가 필요한지를 결정하고 웹사이트의 콘텐츠에 대해서 고민하기에 앞서, 자신의 목표가 무엇인지 먼저 생각해야 한다. 목표를 세분화하는 것에 대하여 살펴본 제11장을 잠깐 살펴보자. 그리고 이 웹사이트에서 제품이나 서비스를 판매할지, 현지, 지역, 국가 또는 세계시장에 관심이 있는지, 그리고 사람들의 관심을 끌었다면 현실적으로 어떻게 그들의 주문을 충족시킬지 등 실용적인 문제들에 대해서도 생각해야봐야 한다.

웹사이트에도 일련의 구체적인 목표가 있다. 바로 당신이 해결해줄 수 있는 문제를 가지고 있는 사람들이 쉽게 웹사이트를 찾을 수 있어야 하고, 한번 웹사이트를 방문하면 지속적으로 방문하도록 만들어야 하며, 당신이 제공하는 서비스의 가치에 대해서 사람들에게 알려야 한다. 그리고 당신이 신뢰할 만한 사람이며 고객의 니즈를 이해하고 그 니즈를 충족시켜줄 수 있는 사람이라는 메시지를 줘야 한다. 여기서 끝이 아니다. 웹사이트를 방문한 사람들을 설득해서 실제로 제품이나 서비스를 구매하도록 만들고 다시 웹사이트를 방문하도록 설득해야 한다. 미래 어느 순간에 웹사이트를 방문한 사람들과 직접 이야기를 나누고 싶을 수도 있으니, 웹사이트를 통해 그들의 정확한 연락처를 확보하는 것도 중요하다.

### 웹사이트나 블로그 중 선택하기

웹사이트와 블로그의 경계는 모호하다. 온라인 서비스는 개인이 직접 웹사이트나 블로그를 쉽게 만들 수 있을 정도로 수준이 높아지고 사용자 친화적으로 변했다. 실제로 웹사이트나 블로그를 만들기 위해 전문가를 고용하더라도, 그 전문가는 윅스닷컴, 워드프레스 등 온라인 웹 개발 플랫폼 기업에서 템플릿을 받아서 웹사이트나 블로그를 만들 것이다.

좋아하는 템플릿을 찾아서 약간의 시간과 인내심을 갖고 사용 방법을 배운다면, 직접 그럴듯한 블로그를 만들 수도 있다. 블로그는 개인이 선택한 주제에 대해 자신이 올린 새로운 글로 시작하는 웹페이지다. 그리고 블로그는 웹사이트처럼 보일 수 있고 실제로 웹사이트의 기능을 할 수도 있다. 홈페이지와 일련의 웹페이지로 구성되고 비즈니스(또는 자기 자신)를 대변하는 블로그는 충분히 웹사이트의 기능을 한다.

### 고객의 특징에 대해서 생각하기

제2장에서 모든 커뮤니케이션에 있어 가장 중요한 고객이 가지는 일련의 특징에 대해서 집중적으로 살펴봤다. 이런 특징에 자신의 비즈니스와 관련이 있는 인구통계학적 요소와 심리통계학적 요소를 보충해보자. 예를 들어, 소비자에게 직접 최신 전자기기를 판매하고자 한다면, 당신은 연령, 성별, 직업, 경제적 지위 등 기본적인 정보에

다음의 내용에 대해서도 고민해볼 수 있다.

> » 기술에 대한 구매자의 숙련도나 관심도
> » 구매자의 소비습관(해당 제품의 구입처와 제품 구입 시 참고하는 곳)
> » 구매자의 정보 선호도(정보의 깊이, 유형 그리고 제공 방식)
> » 당신의 제품이 해결하는 문제와 그 문제의 중요성에 대한 구매자의 인식

마케터들은 이상적인 고객에 대한 자세한 페르소나 또는 아바타를 만들어볼 것을 제안한다. 이렇게 하려면, 현재 고객에 대해서 진지하게 고민해봐야 한다. 그리고 그들에게 왜 제품을 사용하는지, 무엇 때문에 제품을 구입하게 되었는지 그리고 제품에서 마음에 드는 부분이 무엇인지 등에 대해서 물어봐야 한다. 이메일을 받게 될 사람을 시각적으로 상상하면 이메일을 쓰는 것이 더 쉬워지는 것처럼, 온라인 고객이 누구인지를 자세히 알고 그들의 니즈, 거부 반응을 보이는 부분과 당신의 제품이 해결할 수 있는 문제를 이해하면 효과적으로 웹사이트를 만들 수 있다.

당신의 가전 기기를 판매하는 오프라인 매장이나 누군가에게 줄 선물로 가전 기기를 구입하는 사람 등 부수적인 고객들도 고려해야 한다. 다양한 종류의 고객을 정의한다고 해서 모든 고객과 목적에 맞는 포괄적인 웹사이트를 만들어야 한다는 의미는 아니다. 아주 작은 시장에 집중에서 마케팅을 하고 서서히 시장을 넓히는 것이 좋다. 혹은 하나 이상의 웹사이트를 만드는 것도 한 방법이다.

온라인, 성인 강좌, 워크숍과 책을 통해서 마케팅에 대한 많은 지식을 얻을 수 있다. 만약 혼자 웹사이트 또는 비즈니스를 구상하고 있지만 마케팅 노하우가 부족하다면, 온라인 강좌, 워크숍, 책 등에서 도움을 얻을 수 있다. 큰 기업이 웹사이트를 만들거나 보수할 때, 그들은 전체 마케팅 부서를 동원한다. 마케터처럼 생각하는 연습을 해라. 이렇게 하면 웹사이트와 전체 사업의 성공 확률이 커질 것이다.

### 기본적인 웹사이트를 구상한다

비즈니스 계획이나 구체적인 마케팅 계획 없이 웹사이트를 만들거나 수정하고 있다면, 다음은 좋은 소식일 수도 있고 나쁜 소식일 수도 있다. 웹사이트를 잘 만들려면 비즈니스 계획이나 구체적인 마케팅 계획이 반드시 필요하다. 그래서 웹사이트를 만

들면서 비즈니스 계획과 마케팅 계획을 새로 수립하거나 기존의 계획을 업데이트하고 다시 정의하게 된다. 웹사이트를 잘 만들려면 비즈니스 관점에서 모든 사고력을 최대한 집중해야 한다. 그래서 많은 사람들이 많은 돈을 지불하면서 웹사이트 개발자를 고용하는 것이다. 물론 돈이 많으면 좋은 디자인에 기술적으로 훌륭한 웹사이트를 만드는 것이 어렵지 않다. 그러나 웹사이트를 만들 때 핵심은 전략적으로 비즈니스에 접근하는 것이다.

어떤 서비스에 대한 아이디어가 떠올랐고 그 아이디어가 시장성이 있다고 판단을 했다고 가정하자. 웹사이트가 필요하다는 생각이 가장 먼저 떠올랐다. 지금 당신은 열정으로 가득 차 있지만 마케팅 계획이나 비즈니스 계획은 없다. 어디서부터 시작해야 할까? 지금부터 이 가상의 서비스 비즈니스를 위한 웹사이트를 함께 만들어보자. 제품을 판매하거나 자선활동을 하는 경우에도 이런 사고방식이 도움이 될 수 있다. 그리고 이미 웹사이트를 가지고 있다면, 개선할 부분은 없는지 확인하는 데 앞으로 살펴볼 프로세스를 활용해볼 것을 제안한다.

계획을 글로 적어보자! 이 기본적인 형식을 이용하자. 무언가에 대해서 생각할 때 글쓰기가 좋은 가이드라인이 될 수 있다.

**나의 비즈니스 아이디어** : 노인이나 신체적으로 불편한 사람들에게 인터넷 사용법을 가르쳐 삶의 재미를 찾고 새로운 것을 배우고 사람들과 소통하도록 돕는다.

**이유** : 나의 할아버지와 할머니는 수천 마일 떨어진 곳에 살고 계신다. 두 분은 확실히 지루하고 외롭게 하루하루를 보내셨다. 나는 두 분에게 인터넷을 사용하는 방법을 알려드렸고, 지금 할아버지와 할머니는 이전보다 훨씬 행복하게 생활하고 있다. 자신들의 세상이 활짝 열린 것 같다고 하셨다.

**목표** : 이 경험을 비즈니스로 만들이 인터넷 활용과 관련하여 직접 사람들에게 코칭 서비스를 제공한다.

**고객** : 나의 할아버지와 할머니처럼 나이가 많은 분들과 그들에게 선물로 나의 서비스를 선물하고 싶어 할 자식 또는 손자손녀. 그러나 이렇게 하면 나와 같은 지역에 머무르고 있는 사람들에게만 한정적으로 해당 서비스를

제공할 수 있다. 좀 더 크게 생각할 수는 없을까? 예를 들면 다음과 같다.

- 온라인 비디오 콘퍼런스나 기타 디지털 미디어를 활용해서 다른 지역 사람들에게 서비스를 제공하는 것은 어떨까?
- 양로원에 계시는 노인들에게 서비스를 제공하는 것은 어떨까? 그룹 세션으로 서비스를 제공할 수 있을까?
- 장애가 있는 재활센터에서 지내는 사람들에게도 이 서비스를 제공할 수 있지 않을까?

이 새로운 아이디어들의 실행 가능성에 대해서 자세히 조사를 할 필요가 있다. 그리고 실행 가능성이 있다고 판단되면, 지금 당장 이 아이디어를 실행에 옮길지 아니면 미래 계획으로 남겨둘지 결정해야 한다.

**나의 핵심 메시지** : 신체적으로 불편한 사람들이라고 하더라도 이제 더 이상 지루하고 외로운 삶을 살 필요가 없다. 시중에 나와 있는 아주 쉬운 기술만 있으면 그들도 친구를 사귀고 게임을 하고 즐겁게 생활할 수 있다. 그리고 필요하다면 내가 그들에게 맞게 해당 기술을 조정할 수도 있다. 여기에는 간단한 코칭만 있으면 된다. 나는 특히 이런 코칭에 자격이 있다(이 부분이 당신의 가치 제안이 된다. 제9장에서 개략적으로 살펴본 프로세스가 가지 제안에 도움이 될 것이다. 엘리베이터 스피치를 한다고 생각해봐라. 그 서비스가 누구에게 도움이 되는가? 그것이 왜 중요한가? 왜 당신이어야만 하는가?).

### 전략적으로 메시지 구상하기 : 고객의 애로사항

- 신체적으로 불편한 사람들은 작은 세계에 갇혀 살고 있다. 그래서 불행하고 지루하다.
- 그들이 사랑하는 사람들은 자신들이 항상 그들 곁에 있어주지 못하는 것에 대해서 가책을 느낀다.
- 여러 사람이 함께 사는 시설은 노인들을 활기차고 즐겁게 생활하도록 돕는 데 한계가 있다.

### 전략적으로 메시지 구상하기 : 고객의 반감

노인이나 그들의 친지는 다음처럼 생각할 수도 있다.

- 학습 능력이 떨어진다.
- 설비가 비쌀 것이다.
- 훈련비가 비쌀 것이다.
- 노인들은 온라인 사기의 피해자가 되기 쉽다.
- 온라인 구매는 위험이 따른다(왜 그들이 당신을 믿어야 하나?).

애로사항과 반감에 대해서 브레인스토밍을 할 때 좋은 방법은 제8장에서 살펴본 토킹 포인트 기법이다. 각각의 문장을 하나의 질문으로 생각하고 답해보는 것이다. 당신의 서비스가 이 애로사항들을 어떻게 해결할 것인가? 사람들의 반감에 어떻게 효과적으로 대응할 것인가? 이런 질문에 대한 답은 웹사이트의 콘텐츠를 선택하는 데 좋은 가이드라인이 된다.

 이 단계에서 키워드와 검색어를 고민하는 것도 사고를 명확하게 하는 데 도움이 된다 (제11장에서 살펴본 SEO 원칙과 검색어 찾기에 관한 글을 참조해라). 키워드와 검색어 목록을 만들면 보다 구체적이고 간결하게 이야기를 사람들에게 전달할 수 있다. 그리고 키워드와 검색어를 모든 페이지에 적절하게 분포시켜야 한다. 웹사이트를 만들 때부터 키워드와 검색어를 함께 고민하는 것이 나중에 웹사이트를 다 만들고 나서 접목시키는 것보다 더 효과적이다.

고객, 목표 그리고 핵심 메시지가 결정되면, 이것들을 구현하고 반영하는 웹사이트의 구조를 결정해야 한다.

## 웹사이트의 구조를 잡는다

다음 단계는 웹사이트의 페이지를 결정하는 것이다. 다음의 순서대로 페이지가 들어간다.

- » 홈페이지는 방문객의 관심을 자석처럼 끌어당길 간결한 메시지를 전달하고 비주얼로 호기심을 불러 일으켜 회사에 대해서 더 알고 싶게 만든다.
- » 회사소개는 방문객에게 믿을 만한 기업이라는 인상을 주고 보유한 기술과 사업 경험을 설명하고 주요 직원을 소개한다.
- » 서비스는 구체적인 옵션을 설명한다.

» 사업 영역는 무슨 일을 하는지와 그 일을 어떻게 하는지를 설명한다.

» 사례 연구는 성공의 증거를 제시한다.

» 연락처는 전체 연락처를 제공하고 이메일 리스트를 구축하기 위해 특별한 제안을 하기도 한다.

» 블로그는 사업 분야에서 전문성을 쌓고 방문객이 계속 웹사이트를 방문하도록 만든다.

여기서 사업 영역과 서비스 또는 사례 연구와 같은 페이지는 하나로 합쳐도 무방하다. Q&A와 FAQ은 인터넷 사용자들과 검색 엔진에 인기가 있다. 비즈니스의 종류에 따라 포트폴리오가 필요할 수도 있고, 이벤트나 미디어와 관련한 정보를 제공할 필요가 있다면 온라인 뉴스룸이 필요하다. 다른 사이트 링크를 제공하는 리소스 페이지는 웹사이트 최적화에 도움이 될 수 있다.

먼 길을 돌아서 결국에는 아주 일반적인 구조를 지닌 웹사이트를 만든 것 아니냐고 말할 수 있다. 그러나 이 기본적인 웹사이트 구조는 오랜 세월 동안 진화하고 있고 요즘도 흔히 사용되고 있는 구조다. 왜냐하면 이런 웹사이트 구조가 많은 기업에 효과가 있기 때문이다. 물론, 상상력을 발휘하여 개인의 필요에 맞게 구조를 바꿀 수 있다.

그러나 완전히 새로운 구조의 웹사이트를 만드는 것은 그렇게 좋은 생각이 아니다. 사람들에게는 '웹사이트는 이런 구조로 되어 있다'는 이미 정해진 기대감이 있다. 그리고 무슨 일을 하는 회사인지 또는 어디에 원하는 정보가 있는지를 애써 찾을 만큼 인내심이 없다. 기본적인 구조 내에서 나름 독창적으로 메시지를 전달하고 비주얼을 활용하고 동영상이나 추가적인 미디어를 사용하는 것이 좋다. 일단 전반적인 계획이 수립되면, 각 페이지에 들어갈 콘텐츠는 자연스럽게 자리 잡게 된다. 그리고 웹사이트를 구상할 때는 생각하지 못한 부분도 눈에 들어올 것이다.

'명료성 우선 법칙'이 웹사이트 내 모든 탐색 단추에도 적용된다. 회사소개, 후기 등 일반적으로 사용하는 메뉴 이름을 사용하는 것이 좋다. 방문객이 보고 무슨 의미인지 또는 어디에 필요한 정보가 있는지를 알 수 없는 이름은 사용하지 마라.

## 홈페이지를 구상하고 만든다

홀로 일을 하든지 또는 몇몇 전문가들과 팀을 이뤄서 일을 하든지 간에, 홈페이지 제작의 첫 단계는 글쓰기다. 웹디자이너와 함께 웹사이트를 제작한다면, 어떻게 홈페이지를 꾸밀지 스스로 고민해보고 동시에 웹디자이너에게도 의견을 구해라. 웹사이트의 스토리를 짜는 사람과 웹디자이너가 의견을 교환하면 최상의 웹사이트가 나올 수 있다. 기술 전문가에게 어떤 홈페이지가 기술적으로 실용적인지를 묻고 홈페이지에서 기술적으로 어떤 시도들을 해볼 수 있는지에 대하여 의견을 구하는 것도 좋다. 웹디자이너와 기술 전문가에게 홈페이지를 통해 자신이 목표한 바를 달성할 수 있는 다양한 옵션에 대해서 물어보는 것도 현명한 행동이다.

일반적으로 홈페이지에는 다음의 내용들이 담긴다.

>> 가급적이면 로고나 로고처럼 보이는 무언가로 표현된 사업명
>> 한눈에 비즈니스의 성격을 알아볼 수 있는 태그라인
>> 방문객에게 원하는 것을 얻을 수 있는 곳으로 잘 찾아왔다는 확신을 주는 포지셔닝 선언문
>> 방문객에게 다음에 취할 행동에 대해서 알려주는 행동 지침과 연락처(일부 전문가들은 이것을 모든 페이지에 넣으라고 조언한다)
>> 웹사이트 내 모든 페이지에 접근하는 방법을 명확하게 보여주는 이미지나 말로 설명된 전체 웹사이트 개요

웹사이트의 홈페이지는 만들 때, 많은 사람들이 어려움을 느끼는 부분이 바로 태그라인과 포지셔닝 선언문이다. 키워드와 검색어에 주목하면 태그라인과 포지셔닝 선언문을 결정하고 작성하는 데 도움이 될 것이다.

태그라인은 가능한 자세하게 비즈니스를 설명해야 한다. 사업명만 보고 무슨 일을 하는 곳인지 단번에 알 수 있다면, 태그라인을 결정하는 것이 더 쉬워진다. 예를 들어, '메인 스트리트 방문 접수 서비스센터'라는 사업명은 '메인 스트리트 옆 24시간 애플 수리점'이라는 사업명보다 더 많은 설명이 필요하다. 그리고 사업명은 검색 엔진뿐만 아니라 잠재 고객들에게도 무슨 일을 하는 회사인지를 알려주는 것임을 기억하기 바란다. 사업명이 애매모호하면, '애플 제품 24시간 수리'처럼 태그라인을 써서 실제로

하는 일을 구체적으로 설명하면 된다. 그러나 이런 정보가 이미 사업명에 포함되어 있다면, '모든 랩톱, 데스크톱과 아이폰을 24시간 수리 및 배송'이라는 태그라인을 달 수 있다.

많은 생각과 고민 끝에 태그라인을 결정해야 한다. 그러나 광고업계의 오래된 격언을 빌리자면, 태그라인은 기발하기보다 분명해야 한다. 우리는 지금 노인들에게 인터넷을 사용하는 방법을 가르쳐주는 코칭 서비스 사업을 하려고 준비 중이다. 일단, 사업명이 '골든 이어즈 인터넷'이라고 가정하자. 이 경우, 태그라인으로 '노인과 장애인이 온라인 세상을 경험할 수 있도록 돕는 개인 코칭' 또는 '세상을 열자. 연결되자. 즐기자'를 생각해볼 수 있다.

포지셔닝 선언문을 통해 사업영역을 확장할 수도 있다. 요즘은 포지셔닝 선언문을 생략하는 추세지만, 스스로에게 '방문객이 무작위로 검색 또는 내가 보유하고 있는 기술을 검색하다가 우연히 나의 웹사이트를 방문했을 때, 그들이 원하는 것을 얻을 수 있는 곳에 제대로 왔다는 사실을 금방 알 수 있을까?'라고 물어보기를 바란다.

포지셔닝 선언문은 이 질문에 대한 답을 제공한다. 널리 알려진 기업이 아니라면, 포지셔닝 선언문을 활용해보는 것이 좋다. 누구나 알 만한 기업도 웹사이트 방문객에게 '잘 찾아 왔다'는 메시지를 분명히 전달하려고 애쓴다. 이런 기업들은 복잡한 웹사이트를 여러 개 가지고 있을 수 있다. 그래서 웹사이트를 방문한 고객에게 바로 이곳에서 제품이나 서비스에 대해 비용을 지불하고, 제품에 대한 정보를 얻고, 불만사항을 접수하는 등 원하는 것을 얻을 수 있다는 분명한 메시지를 전달해야 한다.

골든 이어즈 인터넷의 포지셔닝 선언문은 다음처럼 작성될 수 있다.

> 조지아 주 남부에서는 직접 코칭 서비스를 제공하고 기타 지역에서는 온라인으로 서비스를 제공함. 신체적으로 불편한 사람들에게 개인 또는 소규모 그룹으로 코칭 서비스를 제공하여 온라인에서 새로운 사람들과 사귀고 새로운 것을 배우고 탐구하고 즐거운 시간을 보낼 수 있도록 도움.

노인들의 자녀들을 공략하기 위해서 이 포지셔닝 선언문에 몇 줄 더 추가할 수도 있다(예를 들어, '사랑하는 사람에게 이 세상 최고의 선물을 주세요. 오늘날 지루함과 외로움을 한 번에 씻어낼 최고의 방법은 세상과 소통하는 것입니다').

또한 '저렴한 기기를 이용하여 노인들이 인터넷을 활용할 수 있도록 도와주면, 그들을 즐겁게 해주는 것이 그렇게 어려운 일이 아니다'라는 몇 마디를 포지셔닝 선언문에 추가하면 제3의 잠재 고객인 양로원의 관리자들까지 공략할 수도 있다.

홈페이지에서 거부할 수 없는 제안을 하기도 한다. 예를 들어, 무료 블로그, 뉴스레터, 전자책, 출시기념행사 등에 가입하라고 제안하는 것이다. 이것은 마케팅 계획을 발전시킬 수 있다. 이런 자료를 가지고 있는지, 이런 자료를 만들 수 있는지 그리고 이런 자료를 만들고 싶은지 등에 대해서 고민하게 된다.

메시지를 명확하게 설정하면, 이 메시지를 비주얼로 어떻게 전환할지에 대해서 생각을 해봐야 한다. 메시지를 사진으로 표현할 수 있다. 사람들이 등장하는 사진으로 이 메시지를 표현하고자 한다면, 달력이나 광고 따위에 포괄적으로 사용되는 사진에 등장하는 사람이 아니라 실제 고객과 실제 직원의 모습을 보여줘야 한다. 할 수 있다면 동영상을 활용하는 것도 좋다. 강연하는 모습을 직접 보여주거나 고객이 만족스러운 경험을 이야기하는 모습을 보여주는 것이다. 웹사이트 방문객에게 따뜻하고 남을 배려하고 자신의 분야에 전문 지식을 지닌 사람으로 스스로를 소개하는 것도 한번 고민해봐라.

## 회사소개 페이지를 작성한다

업계를 막론하고 홈페이지 다음으로 웹사이트에서 사람들이 가장 많이 보는 페이지가 바로 회사소개 페이지다. 보통 회사소개 페이지가 웹사이트의 성패를 좌우한다. 사람들은 회사소개 페이지를 보고 회사에 대해서 더 알아보기 위해 이 웹사이트에 남아 있을지 아니면 다른 웹사이트로 가버릴지를 결정한다.

그러므로 회사소개 페이지에서는 신뢰할 수 있는 최고의 모습을 보여줘야 한다. 이를 위해서 다음의 전략을 살펴보자.

» 1인칭으로 글을 작성한다. '그들'보다 '나'를 사용한다.
» 문제 해결에 집중한다.
» 방문자가 이해하기 쉬운 용어로 가치 제안을 전달한다. 그 누구도 제공할

> » 수 없는 자신만이 제공할 수 있는 가치가 무엇인지를 설명한다.
> » 자신의 이야기를 들려준다. 이 회사를 왜 설립했는지, 왜 이 일에 열정적으로 매진하는지, 스스로 만족하는 부분은 무엇인지, 고객의 성공이 자신에게 무엇을 의미하는지 등을 알려준다.
> » 보유 기술이나 제품 역량을 고객 혜택의 관점에서 설명한다.
> » 적절하다면, 왜 특별한 기회인지 또는 왜 지금이 적기인지를 말해준다. 예를 들어, 새로운 기술의 등장으로 인터넷이 거의 모든 사람들에게 저렴한 비용으로 더 넓은 세상을 선물하고 있다고 말하는 것이다.
> » 친근하지만 자신감 있는 모습을 담은 사진과 가능하다면 실제로 일을 하고 있는 자신을 보여주는 동영상을 제공한다.

자신의 권위, 전문성을 증명하고 신뢰할 만한 사람임을 보여주는 증거를 제시하는 것이 좋다. 그러나 이런 증거로 회사소개 페이지를 시작하는 것은 좋지 않다. 회사소개 페이지가 지루해질 수 있기 때문이다. 이력서처럼 보여서도 안 된다. 자신이 누구이고 어떻게 도움을 줄 수 있는지를 웹사이트 방문객에게 알려주기 위한 참고자료로 자격 인증서를 바라봐야 한다. 회사소개 페이지는 사진 속의 당신과 함께하면 삶(또는 무언가)이 얼마나 더 좋아질지에 대한 비전을 제시하는 곳이다.

회사소개 페이지가 잘 작성되면, 웹사이트 방문객은 회사소개 페이지를 보고 나서 서비스 페이지나 다른 페이지로 가서 실제 제품을 살펴본다. 그래서 회사소개 페이지는 무료로 서비스나 제품을 제공하고 이메일 주소를 수집하기에 좋은 곳이다. 예를 들어, '지금 당장 10분 무료 상담을 신청하세요!', '지금 당장 온라인 보고회에 등록하세요!', '무료 전자책을 요청하세요!', '무료 뉴스레터를 읽어보세요!', '이 소셜미디어를 확인해보세요!' 등을 회사소개 페이지에 삽입할 수 있다.

만약 1인 사업장이라면 어떻게 할까? 이런 경우에는 '제인을 만나보자'나 이와 유사한 형식으로 회사소개 페이지를 작성하면 된다. 그러나 우리가 살고 있는 이 세상은 아무것도 존재하지 않는 가상의 공간이 아니다. 대부분의 컨설턴트들이 언제나 도움을 요청할 수 있는 지원군과 일의 종류에 따라 가끔 함께 일하는 파트너를 가지고 있다. 골든 이어즈 인터넷도 마찬가지다. 회사소개 페이지를 작성하면서 해당 비즈니스를 위해서 직업 치료사와 심리학자와 같은 많은 전문가들의 도움이 필요하다는 사실을 깨달았을 것이다. 이런 사람들을 회사소개 페이지에서 소개하는 것도 좋다.

## 나머지 페이지를 작성한다

홈페이지와 회사소개 페이지의 초안을 작성했다면, 이제는 나머지 페이지를 작성할 순서다. 다음은 대부분의 웹사이트에 필요한 페이지들이다.

> » **서비스와 사업 영역 페이지** : 당신이 제공하는 구체적인 옵션과 기회를 웹사이트 방문객에게 알려주기 위해서 이 페이지를 작성해야 한다. 생생하고 사용자 지향적으로 서비스를 설명해야 한다. 그리고 당신의 서비스나 제품에 투자하지 않으려는 웹사이트 방문객을 설득해야 한다. 이번 장의 초반에 만들었던 고객 반감 리스트가 도움이 될 것이다. 골든 이어즈 인터넷이 제시하는 기술 솔루션과 왜 이 솔루션들이 저렴하고 고객에게 유용한지를 설명해야 한다. 먼저 신체적으로 불편한 사람들에게 어떤 도움이 되는지 등 여러 가지 관점에서 제공 서비스를 설명할 필요가 있다. 이 페이지에 너무 많은 내용을 담으려고 해서는 안 된다. 설명은 쉽고 간략해야 한다. 글자 수를 줄이기 위해서 가능하다면 이미지를 사용하는 것도 좋은 방법이다.
>
> » **고객 후기 페이지** : 고객 후기 페이지가 별도로 있는 웹사이트도 있고 여러 페이지에 걸쳐 짤막하게 고객 후기를 제공하는 웹사이트도 있다. 어떤 웹사이트는 이 두 가지 방법을 모두 사용하기도 한다. 어떤 경우든지, 웹사이트에 소개하는 후기는 반드시 사실이어야 한다. 본인이 고객 후기를 대신 작성하지 마라. 이렇게 작성된 후기는 왠지 설득력이 떨어진다. 그리고 고객에게 제공받은 서비스나 제품에 대해서 어떤 부분에 가치를 부여하는지 실제로 물어보지 않고는 알 수 없다(제9장 참조).
>
> 요즘 입소문은 마케팅에서 아주 중요한 부분을 차지한다. 입소문 시대라고 해도 과언이 아니다. 사람들은 회사에서 공식적으로 이야기하는 혜택보다는 동료들이 서비스나 제품을 사용하고 난 뒤 남기는 후기를 더 믿는다. 고객 후기를 적극 활용해야 한다. 고객 후기, 특히 동영상 후기의 가치를 간과하지 마라.
>
> » **연락처 페이지** : 실제 존재하는 누군가에게 연락을 한다는 느낌을 줘야 한

다. 그러므로 'info@'처럼 형태가 없는 애매한 이메일 주소보다는 적어도 자신의 이름을 이메일 주소로 사용하는 것이 좋다. 할 수 있다면 전화번호를 제공하는 것도 좋다. 이 페이지에서 거부할 수 없는 특별한 제안을 할 수도 있다. 그리고 다양한 방식으로 웹사이트 방문객의 연락처를 수집할 수 있다.

웹사이트의 모든 페이지에 키워드와 검색어를 집어넣을 필요가 있다. 그리고 웹사이트에 전 세계 사람들이 방문한다는 사실을 기억해라. 만약 세계 시장에 관심이 있다면, 내용을 읽고 정보를 찾기 쉬운 웹사이트를 만들도록 각별히 노력해야 한다.

## 웹사이트에 그래픽 효과를 넣는다

그래픽 디자이너와 함께 일하고 있는가? 그렇다면, 그래픽 디자이너의 아이디어가 아무리 좋다고 하더라도 모든 아이디어를 수용하지는 마라. 웹사이트를 제작할 때 그래픽 효과와 관련하여 해야 할 일과 해서는 안 될 일에 대해서 살펴보자.

» **사이트 방문객을 위한 디자인을 추구하자.** 예를 들어, 나이가 많은 사람은 일반적으로 자연스러운 색감, 분명한 글자체, 큰 헤드라인과 자신과 같은 사람들의 사진을 좋아한다. 방문객 선호도와 관련하여 많은 연구가 진행되었고 시중에서 그 연구 결과를 쉽게 찾아볼 수 있다. 닐슨과 닐슨 로만 그룹은 널리 존경받는 리서치 기업으로 웹사이트의 활용성과 미디어 습관에 대해서 주로 연구를 진행한다.

» **화려한 플래시와 음악은 생략하자.** 끄기 단추가 있는 경우에만 이 화려한 기능들을 추가한다.

» **웹사이트 내용을 읽는 데 방해가 되는 전략은 피하자.** 예를 들어, 작은 글자체, 혼란스럽고 복잡한 디자인, 두 개 또는 세 개 이상의 색깔과 검은색 또는 어두운 색 배경에 흰색 글자는 되도록 사용하지 않는 것이 좋다.

» **길고 빽빽한 텍스트 블록은 사용하지 말자.** 텍스트가 길면 짧은 문단으로 나눠서 작성하도록 해라(한 문단에 한 문장에서 세 문장이 적당하다). 그리고 비주얼, 부제나 글머리 기호를 사용한다. 여백을 많이 두는 것이 좋다.

» **스크롤의 사용을 제한하자.** 스크롤을 내려가면서 글을 읽어야 하는 경우,

사람들은 그냥 웹사이트를 나가버린다. 필요하다면 자료를 별도의 페이지로 나눠서 제공하는 것이 가장 좋다.

» **적당하다고 판단되면 사진과 삽화 그리고 동영상을 사용해서 텍스트의 수를 최소화하자.** 그러나 본인이 예술가나 사진작가가 아닌 이상 비주얼을 위한 비주얼을 사용해서는 안 된다. 웹사이트 방문객들은 지나친 비주얼을 선호하지 않는다.

대기업은 웹사이트 사용성 테스트에 많은 투자를 한다. 그들은 웹사이트 방문객들이 자신들의 웹사이트를 어떻게 둘러보는지와 방문객의 웹사이트 활용에 방해가 되는 요소는 무엇인지 명확히 파악하기를 원하고 부정적인 피드백에 즉각 대응할 수 있기를 원한다. 대기업은 특히 각 페이지를 훑어볼 때 이용자의 시선이 어떤 패턴으로 움직이는지 알고 싶어 한다. 이 모든 것은 큰돈을 들이지 않고 스스로 해낼 수 있다!

자신만의 관심 집단을 구성하고 그들을 대상으로 완성되었거나 제작 중인 웹사이트를 시험 운영한다. 닐슨 노만 그룹은 자신이 직접 해보는 두-잇-유어셀프(do-it-yourself) 접근법을 추천한다. 우선 1~6명의 사람들을 모아 그룹을 만든다. 6명이 가장 이상적이고 친구들로 이 그룹을 만들어도 괜찮다. 그룹 구성원들에게 제작한 웹사이트를 사용해보라고 부탁하고 그들이 어느 부분에서 쉬고 멈추고 클릭을 하는지 자세히 관찰한다. 그들의 반응을 살펴본다. 그러고 나서 그들에게 웹사이트를 사용한 소감을 물어본다. 이렇게 하면 비용을 하나도 들이지 않고 웹사이트에서 개선할 부분이 무엇인지를 대략적으로 알 수 있다.

항상 기억해야 할 것이 있다. 요즘 점점 많은 사람들이 스마트폰 등 작은 화면을 통해 웹사이트를 본다. 스마트폰을 통해 글을 읽고 구매 결정을 내리는 비율이 매달 높아지고 있다. 그래서 빠르게 본론으로 들어가 메시지의 핵심을 전달하고 간단하고 쉬운 인터페이스를 유지해야 하는 것이다.

마지막으로 웹사이트를 항상 진화하는 생물로 보기 바란다. 웹사이트에서 결코 '완성'이란 개념은 존재하지 않는다. 자신이 희망하는 대로 기능을 하는 웹사이트가 되기 위해서 끊임없이 웹사이트에 대해서 생각하고 새로운 콘텐츠에 투자를 해야 한다.

골든 이어즈 인터넷의 기본적인 웹사이트가 만들어지면, 이제 웹사이트를 방문객의 관심권에 들도록 만들 방법과 웹사이트를 넘어 다른 디지털 미디어를 활용해 비즈니스를 사람들에게 알릴 방법을 찾아야 한다. 이쯤에서 스스로에게 물어볼 질문은 바로 '비즈니스를 개발하는 데 유용한 다른 툴과 플랫폼에는 무엇이 있을까?', '강사로 나가는 것은 어떨까?', '무료로 워크숍을 제공하는 것은?', '유튜브에 동영상을 올릴까?', '적극적으로 네트워킹을 할까?', '크로스 프로모션을 위해 무슨 온라인 채널에 투자를 해야 할까?' 등이다.

여기서 다수의 사람들이 블로그를 가장 먼저 떠올릴 것이다. 지금부터 블로그에 대해서 살펴보자.

## 블로그를 만들자

현재 하고 있는 사업에 도움이 되기를 바라는 마음에 블로그를 시작할 수도 있고, 책이나 컨설팅 서비스를 알리기 위한 플랫폼을 만들기 위해 블로그를 시작할 수도 있다. 또는 온라인에서 자신만의 영역을 확보하기 위해서 블로그를 시작하기도 하고, 친구를 사귀거나 사람들에게 영향을 미치기 위해서 블로그를 시작하기도 한다. 이유와 목적이 무엇이든지 간에 많은 사람들이 블로그를 한다. 문제는 블로그를 하는 사람이 너무 많아 거의 포화상태라는 것이다. 그래서 새롭게 블로그를 시작하는 사람이 다른 사람들의 관심을 끄는 것은 아주 어려운 일이다.

인터넷에 직접 블로그를 만드는 대신, 링크드인 퍼블리싱 플랫폼, 자신만의 이야기를 공유할 것을 요청하는 미디엄 그리고 지식을 공유하고 세상을 이해하는 곳이라고 스스로를 소개하는 쿼라에서 블로그 활동을 할 수 있다. 업계, 협회 또는 네트워크의 구성원으로서 현지 또는 전문 블로그에 기여를 할 수도 있다.

개인적인 즐거움을 위해서 블로그 활동을 하는 것이 아니라면, 어떤 시스템을 선택하든지 간에 블로그 활동에 시간을 전략적으로 투자해야 한다. 권위를 쌓기 위해서, 웹사이트의 콘텐츠를 항상 새롭게 유지하기 위해서, 서비스의 팬을 확보하기 위해서 등 자신이 블로그 활동을 하는 목표를 정확히 알아야 한다는 의미다. 그리고 물론 원하는 독자층도 알아야 한다. 이메일과 소셜미디어를 통해 블로그를 홍보할 계획이라면 이메일 서명란과 본인이 작성한 기사에 블로그 주소를 포함시켜야 한다. 결과를 추적해서 시간을 투자한 보람이 있는지 확인할 필요가 있다. 그러나 구독층을 확보하는 데 시간이 필요하고 자주 새로운 글을 블로그에 올려야 한다는 점을 염두에 두어야 한다.

다양한 의견이 있지만, 블로거는 최소한 일주일마다 새로운 게시물을 블로그에 올려야 한다. 반면에, 장문의 콘텐츠를 높이 평가하는 추세를 고려하면 게시물이 적더라고 깊이 있는 정보를 전달하는 것이 더 효과적이다. 블로그 주제, 방문객의 성향 그리고 개인 역량에 따라 판단하는 것이 좋다.

일반적으로 이야기하면, 500~750자는 대부분의 사람의 흥미를 돋우지 못한다. 연구에 따르면 약 2,200자 이상의 심도 있는 블로그 게시물이 가장 많이 읽히고 가장 높은 평가를 받는다. 이 연구 결과가 그렇게 놀라운 것은 아니다. 대부분의 사람들이 생각할 거리를 주는 짤막한 이야기보다는 무언가를 배울 수 있는 내용의 읽을거리를 원한다.

상대적으로 덜 인기가 있는 매체인 팟캐스트나 서서히 인터넷을 장악하고 있는 동영상을 활용하라고 조언하는 사람들도 있다. 이런 조언을 하는 것이 놀랍지는 않다. 그러나 여전히 블로그 활동은 매력적이고 웹사이트의 핵심 콘텐츠다.

기사를 작성하는 것과 블로그에 올릴 글을 작성하는 것은 아주 유사하다. 두 형태 모두 내용이 탄탄해야 하지만 기사 작성은 더 조심스러운 작업이다. 기사글은 처음, 중간, 끝의 기본적인 골격을 갖추고 있어야 한다. 이에 반해 블로그 글은 느긋하고 즉흥적인 톤을 지니며 보다 더 개인적이다. 블로그에 실리는 글은 특정 주제의 한 부분에 집중할 수 있지만 기사는 보통 포괄적인 관점에서 주제를 다룬다. 그렇더라도 기사와 블로그 글을 구분하는 경계가 모호하기는 하다.

다음에 오는 것 중 한두 가지 방법을 이용하여 블로그 작성 계획을 적어보자.

> **블로그를 작성하는 목표와 방문객을 끝까지 생각한다.** 방문객이 필요로 하는 것은 무엇일까? 그들은 무슨 문제를 해결하고 싶을까? 그들은 무엇에 관심이 있을까? 그들이 가치 있다고 생각하는 것은 무엇일까?

> **자신의 특별한 지식, 경험과 관심사를 분석한다.** 흥미로운 무언가에 접근

하는 특별한 방법이 있나? 자신의 전문성을 현재의 트렌드에 접목시킬 수 있나? 진지하게 배울 정도로 무언가에 열정적이거나 호기심이 있나?

» **블로그 방문객에 대해서 조사한다.** 그들은 무엇을 읽고, 무엇에 대해서 이야기를 하고, 무엇에 참석하나? 방문객 사이에서 가장 인기 있는 블로그와 주제는 무엇인가? 이들을 잘 이해하기 위해서 경쟁자의 블로그를 공부하고 그 블로그에서 다루지 않았거나 아주 조금 언급한 틈새를 공략한다.

» **취미나 강한 관심사를 살펴본다.** 러닝에 대해서 블로그 활동을 하는 PR 전문가와 클래식 음악에 대해서 블로그 활동을 하는 의사가 있다. 자기만의 개성을 사람들에게 알리거나 주로 각각의 분야에 열정을 지닌 다른 사람들과 소통하기를 원한다면, 이런 블로그 활동은 그들의 비즈니스 활동에도 도움이 된다. 이처럼 많은 사람들이 자신의 블로그 활동이 시간이 흐르면 자신의 비즈니스와 연결되어 도움이 될 것이라 확신한다.

주제를 정해서 블로그 활동을 하기 전에 시장조사를 할 필요가 있다. 동일한 주제의 블로그가 이미 존재하는지 그리고 그 블로그가 해당 주제를 얼마나 잘 다루고 있는지를 살펴봐야 한다.

## 최고의 블로그 주제를 선택한다

필자는 커뮤니케이션과 관련한 일을 하고 있는 사람들을 대상으로 글쓰기 워크숍을 진행했었다. 워크숍에서 필자는 수강생들에게 개인 블로그 활동 계획을 세우고 블로그 주제 10가지를 뽑아보라고 주문했다. 일부는 이미 조리된 음식으로 균형 있는 식사를 하는 방법이나 과체중 여성들을 위한 고급 패션 스타일링법 등을 블로그 주제로 선택했다. 다수의 수강생들이 단지 영화, 책, TV쇼 또는 전반적인 인생에 대한 생각을 블로그에 적고 싶어 했다.

한 젊은 남자는 '이게 바로 내 생각이야'라는 주제로 블로그 활동을 하겠다고 발표했다. 그래서 필자는 그에게 몇몇 친구들을 제외하고 누가 그런 종류의 블로그를 볼 것 같은지 물었다. 이런 블로그가 우연히 들어온 사람들이 그의 의견에 관심을 쏟을 정도로 재미있을 수 있을까? 아무 형체가 없는 주제에 대해서 어떻게 팬을 확보할 수 있을까?

이렇게 그에게 질문을 하면서, 필자는 그가 청소년기부터 열정적으로 취미활동을 해왔다는 사실을 알게 되었다. 심지어 그는 그 취미활동을 하면서 대학교 학비도 벌었다. 그는 파티에서 DJ로 일했다. 그가 DJ와 관련한 주제로 블로그 활동을 할 수 있지는 않을까? 그는 즉시 전문적인 툴과 기법 등 사람들과 공유할 만한 주제를 많이 생각해냈다.

블로그 주제로 가장 좋은 것은 자신이 중요하게 여기는 무언가다. 왜냐하면 그것이 당신을 매혹시키거나 흥분시키거나 호기심을 자극하거나 그 자체로 중요한 것 같기 때문이다. 아마추어 DJ처럼, 우리에게도 다른 사람들과 공유할 전문 지식이나 아이디어가 있을 수 있다. 훌륭한 블로그는 종류를 막론하고 열정과 지식 그리고 다른 사람들과 공유하고자 하는 욕망의 결합에서 나온다.

DJ 관련 블로그가 러닝에 관한 블로그 활동을 하는 PR 전문가에게 직업적으로 도움이 될까? 필자는 도움이 될 것이라 생각한다. 왜냐하면 DJ에 대한 특별한 전문성이 그를 독특한 존재로 만들기 때문이다. 다른 자격증들과 함께, 이 블로그가 엔터테인먼트 업계에 PR 서비스를 제공할 수 있도록 해당업계와 그를 연결해줄지도 모른다. 러닝은 그렇게 특이한 블로그 주제는 아니지만, PR 전문가가 단순히 개인적인 경험을 공유하는 것이 아니라 새로운 러닝 장비와 러닝 기법을 찾아내는 데 능하다면 그 블로그는 직업적으로 도움이 될 수 있다. 많은 사람들이 PR 전문가의 선택을 믿고 그가 소개한 제품을 구매할지도 모르기 때문이다.

무언가를 하는 방법을 알려주는 블로그는 매력적이기에 성공적으로 사람들을 끌어 모을 수 있다. 블로그를 통해 우리는 새로운 무언가를 만들어내거나 기존의 주제에 새로운 관점을 제공할 수 있다. 그러나 사람들은 좋은 아이디어와 정보를 한꺼번에 묶어서 요약하여 전달하는 블로그를 좋아한다. 그러니 출처를 밝히고 링크를 걸어 해당 정보를 제공한 블로그가 자기 몫의 공로를 인정받을 수 있도록 해야 한다.

일하고 있는 조직이나 회사를 지지하기 위해서 블로그 활동을 할 때, 앞서 소개한 기준을 그대로 사용해서 주제를 정하는 것이 좋다. 다음은 이런 블로그에서 선택할 수 있는 주제들이다.

» 가장 중요하게 생각하는 일이나 서비스의 부분

» 특별한 통찰이나 접근법을 지닌 것

» 조직에 대한 내부 팁과 조직의 내부를 잠시 들여다볼 수 있는 정보(기업이나 비영리기구가 팬층을 자랑하는 경우 특히 효과적이다)

» 해당 분야의 괴짜들을 위한 아주 전문적인 정보

» 새로운 제품 안내와 분석

» 고객이 제품이나 서비스를 사용한 사례나 제품이나 서비스를 사용하고 도움을 받은 사례

군이 이야기 안 해도 다들 알고 있겠지만, 혹시나 하는 노파심에 한마디 하겠다. 회사나 조직 내에서 자리를 보전하고 싶다면, 블로그에서 절대 고용주를 비난하지 마라!

## 톤과 스타일을 잡는다

글은 간단하고 단도직입적인 대화체여야 한다. 말이 쉽지. 나도 안다. 의미가 분명하고 내용이 꽉 찬 글을 쓰고자 한다면 제1부에서 살펴본 테크닉이 도움이 될 것이다. 온라인 사용자들은 화려하고 군더더기가 많은 글을 좋아하지 않는다. 그러므로 적극적으로 글을 편집해서 이런 불필요한 표현들은 최대한 제거해야 한다. 즉흥적으로 읽히는 글을 쓰기 위해서 치밀한 편집이 필요하다는 사실에 놀랐는가? 이것은 놀랄 일이 전혀 아니다. 특별히 재능을 타고나지 않는 이상, 이런 글을 한 번에 쓴다는 것은 불가능하다. 지나치게 형식적이지는 않으면서 권위가 있는 글을 쓰려면, 지루한 피동형 동사를 활동적이고 흥미로운 동사로, 그리고 긴 단어를 짧은 단어로 대체해야 한다. 그리고 긴 문장과 짧은 문장을 번갈아 가면서 사용해 글 전체에 리듬감을 주고 소리 내서 읽었을 때 잘 읽혀야 한다.

절대 거들먹거리지 마라! 친구들에게 이야기한다고 생각하면서 자연스럽게 글을 쓰는 것이 좋다. 이렇게 하면 글에 자연스럽게 개성 있는 톤이 생긴다. 아니면 시간을 들여 자신만의 개성 있는 톤을 개발하는 것도 좋다. 그렇다고 개성 있는 톤을 만들어야 한다는 압박감에 시달릴 필요는 없다. 이 책에서 얻은 조언에 따라 좋은 콘텐츠를 자연스러운 톤으로 전달하고 있다면 그것으로 충분하다. 물론 대상에 따라 톤을 바꿔야 한다. 예를 들어, 변호사와 회계사를 대상으로 글을 쓸 때는 밝은 톤을 잡는 것이

쉽지 않다. 이들에게 쓰는 글은 축구팬이나 DJ 지망생들을 대상으로 쓰는 글보다 더 형식적인 톤을 지니게 된다.

블로그 활동을 할 때는 항상 긍정적이고 밝은 태도를 유지해야 한다. 심지어 영화, 책, 제품이나 아이디어에 대한 비판적인 글을 쓰고 있다고 할지라도 마찬가지다. 그리고 개인적으로 무언가 또는 누군가를 비난하는 것은 경계해야 한다. 아니면 무언가 또는 누군가를 비난하는 글을 쓸 때, 적어도 뒷감당을 할 마음의 준비가 되어 있어야 한다. 절대 누군가를 개인적으로 공격하거나 비하해서는 안 된다. 이것은 아주 나쁜 행동이고 자기 자신에게도 항상 상처를 준다. 게다가 소송을 당할 위험도 크다.

## 사람들을 강하게 끌어당기는 헤드라인을 쓴다

헤드라인은 온라인 사용자와 검색 엔진이 블로그에 게시한 글을 알아차리는 데 아주 결정적인 역할을 한다. 이메일이나 소셜미디어를 통해 사람들을 블로그로 끌어들일 생각이라면, 헤드라인을 분명하고 조금 과장된 것 같은 느낌이 들도록 써야 한다. 물론 솔직해야 하지만 약간 거부할 수 없어야 한다.

자신이 제공하는 정보가 방문객에게 어떻게 이득이 될지부터 생각해봐라. 이 정보를 통해 사람들은 무언가를 더 빨리, 더 잘 그리고 더 저렴하게 해내는 방법을 찾게 될까? 어떤 식으로든 이 정보가 그들의 삶을 개선할까? 자신의 시선을 잡아끄는 헤드라인들을 관찰하고 자신의 글에 직접 접목해보는 것도 좋은 방법이다.

공짜는 항상 먹힌다 : 공짜 비즈니스 글쓰기 템플릿이 당신을 스타로 만든다.

비밀을 공유한다 : 의사가 당신과 절대 공유하지 않는 것이 당신을 죽일 수 있다!

돈을 절약할 수 있는 것은 매력적이다 : 가장 좋아하는 강아지 먹이 한 달치를 40퍼센트 할인된 가격에 판매한다.

무언가를 하는 방법을 가르쳐주겠다는 약속은 방문객을 유혹한다 : 일주일에 두 시간 동안 솔로이스트처럼 피아노를 치는 법을 배우자!

질문은 호기심을 불러일으킨다 : 당신이 없을 때 여자 친구가 무슨 TV 프로그램을 보는지 알고 있나요?

이메일 수신함을 살펴봐라. 시선을 잡아끄는 강렬한 헤드라인에 어떤 것들이 있나? 다음은 필자의 호기심을 자극해 이메일을 열어보게 만든 헤드라인들이다.

> 디지털 신뢰를 쌓자: 쉬운 방법은?
>
> 실험적인 마케팅이 어떻게 효과가 있을까?: 눈이 번쩍 뜨이는 7가지 팁
>
> 얼마나 자주 옷을 빨아 입어야 할까?
>
> 항공사 승무원들이 말하는 장거리 비행에서 회복하는 법

처음 두 개는 요즘 가장 핫한 '리스티클'이다. 리스티클은 특정 이슈와 관련된 2건 이상의 내용을 번호 순으로 열거하는 글의 형식이다. 치밀하고 이해하기 쉽게 유용한 정보를 구체적으로 전달한다는 매력이 있다. 세 번째 헤드라인은 재미있게 들렸다. 당시 여행을 갈 계획이어서 필자는 네 번째 헤드라인을 보고 이메일을 열어봤다. 헤드라인도 타이밍이다. 그래서 경험이 많은 블로거들은 새로운 내용이 포함되지 않았더라도 기존의 자료를 주기적으로 재활용하곤 한다.

지킬 수 없는 약속은 하지 마라. 헤드라인도 마찬가지다.

편안하게 이 글 저 글을 쓱 읽고 넘어가는 사람들보다 구체적인 타깃을 공략하려고 한다면, 그들의 감각을 자극하기보다는 목적에 맞게 아이디어를 조정하는 것이 좋다. 골드 이어즈 인터넷에서 코칭 서비스를 제공할 우리의 친구가 어떤 식으로 헤드라인을 뽑을지 한번 살펴보자. 그는 이미 자신의 목표, 고객, 강점과 고객이 우려하는 부분을 파악하고 있다. 이제 그는 블로그 제목과 주제를 결정하려고 한다. 임시로 블로그 제목을 '노년에 인터넷하기'라고 짓고 어떤 주제로 글을 쓸 수 있을지 생각해보자.

> 70세 이상의 인터넷 이용자들에게 가장 좋은 장비 6개
>
> 75세 이상의 노인을 위한 온라인 강좌 10개가 공짜!
>
> 시민 과학 : 노인들이 연구자들을 도울 수 있는 놀라운 새로운 방법
>
> 노인들을 노리는 인터넷 사기꾼을 구별해내는 법
>
> 노인들을 위한 온라인 게임 : 체커부터 체스, 마작, 바둑까지
>
> 노인들을 위한 운동 : 최고의 온라인 프로그램 8개

### 진보적인 부제를 사용한다

블로그에 올리는 글을 부제로 나누면, 여러 가지 효과를 얻을 수 있다. 아이디어를 정리하는 데 도움이 되고 여백이 생기며 글을 끝까지 읽도록 사람들을 붙잡아둘 수 있다. 리스티클 형식으로 부제를 쓸 생각이라면, 미리 부제를 어떻게 쓸지 알아야 한다. 짧은 문단에 부제를 사용하면 글이 읽기 쉬워 보인다. 안 좋을 게 뭐가 있겠나? 부제는 아주 짧은 블로그에도 좋다. 부제를 사용하는 대신에 각 아이템의 첫 구문 또는 첫 문장을 굵은 글씨로 표시하면 부제를 사용한 것과 같은 효과를 얻을 수 있다.

3장과 6장에서 좋은 부제를 쓰는 법에 대해서 살펴봤다. 특히 6장의 강렬한 부제를 쓰는 법에 대해서 살펴본 섹션을 참조하기를 바란다. 물론, 핵심 용어는 헤드라인과 도입부에 처음부터 배분해야 한다.

멋진 주제와 헤드라인이 떠오르지 않는가? 무언가로부터 영감을 얻고 싶은가? 그러면 여기 재미있는 방법을 하나 소개하겠다. 온라인 헤드라인 생성기를 시험 삼아 사용해볼 것을 권한다. 다음은 필자가 개인적으로 좋아하는 온라인 헤드라인 생성기 두 개다. 주제로 '비즈니스 글쓰기'라고 입력했더니 다음의 헤드라인이 결과로 나왔다.

**허브스팟 블로그 주제 생성기**(www.hubspot.com/blo-topic-genetator)

이메일에 대해서 당신이 들어본 최악의 조언

**포텐트 콘텐츠 아이디어 생성기**(www.portent.com/tools/title-maker)

비즈니스 글쓰기가 진실을 두려워하는 이유

## 트위터로 네트워킹을 하자

- - - - - - - - - - - - - - - - - -

트위터는 여전히 따분한 수다가 태반이다. 그리고 트위터의 콘텐츠도 빨리 바뀌지 않는다. 그래서 트위터는 지루해질 수밖에 없다. 하지만 트위터는 진지한 커뮤니케이션과 네트워킹을 위한 매체로 자리 잡았다. 필자가 마지막으로 확인했을 때, 한 달을 기준으로 활발하게 트위터 활동을 하는 사람들이 3억 1,700만 명에 이르고 이들이 하루에 작성하는 트윗이 평균 5억 개였다. 그리고 약 25퍼센트의 저널리스트들이 트위터를 확인하고 세계 지도자의 85퍼센트가 트위터를 확인했다. 이 디지털 플랫폼을 적극적으로 활용해야 할 충분한 이유가 있다.

트위터 계정을 만들고 이 영향력 있는 디지털 미디어를 전문적으로 유용하게 사용하는 데 헌신이 필요하다. 세상에 영향력을 행사하고 상당한 팬을 확보하려면 하루에 5~10개의 트윗을 보내라고 소셜미디어 전문가들은 조언한다.

물론 좋은 내용의 트윗이어야 한다. 글쓰기 가이드라인이 140자 트위터 메시지에는 적용되지 않을 거라고 생각할 수 있다. 그러나 비즈니스 관점에서 허술하게 쓴 트위터 메시지는 스스로에게 해가 될 수 있다. 서툴게 쓴 트위터 메시지는 가볍고 싱거운 사람으로 보이게 만든다. 제1부에서 살펴본 편집 테크닉을 사용해서 생기를 없애지 않고 간결하게 트위터 메시지를 다듬을 필요가 있다.

모든 트위터 메시지를 공식 성명서라고 생각해야 한다. 즉 온라인 세상에 존재하는 나에게 절대 지울 수 없는 흔적이 된다. 트위터 핸들 앞에 @를 쓰면 사적인 메시지를 보낼 수 있다. 그러나 이렇게 메시지를 보내도 흔적이 남고 마음만 먹으면 찾을 수 있다. 이력서를 낸 회사의 채용담당자는 단지 지원자가 비난받을 만한 글을 트위터에 올리지 않는지 확인하기 위해서만 트위터 계정을 확인하지 않는다. 지원자가 어떤 생각을 하는지 알고 싶어서 지원자의 트위터를 확인한다. 그러니 생각을 하고 트위터 메시지를 작성해야 한다! 꽤 많은 사람들이 트위터 메시지 덕분에 채용이 되기도 한다. 그리고 사회적으로 지위가 높은 사람들 중 극히 소수는 생각 없이 트위터 메시지를 보냈다가 직업을 잃어버렸다. 그러니 신중하게 트위터를 다뤄야 한다.

대부분의 사람들이 이해할 수 있는 명확한 트위터 메시지를 작성해야 한다. 이 말은 글의 수준과 콘텐츠를 위해서 트위터 메시지도 편집을 해야 한다는 의미다! 약자나 알 수 없는 줄임말은 사용하지 마라. 자신이 제일 좋아하는 과자를 공유하려고 트위터 메시지를 쓰기보다는 가치를 전달하기 위해서 트위터를 활용하기를 바란다. 지금 당장 또는 20년 뒤 자신 또는 누군가를 당혹스럽게 만들 수 있는 트위터 메시지를 작성해서는 안 된다. 이런 메시지를 썼을 때 어떤 일이 일어날 수 있는지 알고 싶다면 온라인에서 '망신당한 정치인들'을 찾아봐라.

## 트위터 프로그램을 계획한다

무작위로 트위터 메시지를 내보내면 무작위로 결과가 나온다. 의식적으로 트위터 프로그램을 설정하여 트위터 활동이 웹사이트, 블로그, 동영상, 기타 소셜미디어와 출판물과 프레젠테이션 등 전통적인 미디어를 보완할 수 있도록 해야 한다. 이력서처럼 형식적인 미디어와 달리, 트위터는 자신의 개성을 표현할 수 있는 기회를 제공한다. 그렇다고 소위 너무 막 나가면 안 된다. 조심스럽게 즉흥적이어야 한다. 어떤 사람이 되고 싶은지에 대해서 진지하게 고민해서 결정을 내리고 이 페르소나가 자신의 목표와 트위터 유저에게 적합한지도 확인해야 한다.

자신의 분야의 권위자로 사람들에게 보이고 싶은가? 추종자들을 거느리고 싶은가? 사람들을 자신의 웹사이트나 블로그로 끌어들이고 싶은가? 취업하고 싶은가? 같은 생각을 하는 사람들 또는 영향력 있는 사람들과 관계를 맺고 싶은가? 트위터로 누구에게 닿고 싶은지, 최고의 콘텐츠는 무엇인지 그리고 얼마나 투자를 해야 하는지에 대해서 전략적으로 고민하고 계획을 수립할 필요가 있다.

버럭 화를 내거나 비열하게 굴거나 비아냥거려서 좋을 것은 하나도 없다. 10초 동안 기분이 아무리 좋다고 하더라도 말이다. 화가 났거나 생각을 잘못해서 트위터 메시지를 보내는 경우가 많다면, 트위터의 메시지를 보내는 일정을 정하거나 지연시키는 기능을 사용해봐라. 아니면 마음이 진정돼서 이성적으로 판단할 수 있을 때까지 포스팅을 지연시키는 애플리케이션을 사용해보는 것도 좋다.

## 트위터를 위한 가이드라인

다른 미디어 플랫폼과 마찬가지로, 트위터를 사용할 때도 최신 트렌드에 항상 관심을 가지는 것이 좋다. 트위터는 갈수록 비주얼 중심의 디지털 미디어가 되고 있다. 트위터 유저들이 사진, 인포그래픽과 동영상이 자신들의 트위터 메시지가 읽히고 공유될 가능성을 폭발적으로 높인다는 사실을 발견했기 때문이다. 대부분의 사람들에게 자신의 트윗이 리트윗되는 것이 트위터를 하는 목적이다. 왜냐하면 이런 방식을 통해 팔로어를 키워나갈 수 있기 때문이다. 다음은 성공적으로 트위터 활동을 하는 가이드라인이다.

» **짧은 프로필을 잘 쓰고 자신의 독특함이 분명히 드러나도록 설명을 붙이고 키워드를 사용해라.** 트위터의 바이오 생성기를 사용하면 이 디지털 미디어에 적합한 프로필을 효과적으로 작성할 수 있다. 다른 사람들에게 보여주고 싶은 자신의 모습을 가장 잘 보여주는 사진을 사용해라.

» **흥미로운 사람들과 그룹을 찾아라.** 트위터의 검색기능을 사용하면 구체적인 사람들, 브랜드, 고객, 클라이언트, 직업, 해시태그가 달린 대화와 뉴스를 찾을 수 있다. 관심을 가지고 계속 지켜보고 싶은 대화에서 사용된 검색어를 트위터를 이용해서 찾을 수 있다.

» **다른 사람의 말을 경청하라.** 파티에서 사람들이 즐겁게 대화를 나누고 있다. 그들이 무엇에 대해서 이야기를 하는지 모르고 불쑥 그 대화에 끼려고 하지 않을 것이다. 이처럼 트위터에서도 흥미로운 사람들의 대화 주제에 익숙해질 필요가 있다. 대화의 톤과 콘텐츠를 알아차려야 한다. 예를 들면, 답할 수 있는 질문이나 유용한 정보를 제공할 수 있는 주제 등 스스로 편안하게 느끼는 대화 주제를 찾아라.

» **리트윗을 촉진해라.** 140자보다 더 짧게, 대략 100자 내의 트윗을 쓰면 사람들은 자신들의 의견을 달아서 리트윗한다. 비틀리닷컴(https://bitly.com)을 사용하면 링크와 URL이 차지하는 공간을 줄일 수 있다. 해시태그를 사용하면(예를 들어 #비즈니스글쓰기), 자신의 대화 주제와 관련 있는 주제를 찾을 수 있고 더 많은 팔로어를 확보할 수 있다.

» **다른 사람과 공유해라.** 뉴스, 아이디어, 자신의 전문성을 바탕으로 한 팁, 사건에 대한 견해, 좋은 강연의 짧은 구절, 콘퍼런스에 대한 생각, 흥미로운 무언가의 링크, 다른 사람들이 한 트윗의 리트윗 등 모든 것을 공유해라. 다시 말해, 사람들이 고마워할 것 같은 모든 것들을 트위터에서 공유하는 것이다. 새로운 발견, 블로그, 기사, 책, 다른 사람들의 코멘트, 이미지, 영감을 주는 인용문 등 다양한 것들을 공유해라.

» **현명하게 자신의 말을 반복해라.** 많은 소셜미디어의 대가들이 하루에 똑같거나 조금 다른 트윗을 여러 번 보낼 것을 추천한다. 왜냐하면 다른 시간대에 다른 유저들이 관련이 있는 트윗을 찾기 때문이다. 관리 도구를 사용해서 트윗을 보내는 시간을 정하는 것도 방법이다. 그리고 관리 도구로 피드백을 받았을 때 신호가 오도록 설정할 수도 있다.

» **끊임없이 무언가를 팔거나 자기 홍보를 하지 마라.** 물론 트윗으로 새로운 블로그 포스트, 이벤트, 워크숍, 기사, 책, 제품 또는 서비스 등을 홍보하고 사람들의 관심을 집중시킬 수 있다. 예를 들어 콘퍼런스에 참석하고 있거나 여행을 할 때, 자신의 위치를 트위터로 알리는 것도 좋다. 그러나 트위터를 할 때마다 자기 자신이나 자신이 속한 조직을 홍보하는 것은 자제하는 것이 좋다. 이것이 지나치면 사람들은 당신을 이기주의자라고 생각할 것이다. 트윗에 능한 사람들 중 일부는 경험을 통해 습득한 자신들만의 법칙을 따른다. 한 번에서 최대 다섯 번까지 자기 홍보를 위한 트윗을 보낸다.

대기업들은 트위터를 이용해서 많은 활동을 한다. 다른 경로를 통해 진행하면 비용이 많이 드는 연구를 하거나, 조사를 하거나, 크라우드소싱을 한다. 우리도 이 대기업들처럼 트위터를 활용할 수 있다. 새롭게 많든 웹사이트를 시범운영하고 싶은가? 콘테스트 아이디어를 시험하고 싶은가? 트위터를 이용해 지인들에게 웹사이트를 방문해 코멘트를 남겨달라고 요청해봐라. 직원 표창과 관련해 새로운 아이디어가 필요한가? 아니면 어느 로고를 선택할지 고민 중인가? 트윗을 보내라.

소셜미디어와 네트워킹 사이트에 대한 연구가 광범위하게 진행되고 있다. 그 이유 중 하나가 디지털 미디어의 특성상, 통계치를 얻기가 아주 쉽기 때문이다. 심지어 어느 시간에 각각의 디지털 미디어를 사용하는 것이 가장 좋은지를 알려주는 연구들도 있다. 트위터의 경우, 정오에서 오후 1시 사이에 많은 사람들이 트윗을 보낸다. 그러나 아침 일찍 보낸 트윗이 리트윗될 가능성이 더 크다. 그리고 이때 사람들이 다른 시간보다 활기차고 밝은 메시지를 보낼 가능성도 크다. 오후 3시와 6시 사이에 포스트된 트윗이 가장 자주 리트윗된다. 왜냐하면 이 시간쯤 되면 사람들이 피곤해서 다른 사람이 보낸 트윗을 리트윗하지 새로운 트윗을 잘 보내지 않기 때문이다.

물론 개인의 체내 시계에 따라 기분 좋을 때 모든 트윗을 미리 작성해놓고 온종일 소셜미디어 배포 서비스를 통해 포스트할 수 있다. 시차가 좀 복잡한 요소이기는 하다.

# 온라인 프로필을 작성하자

링크드인(www.linkedin.com), 씽(www.xing.com), 라이즈(https://ryze.com)와 같은 온라인 비즈니스 전문 네트워크는 많은 사람들에게 비즈니스 인맥을 쌓는 데 좋다. 그리고 일반적으로 '직업' 소셜미디어로 간주된다. 여기서는 링크드인과 유사 비즈니스 네트워킹 사이트의 프로필을 작성하는 법에 대해서 살펴보자.

가입하고 싶은 사이트나 서비스에 올라와 있는 프로필을 쭉 훑어보고 어떤 프로필이 가장 효과적일 것 같은지 스스로 판단해봐라. 그리고 그 스타일과 가이드라인을 활용해봐라.

일반적으로 온라인 프로필은 이력서보다 자신의 개성을 드러내기에 좋다. 이때 1인 칭으로 작성하는 것이 가장 효과적이다. 왜냐하면 보다 개인적인 톤으로 프로필이 작성되어, 프로필이 생생하게 다가온다. 과거와 현재뿐만 아니라 미래 목표도 온라인 프로필에 적는 것이 좋다. 다시 말해 궁극적인 목표에 맞춰서 프로필을 작성하는 것이다. 다음처럼 헤드라인 부분에 하는 일의 리스트를 작성하고 적절한 검색어를 삽입하여 검색 엔진에서 잘 검색되도록 만들 수 있다.

비즈니스 글쓰기, 잡지 특집기사, 글쓰기 워크숍, 출판 프로젝트

그러고 나서 사람들이 한 번 읽고 당신이 무엇을 알리고 싶은지를 알 수 있도록 하는 강력한 도입문을 작성해라. 짜잔! 다음처럼 핵심 가치 선언이나 개인적인 스토리에서 도입문에 대한 아이디어를 얻을 수 있다.

대부분의 사람들이 치과 진료의자에 앉아서 공포에 떨면서 치료를 기다린다. 이 사실을 깨달았을 때, 나는 이 경험을 보다 긍정적인 경험으로 만드는 방법을 찾아보기로 결심했다. 사람들이 치과 진료의자에 앉아서 진료를 받기를 손꼽아 기다릴 정도로 긍정적인 경험으로 만드는 방법 말이다. 아니면 이와 거의 유사한 경험으로.

이직이나 새로운 직장을 구하고 있다면, 다음처럼 도입문을 작성하여 이직이나 취업의 기회를 만들어낼 수 있다.

나는 엔터테인먼트 업계에서 오래 일한 PR 전문가다. 나는 특히 힙합을 좋아한다. 이 두 가지 열정을 하나로 연결하는 무언가를 찾고 있다.

성공적인 온라인 프로필을 만들어내는 데 정해진 법칙은 없다. 실험해보고 자신이 좋아하는 프로필을 찾아야 한다. 시행착오를 통해 교훈을 얻어야 한다. 이와 관련해서 몇 가지 팁이 있다.

» 하고 있는 일에 대한 열정을 공유해라.

» 가장 자랑스럽게 생각하는 성과를 알려라.

» 공허한 말을 생략하고 핵심을 바로 언급해라. 자신이 실제로 무슨 일을 하는지와 이 일이 자신에게 어떤 의미인지가 더 흥미로운 부분이다.

» 프로필을 작성하는 목표를 알아라. 새로운 고객을 찾기 위해서? 업계 내 인맥을 쌓기 위해서? 창의적인 기술을 보여주기 위해서? 전문성을 쌓기 위해서?

항상 그렇듯, 구체적인 목표를 달성하기 위해서 구체적인 대상을 상대로 프로필을 작성해야 한다.

## 소셜미디어 플랫폼을 활용하자

소셜미디어의 개척자인 페이스북은 하버드 대학생들의 인맥 쌓기를 위해 개발되었다가 전국적으로, 이후 전 세계적으로 퍼졌다. 마침내 기업들은 페이스북이 아주 훌륭한 마케팅 도구란 사실을 알았고, 이제는 크고 작은 기업 모두가 페이스북의 비즈니스 페이지를 통해 자신들을 홍보하는 것이 일종의 의무가 되었다.

페이스북에 이어 등장한 소셜미디어 플랫폼의 대다수가 이와 유사한 패턴을 보인다. 소셜미디어 플랫폼에 대한 젊은 사람들의 열정과 관심은 이제 무시할 수 없을 정도의 수준이 되었고, 마케터들은 소셜미디어 플랫폼으로 몰려든다. 이것은 전혀 놀랄 일이 아니다. 마케터들은 전체 인구의 25퍼센트를 차지하고 TV와 신문 광고처럼 전통적인 미디어 광고를 거부하는 이 구매층을 확보하는 데 혈안이 되어 있다. 직업인들은 페이스북을 사용하는 법을 배운다. 그러면 더 어린 사람들은 새로운 무언가에 끌리고 앞서 언급한 패턴이 다시 반복된다.

십대 청소년들과 크고 재원이 풍부한 기업들이 주로 최신 유행하는 소셜 플랫폼을 사용한다. 점점 많은 기업들이 소셜미디어를 담당하는 부서와 각각의 소셜 플랫폼을 관리하는 팀을 둔다. 1인 기업이거나 중소기업이라면 최신 소셜미디어를 효과적으로 사용하는 노하우를 쌓는 것이 쉬운 일은 아닐 것이다. 특히 디지털에 대해서 잘 모른다면 말이다.

소셜미디어를 생산적으로 사용하려면, 선택한 소셜미디어를 통해 소통하겠다고 결정한 사용자가 정한 규칙을 따라야 한다. Z세대와 밀레니얼세대의 경우, '재미'다. 자신들의 삶과 친구들의 삶에서 어떤 일들이 일어나는지, 웃긴 사건 또는 영감을 얻는 순간을 다른 사람들과 공유하는 것은 재미있다. 새로운 인맥과 커뮤니티를 찾는 것도 재미있다. 그리고 동영상, 필터, 스티커, 이모티콘 등 사이트의 기능을 사용해서 자신의 개성과 창의성을 보여주는 독창적인 콘텐츠를 만들어내는 것도 재미있다.

소셜미디어의 열성적인 팬들은 만약 실용적이고 재미있어 보인다면 무언가를 배우는 것도 좋아한다. 그리고 그들의 개인 메시지 스타일에 맞게 접근하면 그들은 분명 구매자로 제품이나 서비스를 구매한다. 흥미롭지 않은 대놓고 하는 프로모션에 그들은 반응하지 않는다.

소셜 플랫폼의 특징은 그 어느 때보다 더 새롭고 더 화려하다는 것이다. 소셜 플랫폼은 한계 설정을 자주 바꾼다. 실제로 이용자 수를 유지하고 높이기 위해서 한계 설정을 자주 바꿔야 한다. 지금 차고와 컴퓨터 랩에서 더 화려한 소셜미디어를 개발하고 있는 개발자가 몇 명이나 될지를 누가 알겠는가? 변함없는 것은 전략적으로 소셜미디어를 사용하고 경쟁에서 앞서는 방법을 스스로 개발해내고 다음에 등장할 더 멋진 소셜미디어에 적응할 방법을 찾아야 한다는 점이다. 소셜미디어를 위한 콘텐츠 마케팅 전략을 개발하는 방법에 대해서 간략하게 조언을 하겠다.

## 소셜미디어에 참여한다

전반적으로 소셜미디어를 효과적으로 활용할 전략을 세우고, 제11장에서 개략적으로 소개한 요소들을 기반으로 자신에게 적합한 소셜미디어를 선택한다. 제2장의 세대별 특징을 확인한다. 마케팅 대상 인구가 가장 많이 사용하는 소셜미디어를 선택하는 것이 필수다. 예를 들어, 24세 미만의 사람들이 대상이라면, 스냅챗이 좋다. 제9장에서 다룬 내용대로 자신의 메시지를 알고 다음을 준비해라.

»  **선택한 플랫폼에 시간을 투자하라.** 그 플랫폼의 스타일을 흡수하고, 가장 인기 있는 주제를 관찰하고, 관행을 확인한다. 그리고 업계에서 잘나가는 사람과 유명한 브랜드를 찾고 팔로우한다. 자신의 관심사와 가장 관련이 있는 커뮤니티를 찾는다. 그 커뮤니티에 소속된 사람들은 무슨 콘텐츠를 선호하는가?

»  **만들 수 있는 콘텐츠 스트림에 대해 검토하라.** 콘텐츠는 그것을 선택한 사람과 자신을 연결해주는 연결고리로 반드시 자기 자신을 대변해야 한다. 재미있고 놀랍고 흥미로운 생각을 일으키는가? 또는 교육적인 내용을 담고 있으며, 이것은 흥미롭게 사람들과 공유할 수 있는가? 일회성 포스트보다는 일련의 아이디어를 지속적으로 보여주고 자신이 발전시킬 수 있는 주제를 찾아야 한다.

»  **선택한 플랫폼의 도구를 사용하라.** 각각의 소셜미디어 플랫폼은 사용법을 알려주는 메뉴가 있다. 그러나 온라인에서도 이런 소셜미디어를 효과적으로 활용할 수 있는 팁과 아이디어를 충분히 많이 구할 수 있다. 예를 들면 트라이 유튜브가 있다. 모든 플랫폼에서 사용되는 해시태그와 사람들을 블로그, 특가 상품이나 특별한 관심이 있는 무언가로 끌어들이는 링크와 같은 소셜미디어의 부차적 요소를 적극 사용해야 한다.

»  **스냅챗, 페이스북, 인스타그램과 기타 플랫폼에서 메시지를 시각적으로 전달하는 포스트를 만들어라.** 어떻게 아이디어를 시각적으로 묘사할 수 있을까? 인포그래픽은 핀터레스트처럼 본질적으로 시각자료를 중심으로 만들어진 사이트에서 글로 쓰인 정보를 전달하기에 좋은 수단이다. 설명이 달린 사진은 미디어 사용자들을 즐겁게 해주는 자료들로 활용할 수 있다. 사진과 동영상을 섞어서도 많이 사용한다.

»  **내용에 충실하게 포스트하라.** 소셜미디어 포스트는 의미가 있고 사람들을 즐겁게 하고 흥미로워야 한다. 그러나 '좋아요'를 받기 위해서 억지로 꾸며

내서는 안 된다. 팬들이 가치가 있다고 생각하고 친구들과 공유하고 싶어 할 내용이 있는 자료를 소셜미디어에 올려야 한다. 딱 봐도 브랜드 프로모 션이라고 알 만한 포스트는 피해라. 소셜미디어 사용자들은 이런 포스트를 달가워하지 않는다. 양보다 질이다.

» **최고의 글을 써라.** 물론 소셜미디어에는 많은 텍스트가 필요하지 않다. 그 러나 정확하고 적절한 단어를 선택해서 메시지를 작성해야 한다. 소셜미디 어의 스타일은 편안하고 산뜻하며 간결하고 분명하다. 단순 명료하게 아이 디어를 전달할 수 있어야 한다. 트위터와 같은 짧은 포스트의 경우, 사람들 의 관심을 완전히 사로잡을 수 있는 시간은 불과 5초다. 간단한 프로필을 작성하는 메뉴가 있다면, 다른 사람들의 프로필을 보고 적절하게 스타일을 변경하여 자신만의 프로필을 작성해라. 가능하다면 자신의 모습을 가장 잘 보여주는 사진을 삽입하는 것도 좋다. 자신의 정체성을 분명히 보여주는 것이 중요하다. 여기서 자신만의 개성과 유머감각을 보여주는 것도 도움이 된다.

» **가능한 다양한 방법을 써서 사람들의 참여를 적극 유도하라.** 조사를 실시 하고 그 결과를 발표한다. 질문을 하거나 사진과 동영상을 보내달라고 요청 한다. 의견이나 경험을 공유해달라고 사람들에게 이야기하고 좋은 주제를 추천해달라고 요청한다. 기억할 것은 사람들이 소셜미디어가 만드는 이야 기의 한 부분이 되어 자신의 개성과 색깔을 가미하고 싶어 한다는 점이다.

» **코멘트, 질문, 인풋 등 모든 것에 반응하고 반드시 기억하라.** 우리는 소셜 미디어를 통해 어떤 커뮤니티에 가입을 하거나 새로운 커뮤니티를 만들려 고 하고 있다. 어떤 경우든지 반드시 커뮤니티 안으로 들어갈 수 있도록 허 락을 구해야 하고 신뢰를 얻어야 한다. 사람들이 소셜미디어에서 어떤 이야 기를 하고 있는지 살펴보라. 스냅챗은 특히 빠른 대응이 가능한 소셜미디 어다. 10초 뒤면 포스트가 자동적으로 사라진다. 물론 포스트가 존재하는 시간을 늘릴 수 있는 기능이 스냅챗에 있기는 하다.

» **유료 광고를 고려하라.** 기업들이 갈수록 소셜미디어 광고에 대한 투자를 늘리고 있다. 플랫폼의 형태로 프로모션 콘텐츠를 보여주는 '네이티브 광 고'를 하고 싶다면, 처음부터 해당 콘텐츠가 광고임을 밝히는 것이 좋다. 그렇지 않으면 부정적인 결과에 시달리게 될 것이다.

» **체계적으로 결과를 검토하라.** 디지털 미디어는 그 무엇과도 비교할 수 없는 검색력을 가진다. 대응, 공유나 '좋아요' 횟수, 다른 미디어에 링크된 횟수 등을 기준으로 자신에게 가장 효과적인 방법을 찾아라.

» **소셜미디어를 통합적으로 사용해서 마케팅 효과를 높여라.** 개인적으로 자기 자신을 '브랜드'로 생각하지 않을 수 있다. 그러나 스스로를 브랜드로 생각하는 것이 소셜미디어 활동에 도움이 되기도 한다. 이렇게 생각을 하면, 개인 평판에 도움이 되고 좋은 인맥을 쌓을 수 있는 소셜미디어 활동을 할 수 있다. 소셜 플랫폼은 사람들을 블로그, 웹사이트, 링크드인 프로필 등으로 끌어들이는 좋은 수단이다. 다른 소셜미디어의 콘텐츠를 적당히 수정하는 것도 좋다. 그러나 각각의 소셜미디어의 개성에 맞게 수정을 해야 한다.

## 콘텐츠 아이디어를 찾는다

세상과 단절된 상태에서 아이디어를 생각해내는 것은 힘든 일이다. 자신이 선택한 소셜 플랫폼에서 시간을 보내면서 다른 사람들이 콘텐츠 아이디어를 얻기 위해 어떤 전략을 사용하는지를 살펴보고, 자신의 목표에 맞게 그 전략을 수정할 수 있다. 다른 용도로 만들어진 콘텐츠에서 짤막한 메시지와 이미지를 뽑아서 사용할 수도 있다.

개인적으로 또는 조직 내에서 지지하고 있는 사회적 활동을 검토해보는 것도 좋은 생각이다. 당신이 소셜미디어를 통해 소통하고자 하는 세대들은 윤리의식과 시민의식을 지닌 조직을 좋아하고 존경한다. 자선활동, 환경운동 또는 사람들을 돕는 이니셔티브에 참여한다면, 소셜미디어의 최상의 이야깃거리를 가지고 있는 것이다. 도움을 받는 사람들, 사람들에게 주는 혜택, 이벤트 등에 관한 짧은 이야기와 이미지를 콘텐츠로 사용할 수도 있다.

콘텐츠 아이디어를 얻을 수 있는 또 다른 곳은 바로 함께 일하는 사람들이다. 몇 안되는 사람들과 가끔 일을 한다 하더라도 말이다. 소셜미디어 사용자들은 이면에 숨겨진 이야기를 듣는 것을 좋아한다. 특히 자신들과 관련 있는 제품에 관한 것이라면 더욱 그렇다. 어떤 식으로 아이디어 브레인스토밍이 이뤄지는지, 제품이 어떻게 만들어지는지, 회사의 할로윈 파티는 어떤 모습인지, 남는 시간에는 무엇을 하면서 보내는지, 어떤 애완동물을 기르는지 등을 다른 소셜미디어 사용자들에게 보여줘라. 가능할 때마나 조직에 '사람의 얼굴'을 씌워야 한다.

크라우드소싱을 통해서 콘텐츠 아이디어를 얻을 수 있다. 어떤 비즈니스를 하고 있든 지 간에, 어떤 식으로든 관련이 있는 사진이나 동영상을 생각해보고 팔로어들에게 공 유하자고 이야기해라. 어떤 현장에서 자신이 활동하는 모습을 찍은 사진을 공유하도 록 해서 최고의 사진에 투표하라고 할 수도 있다.

다음을 통해 콘텐츠 아이디어를 얻을 수도 있다.

>> 이벤트의 사진과 동영상을 보내달라고 한다.
>> 아주 기발한 방식으로 당신의 제품을 사용하는 사람들을 보여준다.
>> 자신의 비즈니스와 관련 있는 문제를 해결하는 방법을 보여준다.
>> 새로운 방법으로 제품을 사용하는 모습을 보여준다.
>> 계절 이벤트 또는 연휴와 연결한다.
>> 망고를 자르는 것부터 타이어를 고치고 요가 자세를 취하는 것에 이르기까 지 무언가를 하는 방법을 시연한다.
>> 군침이 돌게 하는 사진이나 동영상과 함께 레시피를 공개한다.
>> 이미지에 영감을 주는 인용구를 적는다.
>> 누군가의 마음을 상하게 하지 않는 농담을 한다.
>> 교육적인 팁을 제공한다.
>> 새로운 제품이나 이벤트에 대해 고급 팁을 제공한다.
>> 자신이 마련한 이벤트를 즐기는 사람들의 사진이나 동영상을 보여준다.
>> 직원에게 팔로어들을 소개한다.
>> 큐레이팅한다. 다른 사람이 올린 좋은 포스트를 공유하다.

소셜미디어를 성공적으로 활용하는 데에는 특별한 마음가짐이 필요하다. 선택한 플 랫폼에 완전히 몰입하면 깜짝 놀랄 만한 아이디어가 떠오르게 될 것이다. 소셜미디어 를 활용하기 위해 전략적으로 세운 계획을 기억하고 있어야 하지만, 창의적이고 느슨 하게 해석하고 실행에 옮겨야 한다. 팔로어들처럼 자신도 소셜미디어를 하면서 똑같 이 즐겁다는 메시지를 전달해야 한다.

오늘날의 온라인 세상은 하나의 자원이고 미디어이고 플랫폼이며 기회이자 위험이다. 너무 빨리 변해서 최고의 접근법도 일시적일 뿐이다. 온라인의 너무나 많은 가능성을 최대한 활용하는 데 도움이 되는 것은 다름 아닌 생각하고 계획하고 보여줘야 하는 전통적인 커뮤니케이션 수단, 특히 좋은 글이다.

다음 장에서는 설득력 있는 글을 쓰는 테크닉과 특정 조직에 소속되지 않고 일을 하는 사람으로서 글을 쓸 때 이 테크닉을 어떻게 적용하는지에 대하여 살펴볼 것이다.

PART
**5**

글쓰기 확장편

## 제5부 미리보기

- 설득력 있는 글을 쓰는 테크닉과 조직에 소속되지 않고 독립적으로 일할 때 이 테크닉을 활용해 글을 쓰는 방법을 익힌다.

- 글로 자신을 효과적으로 소개하는 방법을 살펴보고 자신의 목표를 정의하고 고객을 이해하여 서비스를 피칭하는 법을 살펴본다.

- 전략적으로 글을 쓰는 것이 가상의 팀원 또는 프로젝트 리더에게 큰 무기가 될 수 있음을 이해한다.

- 직원에게 영감을 주고 동기를 부여하는 법, 좋은 소식과 나쁜 소식을 전달하는 법, 무언가를 요청하고 주문하는 글을 쓰는 법 등 관리자로서 직원과 효율적으로 소통하는 법을 배운다.

- 상사에게 보낼 전략적인 메시지를 작성하는 법을 살펴본다.

글쓰기와
1인 사업자

● 설득 장치 활용법을 알아본다.

● 자기를 소개하고 서비스를 파는 법을 살펴본다.

● 난감한 메시지를 고객에게 보낼 때는 어떻게 해야 하는지 배운다.

● 가상 커뮤니케이션을 익힌다.

● 언론보도 활용법을 알아본다.

당신이 회사를 다니든, 직접 사업을 하든, 컨설턴트나 프리랜서로 활동을 하든지 간에, 가능한 많은 커뮤니케이션 플랫폼을 활용하는 것이 성공할 확률을 높인다. 많은 사람들이 여러 가지 일을 동시에 하면서 생계를 꾸린다. 혼자서 일을 하는 경우도 있고 가상 커뮤니케이션을 통해 가상의 팀원들과 협업하기도 한다. 심지어 안정적인 직업을 가지고 있는 사람들도 조직 내에서 원하는 것을 얻기 위해서 끊임없이 자신의 능력을 증명해야 한다. 그리고 많은 사람들이 집 창고에서 뚝딱뚝딱 무언가를 만들면서 하룻밤 사이에 또는 언젠가 이것이 대단한 사업으로 성장하기를 꿈꾼다.

제7장에서 기업가의 마음가짐을 가지는 것과 보고서, 제안서 등 비즈니스 문서를 작성하는 방법을 살펴봤다. 이번에는 1인 사업자들이 비즈니스 문서를 작성할 때 겪는 어려움들을 집중적으로 살펴볼 것이다. 지금 다니는 회사를 그만두고 개인 사업을 할 생각이 없으니 이번 장이 자신에게 별 도움이 되지 않을 것이라 생각한다면 오산이다. 절대 1인 사업자들을 위한 비즈니스 글쓰기 팁을 무시하지 마라. 1인 사업자들을 위한 비즈니스 글쓰기 팁을 알고 있으면, 조직에 소속되어 있는 직장인들도 자신의 아이디어를 팔고 어려운 목표를 '우아하게' 달성할 수 있다.

모든 비즈니스 글쓰기에는 설득의 전략이 필요하다. 그러나 설득의 전략은 특히 1인 기업가에게 더 중요하다. 1인 기업가들은 인맥을 만들고 비즈니스 기회를 잡아야 하기 때문이다. 이에 따라, 이번 장은 설득력 있는 글을 쓰는 테크닉을 제일 먼저 다루고 1인 기업가로서 이 테크닉을 자신의 비즈니스 글쓰기에 적용하는 방법에 대해서 살펴볼 것이다.

## 2개 이상의 매체를 이용하여 설득력 있는 글을 쓰자
-------------------------------------------------------

설득은 마케터, 커뮤니케이터, 심리학자, 신경과학자 그리고 사람들이 결정을 내리는 방법을 획기적으로 설명하는 행동경제 분야를 연구하는 경제학자들이 집착하는 주제다. 간단하게 말하자면, 우리는 정보를 논리적으로 분석해서 선택을 하고 결정을 내린다고 믿지만, 실제로는 감정에 따라 선택과 결정을 하고 자신의 선택과 결정을 합리화한다. 분석적인 사고는 많은 에너지를 소모하기 때문에 애를 써서 의식적으로 분석적인 사고를 하지 않는 이상 사람들은 분석적으로 사고를 하지 않으려고 한다.

비즈니스 글쓰기에서는 가능하다면 감성과 이성을 모두 활용해서 글을 써야 한다. 사람들의 상상력을 사로잡는 방법을 찾고, 그들에게 비전을 제시하고, 당신을 믿어야 하는 이유를 제공해야 한다. 그리고 그들이 자신의 직관적인 결정을 탄탄한 사실과 증거로 뒷받침할 수 있도록 도와야 한다. 설득의 이 두 가지 요소(감성과 이성)는 상호 보완적이다. 예를 들어, 신뢰가 없는 상태에서 사실만으로는 당신(제품 또는 서비스)에게 모험을 걸어보도록 상대를 설득할 수 없다. 호감도 충분하지 않다. 상대가 주어진 정보를 분석적으로 검토할 수 있도록 도와야 한다.

몇 가지 테크닉은 다른 장에서 이미 다룬 것들이다. 그러나 필자는 이번 장에서 이런 테크닉을 하나로 묶어서 확장해볼까 한다. 설득력을 높이는 테크닉과 사람들의 감성과 이성을 자극할 콘텐츠를 전략적으로 계획하는 테크닉도 살펴볼 것이다.

### 확신을 갖고 커뮤니케이션한다

자신의 믿음보다 더 설득력 있고 확신할 수 있는 것은 없다. 예를 들어 자기소개글을 쓸 때, 왜 그 상품이나 서비스가 특별한지 그리고 왜 그 일을 일생의 직업으로 삼았는지에 대해서 생각하는 시간을 잠간이라도 가지는 것이 좋다. 도대체 나는 무엇 때문에 지금 이 일을 선택했을까? 열정 때문에? 문제를 해결하고 싶은 열망 또는 다른 사람들을 돕고 싶어서? 사람들이 이 서비스를 알게 되면 왜 좋을까? 또는 왜 나에게 이 기회가 주어져야 하는 것일까?

긍정적인 정신을 더 단단하게 만들고 싶은가? 그렇다면 자신감을 불러일으키는 데 효과가 있는 것으로 증명된 몇 가지 테크닉을 시험 삼아 시도해보길 바란다. 배우나 영업사원은 공통적으로 이 테크닉을 사용한다. 이들과 마찬가지로 이런 테크닉을 사용하면, 글을 쓸 때 자신감이 붙을 것이다. 중요한 이메일, 편지, 제안서나 다른 문서를 작성할 때, 적극적이고 자신감 있지만 편안한 자세를 취하고 단 몇 분 동안 그 자세로 주위를 걸어 다녀라. 이렇게 하면 몸과 마음이 연결되고, 자신이 유능하고 재원이 풍부하다는 등의 자신감이 생긴다.

다른 전략(또는 테크닉)은 심리학자들이 주로 사용하는 것인데, 과거의 경험 중 자랑스러웠던 순간을 떠올리고 그 순간으로 가 다시 사는 것이다. 모든 감각을 총동원하여 그 순간에 들었던 느낌들을 생생하게 되살려본다. 또는 기분 전환에 도움이 되고 에너지를 주는 음악을 듣는다. 확신과 밝은 정신으로 글을 써라.

전략적으로 잘 쓴 글은 설득력이 있을 수밖에 없다. 제1부에서 여러 장에 걸쳐 명료하고 간결하며 눈에 띄는 글을 쓰는 방법에 대해서 살펴봤다. 가장 빠르고 쉬운 방법은 자신이 작성한 메시지를 큰 소리로 읽고 글이 매끄럽게 읽히는 데 방해가 되는 요소를 찾아 해결하는 것이다. 글이 쉽고 자연스럽게 읽힐 때까지 편집한다. 인간은 음성 커뮤니케이션에 익숙하다. 그리고 큰 소리로 읽었을 때 잘 읽히는 글은 메시지를 분명하고 신뢰가 가도록 전달한다.

전략적인 글을 쓰기 위한 또 다른 방법도 있다.

> » **속독용 글을 쓴다.** 메시지가 빨리 읽히고 이해될수록 사람들이 그 메시지에 빠져들고 오래 기억할 가능성이 크다.
> » **짧고 쉽게 이해되는 명사를 사용한다.** 추상명사보다 구체적인 명사가 좋다. 보고 측정할 수 있는 명사를 집중적으로 사용해야 한다. 이런 명사들은 우리가 주로 일상생활에서 사용하는 것들이다.
> » **짧은 문장과 긴 문장을 교대로 사용한다.** 이렇게 하면 글에 리듬감이 생기고 마지막까지 독자를 잡아둘 수 있다.
> » **짧은 문단을 구성하다.** 한 문단에는 1~5문장을 쓰고 각 문단은 하나의 아이디어를 다룬다. 사람들은 매력적이고 이해하기 쉬워 보이는 글을 읽는다.
> » **의미 없는 과정은 최소화한다.** 과장된 문장과 진부한 표현은 아무짝에 쓸모가 없다(예를 들어, '혁신적인 최첨단 돌파구'와 같은 표현이다).
> » **희석시키지 않는다.** '아마도'와 같이 모호한 표현과 "이 아이디어의 가치를 발견하시길 바랍니다"처럼 망설이는 구문을 써서 위험을 낮추려고 하지 마라.
> » **철자와 문법을 철저히 확인한다.** 메시지가 성의 없어 보이거나 실수가 많다면 자신의 신뢰성을 깎아먹는 것이다.

필자만의 비결이 있다. 문장과 문장 그리고 문단과 문단의 전환에 각별히 신경을 쓴다. 논리를 명료하게 만드는 데 필요하다면, 추가적인 전환어를 삽입한다. 최종 편집에서 일부 전환어를 삭제할 수 있으니, 전환어가 너무 많이 들어가는 것은 아닌지 걱정할 것 없다. 각각의 아이디어가 나머지 메시지와 어떻게 연결이 되는지를 분명히 보여줄 때, 상대에게 논리적이고 공격할 틈이 없는 완벽한 메시지라는 인상을 줄 수 있다.

## 관계를 맺는다

경고메시지

이메일로 누군가와 약속을 잡거나 블로그를 쓸 때, 상대방이 메시지를 읽도록 만드는 것이 가장 중요하다. 4초 만에 상대방이 메시지를 읽도록 '유혹'해야 한다. 필자의 말을 못 믿겠다면, 스스로 시간을 한 번 재봐라. 이메일 수신함을 훑어보고 어떤 메시지를 읽을지 결정하는 데 자신이 얼마의 시간을 보내는지 알면 깜짝 놀랄 것이다. 그리고 어떤 제목과 도입부에 관심이 가서 메시지를 열어보게 되는지도 살펴보기를 바란다.

여기 '찰나의 순간'을 적극 활용하는 데 도움이 될 몇 가지 테크닉이 있다. 이 테크닉을 자신의 목적에 맞게 활용해보자.

» **글을 쓰기 전에 상대의 특징을 파악한다.** 소통하고 싶은 이상적인 상대를 머릿속에 그려보고 그 사람의 눈을 통해 전달하려는 메시지에 대해서 생각해본다. '내가 얻는 것은 뭐지?'라는 질문을 기억하고 있는지 모르겠다. 메시지를 받는 사람의 독해 수준과 메시지 주제에 대한 지식 수준 그리고 그 주제에 대한 생각을 파악한다(제2장에 상대의 프로필을 작성하는 방법이 소개되어 있다).

» **행동을 촉구하는 헤드라인을 작성한다.** 이 테크닉을 제안서, 보고서, 마케팅 자료와 기타 자료에 적용한다. 블로그와 웹사이트 등 온라인 메시지도 사람들의 관심을 끄는 헤드라인이 필요하다. 그리고 이 헤드라인은 그들의 관심사와 이 메시지가 관련이 분명히 있다는 사실을 명확히 보여줘야 한다. 반드시 읽어야 하는 메시지를 작성할 수 있을까? 이 테크닉을 써먹어보자! 이메일의 경우, 제목이 헤드라인 역할을 한다(제7장에서 설득력 있는 헤드라인을 작성하는 방법에 대해서 살펴봤다).

» **조직적이고 설득력 있는 부제를 작성한다.** 행동을 촉구하는 부제는 사람들을 메시지의 끝까지 잡아둔다. 부제를 사용하는 것은 짧은 문단에도 좋은 전략이다. 부제를 잘 만들고 조직적으로 사용하려면 메시지의 핵심으로 가는 방향을 알려주는 일련의 이정표로 부제를 생각하면 도움이 된다. 이런 식으로 부제를 사용하면 메시지를 훑어보기만 하는 사람들도 메시지의 핵심을 파악하고 심지어 메시지에 깊이 몰입하게 만들 수 있다.

» **매력적인 도입부를 작성한다.** 메시지의 주제와 관련해서 가장 흥미롭고 유용하거나 관련이 많은 것을 도입부에 놓는다. 상대가 이 메시지를 왜 신경

써야 할까? 이 질문에 대한 답을 스스로 생각해보면 최고의 도입부를 작성할 수 있다. 전문 작가는 좋은 도입부를 작성하는 데 작업 시간의 20퍼센트를 할애한다. 도입부는 그만큼의 시간을 할애할 가치가 있다.

» **메시지를 밝고 활기차게 만들기 위해 그래픽과 이미지를 사용한다.** 갈수록 사람들의 집중력이 유지되는 시간이 짧아지고 있다. 이런 시대에는 메시지의 외양도 중요하다. 빡빡하고 어려워 보인다면 아무도 메시지를 읽으려고 하지 않을 것이다. 가능한 여백을 많이 두어라. 글자의 크기와 모양을 단순하게 사용해라. 그리고 사람들의 눈을 즐겁게 하고 관심을 끌 수 있고 이해를 높일 수 있다면 언제든지 이미지를 활용해라.

## 상대의 참여를 유지한다

물론 갈 곳을 잃은 채 방황하는 사람들의 시선을 단숨에 사로잡아야 한다. 그런데 훌륭한 도입부와 스타일만으로는 그들을 끝까지 잡아두기에 부족하다. 메시지가 꽉 찬 알맹이를 가지고 있어야 한다. 글을 쓰기 전에 자신의 모든 강점을 생각해내서 적어본다. 필자는 이 책에서 여러 번 이 주제에 대해서 다루었다. 그래서 다음처럼 설득력 있게 메시지를 전달하는 방법을 요약해봤다.

» **자신의 전문성이나 제품의 장점에 대한 증거를 제시한다.** 검토 자료, 후기, 통계, 수상내역, 블로그나 기사처럼 권위를 보여주는 자료와 출판물 등을 제시한다.

» **메시지에 일화, 사례 그리고 삽화를 적절이 섞는다.** 이렇게 하면 메시지에 생기가 돌고 사람들이 메시지에 쉽게 몰입하게 된다.

» **특징이 아닌 혜택에 집중한다.** 제품이나 서비스가 사람들을 위해서 무엇을 하는지 그리고 그들의 기분을 어떻게 만드는지에 대해서 고민한다.

» **삶이 얼마나 좋아질지에 대한 비전을 제시한다.** 아이디어가 채택되거나 제품이 팔려서 사용되면 삶의 어떤 부분이 개선될지에 대해서 생각해본다.

» **상대의 행동을 촉구한다.** 메시지를 끝까지 읽은 사람들이 그다음에 어떤 행동을 취하기를 원하는지를 생각해본다. 전화를 하거나 글을 쓰기를 원하는가? 블로그에서 더 자세한 정보를 찾거나 웹사이트를 방문했으면 하는가? 구독하기를 원하는가? 결론 부분에 이에 대해서 반드시 언급해야 한다.

설득력 있는 메시지를 쓰는 데 가장 효과적이고 개인적으로 선호하는 테크닉이 있다. 바로 메시지를 반박하는 대표적인 주장에 대해서 생각해보고, 이 주장을 반박할 나만의 논리를 준비하는 것이다. 반대 주장을 무시하거나 대수롭게 넘기지 말고 진지하게 고민하고 검토하는 것이 좋다. 그런 뒤 메시지를 쓰면 더 많은 신뢰를 확보할 수 있다. 이렇게 하면 증거를 언급하기도 쉬워진다. 몇 가지 예를 살펴보자.

이 시스템을 사용하려면 완전히 새로운 기술을 받아들여야 한다는 것이 부담스럽고 믿음이 가지 않을 것입니다. 모든 사람들에게는 새로운 것을 학습할 기회가 필요하고 학습시간도 다릅니다. 그러나 한 가지 말씀드릴 수 있는 것은 이 시스템을 활용하면 효율성이 18퍼센트 증가된다는 사실입니다. 그리고 이미 훌륭한 트레이닝 프로그램도 마련해두었습니다.

네, 이 전략은 10년 전부터 시도되었던 것입니다. 그러나 당시에는 각 단계를 미세하게 조정하는 데 필요한 빅데이터를 활용할 기술이 없었습니다.

아주 적은 비용으로 완전히 새로운 웹사이트를 만들 수 있습니다. 세컨드 오피니언은 이전 웹사이트와 비교할 때 2배나 많은 비즈니스 리드를 만들어냅니다.

## 사람들에게 시간을 준다

서비스, 상품이나 새로운 사고방식을 팔 때, 하룻밤 사이에 기적이 일어나리라 기대하지 않는 것이 현명하다. 모든 결정은 신뢰에 기반을 둔다. 한 번에 한 가지 목표를 생각해라. 좋은 편지로 사람을 만나서 이야기를 나눌 기회를 만들 수 있다. 잘 구성된 이메일 피칭 때문에 누군가는 웹사이트를 방문하고, 흥미로운 트윗 때문에 누군가는 당신의 블로그를 읽는다. 그리고 무료 온라인 보고회를 본 어떤 사람들은 돈을 주고 당신의 서비스를 구입한다. 효과적인 블로그는 방문객에게 신뢰를 주고 나아가 전자책을 구매하게 만든다.

훌륭한 선생님들은 점진적인 학습을 지향한다. 그들은 학생들의 이해도를 파악하고 단계적으로 더 많은 지식을 흡수하고 이해할 수 있도록 이끈다. 노련한 마케터들도 새로운 상품을 구매하도록 또는 새로운 아이디어를 받아들이도록 누군가를 설득하는 데 지속적인 노력이 필요하고 다양한 미디어 플랫폼을 통해 메시지를 보내야 한다는 사실을 안다. 이것이 통합적인 마케팅 전략의 목적이다. 바로 자신의 핵심 메시지를 알고 다양한 커뮤니케이션 수단으로 메시지를 전달하고 강화하는 것이다(제9장 참조).

그렇다면 1인 기업가는 어떤 비즈니스 글을 써야 할까?

## 자기소개글을 쓰자

새로운 비즈니스를 시작하거나 회사에서 새로운 역할을 맡거나 다른 사람이 하던 일을 받아서 하게 된 경우, 편지로 자신을 소개하는 데 충분한 시간을 투자해야 한다. 물론 편지로 자기소개를 하는 것이 직접 사람들을 만나 좋은 첫인상을 남기는 것을 대신할 수는 없다. 그러나 이것도 새로운 사람들과 관계를 맺는 데 중요한 첫걸음이다.

먼저 자신의 고객에 대해서 생각을 해봐야 한다. 당신이 법인세를 전문적으로 다루는 회계법인을 넘겨받는 회계사라고 가정하자. 이런 경우, 당신은 기존의 고객을 포용하고 그들과 좋은 관계를 맺고 싶을 것이다.

이런 경우 '그들에게 좋은 게 뭐지?'에 대한 답을 고민해볼 필요가 있다. 이 질문에 대한 답은 편지의 콘텐츠를 결정하는 데 도움이 될 것이다. 회계법인의 기존 고객들이 변화를 편안하게 받아들이고 낯선 사람인 당신에게 우호적으로 반응하도록 만들려면 무슨 말을 해야 할까? '그들이 알았으면 하는 것'보다 '그들이 알고 싶어 하는 것'에 대해서 고민해야 한다. 회계법인의 기존 고객들의 입장에서 생각해야 한다. 이 사람들은 이 변화가 자신들에게 어떤 영향을 미칠지 알고 싶어 한다는 사실을 명심해야 한다. 다음은 기존 고객들이 품고 있을 수 있는 질문 리스트다.

» 변함없이 똑같은 수준의 서비스를 받게 될까?
» 이 사람이 잘 해낼 것임을 어떻게 알 수 있지?
» 이것 때문에 어떤 식으로든 나에게 불편한 일이 생기지 않을까?
» 이 새로 온 사람은 함께하기 좋은 사람일까? 이 사람을 좋아하게 될까?

회계사는 이 질문 리스트를 다음의 콘텐츠 리스트로 만들 것이다.

» (고객들이 좋아했던) 전 대표에 대한 존경을 표하고 그가 떠나게 된 이유를 설명한다(그러나 부정적인 이유는 언급하지 않는다).

» 그들에게 제공되던 서비스가 아무런 차질 없이 계속될 것임을 알려준다.

» 고객들에게 자신에 대해서 말해준다.

- 이전에 근무했던 주요 기관과 서비스를 제공했던 주요 고객에 대한 정보와 나의 배경에 대해 설명한다.
- 나의 전문 영역 또는 경력을 설명한다(예를 들어 IRS에서 근무했던 경험과 관련 분야에서 취득한 자격증을 공개한다).
- 내가 전문가라는 사실을 입증해주는 수상 경력, 후기 등을 공개한다.

» 나의 서비스 개선 계획을 공유한다(예를 들어 새로운 기술을 도입하여 보다 쉽게 기록을 관리할 계획을 알린다).

» 지역사회의 구성원으로서 지역사회 발전에 대한 나의 기여를 알려 내가 좋은 사람임을 보여준다.

» 모든 고객 또는 중요한 고객에게 일대일로 만날 것을 제안한다.

이 리스트에 이 사람이 회계사로서 자격이 충분한지를 보여주는 아이템이 거의 없다는 사실을 눈치 챘을 것이다. 자기소개 편지는 개인적인 성취와 자격 요건을 장문의 글로 자세히 알리는 데 최고의 기회로 여겨지지 않는다. 대부분의 사람들이 자격 요건에 대한 다른 사람들의 관심을 과대평가한다. 자신의 경력에 대해서 기본 정보를 제공하는 한, 사람들은 일반적으로 이 사람이 이 일을 해낼 자격을 당연히 갖추고 있다고 생각한다. 가장 핵심이 되는 경력을 중점적으로 알리고 나머지는 고객이 당신과 일을 하면 삶이 어떻게 더 좋아질지에 대해 설명하는 데 할애해야 한다. 그리고 당신이 얼마나 좋은 사람인지를 알리는 데도 충분한 시간을 할애해야 한다.

일단 자기소개 편지에 쓸 내용을 대략적으로 결정하면, 편지는 저절로 써진다. 친근하지만 다소 형식적인 톤을 추구하는 것이 좋다. 솔직하고 간단하게 편지를 시작해야 한다. 자신이 가장 좋아하는 고객의 상을 머릿속으로 생각하는 것도 편지를 쓰는 데 도움이 된다(제2장 참조). 다음을 한번 살펴보자.

위시 부인에게,

저는 펨브로크 회계법인의 새로운 대표입니다. 이렇게 저를 소개할 수 있는 기회를 얻게 되어 정말 기쁩니다. 아시다시피, 저의 좋은 친구이자 동료인 톰 막스가 6월에 퇴직했습니다. 그가 퇴직을 했더라도, 저희 펨브로크는 이전과 변함없이 최고의 서비스를 제공할 것입니다.

저는 22년 동안 회계사로서 열정을 다해 일을 해왔습니다.

저는 이 일에 대한 열정을 ○○ 때 발견했습니다.

가장 최근에, 저는 ○○에서 회계팀을 책임졌습니다.

영광스럽게도 ○○에 서비스를 제공하는 기회도 가졌습니다.

무엇보다도 저는 ○○으로 알려진 이 지역사회의 발전에 기여할 수 있게 되었다는 사실이 자랑스럽습니다.

당신에게 유쾌하고 생산적인 회계 서비스를 제공하기 위해 여러 가지 방안을 강구하고 있습니다. 이를 위해 ○○ 기술을 도입할 생각도 가지고 있습니다.

당신을 직접 만날 수 있기를 기대하겠습니다. 편하실 때 언제든지 회사를 방문해주시거나 전화를 해주시면 감사하겠습니다. 편한 시간을 알려주시면 시간을 비워두도록 하겠습니다.

감사합니다.

레오나르드 마치 올림

이런 자기소개 편지는 누군가의 회사를 넘겨받을 때만을 위한 것이 아니다. 일하고 있는 회계법인에서 대표자로 승진을 했을 경우, 이런 자기소개 편지를 써서 고객에게 보내는 것이 현명하다. 프리랜서가 새로운 지역에 진출하거나 새로운 서비스를 제공하기로 결정했다면, 지역사회와 잠재 고객에게 자신을 소개해야 한다. 컨설팅 회사에 입사했다면, 자기소개 편지는 기존 고객과 잠재 고객에게 자신의 존재가 회사의 역량을 어떻게 확대시키는지를 알릴 필요가 있다. 비영리기구에서 일한다면, 자기소개 편지로 자신의 새로운 역할에 대해 보조금을 지원하는 기구, 주요 기증자, 관련 정부기관 그리고 기타 이해관계자들에게 알릴 필요가 있다.

잘 쓴 편지는 부차적인 대상에 맞게 고쳐 쓰기도 쉽다. 회계법인의 대표가 된 회계사가 이전 직장에서 고객을 데려오고 싶다면, 대표를 맡게 된 회계법인의 기존 고객에게 보내는 자기소개 편지의 내용을 조금 수정에서 사용하면 된다(단, 이전 직장의 고객을 상대로 '호객행위'를 할 수 있는 법적 권리가 있을 때 해당되는 말이다). 그는 새로운 잠재 고객을 끌어들이기 위해서 이 편지의 내용을 빨리 수정할 수도 있다.

조직의 구성원이거나 그 조직을 대표하는 경우, 자기소개 편지가 조직의 문화와 맞아야 하고 편지의 내용이 상사들이 놀란 만한 내용이어서는 안 된다.

자기소개 편지는 이메일, 우체국, 광고, 콘퍼런스, 웹사이트 또는 기타 수단을 통해 전달될 수 있다. 자기소개 편지를 폐물로 치부하기 전에 다음 두 사례를 한 번 살펴보자. 다음은 필자가 경험한 일이다.

### 사례 1

필자가 수년 동안 다니던 병원을 넘겨받은 새로 온 의사가 우편으로 보낸 자기소개 편지다. 이 편지를 쓰는 이유를 도입부에 밝힌 뒤, 새로 온 의사는 길고 빽빽한 3개의 문단에서 자신이 치료하는 모든 질병, 학력, 근무한 병원과 자신이 기고한 기사에 대해 설명했다.

**필자의 반응 :** 필자는 이 병원을 더 이상 다니지 않기로 결심했다. 그는 자신이 사람들을 아끼고 환자들에게 편안한 경험을 제공할 것이라는 메시지를 전달하는 데 실패했다.

### 사례 2

이웃집의 수리를 맡은 인테리어 회사가 필자의 현관 문 앞에 놓고 간 편지다.

> 이웃 주민께,
>
> 파인 가족이 곧 집 개보수 공사를 시작할 것임을 이미 알고 계실 것입니다.
>
> 저는 파인 가족의 공사를 맡았습니다. 잠깐 시간을 내서 제 소개를 드리고 싶어서 이렇게 편지를 씁니다. 저의 이름은 게리 랜드입니다. 현장에는 저 또는 프로

젝트 매니저 중 한 명이 매일 나와 있을 것입니다. 지난 몇 년 동안 이 지역에서 다수의 프로젝트를 진행한 경험이 있는 저는 이 정도 규모의 인테리어 공사가 이웃들에게 미칠 영향에 대해서 항상 민감하게 생각하고 있습니다.

저는 고객에게 양질의 서비스를 제공하고 제시간에 프로젝트를 마무리하기 위해 항상 최선을 다하고 있습니다. 그리고 이웃에게 미칠 영향을 최소화하기 위해 노력합니다. 하청업체들도 제가 작업을 할 때 이웃 주민들에게 항상 예의와 존경을 다하는 것을 중요하게 생각한다는 사실을 잘 알고 있습니다.

이 공사가 통행에 불가피하게 불편을 야기할지도 모릅니다. 프로젝트가 끝나면 원상복구 시킬 것을 약속드립니다. 그리고 파인 가족의 집을 개보수하는 공사를 위해서 보험도 들었습니다.

이 공사 때문에 걱정이 있거나 피해를 입으신다면 직접 말씀해주시거나, 전화 또는 이메일로 연락해주세요.

감사합니다.

ABID, CPBD, UCLS 게리 랜드 드림

필자의 반응 : 집을 개보수할 일이 생기면, 이 사람을 고용할 생각이다. 이 사람의 이름 앞에 있는 자격증이 무엇을 의미하는지 필자는 모르지만 전혀 신경 쓰지 않는다. 필자는 이 편지를 읽자마자 이 사람을 신뢰하게 되었다. 왜냐하면, 그는 주민들의 걱정거리와 있을 수 있는 반발을 잘 이해하고 있고 분명한 언어와 눈에 보이는 증거를 제시하면서 주민들을 안심시키고 있다. 많은 사람들이 이 편지에 대해서 이야기를 했고 게리는 집 개보수와 관련해 제일 먼저 연락할 사람이 되었다.

다른 사람과 그들의 니즈에 대한 이해를 바탕으로 커뮤니케이션을 하면, 그 커뮤니케이션 과정에서 가치가 생긴다. 게리의 편지와 같은 메시지는 사람들의 감성과 이성을 동시에 자극한다. 이런 메시지는 사람들의 호응을 이끌어내고 합리적인 결정의 근거가 된다. 심사숙고하여 쓴 편지로 무언가를 이룰 수 있다는 것은 정말 놀라운 일이다. 필자가 이야기를 한 사람 중에서 그 누구도 이와 유사한 상황에서 게리의 것과 같은 편지를 받은 적이 없다. 당신의 편지로 지역사회에서 첫 번째가 될 수 있는 기회를 얻을 수 있다. 그러니 편지를 쓸 때 창의적으로 사고해라.

디지털 환경에서 전통적인 편지, 광고용 우편물, 지역사회 광고나 홍보전단지가 유용하지 않은 것은 아니다. 실제로 디지털 환경에 맞는 맞춤형 콘텐츠, 개인화된 메시지, 세분화된 목표 대상, 적극적인 참여를 유도하기 위한 전략과 입소문 등 개인화가 트렌드다.


## 글로 자신의 서비스를 광고하자

--------------------------------

1인 기업 또는 소규모 비즈니스의 파트너는 정기적으로 광고 편지를 써서 잠재 고객에게 보내거나 전화 영업을 해야 한다. 이때 목표는 자기 자신 또는 자신의 제품이나 서비스를 누군가에게 알리고 직접 만날 기회를 얻어내는 것이다.

이런 종류의 편지는 다수의 전문직에 있어 상당히 중요하다. 이런 편지를 쓰는 테크닉에 대해서 제2장에서 잠깐 살펴봤다. 이번 장에서는 전문직의 관점에서 광고 편지를 쓰는 방법에 대해서 살펴보도록 한다.

전문 역사가인 사라는 지역 보존청이 지역 건물을 랜드마크로 지정할 준비를 하고 있으며 신청 서류를 작성하기 위해 사람을 뽑을 것이란 사실을 알고 있다. 자신을 소개하기 위한 약속을 잡기 위해서 사라는 편지를 쓰기로 했다.

스스로를 사라의 편지를 받은 정부 관계자라고 생각해보자. 당신이라면 이 편지에 어떻게 반응할 것인가? 그리고 이 책의 조언에 따라 다음 편지를 어떻게 수정하겠는가?

> 존슨 씨에게,
>
> 지난 7월 도시보존청의 제인 멕스웰, 건축가 로버트 브라운과 마리골드 하우스의 현장 답사를 갔다가 당신과 만났습니다. 당시 제인과 빅 시티 히스토릭 디스트릭트 밖에 역사적 그리고 문화적으로 중요한 건물을 이 도시의 새로운 랜드마크로 지정하는 작업을 진행하고 있었습니다. 시의회는 11월 28일 프리처드 빌딩

을 공식적으로 랜드마크로 승인했습니다. 로버트 브라운은 이 프로젝트에서 자문을 해주던 건축가였습니다. 저는 역사학자로서 그 헬스센터의 중요성을 입증하기 위해서 역사서적, 토지 이용도, 문화 정보와 전기 기록을 조사했습니다. 19세기 건축물인 마리골드 하우스는 300년이라는 오랜 이야기를 품고 있습니다. 그리고 19세기에 마가렛 그린과 엘리노 마치가 주고받은 서신, 최근에 발견된 메리 제닝스의 1810 시집, 1814년 배를 타고 북쪽으로 도망친 노예 에멜리아의 자서전 등 수많은 이야기가 아직 대중에 알려지지 않았습니다. 이 모든 이야기들은 이 건물의 역사적 그리고 문화적 중요성을 높입니다.

저는 마리골드 하우스의 역사를 조사하고 제인, 로버트 그리고 도시보존청과 함께 랜드마크 지정 신청서 작성 작업을 돕고 싶습니다. 이와 관련해서 존슨 씨와 직접 이야기를 하고 싶은데, 가능할까요?

감사합니다.

사라 존스 드림

이 편지를 이해하는 것이 좀 힘들지 않은가? 필자는 이 편지의 핵심을 이해하는 데 좀 어려움을 느꼈다. 아마 존슨 씨도 이 편지를 받았다면 필자처럼 내용을 분명히 이해하는 데 애를 먹었을 것이다.

필자는 이 편지를 다음처럼 고쳐보았다. 당신의 생각과 비교해서 어떤지 한 번 살펴보자.

존슨 씨에게,

우리는 지난 7월 마리골드 하우스에서 만났었습니다. 그때 저는 도시보존청의 제인 맥스웰과 건축가 로버트 브라운과 함께 현장 답사를 갔습니다. 제가 이렇게 당신에게 편지를 쓰는 이유는 제인 그리고 당신과 함께 그 건물의 이름과 역사를 조사하고 랜드마크로 지정되기 위한 신청서 작성을 돕고 싶기 때문입니다.

19세기 건축물인 마리골드 하우스는 300년이 넘는 많은 이야기를 가지고 있습니다. 예를 들어보겠습니다.

- ○○의 서신

- 메리 제닝스의 1810 시집

- 도망친 노예 에멜리아의 자서전

이 모든 이야기는 마리골드 하우스의 역사적 그리고 문화적 중요성을 높일 것입니다. 그러나 오직 소수의 이야기만이 공식적인 레지스트리에 기록되어 있습니다.

저는 랜드마크 지정 신청서 작성을 도와 알려지지 않은 이곳의 수많은 이야기들을 사람들에게 공개하고 싶습니다.

저는 제인과 도시의 새로운 랜드마크 지정 규칙을 수립하는 일에 참여했습니다. 저의 역할은 역사학자로서 마가렛 필드의 중요성을 입증하는 데 필요한 역사적 사실과 관련하여 자문을 해주는 것이었습니다.

저는 ○○에서 전담 역사학자로 일을 했습니다.

직접 만나서 이야기를 할 수 있을까요? 제가 마리골드 하우스를 연구하고 랜드마크 지정 절차를 도울 자격이 충분함을 직접 만나서 설명하고 싶습니다.

감사합니다.

사라 존스 드림

이 두 가지 버전의 편지를 비교해봐라. 그러면 다음의 가이드라인을 생각해낼 수 있다.

» **자신이 원하는 것을 빨리 말한다. 그리고 편지를 읽는 사람이 왜 당신이 이 글을 썼는지 이해할 수 있도록 만든다.** 개인적인 인맥이 있다면 편지 앞에서 이 인맥을 언급하는 것이 좋다. 이렇게 개인적인 인맥을 미리 언급하면 입장을 분명히 하고 신뢰를 쌓고 즉시 관계를 맺는 데 도움이 되기 때문이다.

» **빨리 읽히고 쉽게 이해할 수 있도록 편지를 작성한다.** 수정된 편지에서 짧고 글머리 기호를 사용한 리스트는 편지를 시각적으로 둘로 구분하고 사례를 보다 효과적으로 전달한다. 문단과 문장은 더 짧아지고 덜 빽빽해져서 읽기가 쉬워졌다.

» **수신자의 마음에 와 닿는 소재를 최대한 활용한다.** 사라는 글머리 기호를 사용해서 자신의 전문성에 대해서 구체적으로 설명한다. 말하지 않고 직접

보여주는 기술은 '나는 전문 역사학자이고 흥미로운 이야기를 많이 알고 있다'고 말하는 것보다 훨씬 더 효과적이다.

» **수신자와 자신의 목표와 관련 있는 스타일을 이용한다.** 이 경우 글을 쓰는 사람은 자신과 유사한 교육 배경을 지닌 사람에게 편지를 쓰고 있다. 그래서 다소 형식적인 톤이 알맞다.

» **자격증을 언급하되 전면에 내세우지 않는다.** 자격증은 자신의 서비스를 팔 때 최고의 무기가 아니다. 사람들은 당신이 자신들이 어려움을 잘 이해하고 무언가를 해줄 수 있을 때 반응한다. 과거에 당신이 무엇을 했는지는 관심이 없다. 이것은 직관에 어긋나지 않는다. 전문가라면 자신의 전문 지식을 다른 사람의 어려움과 연결지어서 이야기할 줄 알아야 한다. 이것이 해당 분야에 대한 자신의 전문성을 가장 잘 보여주는 트레이드마크다.

필자가 수정한 것보다 더 잘 수정할 수 있다면, 축하한다. 편집과 글쓰기는 규칙이 정해진 과학과는 거리가 멀다. 정해진 공식을 따르거나 기존의 서식을 활용할 수 있다면 좋을 것이다. 그러나 '획일화된' 방식으로 편집되고 작성된 글은 지나치게 일반적이고 지루하다. 목표와 대상을 명심하면서 글을 쓰면 상대방의 이성과 감성을 모두 자극하는 글을 쓸 수가 있다. 이렇게 하면 자신이 원하는 결과를 더 자주 얻게 될 것이다.


## 영업용 편지를 쓰자

전문 카피라이터들은 주로 제품을 팔기 위해서 '판촉' 편지를 쓴다. 이것이 그들의 주요 업무다. 많은 판촉 편지들이 사람들의 관심을 얻기 위해 경쟁한다. 그래서 사람들은 판촉 편지를 보면 자동적으로 회의적이고 인내심의 한계를 느끼고 지루해한다. 그도 그럴 것이 광고용 우편물부터 이메일, 농영상 그리고 소셜미디어에 이르기까지 다양한 형태의 판촉 편지가 쏟아지고 있기 때문이다. 오늘날의 온라인 환경은 마케팅 메시지를 작성하고 전달하는 데 탁월한 기회를 제공한다. 그러나 별 생각 없이 온라인에서 마케팅 메시지를 작성해 사람들에게 보낼 생각은 하지 마라. 마케팅 메시지를 작성하는 데 도움이 될 만한 아이디어가 여기 있다.

» **먼저 자신의 목표를 정의하고 상대를 아는 것이 중요하다.** 사람들이 메일에 체크 표시를 하면서 단일 커뮤니케이션에 반응하리라 기대하지 마라. 보다 현실적으로 사람들의 호기심을 자극하는 데 목표를 두고 신뢰부터 쌓고 다음 행동을 하도록 상대방을 유혹하는 것이 좋다. 첫 메시지는 상대방이 메시지를 끝까지 읽고 다음 행동을 하게 만들 정도로 흥미로우면 된다.

만약 무언가를 판다면, 조직의 어려움을 이해하고 그 어려움을 해결하는 데 어떤 일을 해줄 수 있는지 설명하는 것은 당신의 몫이다. 그리고 그 사람의 목표가 무엇인지, 무엇으로부터 압박을 받는지, 그 사람의 역할은 무엇인지 등 글을 쓰는 특정 상대에 대해서도 생각해봐야 한다. 제2장에서 이것을 하는 방법에 대해서 살펴봤다.

» **연결고리를 만든다.** 사람들은 어떤 식으로든 관계가 있는 사람을 더 신뢰하기 때문에 다른 사람과의 연결고리를 형성하는 게 중요하다. 그러니 글의 앞부분에서 '무슨 이벤트에서 만난 적이 있습니다'라는 식으로 관계를 맺는 것이 좋다. 이밖에 다음과 같은 종류의 연결고리를 생각해볼 수 있다.

- 공통의 친구를 알고 있거나 직업적으로 관련이 있다.
- 박람회나 콘퍼런스에서 회사의 영업사원과 이야기를 나누었다.
- 당신이 알고 있는 고객과 일을 한다.
- 업계에서 수상을 했다.

또는 그 사람이 작성한 블로그를 읽었거나 그 사람의 연설을 들었거나 비즈니스 저널에서 그 사람의 글을 읽었을 수도 있다. 연결고리를 만들기 위해서 상대에 관한 정보를 철저히 수집하라.

» **강한 어조로 시작한다.** 편지의 첫 문장에서 개인적인 인맥과 자신의 문제 해결 능력을 동시에 언급하는 것이 좋다. 예를 들면 이런 식이다.

> 척 스미스가 당신에게 연락해서 현재 당신이 안고 있는 시급한 문제를 제가 어떻게 해결할 수 있는지 설명해주라고 하더군요. 해외 투자에 대한 정부의 회계감사를 줄이는 방법을 찾고 있다고 아마 척 스미스에게 이야기했을 것입니다.

아니면 이야기, 이슈, 특별한 혜택이나 제안, 놀라운 사실이나 통계자료를 먼저 언급할 수도 있다. 시선을 잡아끄는 것은 좋다. 그러나 똑똑하거나 재미있어 보이려고 혈안이 된 사람처럼 보이지 않도록 주의해야 한다. 실패하거나 오해의 소지가 있는 농담을 하지 않는 것이 좋다. 자신의 가치를 알고 다른 사람에게 어떻게 도움이 될지를 이해하고 있는 것이 중요하다. 그러면 굳이 농담을 하지 않더라도 전달하고자 하는 바를 분명히 전달할 수 있다.

» **질문이나 요청을 잊지 않는다.** 편지를 읽는 사람이 당신의 웹사이트를 확인하거나 무료 전자책을 요청하거나 블로그에 가입하거나 질문을 하게 만들고 싶다면, 직접 요청해라. 이 모든 것은 상대방의 연락처를 수집하기 위한 전략이다. 직접 대면하고 싶다면, 그렇다고 말해라. 시간을 정하는 것이 현명하다. 예를 들어 10분만 시간을 주면 자신의 가치를 보여주겠다고 이야기하는 것이다. 이렇게 해야 제한 없이 무턱대고 만나달라고 요청하는 것보다 만날 기회를 얻을 확률이 높다. 당신이 집중하고 있고 상대방의 시간을 낭비하지 않겠다는 메시지를 전달할 수 있기 때문이다. "목요일 4시에 가겠습니다"라고 말하는 대신 상대방에게 편안한 시간을 물어라.

» **프로필을 잘 관리한다.** 당신에게 관심이 있는 고객이라면 인터넷에서 당신과 당신의 회사를 찾아볼 것이다. 자신의 마케팅 메시지를 잘 지지하도록 웹사이트와 링크드인 프로필을 잘 관리해야 한다. 사생활과 관련해서 당혹스러운 포스트가 마케팅에 방해가 될 수 있다. 그러므로 항상 행동을 똑바로 해야 한다. 원하는 기회를 잃지 않도록 항상 프로필을 관리해라.

## 말로 하기 어려운 메시지는 글로 쓰자

이 책은 모든 글을 통해서 관계를 진전시키는 데 도움을 주는 것을 원칙으로 삼는다. 새로운 고객은 얻기 힘든 존재다. 이것은 거대한 회사도 마찬가지다. 그리고 새로운 고객을 끌어들이는 데도 많은 비용이 든다. 그래서 자영업자이거나 작은 회사를 경영하는 사람에게는 특히 기존 고객을 유지하는 것이 중요한다. 기존 고객을 유지하는 데 있어서 불편한 메시지를 잘 전달할 수 있는 능력이 중요하다.

자신의 이익을 보호하고 문제를 적극적으로 해결하는 동시에 고객과의 관계를 훼손할 위험을 최소화하는 글을 쓰는 방법에 대해서 살펴보자.

## 서비스 내역을 자세히 설명한다

고객은 기억력이 짧다. 필자가 위기 커뮤니케이션에 특화된 PR회사에서 근무할 때, 주요 업무는 고객을 재난에서 구하는 것이었다. 이 일에는 엄청난 노력이 들었고 회사는 꽤 성공적으로 일을 해냈다. 그러나 고객의 고마움은 오래가지 않았다. 그래서 CEO는 고객이 회사 덕분에 어떤 위험을 모면했는지를 생생하게 기억하고 있을 때 즉시 비용을 청구하도록 지시했다. 한두 달 동안 안정되고 편안한 나날을 보낸 고객들이 견적서를 보면 서비스 비용이 말도 안 되게 비싸다고 생각했다. 이런 경우 비용을 받기 위해서 불쾌하고 불편한 일을 해야만 했다.

계약 내용이 모두 이행된 즉시 견적서를 보내면서 제공한 서비스에 대해서 자세히 명시해야 한다. 예를 들어, 필자가 마케팅 자료를 검토하고 비용을 청구한다면 다음처럼 견적서를 보내지 않을 것이다.

마셜&화이트의 브로슈어를 검토하고 비용을 청구합니다.

대신 다음과 같은 견적서를 보낼 것이다.

마셜&화이트 브로슈어 검토 : 주요 마케팅 자료로 활용할 16쪽의 네 가지 색을 활용한 고급 잡지

임원진과 미팅(6월 1일, 6월 8일, 6월 22일, 7월 7일)

전화 상담 진행 중

이사회 대상 프레젠테이션(6월 14일)

콘셉트 개발 : 3개의 창의적인 전략 전달

선택된 콘셉트로 16쪽의 잡지 초안 제작

콘셉트 수정 : 6쪽의 CEO 편지의 아이디어

9명의 직원, 7명의 고객과 인터뷰

그래픽 디자인 조정

제공된 서비스 내역을 더 자세히 적을 것이다. 앞의 리스트에는 카피라이팅이 포함되어 있지 않다.

선의를 가진 고객도 자신이 고용한 회사나 사람이 한 일의 아주 일부분만을 본다. 그들은 완성된 브로슈어나 워크숍처럼 제품을 관찰한다. 이 일은 자신들의 전문 분야와는 동떨어진 것이고 일이 어떻게 진행되는지 잘 모르기 때문이다. 고객들은 또 이 일을 하기 위한 준비작업과 미팅에 참여하는 데 많은 시간이 소요된다는 사실을 간과한다(이런 준비작업과 미팅은 자신들 업무의 일부분에 지나지 않기 때문이다). 그리고 고객들은 오랜 고민 끝에 창의적인 작업이 이뤄지고 이 창의적인 작업이라는 것이 오후 5시 정각이면 끝나는 일이 아니라는 사실을 모른다. 이런 고민과 생각을 하는 과정에 대해서 자신의 컨설턴트에게 기꺼이 돈을 지불하려는 고객은 거의 없다. 이 고민과 생각의 과정이 서비스의 핵심임에도 말이다.

고객으로부터 받은 일을 완수하기 위해서 한 모든 작업을 기록하고 그 내용을 견적서에 반영해야 한다. 컨설팅처럼 시각적으로 표현하기 어려운 일이라면, 예를 들어 설문조사 기법, 32쪽의 보고서, 파워포인트, 웹사이트의 그래프 등처럼 일련의 작업을 물리적으로 증명할 수 있는 증거를 제시한다. 만약 프로젝트의 성공에 대해서 초기에 증거를 언급할 수 있다면, 그 증거도 견적서에 포함시켜라.

## 견적서를 보내고 비용을 정산한다

컨설턴트, 프리랜서와 기업가는 청구서와 계약서를 꼼꼼하게 작성한다. 문제는 아무리 꼼꼼하게 문서를 작성해도 실제로 고객(사)으로부터 돈을 받는 데 항상 애를 먹는다는 것이다. 비용 지불을 요구하면서 고객(사)과 좋은 관계를 유지하는 방법이 있을까?

고객(사)과 신뢰 관계를 맺고 꾸준히 거래를 해왔더라도 고용계약서는 항상 작성해야 한다. 이렇게 하면 돈 또는 고객(사)을 잃게 될 위험을 최소화할 수 있다. 연락을 하던 고객사 담당자가 이직을 하고 새로운 사람이 들어왔다고 치자. 이런 경우, 후임자가 알고 지내던 업체와 거래를 하거나 외부 업체에 맡기던 일을 내부적으로 처리하려고 할 수 있다. 멀쩡하던 고객사가 갑자기 폐업하거나 파산신청을 할 수도 있다. 최종 결과물을 두고 고객사와 분쟁을 빚을 수도 있다.

선수금을 요청하기도 한다. 비즈니스 관계에서 그 누구도 자신의 이익을 보호하기 위해 철저히 사무적으로 행동한다고 비난하지 않는다. 아이디어를 생각해내거나 청사진을 만드는 등 맨 처음에 상당한 일을 처리해야 하는 프로젝트가 있다. 이런 경우, 비용 지급 스케줄을 작성하여 계약서에 포함시키는 것이 좋다. 계약서는 당사자 모두가 계약서에서 합의한 내용을 충실히 이행하겠다는 의지가 있을 때 좋은 것이다. 고객이 최종 결과물에 대해 불만족스러워할 수 있다. 이런 경우 바람직하지는 않지만 실제로 법적으로 대응해야 할지도 모른다.

비용 지급이 늦어질 때, 최대한 중립적이고 객관적인 톤으로 빨리 비용을 처리해달라고 메시지를 보내 상대방의 반감을 최소화해야 한다. 이때, 비용 지급이 늦어진 것에 대해서 상대방을 비난하는 톤을 사용해서는 안 된다. 돈을 받기 위해서 상대방을 파트너로 끌어들여야 한다.

제목 : 도와주실 수 있나요?

타르디에게

타일러 프로젝트가 2달 전에 완료됐지만, 비용이 아직까지 처리가 되지 않았습니다. 비용이 빨리 처리되도록 도와주실 수 있을까요? 정말 감사합니다.

마티 드림

또는 다음처럼 편지를 보낼 수도 있다.

제목 : 알려드립니다

타르디에게

큐리오 디자인 작업에 대한 두 번째 대금 입금을 좀 더 빠르게 처리해주실 수 있나요? 계약서에는 기일이 9월 4일이라고 되어 있는데, 아직 입금이 안 되어서요. 빨리 처리해주시면 감사하겠습니다.

감사합니다.

마티 드림

경제적 어려움을 이유로 비용 처리를 촉구하는 것은 현명하지 못한 행동이다. 절대 전기료 등 공과금을 내야 하니 비용을 빨리 입금해달라고 하지 마라. 지금까지 글을 쓸 때, 이성과 감성을 동시에 자극하라고 했지만, 입금일을 넘긴 대금을 빨리 처리해 달라고 요청하는 메시지는 다르다. 감정을 배제하고 객관적으로 메시지를 작성해야 한다. 무언가에 대해서 책임을 져야 하는 경우에 메시지를 작성할 때도 마찬가지다. 필자의 친구는 수표를 은행에 입금하는 것을 깜빡 잊고 지내다가 입금 일자가 한참 지나서야 그 사실을 알아차렸다. 순간 친구는 당황했고 고객에게 다음의 편지를 썼다.

> 블랙 씨에게,
>
> 세금 때문에 청구서와 대금결제 서류를 살펴보다가 귀하가 올해 1월 12일 발행한 #9174 수표가 은행에서 보증을 요구로 거절되었다는 사실을 확인했습니다.
>
> 내부 기록에 따르면 이 수표가 재입금되지 않은 것으로 확인되었습니다.
>
> 마케팅 프로 계좌로 입금이 거부된 수표 사본을 아래와 같이 첨부하였습니다.
>
> 이 수표를 대체할 수 있도록 새로운 수표를 발행해주시면 감사하겠습니다.
>
> 이 일로 인해 불편하게 해드렸다면 사과의 말씀을 드립니다.
>
> 감사합니다.
>
> 마샤 화이트 드림

앞의 편지를 살펴보면 화자는 의도적으로 형식적인 톤을 사용하여 사무적으로 새로운 수표를 발행해줄 것을 요청하고 있다. 그리고 화자가 가상 사무실에서 작은 규모의 회사를 운영하고 있지만, 이 문제가 관료집단 사이에 일어난 단순한 실수라고 설명한다.

때때로 사건이나 문제를 문서로 남기거나 보다 공식적으로 자신의 주장을 내세우기 위한 기록성 편지가 필요할 수도 있다. 이런 종류의 편지가 변호사가 개입되는 법적 구속력을 지닐 수도 있다. 이것은 사실상 필자의 영역 밖이다. 그러나 지급일이 한참 지난 대금을 받아내거나 고객(사)과 얼굴을 붉힐 수밖에 없는 상황에 도움이 될 유용한 전략이 하나 있다. 바로 연대기 순으로 회계 장부를 기록하는 것이다. 여기서 핵심은 '사실'이다.

관련된 모든 기록을 수집하고 시간 순서대로 정리한다. 그러고 나서 감정을 쫙 뺀 객관적이고 사무적인 톤으로 시간 순으로 정리한 아이템을 하나씩 간단하게 언급하면서 편지를 쓴다. 화려한 수식어와 감정적인 표현은 배제한다. 날짜로 각 아이템을 시작한다.

자신이 독자적으로 활동하는 그래픽 디자이너라고 가정하자. 이미 진행한 프로젝트에 대한 비용을 고객이 아직까지 입금하지 않았다. 대금 입금기한이 6개월이나 지난 상황이다. 그런데 이제 와서 고객이 프로젝트의 결과물을 두고 트집을 잡고 전화도 안 받는다. 이 문제로 법정까지 가기 싫지만 돈을 떼이는 것도 싫다.

이런 경우, 다음의 내용으로 편지를 쓸 수 있다.

> 멜에게,
>
> 7월 6일 저희 모닝글로리 디자인으로 연락을 하셔서 톰슨 웹사이트에 대해 상담을 했습니다.
>
> 7월 8일 당신의 사무실에서 만나 두 시간 동안 톰슨의 니즈와 목표에 대해서 이야기를 나누었습니다.
>
> 7월 15일 제안과 함께 당신과 나눈 대화를 요약한 제안서를 보냈습니다. 제안서를 검토한 당신은 저에게 전화로 "아이디어가 정말 마음에 듭니다. 이렇게 진행하시죠"라고 말했습니다.
>
> 7월 22일 저는 서비스 요금과 함께 모닝글로리가 톰슨에 제공할 서비스 범위를 정의한 구체적인 계약서를 당신에게 보냈습니다(첨부한 계약서 사본의 1, 2쪽과 3쪽을 참조해주세요). 계약서에는 대금 지급일정도 포함되어 있습니다.
>
> 7월 22일 우리 둘은 계약서에 서명을 했고 당신이 저에게 대금의 3분의 1을 송금했습니다.
>
> 8월 10일 1차 디자인을 제출했습니다. 1차 디자인을 본 당신은 "약간 수정만 하면 제가 원하는 바로 그런 웹사이트가 되겠어요"라고 말했습니다. 그리고 그 주의 마지막 날에 2차 대금이 입금되었습니다.
>
> 8월 19일 당신의 아이디어를 반영하여 수정한 디자인을 다시 제출했습니다. 당

신은 "정말 멋집니다. 직원들과 웹사이트 디자인을 한 번 자세히 살펴보도록 하겠습니다. 그리고 나머지 대금을 입금해드릴게요" 라고 말했습니다.

이런 식으로 있었던 사실을 명시한다. 그다음에 이어질 내용은 아마도 청구서를 보낸 날짜, 새로운 웹사이트가 공개된 일자와 이 사태와 관련 있는 모든 사항에 대한 자세한 정보일 것이다. 최대한 많은 사실을 열거할수록 좋다. 그리고 다음으로 편지를 마무리할 수 있다.

> 요약하면 저는 정해진 시간에 따라 계약서에 명시된 모든 의무를 지켰습니다. 그리고 당신의 동의를 얻어 다음 단계를 진행했습니다. 현재 제가 디자인한 웹사이트가 온라인에 등록되어 있습니다. 그로부터 6개월이 지났지만 계약서에 명시된 대금의 3분의 1을 아직도 입금해주시지 않았습니다.
>
> 즉시 잔액을 입금해주시기를 부탁드리겠습니다.
>
> 나타샤 드림

필자가 지나치게 격식을 차리고 형식적인 언어와 식상한 톤으로 글을 쓰라고 조언하는 것은 이번 장이 유일하다. 이런 편지는 마치 변호사의 자문을 받아서 쓴 것처럼 읽힌다. 아니면 최소한 수신자는 당신이 승소할 확률이 크고 배상을 청구할 준비가 되어 있다는 사실을 알게 될 것이다. 만약 멜이 끝내 잔금을 입금하지 않아서 소송을 한다면, 이 편지가 큰 도움이 될 것이다.

반대 상황에 처했을 때도 이런 종류의 편지는 효과가 꽤 좋다. 부당한 비용을 지불하고 싶지 않고 비용을 지급할 의사가 없음을 분명히 밝혀야 한다.

편지의 법적 구속력을 높이려면 우편으로 편지를 상대방에게 보내고 상대방이 해당 편지를 수령했다는 서명을 요청하면 된다.

## 요금 인상을 알리는 글을 쓴다

필자가 알고 있는 대부분의 프리랜서들은 돈에 대해 이야기하기를 싫어한다. 보통 돈과 관련된 이야기는 글로 하는 것이 효과적이다. 글이라면 동원할 수 있는 모든 논리를 끌어다가 상대방의 얼굴을 보지 않고 보다 효과적으로 자신의 주장을 펼칠 수 있다. 그리고 동시에 상대방에게 자신의 요청을 긍정적으로 검토할 숨 쉴 틈을 제공할 수도 있다. 고객도 돈과 관련한 이야기를 직접 얼굴을 보면서 하는 것을 싫어한다. 대부분의 경우, 얼굴을 보면서 돈에 대한 이야기를 하면 부정적인 반응을 쏟아낸다.

다수의 성공한 컨설턴트들은 제안서를 제출하기 전에 비용과 관련한 불편한 질문을 교묘하게 피한다. 왜냐하면 글을 통해 관련된 모든 일을 상세하게 작성할 수 있기 때문이다('서비스 내역을 자세히 설명한다'에서 제안한 청구서 내역과 유사하다). 그리고 고객들은 글을 읽으면서 제안한 프로젝트의 큰 가치를 분석하고 정의할 수 있다. 이것이 프로젝트와 관련해서 고객과 직접 대화를 하기에 좋은 분위기를 만들어준다.

요금 인상을 요구하는 것은 어렵다. 독자적으로 활동하는 전문가를 고용한 대부분의 사람들은 같은 조건으로 계속 일을 진행하기를 원한다. 필자는 프리랜서가 요금 인상을 제안받았다는 이야기를 들어본 적이 없다. 사업 운영비와 생활비가 다른 사람들과 마찬가지로 오른다거나 처음에 합의한 업무 범위를 넘어서 많은 업무가 가중돼서 투자하는 시간이 많아진다면, 반드시 비용 인상을 요청해야 한다. 기존의 요금 체계로 감당이 안 된다면 더욱더 비용 인상을 요구해야 한다.

비용 정산을 위한 접근법이 이 경우에도 효과가 있을 수 있다. 요금 인상의 필요성을 정당화할 수 있는 콘텐츠를 리스트로 작성한다. 상황에 따라서 구체적인 콘텐츠를 수집할 수 있다. 그러나 여기서는 메시지의 틀을 잡는 데 유용한 아주 일반적인 포인트를 살펴보겠다.

» 요율을 5퍼센트 인상할 것이다.
» 지난 3년 동안 단 한 번도 요금을 인상한 적이 없다.
» 간접비와 운영비가 불가피하게 증가했다.
» ○○으로 증명된 것처럼 나의 서비스가 당신에게 가치가 있다.
» 내년에 나의 서비스가 ○○ 때문에 더 좋아질 것이다.

마지막 포인트는 선택 사항이다. 그러나 직원 충원이나 새로운 기술 도입, 다른 용도로 사용할 수 있도록 서비스를 수정하는 것 등 실제로 자신에게 비용이 발생하지 않는 어떤 콘텐츠가 있다면 언급하는 것도 좋다. 이것은 고객이 요금 인상에 보다 쉽게 동의하도록 만드는 정상 참작 요인이 된다. 결국 고객이 내야 하는 요금은 오르지만,

결과적으로 더 좋은 서비스를 누리게 되기 때문이다.

이런 종류의 메시지는 상위 의사결정자까지 올라간다는 사실을 명심해야 한다. 그리고 재무담당 직원들이 본 메시지를 검토할 것이다. 그러니 담당자에게 가능한 많은 정보를 제공해서 당신을 대신해 요금 인상에 대해서 긍정적인 대답을 얻어낼 수 있도록 도와야 한다. 그리고 객관적이지만 친근한 스타일의 메시지를 사용해야 한다.

먼저 기본적인 포인트를 자세히 열거하면, 메시지를 작성하는 것이 훨씬 수월해진다. 다음처럼 기본적인 포인트에 따라 자연스럽게 메시지를 작성하기만 하면 된다.

제드에게,

다년간 거래를 해온 고객으로서 알려드릴 일이 있어서 편지를 보냅니다. 마샤 시스터즈는 내년부터 프로젝트 요율을 5퍼센트 인상할 계획입니다.

테일러 엔터프라이즈처럼 우리 회사의 운영비도 점진적으로 상승하고 있다는 사실을 잘 알고 계실 것입니다. 지난 3년 동안 프로젝트 요율을 인상하지 않았습니다. 당신과 일을 하고 7년 만에 처음으로 딱 한 번 요율을 인상했습니다.

물론 저희 마샤 시스터즈는 테일러 엔터프라이즈에 최고의 서비스를 제공하기 위해 최선을 다할 것입니다. 마샤 시스터즈는 작년에 마치협회로부터 상을 받았습니다. 무엇보다도 저희의 서비스가 지난 분기에 테일러 엔터프라이즈의 블루 부서의 수익을 높이는 데 도움이 되었다는 사실에 더 큰 자부심을 느낍니다.

마샤 시스터즈는 테일러 엔터프라이즈가 비즈니스 목표를 보다 효과적으로 달성할 수 있도록 지원할 계획입니다. 지금 본사는 새로운 소프트웨어 시스템을 실행하고 있습니다. 이 시스템으로 보다 **빠르게** 자세한 내용을 보고할 수 있을 것으로 기대합니다.

마샤 시스터즈는 올해도 테일러 엔터프라이즈와 함께 일하는 것에 큰 기대를 하고 있습니다. 양사가 함께한다면, 새로운 기록을 갱신할 수 있을 것입니다.

감사합니다.

매기 드림

# 가상 팀원으로서 커뮤니케이션을 하자

자택에서 근무하면서 가상 팀원으로 일하는 트렌드가 매년 증가하고 있다. 프로젝트나 시간 단위로 일하는 사람들의 수가 급증하고 있다. 게다가 주중에 며칠을 재택 근무하는 근로자도 점점 증가하고 있는 추세다. 많은 사람들이 본사에서 멀리 떨어진 곳에서 일을 한다. 심지어 반대편 대륙이나 완전히 다른 시간대에서 일하는 사람들도 있다. 한 번도 본 적 없는 사람들과 팀을 이뤄서 일하는 것은 아주 흔한 일이 되었다.

커뮤니케이션 기술의 발달로 한 번도 만난 적이 없는 사람들이 가상의 공간에서 협업을 하는 것이 훨씬 더 쉬워졌다. 그러나 가상 환경에서 제 기능을 제대로 발휘하는 사람은 극히 드물다. 이런 상황에서 전략적인 글쓰기는 가상 팀원으로서 또는 프로젝트 리더로서 가질 수 있는 주요 강점이 된다.

화면으로 동료와 소통하는 경우를 제외하고 업무는 일반적으로 글이나 전화로 이루어진다. 이것은 많은 단점이 있다. 상대방의 표정과 보디랭귀지를 못 보고 억양을 듣지 못하는 상태에서 상대방과 소통해야 한다. 이런 경우 상대방의 관점을 이해하고 신뢰를 쌓고 서로에 대한 기대를 파악하고 효과적으로 상호작용하는 데 더 긴 시간이 걸린다. 만약 매번 새로운 팀과 단기 프로젝트를 진행한다면, 일련의 지침을 마련하는 것이 특히 중요하다.

선택할 수 있다면 직접 얼굴을 보면서 협업을 시작하는 것이 좋다. 아니면 이와 최대한 유사한 환경에서 관계를 시작하는 것이 좋다. 팀원들과 직접 대면하는 것이 최고다. 시간을 들여서 서로를 알아가는 것이 여러모로 좋다. 직접 만나는 것이 힘들다면 화상 회의를 열 수도 있다. 아니면 스카이프나 줌과 같은 클라우드 비디오 미팅을 이용해도 된다. 마지막으로 선택할 수 있는 커뮤니케이션 수단은 전화다.

첫 미팅은 좋은 사례를 남겨야 한다. 그리고 모두가 동의하는 가이드라인을 만들고 모든 관계자들에게 글로 전달할 수 있어야 한다. 이 문서는 팀의 목표, 개인의 역할과 책임, 상호 의무에 이르는 중요한 단계와 시간계획을 포함해야 한다. 장소와 시간대를 고려하여 각 팀원과 연락이 가능한 시간대와 각자가 선호하는 근무시간대를 정리한다(예를 들어 밤이나 주말에 연락이 닿는지 등). 일의 진행사항을 표시하는 체크리스트도 포함시킨다. 구글 드라이브, 구글닥스 또는 드롭박스 등 업무 내용을 공유하는 방법에 대해서도 결정한다.

모멘텀을 유지하고 개인적인 이슈를 처리하고 불가피한 문제를 해결하기 위해서는 모든 관계자들이 직접 만나는 것이 가장 좋다. 그러나 직접 만나기 힘들다면 주기적으로 그룹 미팅을 소집하는 것이 좋다.

누가 책임자인지를 아는 것이 중요하다. 프로젝트 리더로 지정된 사람이 있다면, 그 사람의 역할을 최대한 상세히 적어서 팀원들에게 알려야 한다. 모든 팀원들이 동등하고 특별히 누구 한 사람이 책임자가 아니라면 팀 전체가 협의해서 업무를 조율하고 모든 팀원들의 작업 상태를 기록하고 서로 자신의 업무에 책임을 지고 임할 수 있도록 독려할 특정 한 사람을 지정하는 것도 좋다.

회의를 소집하기 위해서 노트를 하거나 커뮤니케이션을 책임질 사람을 지정해야 한다. 이 인기가 없는 업무를 맡을 지원자를 모집하는 상황이라면 자원해라! 회의록을 기록하면 큰 힘이 생긴다. 팀 내 업무가 어떻게 돌아가는지 완벽하게 파악할 수 있다. 모든 사람이 당신과 정보를 공유할 것이기 때문이다. 그리고 당신이 회의 내용이나 진전 사항을 보고할 때, 자신의 생각을 가미할 수도 있다.

가상의 조력자와 좋은 팀원이 되는 방법에 대해서 한 번 살펴보자.

» **긍정적이고 밝게 커뮤니케이션을 해서 상대방과 관계를 쌓는다.** 다른 사람들이 열심히 일해준 것 또는 기여에 대해서 글로 항상 고마움을 표현한다.
» **개인적인 질문을 적절히 한다.** 팀원들을 더 잘 알게 될 때까지, 날씨나 주말 활동처럼 일상적인 질문을 한다. 팀워크에 대한 연구에 따르면 이런 소소한 대화와 경청이 가장 성공한 팀의 특징인 편안하고 신뢰하는 관계를 형성한다.
» **사려 깊은 메시지를 쓴다.** 문서를 분명하고 간결하고 핵심을 찌르도록 작성하고 모든 팀원에게 존경을 표한다. 제6장에서 필자가 알려준 좋은 이메일을 쓰는 테크닉을 사용해라.
» **모든 사람이 이해하고 있는 것이 같도록 글로 정보를 한 번 더 되짚어준다.** 이렇게 하면 특히 일의 진행 방향에 변화가 있을 때 오해를 방지할 수

있다. 예를 들어, "화요일 협의 내용과 관련해서, 저는 다음을 계획하고 있습니다"라는 메모로 협의 내용을 정리한 이메일을 보내는 이유를 분명히 밝힌다.

## 미디어 피칭을 하자

대부분의 기업에게 출판 미디어나 온라인 미디어의 취재를 받는 것은 아주 매력적인 일이다. 이렇게 하면 무료로 많은 대중에게 노출될 수 있다. 문제는 모든 사람이 이 사실을 잘 알고 있어서 미디어에 노출될 기회를 두고 경쟁이 치열하다는 것이다. 그렇다고 하더라도, 매일 점점 많은 창구가 등장하고 새로운 콘텐츠를 꾸준히 원한다. 약간의 시간과 에너지를 투자할 준비가 되어 있다면 충분히 기회를 발견할 수 있다. 인터넷 덕분에 원한다면 누구나 자신의 소식을 출판하고 배포할 수 있다. 웹사이트에 올리거나 이메일로 배포하거나 PR 뉴스와이어(www.prnewswire.com) 등의 서비스를 이용할 수도 있다. 어떤 경로를 통해서 뉴스를 배포하든, 보도자료는 전문적으로 보여야 한다.

출판물이나 온라인에 당신의 제품이나 서비스를 홍보하고자 한다면 해당 미디어가 거대하고 방대할수록 전문적으로 작성된 보도자료가 흘러넘친다는 사실을 알아야 한다. 중견 기업도 내부에 PR부서를 두거나 회사 홍보를 위해 전문 에이전시와 계약을 한다.

작은 사업체를 운영하거나 단독으로 사업을 한다면, 다음의 결론을 내리는 것이 논리적이다.

» **최고의 선택은 지역 미디어다.** 지역 미디어는 지역사회에서 일하는 사람들에게 빛날 기회를 주고 독자들에게 흥미로운 이야기를 소개하는 것이 자신들의 역할이라 생각한다. 많은 지역사회에서 지역신문, 도시신문, 지역 비즈니스 출판물 그리고 지역 잡지가 번창하고 있다. 그리고 대부분이 온라인 버전도 출시한다.

» **최고의 전략은 이메일 광고다.** 아니면 상대에 따라 전화로 광고를 하는 것

도 가능하다. 관심이 있는 미디어를 공부한다면, 쉽게 그 조직이 찾고 있는 이야깃거리를 파악하고 그들과 어떻게 연관을 지을지 알 수 있다. 계절과 주말과 관련된 이야기 그리고 사람들을 즐겁게 하는 아이디어처럼 언제나 니즈가 존재하는 소재를 찾아라.

전통적인 형식에 얽매이지 않은 비형식적인 보도자료를 배포하는 것도 좋다. 그러나 대부분의 사람들은 정보가 자신들이 익숙한 방식으로 전달되는 것을 선호한다. 어떤 경우, 공식적인 보도자료를 작성할 줄 아는 것이 미디어 피칭에 도움이 된다.

## 전통적인 보도자료를 작성한다

많은 사람들과 공유할 '진짜 뉴스'가 있을 때, 이 전통적인 보도자료 형식이 가장 효과적이다. 다시 말해 기자나 편집자에게 흥미로운 무언가가 일어나고 있다는 의미다. 예를 들어, 자선 콘서트를 열고 잘 알려진 공연가가 출연한다거나, 중요한 상을 수상했다거나 새로운 사무실을 열었다면, 이것은 지역사회에서 관심을 가질 만한 일이다. 이런 이벤트는 지역사회 신문이나 지역 비즈니스 잡지에 좋은 소재가 된다.

언론에 이벤트를 노출시키고자 한다면, 정적인 미팅이나 연설 또는 프레젠테이션에 기자가 자신의 시간을 투자하지 않는다는 점을 명심해라. 그러나 직접 행사에 대해서 이면에 숨겨진 이야기를 전달할 수 있다. 이벤트를 기자가 쓴 신문 기사처럼 다루고 좋은 사진을 제공한다면, 그리고 편집자가 그 이슈를 다룰 여유가 있다면, 그 이벤트가 언론에 보도될 수도 있다.

약간의 구체적인 정보를 첨가해서 정적인 이벤트를 흥미로운 이벤트로 만들 수 있다. 예를 들어 유명한 CEO가 연설을 한다면, CEO가 한 가치 있는 말을 보도하는 것이 단순히 그 사람이 행사에 참여했다는 사실만 알리는 것보다 더 매력적이다. 만약 고등학생이 수상을 했다면, 도대체 무엇을 했기에 그 상을 받았는지, 시상식에서 그 학생이 뭐라고 했는지 그리고 앞으로 그의 계획이 무엇인지 등에 대해서 이야기하는 것이 좋다.

전통적으로 보도자료는 다음의 구조를 지닌다. 보도자료의 주제가 이벤트라고 가정하자.

>> 이벤트 날짜와 연락처를 제공한다. 구체적으로 누가 낮, 밤 그리고 주말에
   도 연락이 가능한지를 알려준다.

>> 매력적이고 활동적인 헤드라인을 사용한다.

>> 부제를 달고 부제를 뒷받침할 정보를 제공한다.

>> 이벤트 참가자에게 가장 흥미롭거나 의미 있는 정보를 도입부에 제시한다.
   일반 대중도 참석할 수 있는지 아니면 편집자만 참석할 수 있는지에 대한
   정보를 제공하는 것도 중요하다.

>> 핵심 정보를 담고 있는 문단을 최소한으로 사용한다. 누가 무엇을 언제 어
   디서 왜 했는지를 알려준다. 그리고 흥미로운 인용문과 사진을 삽입하는
   것도 좋다.

>> 기자가 이벤트를 취재할 일정을 잡을 수 있도록 이벤트 일정을 공유한다.

>> 몇 줄로 자신의 비즈니스를 설명하는 표준 문안을 작성한다.

## 이메일 피칭을 작성한다

전통적인 보도자료의 좋은 대안은 이메일 피칭이다. 그리고 실제로 많은 편집자들이
이메일 피칭을 선호한다. 그러나 신중하게 고민하고 생각해서 이메일 피칭을 작성해
야 한다. 먼저, 자신의 이야기를 알아야 한다. 그리고 제목으로 쓸 매력적인 헤드라인
이 필요하다. 그리고 나서 짧지만 내용이 알찬 몇 개의 문단을 구성해서 자신에게 일
어나고 있는 일을 흥미롭고 중요하고 의미 있게 만들어야 한다. 또한 '누가 무엇을 언
제 어디서 왜 하는가?'에 대한 질문에 답해야 한다. 예문을 살펴보자.

제목 : 클레버 컴퓨터가 양로원 주민들에게 인터넷의 참맛을 알려줍니다.

마이크에게,

양로원 생활은 지역사회의 많은 어르신들에게 외로운 나날입니다. 가족들이 점
점 바빠지면 그들을 찾아오는 빈도가 점점 줄어들게 되죠. 많은 양로원의 어르
신들이 이 제한적인 공간을 벗어날 기회를 거의 가지지 못합니다.

우리 클레버 컴퓨터는 어르신들이 인터넷으로 가족과 친구들과 소통하고 온라인
자원과 강좌를 활용하여 취미생활을 추구할 수 있도록 돕고 있습니다. 그러던 중
우리는 많은 어르신들이 키보드를 잘 다루지 못한다는 사실을 알아차렸습니다.

7월 24일 월요일, 메이플 트리 홈의 어르신 10명을 대상으로 음성으로 인터넷을 사용하는 방법에 대한 시연회를 가질 예정입니다. 이 분들은 키보드를 사용할 줄 모릅니다.

당신의 양로원에서 이와 같은 행사를 열 기회를 주신다면 정말 감사하겠습니다. 직접 어르신들이 음성 인식 기술을 활용하여 인터넷 세상을 탐험하는 모습을 확인하실 수 있으실 겁니다.

클레버 컴퓨터(www.clevcomp@bgs.net)는 이 지역사회에서 14년 동안 컴퓨터, 네트워크 시스템과 교육 서비스를 제공해온 토박이 기업입니다.

[행사, 장소, 날짜, 약도]

더 자세한 정보가 필요하시면 언제든지 연락해주세요. 사진기사도 환영합니다.

CEO 샤론 피셔

좀 더 체계적으로 접근한다면 행사가 열리기 적어도 일주일 전에 언론에 공지를 돌려 행사 취재를 요청하는 것이다.

출처 :

연락처 :

행사 : (헤드라인)

행사 날짜 :

장소 :

행사 내용, 행사의 중요성, 행사 주최(3개의 짧은 문단으로 처리한다)

행사 주최에 대한 추가적인 정보(웹사이트 주소도 알려준다)

초청

전국지와 달리 지방지는 두 버전 모두에 반응을 보일 가능성이 크다. 지역 신문, 지역 잡지와 비즈니스 잡지는 인력이 부족하기 때문에 아주 중요한 행사에만 참여할 것이다. 그래서 편집자가 행사 주최에 행사 후기나 고화질의 사진과 캡션을 요청할 수도 있다. 이런 경우, 취재기자의 역할을 제대로 잘 해내서 당장 기사로 내보낼 수 있을 정도로 잘 작성된 이야기를 제공한다면, 실제로 그 행사가 신문이나 잡지에 실릴 가능성이 커진다.

자신만의 전문 분야를 바탕으로 완전한 기사나 칼럼을 제공하고 싶다면, 글을 쓰기 전에 앞에서 살펴본 방식으로 이 일에 대해서 피칭부터 하는 것이 현명하다. 흥미가 있다면, 편집자는 자신의 신문사 또는 잡지가 원하는 글을 쓸 수 있도록 가이드라인을 제시할 것이다. 제12장의 블로그 작성법이 이 경우에 도움이 될 수 있다.

절대 지역 온라인 뉴스 채널을 무시하지 마라. 이들은 항상 뉴스에 굶주려 있다. 그리고 지역 TV도 잊지 마라. 그러나 행사장에 촬영팀을 오도록 하려면, 그림이 될 만한 강력한 비주얼을 약속해야 한다. 비디오 촬영기술이 갈수록 발전하면서 방송으로 내보내도 문제가 없는 영상을 자신이 직접 찍고 지역 TV에 전달할 수도 있다. 아니면 현지에서 촬영기사를 섭외하면 된다.

## 미디어를 통해 알릴 아이디어를 찾는다

이번 장을 읽으면서 어르신들에게 컴퓨터를 사용하는 법을 가르치거나 자선 콘서트를 열거나 새로운 사무소를 여는 것처럼 흥미로운 행사나 활동이 없어서 고민일 수 있다. 기업과 비영리기구는 기본적으로 두 가지 방식으로 미디어를 유혹할 좋은 아이디어를 찾아낸다. 첫 번째는 그들은 항상 눈과 귀를 열고 조직과 구성원들이 참여하고 있는 활동이 대중과 공유할 가치가 있는지를 파악하려고 한다. 두 번째는 대중에 공개될 가치가 있는 행사를 직접 만든다.

예를 들어, 클레버 컴퓨터는 니즈를 포착했기 때문에 양로원을 대상으로 진행하는 컴퓨터 교육 프로그램을 시작한 것인지도 모른다. 아니면 가치 있고 언론에 보도될 자격이 있는 자신들이 지역사회에 기여할 수 있는 방법을 고민했을지도 모른다. 언론의 주목을 받고자 하는 욕망이 다수의 훌륭한 프로그램들의 이면에 존재하는 힘이다. 오늘날 모든 기업은 지역 사회의 좋은 구성원으로 알려지기를 원한다. 그래서 그들은 적극적으로 의미 있는 활동을 통해 지역 사회와 소통할 방법을 찾는다.

업계에서 훌륭하거나 정말 혁신적인 일을 해내고 있다면, 언론의 이목을 끌 수 있는 보다 포괄적이고 다양한 가능성에 관심을 가질 필요가 있다. 업계 간행물도 소재가 필요하다. 제공한 좋은 이야기가 있다면 그들의 문은 항상 활짝 열려 있다. 자신의 제안이 상대에게 어떤 가치가 있는지를 염두에 두고, 앞에서 제안한 방법으로 해당 미디어에 광고하라.

뉴스 에이전시도 관계를 바탕으로 번성한다. 자신의 숙제를 하고 지역 언론과 친근한 관계를 맺어야 한다. 그들이 흥미롭게 생각하는 것은 무엇인지, 그들의 스타일은 무엇인지, 그들이 다루는 영역은 무엇인지 등에 대해서 관심을 가지고 공부해야 한다. 그러고 나서 편집자와 기자들에게 어떻게 접근하고 관계를 맺을지 고민해야 한다. 지역 미디어의 경우, 그들에게 이야기할 기회를 찾아야 한다. 전국적으로 발행되거나 방송되는 미디어의 경우, 주요 미디어가 아이디어를 찾고 소셜미디어 피칭에 개방적이란 사실을 이해해야 한다. 가치 있는 이야기를 제공하고 자신들의 니즈에 대해 잘 이해하고 있음을 보여주면, 그들은 당신과 기꺼이 관계를 맺으려고 할 것이다. 그들의 트위터와 페이스북에 관심을 가져라. 링크드인에서 그들에 대해서 배워라. 이렇게 하면 그들과 생산적으로 관계를 맺을 준비를 할 수 있다.

다음 장에서는 지금까지 살펴본 글쓰기 기술이 관리자가 글을 쓸 때 경험하는 어려움을 해소하는 데 어떻게 도움이 되는지 알아볼 것이다.

## 중간관리자로서
## 글쓰기

대부분의 위대한 지도자들은 강력한 커뮤니케이션 스킬을 가지고 있었다. 이것은 놀랄 일이 아니다. 강력한 커뮤니케이션 스킬 없이 어떻게 사람들에게 영감을 주고 동기를 부여하고 설득하겠는가? 그러나 애석하게도 대부분의 사람들이 경험하는 중간관리자들은 커뮤니케이션에 서툴다. 유명한 여론조사 기관인 갤럽에 따르면 미국 근로자의 3분의 2가 업무에 완전히 몰입하지 못한다. 매년 실시된 조사 결과에 따르면 상사와의 나쁜 관계가 업무의 효율성을 떨어뜨리는 주요 원인으로 꼽힌다. 이것은 중간관리자가 부하 직원들과 소통하는 데 서툴다는 의미로 해석될 수도 있다.

조직의 관점에서 직원들이 업무에 몰입하지 못하면, 실수와 오해가 생기고 조직이 비효율적으로 돌아가며 이직률이 증가한다. 직원들의 사기가 저조한 직장은 비생산적이다. 왜 그토록 많은 조직이 이 한계를 그대로 내버려둔 채 그릇된 곳에 가치를 부여하고 비생산적인 보상을 직원에게 주고 교육의 기회를 충분히 제공하지 않는 것일까?

이런 문제들은 쉽게 해결되지 않는다. 그러나 당신이 중간관리자이거나 이 자리에 오르고자 한다면, 이번 장이 부하 직원들과의 커뮤니케이션을 돕고 관리자의 역할을 더 잘 해내는 데 도움이 될 것이다. 지금까지 필자가 다룬 테크닉들이 큰 도움이 될 것이다. 이번 장에서는 이런 테크닉들을 감사의 메시지부터 거절의 메시지, 좋은 소식과 나쁜 소식 그리고 영감을 주는 메시지와 비난의 메시지까지 중간관리자들이 주로 쓰는 글의 종류에 적용해보고자 한다.

그리고 이번 장은 더 높은 계급의 사람들과 커뮤니케이션하는 방법도 다룰 것이다. 왜냐하면 우리 모두는 부서장, CEO, 임원 또는 고객 등 자신의 직급에 상관없이 누군가에게 보고를 하게 되어 있다. 우리는 위아래 사람들과 우아하게 소통할 필요가 있다. 다행스럽게도 윗사람과의 소통과 아랫사람과의 소통에 대한 가이드라인은 유사하다. 제일 중요한 것은 태도다. 여기서부터 시작해보자.

## 중간관리자로서 커뮤니케이션하자

조직에서 높이 올라갈수록 점점 많은 지시를 내리게 된다. 그리고 자신에게 보고하는 사람 또는 부하 직원의 감정을 덜 배려해도 된다고 생각할지도 모른다. 이것은 큰 실수다! 조직의 최고 자리에 있다고 하더라도 독단적인 관리방식은 오늘날의 비즈니스 세상에서 인기가 없고 비효과적이다.

사람들이 당신을 위해서 열심히 일하고 당신이 좋은 성과를 낼 수 있도록 도와주고 자신들의 일에 열정적이고 당신과 회사에 대해서 좋은 이야기를 하기를 원한다면, 그들에게 더 예의를 차리고 그들의 이야기에 항상 귀를 기울이고 배려해야 한다. 이것은 직접 커뮤니케이션을 할 때 그리고 글을 쓸 때 모두 해당된다.

필자는 조직의 지도자라는 운명이 녹록지 않다는 사실을 직접 깨달았다. 조직의 지도자로서 어려운 메시지를 전달해야 할 수 있다. 예를 들어, "당신은 그 업무에서 탈락했습니다", "이번 승진에서 제외되었습니다", "당신이 원하는 새 사무실을 줄 수 없습니다", "회사는 당신의 MBA 학비를 지원하지 않을 것입니다", "미안합니다. 일주일에 3일 재택근무를 승인할 수 없습니다", "회사의 1/4분기 실적이 나빠서 올해는 콘퍼런스를 열 수 없습니다", "전 직원은 아니지만 대다수의 직원들이 3퍼센트의 임금 삭감을 받아들였습니다" 등의 메시지를 전달해야 한다. 그리고 부하 직원들을 대상으로 정기적으로 업무 평가를 실시하고 비평을 해야 한다. 그 어느 것도 재미있는 일이 아니다.

이것들은 부하 직원들에게 보내는 메시지일 뿐이다! 중간관리자는 각별한 주의를 기울여 자신의 상사에게 보낼 메시지도 작성해야 한다. 상사가 듣고 싶어 하지 않는 메시지를 작성하고 심지어 그 메시지에 자신의 의견을 제시해야 한다. 상사에게 메시지를 쓸 때, 전 부하 직원들을 대표하고 어떤 부정적인 의사결정으로부터 그들을 보호해야 한다.

윗사람들은 좋은 데이터나 매출실적 또는 생산성 향상에 대한 메시지를 전달받기를 원한다. 이렇게 해야 자신들이 부하 직원들의 성과를 자신의 것으로 만들 수 있기 때문이다. 높은 사람들은 보고서와 제안서를 대략 훑어보기만 한다. 중간관리자는 이런 보고서와 제안서로 그들로부터 새로운 프로그램과 혁신에 대한 지지를 얻어내야 한다. 이뿐만 아니라, 중간관리자는 같은 직급의 사람들, 이사진, 기부자, 공급업체 등 많은 대상을 상대로 메시지를 작성해야 한다.

어디서부터 시작해야 할까? 톤부터 시작하자. 전략적으로 글을 쓰기 위해서, 즉 다른 직급의 사람들과 함께 목표를 달성하기 위해서는 상대를 조직이라는 거대한 톱니바퀴의 하나가 아니라 존엄성을 지닌 인격체로 봐야 한다. 위아래 사람들과 직접 관계를 맺을 때, 중간관리자로서 성공할 수 있다. 그들의 개인적인 역할과 관점을 이해해야 한다. 직원들과 커뮤니케이션하는 방법부터 살펴보자.

## 팀원들과 관계를 맺는다

부하 직원들이 어떻게 상호작용하고 부서(또는 팀)가 어떻게 기능하느냐는 부서장 또는 팀장이 어떻게 하느냐에 달렸다. 너무나 많은 중간관리자들이 잊고 있지만, 상사의 행동이 부하 직원들에게 지대한 영향을 미친다. 어떤 조직의 보스는 조직원들의 롤모델이다. 여기서 벗어날 생각은 하지 마라. 사람들을 어떻게 대하고 그들과 어떻게 커뮤니케이션하느냐에 따라 그들의 상호작용 방식이 결정된다. 그러니 다음의 내용을 명심하기 바란다.

> » **항상 주목받는다.** 사람들은 자신의 상사가 부당하게 행동하고 일관성이 없거나 특정 직원만을 편애하는지를 눈에 불을 켜고 지켜본다.
> » **업무에 대한 헌신과 팀원 간 존경의 기준을 설정한다.** 윗사람이 근면 성실하고 예의바르고 배려심이 있으면 아랫사람도 그렇게 행동한다.
> » **자신의 가치를 설정한다.** 부하 직원은 자연스럽게 상사가 중요하게 생각하는 방식으로 행동한다. 예를 들어 상사가 글을 잘 쓰면, 부하 직원들도 일반적으로 글을 쓸 때 더 신경을 쓴다.
> » **말과 글에 생각하거나 의도했던 것보다 더 큰 가치가 부여된다.** 부주의한 발언은 의도하지 않은 결과를 낳을 수 있다. 상사가 "만약 스미스가 여기서 알짱거리면서 일을 망치지 않았다면…"이라고 말하는 장면을 본 기억이 없나?
> » **당신의 커뮤니케이션 스타일이 부하 직원이 당신과 공유하는 정보의 종류와 수준, 당신에게 얼마나 정직할지 등에 영향을 미친다.** 게다가 부하 직원들이 자신의 의견을 제시하는 데 어느 정도 영향을 준다.
> » **목소리 톤은 영원한 영향력을 지닌다.** 허술하거나 나쁜 의도로 작성된 메시지는 팀(또는 부서) 전체에 부정적인 영향을 주고 긍정적인 메시지는 부하 직원에 영감을 주고 동기를 부여한다.

이것들은 하나의 결과로 귀결된다. 바로 중간관리자는 자신의 감정을 조절할 줄 알아야 한다. 그리고 부하 직원들에게 근시안적으로 반응하지 않도록 주의해야 한다. 부하 직원들로부터 존경받는 관리자가 되고 싶다면 화, 짜증 또는 나쁜 기분처럼 부정적인 감정을 부하 직원들에게 마음대로 드러내서는 안 된다. 이것은 하등의 도움이 안 된다. 부서장은 조직의 분위기를 결정짓는다. 지도자가 긍정적이고 활기차고 심지어 행복하면 그 지도자가 이끄는 조직의 구성원들은 조직 내에서 안정감을 느낀다.

필자가 들은 최고의 조언은 일의 종류에 상관없이 자기 중심으로 팀을 조직하는 것이다. 숫자나 압박감에 이성을 잃고 초조해하지 마라. 그렇지 않으면 한 조직의 지도자로서 기본적으로 헌신해야 한다는 사실을 잊거나 시간이 부족해 제대로 된 커뮤니케이션을 부하 직원들과 할 수 없게 될 수 있다. 조직 내 긍정적인 감정과 서로에게 헌신하는 분위기를 조성하기 위해 모든 수단을 동원하여 좋은 글을 써야 한다.

부하 직원들을 인격체로 볼 수 있어야 한다. 제2장에서 소개한 테크닉으로 활용해서 각 팀원의 프로필을 작성해보자. 각 팀원에게 동기를 부여하는 것이 무엇인지, 그 사람의 장점과 열망은 무엇인지 그리고 다른 사람들과의 관계는 어떤지에 특히 관심을 기울여야 한다.

부하 직원들의 프로필을 작성하면 지도자로서 자신의 역량을 잘 활용하고 좋은 팀워크를 만들어낼 수 있다. 항상 차이를 소중하게 여겨야 한다. 모든 사람들이 똑같은 기술과 열정을 가지고 있다면 그리고 같은 시각으로 세상을 바라본다면, 인생은 훨씬 더 지루하고 조직의 생산성은 하락할 것이다. 부하 직원들을 잘 알수록 전체 조직뿐만 아니라 각자의 특성에 맞는 메시지의 틀을 잡을 수 있다. 이와 관련하여 유용한 일반적인 가이드라인을 지금부터 살펴보자.

## 영감과 동기를 주는 글을 쓴다

직원들이 열심히 일할수록, 중간관리자는 많은 성과를 내고 자신의 일을 잘 해낼 수 있으며 더 많은 영광을 누릴 수 있다. 어느 누가 이것을 싫어하겠는가? 사람들에게 동기를 부여하는 방법은 많다. 그러나 놀랍게도 이 많은 방법들은 결국 아주 기본적인 원칙들로 귀결된다. 사람들이 이런 원칙을 너무 쉽게 무시해서 단순히 이 기본적인 원칙들을 받아들이는 것만으로도 눈에 띈다. 커뮤니케이션과 관련한 가이드라인을 살펴보자.

> » **정기적으로 정보를 공유한다.** 사람들은 무슨 일이 일어나고 있는지 알고
> 싶어 하고 알 필요가 있다. 위에서 새로운 칙령이 내려오지는 않았나? 내려
> 왔다면, 가능한 빨리 직원들과 내용을 공유해야 한다. 직원들이 중요한 정
> 보를 항상 당신으로부터 들을 수 있음을 이해하게 되면, 쓸데없는 소문과
> 억측을 막을 수 있다.

» **직원들에게 큰 그림을 보여준다.** 자신의 부서와 업무가 조직의 큰 목표에서 어떤 부분을 차지하고 어떤 역할을 하는지 안다면, 직원들은 큰 동기부여를 받는다. 직원들에게 회사가 어떻게 일을 처리하고 있는지 그리고 산업 트렌드가 어떤지를 지속적으로 알려줄 필요가 있다. 이렇게 하면 직원들은 자신들이 조직에서 가치 있는 존재라고 느끼고 업무를 더 잘해낼 준비를 할 수 있다.

» **좋은 소식을 최대한 활용하고 나쁜 소식을 숨기지 않는다.** 팀이 합심하여 좋은 성과를 냈다면, 그 영광을 팀과 함께 나누고 축하해야 한다. 회사에 대해서 나쁜 소식이 있다면, 직원들의 신뢰를 유지하기 위해서 가능한 빨리 그 나쁜 소식을 그들과 공유해야 한다.

» **모든 커뮤니케이션에서 긍정적이고 밝은 태도를 유지한다.** 이것은 당신이 자신의 일을 좋아하고 일을 잘해내고 있다는 사실을 알고 모든 직원에게 최고를 기대한다는 메시지를 전달한다. 이런 태도는 서로 간의 신뢰를 확장시킨다.

» **당신이 업무를 모니터링하고 책임을 묻는다는 사실을 직원들이 알게 한다.** 이렇게 하면 직원들은 궤도에서 벗어나지 않고 업무를 계속 진행한다. 나아가 스스로가 가치 있다고 느끼고 더 높은 목표를 달성하기 위해 노력한다.

» **직원들이 자신들의 정보, 아이디어 그리고 제안을 적극적으로 공유하도록 권장한다.** 대부분의 사람들은 보고서를 쓰기 싫어한다. 그러나 직원이 여덟 명 이상이라면, 보고서 말고 팀 내에서 어떤 일이 일어나는지 또는 직원들이 업무를 제대로 진행하고 있는지 알 수 있는 방법이 뭐가 있겠는가?

» **자주 감사의 마음을 표현한다.** 직원들에게 업무를 잘 처리해줘서 그리고 기대 이상의 기여를 해줘서 고맙다고 말한다. 사람들은 칭찬을 들으면 칭찬을 듣게 된 행동을 반복하고 강화한다. 반면 좋은 행동의 가치를 인정받지 못하면, 크게 실망하고 외로워한다.

좋은 커뮤니케이션은 쌍방향이란 사실을 명심해야 한다. 기술이 우리를 바꿔놓았다. 사람들은 타인과 온라인에서 상호작용하기를 기대한다. 단지 남의 글을 읽는 것이 아니라 그리고 남의 말을 듣고 명령을 따르는 것이 아니라, 사람들은 자신의 아이디어와 의견을 공유하고 다른 사람들이 자신의 말에 귀를 기울여주기를 기대한다. 사람들은 위에서 내려오는 정보의 수신자가 아니라 행동의 한 부분이 되기를 원한다. 직원들은 상위하달식의 커뮤니케이션을 참아내지 못할 것이다. 직원들의 적극적인 참여를 유도할 기회를 찾아라.

이것은 밀레니얼세대와 Z세대를 관리할 때 특히 중요한다(제2장 참조). 이 젊은 세대들은 경험과 학습 기회를 소중하게 생각하고 모든 것의 이유를 알고 싶어 한다. 이런 기회는 많은 젊은 사람들에게 돈보다 더 중요하다. 만약 자신이 일의 중심부가 아니라 주변부에 떠돈다는 느낌이 들면, 미련 없이 사라져버린다.

아무도 쓰고 싶어 하지 않는 메시지를 작성하는 데 이 방법들을 먼저 적용해보자. 나쁜 소식은 어떻게 써야 할까?

## 글로 나쁜 소식을 전한다

최고기술경영자인 할이 회사의 지난 분기 실적이 저조하여 올해 인금 인상은 없다는 소식을 들었다고 치자. 그는 손익계산서 자료를 잔뜩 받았지만 부서 직원들에게 이 상황을 설명하고 이해시키는 데 충분하지 않다. 그는 최고경영진들이 감원까지 생각했었고 회사 실적이 개선되지 않는다면 실제로 직원들을 해고할 것임을 알고 있다. 그는 자신이 관리하는 10명의 직원들에게 이 소식을 전달해야 한다.

제일 먼저 고려해야 할 사항은 할이 이 소식을 직원들에게 '직접 전할 것인가 아니면 글로 전달할 것인가'다. 나쁜 소식이거나 직원을 질책해야 할 때, 항상 얼굴을 직접 보고 소식을 전하는 것을 가장 먼저 생각해야 한다. 비즈니스 세계에서 글로 이런 나쁜 소식을 전하면 사람들은 상대방이 아주 비겁하고 겁쟁이라고 생각한다. 그리고 비겁한 겁쟁이가 맞다. 이것은 마치 비겁하게 스냅챗으로 연인에게 헤어지자고 이별통보를 하는 것과 같다.

반면에 많은 부정적인 상황에서 글로 작성된 메시지는 어려운 이야기를 꺼내기에 좋은 방법이다. 나쁜 소식을 글로 전달하면, 글을 쓰면서 사실과 의미에 대해서 자세히 생각해볼 수 있다. 그리고 부정적인 상황을 절제된 톤으로 전달하기 때문에 그 메시지를 받는 사람들이 과잉 반응을 보이기 전에 정보를 이해하는 데 도움이 된다.

이런 경우, 할의 목표는 이 달갑지 않은 소식을 직원들에게 알리고 부정적인 감정을 최소화하는 것이다. 그는 직원들과 그들의 예상 반응에 대해서 생각한다. 적어도 한 명은 화를 내면서 흥분한 상태로 이 상황을 받아들일지도 모른다. 이런 감정은 다른 사람들에게도 전염될 것이고 직원들과 직접 대화를 하기에 부정적인 분위기를 조성한다. 감정은 전달될 수 있다! 할은 전체 팀이 이 상황의 부당함을 곱씹으며 상황이 악화되는 경우의 수도 생각해야 한다.

할은 먼저 간단한 메시지를 작성해서 이 상황을 직원들에게 알리고 그다음에 잠깐 시간을 두고 직접 직원들과 대화를 하기로 결정했다. 직원들이 이 상황을 이해하고 보다 열린 마음으로 미팅에 참석할 수 있도록 마음의 준비를 하는 시간을 줘야 한다.

다음은 필자가 작성한 할의 메시지다. 메시지를 읽기 전에 먼저 '나라면' 어떻게 메시지를 쓸 지 생각해보기 바란다. 정직하고 솔직하게 부정적인 상황을 알리면서 긍정적인 관점을 유지할 수 있을까? 지금부터 필자가 작성한 할의 메시지를 읽어보자.

제목 : 내년 임금과 계획

엘렌, 제리, 마쉬, 퀸, 레리, 잭슨, 에머리, 제니, 밥 그리고 수에게

어제 간부회의에서 내년 임금 인상은 없다는 소식을 접했습니다. 경영진은 어쩔 수 없이 임금을 동결하기로 결정했습니다. 왜냐하면 4/4분기 영업이익이 7퍼센트 하락했기 때문입니다. 영업이익 하락의 가장 큰 이유는 미스터 매직이 기대 이하의 실적을 올렸다는 사실입니다.

경영진은 감원을 통해 손실을 메우는 선택을 할 수도 있었습니다. 인금 인상이 없다는 소식에 다들 실망했을 거라 생각합니다. 당연합니다. 그렇지만 저는 직원 해고 없이 전 직원이 계속 함께 일할 수 있다는 사실에 감사합니다. 우리 팀의 그 누구도 해고의 위기에 처해 있지 않습니다. 그리고 동료를 걱정할 필요도 없습니다. 해고된 동료의 일을 떠맡아야 하는 상황이 생기지 않을까 걱정할 필요도 없습니다.

알고 있는지 모르겠지만, 올해 3개의 새로운 제품이 출시됩니다. 경영진은 이 신상품들이 좋은 결과를 얻어서 손익계산서가 개선되기를 바라고 있습니다. 신상품이 성공적이면 우리도 그에 합당한 보상을 받을 수 있을 것입니다. 저는 낙관적으로 상황을 보고 있지만, 절대 긴장의 끈을 놓아서는 안 됩니다.

저는 여러모로 지금 이 상황이 우리 팀의 역량을 증명할 기회라고 생각합니다. 향후 몇 달간 우리 팀은 원래 업무 역량을 넘어선 더 많은 업무를 할 수 있으리라 생각합니다. 다른 부서와 프로젝트 관리 노하우를 공유하고 그들이 우리의 시스템을 받아들여 자신들의 생산성을 향상할 수 있기를 기대합니다. 이것은 전체 회사에 도움이 되는 것은 물론, 우리가 얼마나 가치 있는 일을 하고 있는지 그리고 업무를 얼마나 잘해내고 있는지를 전 조직에 알릴 좋은 기회라고 생각합니다.

4월 10일 팀회의를 개최하고자 합니다. 10분 동안 임금 동결에 대해서 이야기하고 여러분의 질문에 제가 아는 한도 내에서 성심성의껏 답변해드리겠습니다. 원하는 사람에 한해 손익계산서를 공유하도록 하겠습니다.

그동안 저의 의견에 대해서 생각을 해보시고 좋은 아이디어를 제안해주시기 바랍니다. 우리 팀의 업무 시스템으로부터 도움을 받을 수 있는 부서를 찾아보고 실행 계획에 대해 논의했으면 합니다.

저는 우리가 함께 일궈낸 이 팀을 아주 자랑스럽게 생각하고 있습니다. 그리고 저는 우리의 모든 역량과 기술을 사용하여 조직에 더 많이 기여하고 더 좋은 평가를 받을 수 있을 것이라고 생각합니다.

할 드림

이 메시지가 효과적인 이유는 할이 '우리'의 관점에서 상황을 이해하면서 이 팀의 보스가 누구인지 분명하게 직원들에게 보여주고 있기 때문이다. 그는 목표를 달성하기 위해서 전략적으로 메시지의 콘텐츠를 짜고 글의 스타일을 결정했다. 그리고 진솔하고 겸손한 톤으로 메시지를 전달하고 있다. 이 메시지는 직원들이 임금 동결이라는 소식을 들으면 기분이 언짢을 것이란 점을 인정하면서 여기에만 연연하지 않는다. 그는 사람들이 손익계산서에는 큰 관심이 없을 것이라고 예상하고 원하는 사람에게 손익계산서를 공유하겠다고 간단히 언급한다. 그는 다음의 방법으로 이 부정적인 소식을 보다 긍정적으로 전달하려고 애썼다.

> » **회사에 대한 신뢰를 전달한다.** 할은 경영진이 비인간적이고 납득하기 어려운 직원해고라는 결정을 내릴 수도 있었지만 그렇게 하지 않았다고 지적한다. 이것은 회사가 직원을 아끼고 있다는 사실을 넌지시 보여준다.
> » **안 좋은 상황에서 한 줄기 희망의 빛을 제공한다.** 할은 직원들에게 바라던

상황은 아니지만 고용안정이 보장되었고, 지금보다 더 적극적으로 조직생활에 개입하여 스스로의 커리어를 강화할 수 있다고 말한다.

» **부당한 상황에 불가피한 불평보다 상황을 개선할 행동으로 팀의 관심을 돌린다.** 팀으로서 가치를 증명하는 일을 할 수 있다는 것은 저절로 힘이 나고 팀회의에 긍정적인 분위기를 조성한다.

이러한 상황에서 사람들에게 잘못된 정보를 제공하거나 거짓된 안도감을 주지 않고 관점을 전환하는 것이 중요하다. 많은 경우, 한 줄기 희망의 빛을 찾는 것이 쉽지 않다. 그러나 약간의 창의력을 발휘하면 놀랍게도 자주 희망의 빛을 찾아낼 수 있다.

할의 메시지에서 나쁜 소식은 가장 앞에 나온다. 핵심을 제일 앞에 놓는다는 원칙이 좋은 소식을 전달하는 메시지에 적용되듯 나쁜 소식을 전하는 메시지에도 적용된다. 이처럼 샌드위치 방식으로 달갑지 않은 메시지를 전달하는 방식은 널리 사용된다. 예를 들어 "당신과 같이 일해서 정말 즐거웠습니다. 그러나 안타깝게도 이번에 당신과의 계약을 갱신하지 못하게 되었습니다. 그러나 우리가 함께했던 시간들은 정말 즐거웠습니다"와 같은 식이다.

그러나 오늘날의 사람들은 이런 형식에 잘 대응하지 못한다. 먼저 나쁜 소식을 전달하고 충격을 완화할 수 있는 메시지로 넘어가는 것이 좋다. 이때 충격을 완화하는 메시지는 진실이어야 한다. 진실이 아니라면 언급하지 마라. 예를 들어 지원자에게 탈락 편지를 보낸다면, "당신과 같은 기술을 가지고 있는 사람을 찾고 있는 사람의 연락처입니다" 또는 "8월에 인턴을 뽑을 계획입니다. 그때 다시 지원해주시면 지원서를 긍정적으로 검토하겠습니다"로 편지를 끝맺을 수 있다. 이것은 "훌륭한 지원자가 너무 많지만 오직 한 명만 채용할 수 있습니다"보다 분명 더 많은 의미를 전달한다.

1,000명의 지원자에게 탈락 메시지를 보내야 한다면 어떻게 할 것인가? 쓸 말이 전혀 없다면? 그렇다면 간단하고 단호하게 "지원해주셔서 감사합니다. 저희 회사에 보여주신 관심에 정말 감사드립니다"로 편지를 끝맺어라.

샌드위치 테크닉보다 더 나쁜 방법은 관련이 없는 정보를 마구 쏟아내서 나쁜 소식을 모호하게 만드는 것이다. 아니면 나쁜 소식을 듣게 될 당사자가 아닌 다른 사람들에게 좋은 소식을 전하는 것이다. 세계적으로 유명한 기업의 CEO는 몇 년 전 직원 해고를 이메일로 통보하고 스스로를 우스운 꼴로 만들었다. 그는 회사의 위대한 미래에 대해서 장장 7쪽에 걸쳐 연설을 했고 거의 마지막에 가서야 이 장밋빛 미래를 위해서 전 부서를 대상으로 인원 감축에 들어간다고 알렸다. 이에 분노한 직원들은 즉시 공유 버튼을 눌렀고 CEO는 전 세계의 비난을 받게 되었다.

이 CEO는 이 책의 대원칙인 상대를 알고 목표를 알고 그 틀 안에서 전략적으로 콘텐츠를 선택해야 한다는 점을 간과했다. 해고나 누군가에게 재앙과 같은 소식을 메시지의 맨 앞에 쓰면 이 메시지를 보는 사람들이 다양한 이해관계를 지니고 있고 아주 많다는 사실을 간과하게 된다.

많은 기업에서 선택하는 커뮤니케이션 방식인 글로 500명을 해고한다면, 모든 직원들이 이해했으면 하는 메시지는 무엇인지 생각해봐야 한다. 해고되는 직원들에게는 해고로 인한 스트레스와 당신을 냉혹한 고용주로 생각하고 마음에 품게 될 분노를 최소화하는 것이 목표다. 회사에 남는 직원들에게는 회사가 망하지 않을 것이라고 안심시키고 계속 회사에 남아서 업무를 할 충분한 이유가 있음을 알려야 한다. 일반 대중과 미디어가 마우스 클릭 한 번이면 이 해고 메시지를 읽을 수 있다. 그래서 어찌 보면 이들에게도 해고 메시지를 전달하게 된다. 그러므로 회사가 탄탄하고 어렵지만 필요한 결정을 내렸으며 직장을 잃는 사람들에게 무관심하고 냉담한 태도를 취하지 않을 것임을 알려야 한다.

500명에게 해고를 알리면서 이런 편지나 이메일을 쓸 수 있을까?

이런 어려운 상황에 직면했거나 이런 상황이 생길 것 같다면 이 방법을 사용해봐라. '목표 + 청중' 전략(제2장 참조)과 토킹 포인트 테크닉(제8장 참조)을 결합하는 것이다. 500명을 해고해야 할 때 이것이 어떻게 효과가 있는지 살펴보자.

### 1. 청중을 정의한다.

1차 청중은 500명의 해고 대상자들이다. 2차 청중은 남아 있는 직원들과 이사회, 언론, 대중, 주주, 경쟁자 등 이 메시지를 공유할 모든 사람들이다.

### 2. 목표를 정의한다.

가능하면 동정 어린 톤으로 500명의 사람들에게 해고 소식을 전한다. 남은 직원들은 회사가 탄탄하고 그들의 자리는 안전하며 부정적인 영향을 받지 않을 것이라고 안심시킨다. 그리고 다른 청중들을 안심시킨다. 이렇게 하면 회사가 비열하거나 불안하다는 소문을 막을 수 있다.

## 3. 토킹 포인트를 만들기 위해서 브레인스토밍을 한다.

이 상황에서는 다음의 토킹 포인트를 생각해볼 수 있다.

- CEO와 최고 경영진이 이 결정을 내렸다.
- 그들은 대량 해고 결정에 대해 유감스럽게 생각한다.
- 해고 처리는 기술 발전에 뒤처진 수익성 없는 부서를 폐쇄하는 방식으로 이루어진다.
- 남은 직원들의 자리는 안정적이지만 모두 힘을 합쳐야 한다.
- 해고 직원은 근무 기간을 반영하여 넉넉한 퇴직금을 받게 된다.
- 회사는 커리어 카운슬링 회사를 인수하여 해고된 직원들이 새로운 기회를 찾을 수 있도록 일대일 상담을 제공한다.

청중을 정의하고 이 메시지를 통해 무엇을 달성코자 하는지를 분명히 했다면, 토킹 포인트는 메시지를 작성하는 데 훌륭한 소재가 될 것이다. 이 토킹 포인트를 활용해서 작성한 다음 메시지를 살펴보자.

○○에게

에어로윙 부서가 올 4월 3일자로 폐지되고 전 직원이 해고된다는 소식을 전하게 되어 유감스럽습니다. 우리는 귀하가 보여준 9년의 노고와 헌신을 아주 높이 평가하고 있습니다. 그래서 이 날짜부로 당신과 계속 함께할 수 없게 되었다는 사실이 유감스럽습니다.

저는 최고경영진과 깊은 논의 끝에 이와 같은 결정을 내렸습니다. 지난 5년간 제품이 기술적으로 경쟁사에 뒤처지면서 발생한 부서의 실적 하락을 해결하려고 노력했습니다. 그러나 안타깝게도 회사는 더 이상 부서의 손실을 감당할 수 없게 되었고 계속 성장하고 있는 다른 제품군에 대한 투자를 줄이고 이 부서에 투자할 수 없게 되었습니다.

우리는 회사를 떠나게 된 여러분께 최대한의 지원을 해드리고자 합니다. 에어로윙에서 근무한 기간을 기준으로 퇴직금을 계산하여 드릴까 합니다. 퇴직금이 섭섭하지 않을 정도로 넉넉할 것이라 생각합니다. 인사부는 개인 상담 약속을 잡기 위해 여러분 개개인에게 연락을 할 것입니다.

직업 전문 회사인 베터넥스트타임을 통해 에어로윙 부서의 전 직원에게 일대일 상담을 제공할 것입니다. 10명의 상담사가 6개월 동안 상주하면서 여러분이 적당한 기회를 찾을 수 있도록 도울 것입니다. 그리고 모든 자원을 동원하여 여러분이 새로운 직장을 찾을 수 있도록 최선을 다할 것입니다.

앞으로 하시는 일이 모두 성공하시길 바라겠습니다. 그리고 회사의 큰 자부심이었던 에어로윙 부서에서 최선을 다해 일해주시고 기여해주신 여러분께 감사의 말씀 전합니다.

감사합니다.

CEO 존 C. 베리

이 편지가 효과적인 이유는 CEO와 최고경영진이 대량 해고 결정에 대한 책임을 지고 CEO가 자신의 이름으로 편지를 보냈기 때문이다. 이것은 별로 중요하지 않은 보잘것 없는 포인트로 보이겠지만, 회사에 대해서 주인 의식을 갖는 것은 직원들에게 중요하다. "~이 결정되었습니다"란 식으로 나쁜 소식을 전하는 메시지보다 더 짜증나는 것이 있을까?

그리고 이 편지는 겸손하고 솔직하지만 다소 형식적인 톤으로 소식을 전한다. 이런 톤이 편지의 주제에 딱 어울린다. CEO는 적절한 수준으로 유감을 전달하고 있다. 유감의 뜻을 과하게 표현하면 되는 일은 거의 없고 오히려 위선적으로 보일 수 있다. 대량 해고의 이유도 분명히 밝히고 회사의 다른 부서를 끌어들이지 않는다. 해고 당사자들은 실적을 두고 뭐라고 할 말이 없다. 그리고 자세한 실적 자료에 대해서 관심 있는 사람들도 거의 없을 것이다.

그러나 언론과 주주와 같은 이해관계자들은 재무제표를 보고 싶어 할 수 있다. 그러니 근거 자료를 준비해두는 것이 좋다. 더 자세한 정보를 보도자료, 회사 웹사이트, 주주들과 소통할 때 사용하는 다른 채널에 맞게 수정하여 전달하는 것도 좋다.

필자가 항상 추천하는 구조적인 방식으로 글을 쓰는 것은 분석적으로 사고하는 데 도움이 된다. 사례로 든 편지에서 토킹 포인트를 정리하기 전까지 필자는 주주와 회사 이사진의 중요성을 간과했다. 전략적인 파트너와 정부 기관뿐만 아니라 주요 고객은 자신들의 니즈에 맞게 편집된 메시지가 필요할지도 모른다. 비영리기구는 재단, 개인 기부자와 자원봉사자를 대상으로 메시지를 써야 한다. 이것은 포괄적인 원칙을 제시한다.

다수의 이해관계자들과 커뮤니케이션을 해야 한다면, 그들에게 중요한 사건에 대해서 알리는 것을 잊어서는 안 된다. 각 그룹의 특징을 파악하고 콘텐츠, 정보 수준, 언어, 톤 등 대상에 맞는 메시지를 작성해야 한다. 그리고 '나에게 좋은 것은 뭐지?' 라는 원칙을 명심해야 한다.

그리고 각각의 이해관계자에게 어떻게 닿을지 고민해봐야 한다. 이사진에게는 직접 손으로 정보 패키지를 전달할 필요가 있을 수 있다. 다른 그룹의 이해관계자들은 소셜미디어, 이메일, 인쇄 공지 등을 통해 메시지를 받고 싶어 할지도 모른다. 주주는 아마도 CEO로부터 편지를 받기를 원할 것이다. 조직은 너무나 자주 전통적인 커뮤니케이션 채널을 통해 소수의 사람들과 소통하고 다른 이들을 만날 수 있는 다른 종류의 채널을 간과한다.

연구에 따르면 해고 통보처럼 부정적인 소식을 효과적으로 처리하면 해고 통보를 받은 사람들이 다른 반응을 하도록 만들 수 있다고 한다. 후속 연구에 따르면 회사를 떠나게 된 직원이 스스로 존중받았다고 느끼고 회사의 상황을 이해하면 회사에 대해서 앙심을 거의 품지 않는다. 반면에 대우받았다고 생각하는 해고된 직원들은 화가 난 상태로 회사를 떠나고 이 억울한 감정을 많은 사람들과 공유할 방법을 찾으려고 한다.

## 글로 좋은 소식을 전한다

확실히 좋은 소식을 사람들과 공유하는 것은 훨씬 즐거운 일이다. 그러나 실제로 긍정적인 메시지를 전달하는 것도 그 나름대로 어렵다는 사실을 곧 알게 될 것이다. '감사합니다', '수고하셨습니다' 그리고 '축하합니다' 와 같은 긍정적인 메시지는 좋은 관리자가 자주 작성하는 것이고 이런 메시지를 쓰는 연습을 꾸준히 해야 한다.

많은 관리자들은 감사 메시지보다 비판 메시지를 써야 한다고 생각한다. 그러나 많은 경우, 감사 메시지가 직원들이 원하는 행동을 하도록 격려하고 원치 않는 행동은 그만하도록 만드는 데 더 효과적이다. 대부분의 직원들은 상사를 기쁘게 만들고 기대에 부응하거나 기대 이상의 일을 해내기 위해 노력한다. 문제는 관리자들이 자신들이 원하는 바를 적절하게 전달하지 못한다는 것이다. 많은 연구를 통해 이 사이에 큰 간극이 존재하고 있음이 밝혀졌다.

글쓰기는 이 간극을 메우는 이상적인 수단이다. 금방 사라지는 말보다 글로 칭찬을 할 때 더 공식적이고 특별하게 느껴진다. 그리고 그 순간에 말로 직원을 칭찬하고자 하는 마음이 제대로 전달되지 않을 수도 있다.

감사의 메시지와 칭찬의 글을 쓸 때는 구체적으로 적어야 한다. '목표 + 청중'의 틀에서 메시지를 구상하면 구체적으로 글을 쓰기가 쉬워진다. 부하 직원 앨리가 고객을 대상으로 한 프레젠테이션 자료를 잘 준비했다고 가정하자. 그래서 감사의 메시지를 보내기로 했다. 제일 먼저 머리에 떠오르는 감사의 메시지는 다음이다.

> 안녕, 앨리! 프레젠테이션 자료를 잘 정리해줘서 고마워요! 정말 수고했어요. -척

그러나 이 메시지는 근시안적이다. 앞으로도 일을 잘하도록 격려하는 것이 주요 목표고 이 목표를 명심하고 메시지를 작성했다면, 구체적으로 어떤 내용을 언급해야 할지 알 수 있다.

> » 앨리의 업무에 대한 열정을 강화한다.
> » 추가적인 노력을 인정한다. 그녀는 주말에도 회사를 나와서 프레젠테이션 자료를 준비했다.
> » 팀의 소중한 구성원이라고 느낄 수 있도록 한다.
> » 나를 도와서 일하는 것을 기쁘게 생각하도록 만든다.

이 목표를 명심하고 메시지를 다시 작성해보자.

> 앨리에게,
> 지난밤에 프레젠테이션을 진행했습니다. 아주 성공적이었어요! 잠재 고객사의 부서장인 밥이 프레젠테이션 내내 미소를 짓더군요. 20분 동안 회사의 프로젝트에

대해서 Q&A 세션도 진행했습니다. 이 프로젝트를 따냈다고 이야기하기에는 조금 이른 감이 있지만, 최선을 다했으니 저는 정말 기뻐요.

도와주셔서 감사하다는 말을 전하고 싶어요. 아주 **빡빡한** 일정에도 불구하고 프레젠테이션 자료를 논리적이고 효과적으로 잘 정리하셨어요. 아이디어를 효과적인 시각자료로 잘 바꾸었더군요. 모든 시각적 이미지가 서로 유기적으로 잘 어울렸어요.

당신이 나의 팀원이라 너무 기뻐요. -척

이 메시지가 너무 과장되었다고 생각하는가? 아이디어를 자신의 스타일에 맞게 받아들이고 편안하게 느끼는 것이 중요하다. 물론 매일 이런 식의 메시지를 쓰고 싶지는 않을 것이다. 그러나 잠깐 몇 분 동안 고민을 해서 전략적으로 글을 쓰면 어떤 일을 해낼 수 있는지 봐라. 앨리에게 정확하게 잘한 일이 무엇이고 덕분에 어떤 결과가 있었는지를 말해줌으로써 척은 그녀에게 팀에 기여하는 좋은 팀원이라는 메시지를 전달했다. 그녀의 노고가 가장 중요한 사람이 상사에 의해 인정받은 것이다. 그리고 상사는 함께 일하기에도 훌륭한 사람이다. 관계 맺기가 모든 메시지의 핵심 목표임을 명심해라(제2장 참조).

앨리가 척의 감사 메시지를 받고 기뻐하고 있을 때, 일에 대한 그녀의 동기도 커질 것이다. 더 많은 칭찬을 받기 위해서 그녀는 더 열심히 일할까? 필요하다면 추가적인 시간을 투자해가면서? 보다 창의적인 아이디어를 생각해내면서? 아마도 그렇게 할 것이다. 잘 전달된 칭찬은 관리자로서 당신이 직원의 사기를 높이고 앞으로 업무를 더 잘해내도록 동기를 부여하는 가장 좋은 수단이다. 그러나 이것은 구체적인 메시지로 전달될 때만 효과가 있다.

## 직원을 질책하는 글을 쓸 때에도 친절함을 잊지 않는다

팀원들이 기준을 맞추고 더 좋은 성과를 낼 수 있도록 격려하고 때로 질책하는 것은 관리자의 임무다. 많은 관리자들이 이런 일에 부담감을 느낀다. 그러나 이것은 관리자로서 해야 할 중요한 일이다. 좋은 소식은 긍정적인 방법으로 이 일을 해낼 수 있다는 것이다.

이 일을 시작한 지 얼마 되지 않았을 때, 필자는 누군가가 연설을 하거나 그룹에 과제를 읽어주고 나서 피드백을 듣는 것이 속이 빠짝 탈 정도로 초조하고 불편한 경험이란 사실을 깨달았다. 피드백은 항상 의미가 있었지만, 항상 사람들은 무심코(또는 의도적으로) 잔인한 말을 쏟아내기도 했다. 이런 피드백을 들으면 마음은 아프지만 도움은 되었다.

필자는 마음의 상처를 입을 수도 있는 이런 상호작용의 수위를 조절하는 데 유용한 두 가지 테크닉을 우연히 발견했다. 먼저, 주목을 받고 있는 사람에게 "당신이 한 일에 대해서 어떻게 생각하십니까? 다음에는 다르게 해보겠다는 생각이 드는 부분이 있습니까?"란 질문을 하면서 자신의 업무를 평가하도록 하는 것이다. 그런 다음, 그룹에게 오직 긍정적인 피드백만 해보라고 요청한다. 필자는 '대놓고' 평가하고 비판하는 것보다 이렇게 긍정적인 피드백만을 줄 때 더 많은 것들이 가능해진다는 사실을 깨달았다. 사람들이 무언가에 대해서 좋은 점만 찾으려고 할 때, 강점이 부각되고 부정적인 피드백으로 인해 마음의 상처를 입을까 걱정할 필요가 전혀 없으며 모두가 더 많은 것을 배울 수 있다.

누군가에게 옳은 일을 했다고 말해보자. 이렇게 하면 당신이 바람직하다고 생각하는 행동을 강화할 수 있다. 게다가 긍정적인 인풋은 보다 자연스럽고 친근하게 상황 등을 개선할 수 있는 아이디어를 낳는다. 보통 이 프로세스는 인풋의 대상이 되는 사람이 스스로 더 좋은 아이디어를 생각해내도록 유도한다. 일대일 미팅에서 관리자는 직원에게 제일 먼저 "프로젝트가 잘 진행되었을 때 기분이 어땠나요?"라고 묻고 "되돌아봤을 때, 더 잘할 수 있었던 것은 무엇인가요?"라는 후속 질문을 하는 것이다.

글로 피드백을 줄 때는 이렇게 상대방과 상호작용을 하면서 피드백의 수위를 조절하는 것이 힘들다. 그러나 글로 피드백을 줄 때조차도 상대방을 절대 비난하지 않겠다는 정신은 유용하다. 앨리가 프레젠테이션 자료를 잘못 만들었다고 가정해보자. 비주얼도 마음에 안 들고 내용도 고르지 않다. 논리의 흐름도 불안하다. 물론 앨리에게 책임을 물을 수 있다. 그러나 앨리에게 피드백을 하는 가장 큰 목적은 다음에는 더 잘할 수 있도록 만드는 것이다. 이런 경우, 그녀가 무엇을 잘못했는지 하나하나 짚어가면서 이야기하는 것은 직관적으로 생각해봐도 좋은 방법이 아닌 것 같다. 이것은 자칫 그녀의 추진력과 자신감을 짓밟아서 아무것도 달성할 수 없게 만들 수 있다.

다음처럼 메시지를 써서 그녀에게 보내보자.

> 앨리, 아주 짧은 시간에 프레젠테이션을 준비해줘서 정말 고마워요. 아주 힘들었을 거예요. 그런데 자료와 관련해서 몇 가지 문제가 좀 있는 것 같아요. 지금 어떤 업무를 담당하고 있는지 잘 모르겠지만, 보통 업무 성과가 좋았잖아요. 무슨 일이 있었는지 우리 이야기해봅시다. – 척

이 경우, 간략하고 덜 구체적인 메시지가 더 효과적이다. 칭찬을 할 때와 달리, 질책할 때는 글보다 말로 구체적인 사항을 세세하게 재검토하는 것이 좋다. 앞의 메모는 앨리가 그녀를 돕고자 요청된 척과의 미팅을 준비할 기회를 준다.

메시지를 받는 사람의 성격과 상황에 따라서 스스로 판단했을 때, 더 강력하다고 생각되는 '옆구리를 쿡 찔러주는' 메모가 필요할지도 모른다. 사례를 살펴보자.

> 그웬, 작업계획을 편집하셨는데 빠진 부분이 많아요. 자료가 이해가 안 되면 질문을 할 거라고 생각했었는데, 안 하시더군요. 제가 좀 수정해봤습니다. 이 일에 대해서 만나서 이야기 좀 하시죠.

제4장에서 살펴본 '적을수록 많은 것을 해낼 수 있다'는 접근법에 중요한 예외사항이 있다. 예를 들어 법적 문서와 관련해서 부족한 부분을 기록한 문서를 작성할 때다. 이런 경우에는 고통스러울 정도로 아주 자세하게 글을 써야 한다. 변호사나 인사과 직원에게서 이와 관련한 조언을 들을 수 있을 것이다.

## 글로 요청하고 지시한다

관리자는 심사숙고해서 직원들과 커뮤니케이션을 해야 한다. 이 원칙은 업무를 배분할 때도 적용된다. 일상적으로 주고받는 메시지를 직원들의 업무 성과를 높이고 그들과 좋은 관계를 맺는 기반이라고 생각하는 것이 좋다. 다음의 메모 중 어느 메모로 업무 지시를 받기를 바라는가?

> 제이크, 콜린스 보고서를 작성하는 데 필요한 모든 자료입니다. 수요일까지 끝내세요. 절대 늦어서는 안 돼요! 검토를 해야 하는 화요일에 제 책상에 보고서가

놓여 있었으면 좋겠어요. 감사합니다.

제이크, 콜린스 보고서를 작성하는 데 필요한 자료를 보내드립니다. 각 섹션에 필요한 자료를 전부 드린 것 같기는 한데, 첨부 자료를 살펴보시고 빠진 자료가 있으면 즉시 알려주세요. 최우선 순위에 해당되는 일입니다. 제가 화요일에 보고서 초안을 볼 수 있을까요? 빨리 보고서를 검토하고 수요일에 클라이언트에게 보고서를 전달할 생각입니다. 보고서를 작성하다가 문제가 있으면 밤낮 가리지 말고 언제든지 전화해주세요. 기한이 빡빡하다는 것을 알고 있어요. 도와주셔서 정말 고마워요.

두 번째 메시지는 제이크에게 이렇게 촉박한 시간 안에 이 보고서를 왜 작성해야 하는지를 설명하고 있다. 바로 팀을 위한 일이다. 제이크는 자신이 존중받고 있고 팀의 구성원이란 느낌을 가질 것이다. 누가 이런 느낌을 원치 않겠는가? 필자가 워크숍에서 이런 이야기를 하면, 누군가 한 명은 꼭 "하지만 이게 저의 부하 직원이 하는 일이에요! 어째서 일을 도와달라고 부하 직원에게 사정해야 하는 거죠?"라고 반문한다. 굳이 이렇게까지 하지 않아도 된다. 그러나 열과 성을 다해서 일이 마무리되기를 바란다면, 인정도 안 되는 초과근무를 하면서까지 일을 끝내는 부하 직원이 어떤 기분일지 생각해봐야 한다.

항상 글을 쓸 때, 누구에게 쓰는지 시각적으로 그려볼 필요가 있다(제2장 참조). 이렇게 하면 상대방이 진짜 존재하는 사람처럼 느껴진다. 자신을 중심으로 팀원들이 똘똘 뭉칠 수 있도록 메시지를 사용해라. 사람들은 자신을 배려하고 왜 이 업무가 자신에게 주어졌는지를 설명하는 관리자를 위해 더 열심히 일한다.

필자는 항상 "좀 도와주시겠어요?"로 모든 메시지를 작성하는 성공한 젊은 부서장을 알고 있다. 그녀는 "물론 그것은 그들이 해야 하는 일입니다. 제가 이런 메시지를 보내면 그렇게 하겠다고 답하죠. 제가 업무 지시를 할 때 이런 식으로 메시지를 작성하면 제가 그들의 기여를 고맙게 생각하고 있다는 인상을 전달합니다. '이것 하세요!'라고 말하는 것보다 '나를 도와주세요'라고 이야기할 때, 그들은 저를 도와준다는 생각에 더 기뻐합니다. 그래서 저는 모든 업무 지시를 이런 식으로 합니다"라고 말했다.

# 상사에게 글을 쓰자

상사에게 글을 쓸 때, 심사숙고해서 메시지를 잘 작성하고 아주 꼼꼼하게 편집해야 한다. 이것은 굳이 말하지 않아도 잘 알 것이다. 만약 상사가 당신에게 "안 돼요!" 또는 "지금은 아니에요!"처럼 설명이 전혀 없는 메시지를 보냈다고 해서, 급하게 대충 아무렇게 메시지를 써서 상사에게 보낼 생각은 절대 하지 마라!

상사의 프로필을 직접 작성해보는 것을 추천한다. 제2장에서 필자가 자세히 소개한 테크닉이 도움이 될 것이다. 특히 상대방의 커뮤니케이션 스타일과 의사결정 방식을 이해하면 보다 성공적으로 요청하고 아이디어를 제안하고 신뢰를 쌓을 수 있다. 당신의 상사는 자세한 정보, 큰 그림 아니면 핵심을 원하나? 그가 해결하고 싶어 하는 문제는 무엇인가? 무엇 때문에 그는 뜬눈으로 밤을 새우나? 하루 중 그에게 보고하기에 가장 좋은 시간대는 언제인가(조사에 따르면 많은 사람들이 점심시간 이후에 기분이 좋고 어떤 의견이든 잘 받아들이는 것으로 나타났다)?

상사의 관점에서 생각하면 자동적으로 어떤 말로 글을 쓰는 것이 설득력이 있는지 알 수 있다. 필자는 앞에서 이메일, 보고서와 제안서를 작성하는 방법에 대해서 설명했다. 이 방법이 상사에게 글을 쓸 때도 적용된다. 필자가 장담하는 데, 98퍼센트의 상사들이 공통적으로 가지고 있는 특성이 있다. 이것을 잘 생각하면서 글을 쓰는 것이 좋다. 상사들은 다음과 같이 생각하고 느낀다.

> » 항상 시간이 부족하다.
> » 자신의 영역에서 결과를 내야 한다는 압박감에 시달린다.
> » 상충하는 우선순위들로 인해 고민한다.

그리고 물론 부하 직원도 당면 과제를 안고 자신의 상사에게 보고한다.

상사에게 보내는 이메일이나 문서가 더 고위 경영진에게까지 올라가거나 보고서, 혹은 다른 자료에 삽입될 수 있다는 점을 명심해라. 그러므로 아무리 상사와의 관계가 편안하고 허물이 없더라도, 상사에게 쓰는 메시지는 그 위에 있을 또 다른 대상을 생각해 심사숙고해서 작성해야 한다. 앞에서 언급한 상사들의 세 가지 공통된 특징에 어떻게 대응해야 하는지 살펴보자.

스스로 작성한 상사의 프로필에 따라 약간의 차이는 있지만, 최고의 전략은 주제를 중심으로 간략하고 직설적으로 이메일을 작성하는 것이다. 상사들은 길고 세부내용이 많은 이메일을 그냥 훑어보거나 안 읽을 수도 있다. 특히 제목과 도입부가 바로 핵심을 찌르지 않는다면 말이다. 일반적으로 이사진, 기부자, 임원, 정부 감독기관 등 높은 사람에게 이메일을 쓸 때, 다음을 목표로 삼아야 한다.

- » **직접적으로 쓴다.** 분명하게 이메일을 쓰는 이유를 먼저 밝히고 원하는 행동을 하도록 요청한다.
- » **긍정적인 톤과 태도를 지닌다.** 문제를 일으키거나 불평하는 사람보다는 문제를 해결하는 사람으로 여겨지는 것이 좋다. 긍정적이고 객관적이며 상황을 통제하고 있다는 느낌을 줘야 한다. 할 수 있다면 해결책이나 대안을 제시한다.
- » **아주 간결하게 작성한다.** 쓸 데 없는 생각이나 단어를 사용하지 마라. 간단한 언어와 짧은 단어, 문장 그리고 문단을 사용한다.
- » **정확하게 쓴다.** 완전한 문장, 좋은 문법, 정확한 철자와 구두법을 사용한다. 그리고 화제의 전환도 분명하게 한다. 약어를 사용하지 않았는지 주의하고 이모티콘을 사용하지 않는다.
- » **그 자체만으로 이해할 수 있는 메시지를 작성한다.** 충분한 문맥을 제공해서 여러 가지 일을 동시에 수행해야 하는 상사가 이전 자료를 살펴보거나 조사를 하거나 간단한 질문을 할 필요가 없도록 해야 한다.
- » **극단적으로 예의를 차려서 쓴다.** 갑자기 쓴 메시지처럼 읽혀서는 안 된다. 또는 마치 지시를 하거나 해명을 요구하는 것처럼 들려서도 안 된다.
- » **좋은 비주얼을 사용한다.** 정보를 받아들이고 이해하기 쉽게 만들어야 한다. 중요한 부분은 부제, 굵은 글씨와 여백 등을 활용해서 강조한다. 12포인트의 평범한 글자체를 사용하는 것이 최고다.

다음은 이 가이드라인에 따라 작성한 이메일이다.

제목 : 목요일까지 컨설턴트 채용

엘레인에게

챈틀러 프로젝트의 컨설턴트로 3명의 후보자를 선별했습니다. 39명의 후보자들로부터 추려낸 최고의 후보자들입니다. 목요일까지 합격자를 발표할 수 있다면 정말 좋을 것 같습니다. 그러면 계획대로 서류작업을 끝내고 6월 4일에 이사회의 승인을 받을 수 있을 것 같습니다.

궁금하거나 논의하고 싶은 부분이 있으면 말씀만 해주세요. 후보자 3명 모두 역량이 우수하고 우리의 니즈를 성공적으로 충족시킬 수 있을 것이라 믿습니다.

목요일까지 저에게 회신을 주시면, 일정대로 일을 진행하는 데 큰 도움이 될 것입니다.

감사합니다.

샘 드림

## 메시지 톤에 주의한다

높은 직급의 사람들이 가장 많이 불평하는 것 중에 하나는 직원들, 특히 젊은 직원들이 쓴 글의 톤이 엉망이라는 것이다. 다시 말해, 젊은 직원들은 클라이언트와 고위 임원 등에게 글을 쓸 때도 친구에게 글을 쓰거나 문자 메시지를 보낼 때 사용하는 톤과 언어를 그대로 사용한다. 이런 메시지를 받으면 상사들은 존경받지 못하고 있다고 느낀다. 존경은 나이가 많다거나 중요하다고 해서 자동적으로 주어지는 것이 아니라 노력해서 얻는 것이라고 생각하는가? 필자도 당신의 생각에 동의한다. 그러나 자칫 스스로의 전망을 해치는 상황이 일어날 수 있다. 대부분의 고위직 사람들이 기대하거나 강요하는 높은 기준에 따라 커뮤니케이션을 하면 스스로 존경을 얻게 될 것이다.

톤에 대한 감각을 키우려면 이메일을 큰소리로 읽는 연습을 하는 것이 좋다. 그리고 이메일이 어떻게 들리는지 또는 자연스러운 목소리로 들리는지 생각해본다. 그리고 이메일의 톤 때문에 짜증이 나 있는 것 같거나 상대방을 싫어하고 있다는 느낌을 주고 있지는 않은지도 고민해야 한다.

간단한 이메일을 읽다 보면, 발신자가 화가 나 있거나 나를 싫어하고 있는 것 같은 느낌이 들 때가 종종 있다. 그러니 간단한 메일을 쓸 때도 신중해야 한다. 단어, 억양 그리고 문장 구조를 잘못 선택하면, 부정적인 감정을 상대방에게 전달할 수 있다. 글쓴이가 지금 자신이 어떤 감정 상태인지를 콕 집어서 말하지 않았더라도, 어떤 감정으로 그 이메일을 썼는지 직관적으로 알 수 있는 경우가 있다. 중요한 것은 절대 부정적인 감정을 전달하는 이메일을 작성하지 않는 것이다.

억지로 존경이나 좋은 감정을 만들어내야 할까? 때로는 거짓으로라도 존경이나 좋은 감정을 상대에게 전달해야 한다. 상대는 기분이 나쁘거나 거절당하거나 존경받지 못한다고 느끼도록 하는 메시지를 절대 잊지 않으며, 용서하지도 못한다. 특히 글로 그 메시지를 전달했다면 말이다. 커뮤니케이션은 관계를 맺기 위한 것이지 관계를 망치기 위한 것이 아니다.

타인에 대한 자신의 부정적인 반응이나 평가가 항상 공정하거나 균형이 잡힌 것은 아니라는 사실을 인정하고 받아들여야 한다. 모든 사람들의 시야는 제한적이고 다른 사람의 말이나 행동을 오해할 수 있다. 어려운 관리자와 함께 일하는 모든 사람에게 '무죄 추정의 원칙'을 적용할 필요가 있다. 설령 그들이 싫거나 그들이 자신을 화나게 만들었다 하더라도 관대하게 행동하는 것이 좋다. 이렇게 하다 보면 그 사람들의 더 좋은 점을 찾을 수 있을지도 모른다.

핵심은 메시지를 쓸 때 자신의 톤을 모니터링해야 한다는 것이다. 톤이 부정적인지 아니면 독자가 부정적으로 메시지를 해석할 수 있는 톤인지를 판단해야 한다. 중요한 메시지라면 신뢰하는 동료에게 메시지 검토를 부탁하는 것도 좋다. 메시지의 행간을 읽기 위해서 더 많은 정보가 필요하지는 않은지도 고민해야 한다. 상사들이 당신이 업무를 딱 잡아서 진행하고 회사의 이익을 잘 대변할 수 있다고 생각하지 않는다면, 당신을 고객 또는 클라이언트 근처에도 못 가게 할지 모른다고 생각해봐라.

몇 가지 사례를 살펴보자.

### 버전 1

마지, 제가 보낸 초안을 검토해달라고 5번이나 말했잖아요. 기억하세요? 무려 23시간이나 들여서 이 초안을 작성했어요. 의견 좀 주시겠어요? 지금 아무것도 못하고 있어요! 내일 3시 30분까지 피드백을 안 주시면 할 말이 아무것도 없다고 생각하고 다음 일을 진행하겠습니다. - 매트

**버전 2**

마지, 제가 화요일에 드린 초안에 대한 당신의 피드백을 아직 기다리고 있습니다. 빨리 회신을 안 해주셔서 조금 문제가 되고 있어요. 이번 주 안에 회신을 주실 수 있을까요? - 매트

**버전 3**

마지에게,

올해 이 시기가 가장 바쁘죠? 저도 잘 알고 있어요. 그래도 마샬 보고서에 대해서 피드백을 좀 주시겠어요? 월요일까지 보고서를 제출하기로 한 것을 기억하고 계시죠? 이번 주 말까지 보고서를 검토하고 피드백을 주실 수 있나요?

피드백을 주신다면 정말 큰 도움이 될 것 같습니다.

감사합니다.

매트 드림

버전 1과 같은 이메일은 절대 쓰지 않을 것이라 믿겠다. 큰소리로 버전 1을 읽어보면, 상대를 비난하고 인내심이 없고 징징거리고 유치하게 들린다. 마지가 매트의 상사라면, 그녀는 공격당하고 있다고 느끼고 그를 의심하게 될 것이다. 만약 매트가 클라이언트라면, 매트는 곧 새로운 일을 찾아 떠나야 할 것이다. 만약 마지가 그의 동료라면, 그녀는 화가 나서 비협조적으로 나올 것이다.

버전 2는 버전 1보다 덜 공격적이지만 여전히 부정적인 톤을 전달한다. 필자는 이런 톤을 수동적인 공격톤이라고 부른다. 마지는 요청받은 대로 행동할지도 모르지만 매트에 대해서 우호적으로 생각하지 않을 것이다.

버전 3은 예의바르고 방어적으로 들린다. 이 이메일을 큰소리로 읽으면, 톤이 중립적이고 존경받고 있다는 느낌이 든다. 버전 3은 교묘하게 마지를 비난하지 않는다. 이 메시지는 작성된 목적을 달성할 가능성이 가장 크다. 바로 마지를 어르고 달래서 보고서 초안을 잠시 살펴보도록 만들고 매트를 아주 이성적인 사람으로 생각하도록 만들 것이다.

## 상대의 탓으로 돌리지 않는다

버전 3은 또 하나의 좋은 전략을 제시한다. 바로 다른 사람, 특히 VIP가 실수를 했을 때, 당혹스럽고 민망한 상황을 피할 수 있도록 한다. 아랫사람을 제외하더라도 누군가에게 질책당하거나 무시당하거나 은연중에 비난당하는 것을 좋아할 사람은 아무도 없다. 상사나 클라이언트가 피드백을 달라는 요청을 무시하거나 전화에 회신을 하지 않거나 심지어 약속 장소에 나타나지 않는다면, 이 상황을 어떻게 해결하겠는가?

일반적으로 좋은 전략은 자신의 니즈를 포기하지 않고 상대방이 이 비난받을 상황에서 자유롭게 만들어주는 것이다. 버전 3에서 매트는 매년 이맘때가 바쁜 시기란 것을 안다고 말해서 마지를 비난으로부터 자유롭게 만들었다. 상대방에게 빠져나갈 구멍을 만들어주면서 자신이 원하는 것을 얻으려면 잠깐 고민을 해야 한다. 다음 사례를 살펴보자.

> 출장 중이셨다는 것을 알고 있습니다. 밀린 업무를 처리하느라 힘드시겠죠.
>
> 너무 많은 일이 일어나다 보면 손가락 사이로 모래가 빠져나가듯 제대로 챙기지 못할 수도 있어요.
>
> 모든 사람들이 이번 주에 실적을 내놓으라고 압박하고 있는 것을 압니다.
>
> 오해가 있었던 것 같습니다.

방어적인 사람보다 호의적인 사람이 남을 돕거나 실수를 고칠 가능성이 크다.

이것 말고 다른 전략도 있다. 바로 감사의 메시지를 쓸 때 활용한 전략이다. 앞부분에서 부하 직원에게 감사의 마음을 전달하는 것이 중요하다고 설명했다. 이것은 상사에게도 마찬가지다. 임원진이 부하 직원에게 칭찬이나 감사의 말을 듣는 경우는 거의 없다. 좋은 조언이나 특별한 도움을 줘서 고맙다고 상사에게 말하면 스스로를 돋보이게 만들 수 있다. 존경을 담은 칭찬도 환영이다. "톰, 저에게 훌륭한 멘토가 되어주시고 성장할 수 있도록 옆에서 도와주셔서 고맙습니다"란 메시지를 가끔 한 번씩 써서 상사에게 보내는 것도 좋다. 보다 즉각적인 칭찬은 직접 전달하는 것이 가장 좋다. 예를 들어 "버크 문제의 처리방식에 존경을 표하고 많은 것을 배웠습니다"란 식으로 상사에게 칭찬의 메시지를 보내는 것이다.

## 회신하기 쉬운 메시지를 작성한다

상사 또는 동료에게서 무언가를 얻어내야 할 때, 더 좋은 결과를 낳는 또 하나의 전략이 있다. 바로 상대방에게 쉬운 메시지를 쓰는 것이다. 현실적으로 상사가 당신이 쓴 메시지를 읽을 확률은 거의 없다. 이 점을 인정해야 한다. 관리자들은 발등에 떨어진 불을 끄는 데 상당한 에너지를 쓴다. 관리해야 하는 부서나 직원이 많을수록 모든 것을 명심하고 세부 사항에 집중하기 어려워진다. 여기 하나의 이론이 있다. 일반적으로 높은 자리로 올라갈수록 메시지는 점점 더 간략해져야 한다는 것이다. 메시지가 간략하지 않으면, 이해하는 데 더 많은 시간이 소요된다. 상사가 좋은 결정을 내리거나 중요한 질문을 하거나 다른 행동을 취할 수 있도록 충분한 정보를 간략하게 전달해라.

이렇게 간략한 메시지를 작성할 수 있다는 것은 칭찬받을 일이라고 생각해야 한다. 이 바쁜 사람들은 무엇이 중요한지 이해하고 자신들이 꼭 알아야 할 것을 정리해서 전달할 수 있는 능력이 당신에게 있다고 판단하고 당신을 신뢰할 것이다. 다음은 이런 간략한 메시지를 작성하는 테크닉이다.

> » **관리자가 해야 할 일이 무엇인지 또는 무엇을 해주기를 원하는지를 바로 알 수 있도록 분명하게 메시지를 작성해야 한다.** 결정을 내리기를 원하는가? 아니면 조치를 취하기를 원하나? 이것도 아니라면 무언가를 평가하거나 최신 정보를 알고 있기를 원하는가? 이 목표를 달성하는 데 필요한 것이 무엇인지를 파악하고 적당한 배경지식과 정보를 전달한다.
> » **비주얼 자료에 관심을 가진다.** 이메일에도 헤드라인, 부제 그리고 굵은 글씨를 써서 중요한 부분을 강조하고 효과적으로 내용을 훑어보도록 도울 수 있다. 빡빡하게 쓴 이메일은 매력적이지 않고 이해하기도 힘들다. 짧은 문장, 문단을 써라.
> » **종합 요약문을 작성한다.** 이메일에 종합 요약문을 작성하라고? 그렇다. 도움이 된다면 이메일에도 종합 요약문을 작성하는 것이 좋다. 상사의 집중력이 유지되는 시간이 특히 짧을 수 있다. 아니면 특정 관점으로 상사가 이메일을 읽도록 만들고 싶을 수 있다. 이런 경우, 간략한 종합 요약문을 작성하는 것이 도움이 된다. 종합 요약문을 작성하는 방법은 제7장에서 살펴봤다.
> » **참고 자료를 마련한다.** 2단계 커뮤니케이션을 위해 상사가 보다 자세한 자

## 【 상사의 입장에서 보고서를 작성하자 】

이번 장에 소개된 사례는 주로 이메일과 일상적으로 주고받는 메시지다. 그러나 보고서와 제안서처럼 길고 중요한 문서에도 이번 장에서 살펴본 전략과 테크닉을 활용할 수 있다. 다음은 관리자의 관점에서 고려해봐야 할 포인트다.

- 종합 요약문만 보고 의사결정이 내려질 수도 있다는 사실을 명심하고 완벽한 종합 요약문을 작성한다.
- 중요한 순서대로 정보를 제시하고 독자의 관심을 잡기 위해 중요한 부분은 강조한다.
- 그래픽을 사용한다. 레이블이 아닌 행동을 촉구하는 분명한 부제를 사용하고 이해하기 쉽고 적절한 차트와 그래픽을 쓴다.
- 역사와 구체적인 분야에 대한 연구 결과 등 참고 자료를 활용한다. 그들이 필요하고 바람직하다고 생각하면 참고자료를 읽을 것이고 굳이 참고 자료를 읽지 않는다고 해도 전체 메시지에 영향을 주지 않는다.
- 분명한 논리에 따라 글의 구조를 잡고 차례를 활용하여 간략하게 내용을 전달한다.
- 결론과 종합 요약문에서 분명한 제안을 한다.

료나 배경지식을 원할지도 모른다.

직급이 높은 사람들이 메시지를 이해하기 쉽게 만들기 위해서는 적극적인 도움을 제공해야 한다. '메시지 톤에 주의한다'의 사례를 한 번 더 살펴보자. 매트는 다음처럼 마지에게 보낼 메시지를 수정했다.

> 이맘때가 아주 눈코 뜰 새 없이 바쁘다는 것을 정말 잘 알고 있습니다. 하지만 이번 주에 마샬 보고서에 대해서 피드백을 해주시면 정말 감사할 것 같습니다. 아니면 잠깐 동안 통화를 하는 것이 더 편하실까요? 통화 내용을 바탕으로 보고서를 수정하겠습니다. 통화하는 것이 낫겠다고 판단되면 편한 시간에 언제든지 전화해주세요.

필자가 알고 있는 똑똑한 관리자는 특히 집중 시간이 짧은 자신의 상사에게 다음과 같은 방식으로 보고를 한다. 관리자는 상사에게 이메일을 보내고 보낸 이메일을 출력한 후 상사에게로 가져가서 보여준다. 그리고 자신이 있는 자리에게 상사가 이메일을 읽고 내용에 대해서 이야기하고 여백에 메모를 하도록 만든다. 이렇게 하면 관리자는 상사가 자신의 이메일을 꼼꼼하게 읽었으며 의사결정을 내릴 준비가 되었다고 확신할 수 있게 된다. 메모를 한 이메일 덕분에 상사는 다음 단계를 진행하기 쉬워진다.

# 참고 자료를 작성하자

부하 직원, 상사 그리고 동료와 커뮤니케이션할 때, 서로가 이해하고 있는 내용이 동일한지를 이메일이나 다른 커뮤니케이션 수단으로 확인하는 것이 현명하다. 이렇게 하면 혹시 관계자들이 기억하고 있는 내용이 다르거나 대화의 내용을 다르게 해석했을 때 일어날 수 있는 골치 아픈 상황을 피할 수 있다. 이런 메모는 간결하고 단도직입적으로 핵심을 전달해야 한다.

상사에게 보내는 메시지를 살펴보자.

> **제목 : 멜로디에 대한 후속 조치 확인**
>
> 루크에게
>
> 오늘 아침에 멜로디에 대해서 심도 있게 대화를 나눌 시간을 주셔서 감사합니다. 오늘 대화 내용을 정리하였습니다.
>
> 그레인 빌더를 위해 두 가지 조치를 취할 수 있습니다.
>
> 옵션 A는 프로젝트를 6월에 시작하는 것입니다.
>
> 옵션 B는 프로젝트를 10월까지 미루는 것입니다.
>
> 좀 더 자세히 설명하겠습니다.
>
> 1. 회계부서의 테리 톰슨에게 수치 등을 빨리 분석해달라고 요청합니다.
> 2. 직원들을 시켜 EPA, 지자체, 지역 주택관리소 등에 허가를 받을 수 있는지 확인합니다.
>
> 이 내용이 당신이 이해하고 있는 것과 다르거나 좀 더 고민을 할 필요가 있다고 판단되면, 알려주세요. 별 말씀이 없으면 다음 주 초에 이 내용을 기본으로 일을 진행하도록 하겠습니다.
>
> 감사합니다.
>
> 제니 드림

부하 직원에게 중요한 업무를 시킬 때 이와 유사한 전략이 효과가 있다. 그리고 업무를 줄 때, 그 사람이 해당 업무를 해낼 준비가 되어 있는지도 고려해봐야 한다. 그에게 구체적으로 업무지시를 해야 하나? 무언가를 배울 방법을 제시해야 하나? 이 업무를 해내는 데 필요한 자원, 사람 또는 파일을 줘야 하나?

팀원들이 효율적이고 자신감 있게 업무를 진행하기를 원한다면, 더 많은 정보에 접근할 수 있도록 돕고 질문을 하는 데 부담을 느끼지 않도록 만드는 것이 좋다. 직원들이 관리자인 당신이 무엇을 원하는지 또는 자신들이 그것을 어떻게 처리하기를 바라는지를 추측하도록 내버려두지 마라. 시간을 내서 직원들에게 업무에 대해서 간략하게 설명해주고 그들이 스스로 그 일을 해낼 수 있다고 신뢰해라. 그러나 언제든지 질문이 있거나 어려움이 있으면 당신을 찾아올 수 있도록 편안하게 만들어줘야 한다.

관리자는 좋은 커뮤니케이터여야 한다. 이것이 직원들에게 좋은 본보기가 되어 그들도 좋은 커뮤니케이터가 되기 위해 노력할 것이다. 그러므로 말을 하고 글을 쓸 때 항상 신중해야 한다. 좋은 커뮤니케이션이 무엇인지를 몸소 보여주고 이와 관련한 교육을 실시하는 것도 좋다. 이렇게 되면 직원들은 글을 더 잘 쓰는 것의 가치를 이해하게 되고 관리자에게 고마움을 느낄 것이다. 그리고 자신들이 글을 더 잘 쓰고 커뮤니케이션을 잘하게 된 것의 공로를 관리자에게 돌릴 것이다.

필자가 비즈니스 글쓰기와 관련해서 해줄 수 있는 조언은 여기까지다. 이제 우리는 비즈니스 글을 어떻게 쓰는지 A부터 Z까지 전부 알게 되었다. 업무용 이메일부터 시작해라. 사람들은 이메일을 무시하지만, 이메일은 중요한 비즈니스 커뮤니케이션 수단이다. 그리고 프레젠테이션, 엘리베이터 스피치처럼 말로 하는 커뮤니케이션을 할 때 느껴지는 어려움을 해결하는 데도 필자가 조언한 방법들을 사용해봐라.

그렇다고 여기서 이 책이 끝나는 것은 아니다. 다음부터는 글쓰기 스킬을 자신에게 유리하게 사용하는 방법에 대해서 세 부분으로 나눠서 빠르게 살펴볼 것이다.

이 책이 당신에게 글 쓰는 즐거움을 줄 수 있기를 바란다. 그리고 직장에서 이 책에서 살펴본 아이디어를 모두 시도해보고 계속 배우기를 바란다. 이런 투자는 항상 예상치 못한 방법으로 보상을 준다.

PART

**6**

# 숫자 '10'의 법칙

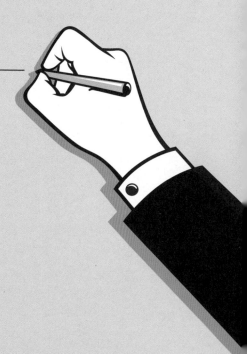

## 제6부 미리보기

- 이력서를 작성하면서 내가 누구인지, 지금 어디에 있는지, 무엇을 해왔는지 그리고 무엇을 할 준비가 되었는지를 이해한다.

- 글을 통해 비즈니스 세상에서 돋보이고 자신이 원하는 전문가의 이미지를 구축하는 법을 배운다.

- 대중에 공개할 프로모션 비디오, 마케팅 비디오 또는 웹사이트에 올릴 자기소개 비디오 등 비디오를 효과적으로 만드는 법을 살펴본다.

글로 자신의 커리어를 발전시키는
10가지 방법

**제15장 미리보기**

● 글로 인간관계를 개선하는 법을 살펴본다.

● 현재 그리고 미래의 고용주에게 자신의 가치를 입증하는 방법이 무엇인지 알아본다.

● 보다 분명한 목표와 진로로 스스로에게 영감을 주는 법을 살펴본다.

글을 잘 쓰는 것은 성공하는 데 도움이 된다. 그럼에도 불구하고 글을 잘 쓰는 사람을 찾는 것이 훨씬 더 어려워지고 있다. 그러니 글을 써서 스스로 돋보이고 자신이 원하는 전문가의 이미지를 만들어보자. 매번 좋은 메시지를 쓰면 권위와 신뢰 그리고 지략을 쌓을 수 있다. 초안을 작성하고 검토하고 편집하고 감수해라. 이번 장에서는 자신의 글쓰기 기술을 스스로에게 유리하게 사용하는 10가지 방법에 대해서 구체적으로 살펴볼 것이다. 이번 장에 나오는 모든 아이디어는 이 책의 각 장에서 깊이 있게 다루어졌다.

## 관계를 위한 글을 쓴다

오늘날 글로 쓴 많은 메시지는 한 번도 만나지 못한 사람들 그리고 절대 만나지 못할 사람들과 상호작용을 하는 데 큰 도움이 된다. 의식적으로 비즈니스 이메일과 서신을 사용해서 자신의 메시지를 상대에 따라 적절하게 개인화해라.

서서히 친근한 메시지를 써라. 첫 번째 메시지는 형식적이어야 한다. 상대방이 휴가나 개인적으로 의미 있는 사건에 대해서 이야기했다면, 다음에 보내는 이메일에는 이것들에 대해서 질문을 해봐라. 아니면 얼굴을 보면서 하는 커뮤니케이션처럼 날씨나 휴가에 대해서 이야기해도 좋다. 일단 관계를 만들어놓으면, 일반적으로 이메일이나 소셜미디어로 이 관계를 성장시킬 수 있다.

비즈니스를 할 때 많은 나라에서 형식적인 커뮤니케이션을 선호하지만 인간관계가 비즈니스의 전제 조건이기도 하다. 형식을 지켜서 글을 쓰되, 이름을 부르거나 가족의 안부를 묻는 등 상대방이 보내는 신호를 빨리 알아차려야 한다.

## 멋진 엘리베이터 스피치를 쓴다

미팅, 업계 행사와 공공 행사에서 자신을 잘 소개하면 마법처럼 많은 기회의 문이 열린다. 자신이 만나고 싶은 사람들을 생각하면서 자신의 가치가 무엇인지 고민하고 효과적인 15초의 피칭을 써보자. 스스로가 그 사람들에게 어떤 도움을 줄 수 있는지를 고민하면서 엘리베이터 스피치를 써라. 15초라는 짧은 시간 동안, 자신이 누구인지, 무슨 일을 하는지 그리고 무엇이 자신을 특별하게 만드는지를 말해야 한다.

마음에 드는 엘리베이터 스피치를 작성했다면 혼자서 연습을 해보고 실전에 도전해라. 미래 고용주, 투자자, 조력자 또는 관계를 맺고 싶은 사람들이 모이는 장소로 가라. 35세 미만이라면 이런 행사에서 당신 또래의 사람들을 찾기 힘들 것이다. 그래서 이런 행사에 모인 사람들에게 열렬한 환영을 받을지도 모른다.

## 장기적으로 진로계획을 세운다

내년, 5년 또는 10년 뒤에 어디서 무슨 일을 하고 싶은지 모르겠다면, 글을 써라. 이렇게 하면 진로 계획을 세우는 데 도움이 된다. 먼저, 정해진 기간 내에 가장 해내고 싶은 일을 적는다. 그리고 지금 자신의 위치를 파악하고 그 목표를 달성하기 위해서 필요한 과정들을 적는다. 교육을 받고 싶은지, 특정한 업무를 맡고 싶은지, 자신의 자질에 맞는 중간 관리직을 맡고 싶은지 또는 특별한 사람들을 만나고 싶은지 등을 고민해봐라. 이런 고민과 생각이 간과해버린 기회를 알아차리는 데 도움이 되고 더 좋은 결정을 내릴 수 있게 도울 것이다. 단, 반드시 글로 적어봐야 한다. 그렇지 않으면 고민과 생각은 같은 자리만 맴돌게 된다. 그리고 앞으로 나아가는 것이 너무 버거운 일처럼 느껴질 수 있다. 자신의 진로를 다시 정의하면서 해야 할 일을 조정해나가라.

## 자신이 꿈꾸는 직업에 대한 채용 공고를 작성한다

궁극적으로 하고 싶은 직업에 대해서 직접 채용 공고를 작성하면 자신의 미래에 대해서 생각하는 기회가 생긴다. 고용주의 입장이 되어보자. 고용주는 어떤 사람을 찾을까? 직업을 자세히 묘사하고 담당 업무, 요구 자격 그리고 개인 자질의 리스트를 작성한다. 이렇게 하면 지금 내가 이 꿈의 직업에 얼마나 잘 어울리는지 그리고 어떤 부분에서 노력을 더 해야 하는지를 알 수 있다. 한 걸음 더 나아가서 스스로 작성한 채용 공고에 지원하는 것처럼 자기소개서를 작성해본다.

## 일부러 감사의 마음을 글로 전한다

바쁘면 사람들은 예의 바르게 행동해야 한다는 사실을 쉽게 잊는다. 감사의 마음을 전하는 것도 마찬가지다. 누군가가 자신을 친절하게 대해줄 때, 감사의 메시지를 보내면 좋은 인상을 남길 수 있다. 그 사람 덕분에 어떤 기회가 생겼거나, 그 사람이 다른 사람에게 자신을 소개해주었거나, 그 사람으로부터 필요한 조언을 들었거나, 그 사람을 인터뷰했다면, 따로 시간을 내서 감사의 메시지를 써서 전달해보자.

좋은 감사 메시지는 상대방이 중요하게 생각하는 가치를 반영한다. 구체적이어야 한다. 예를 들어, "○○을 소개해주신 덕분에, 그 직업을 더 잘 이해하게 되었고 어떤 부분에서 준비가 필요한지 알게 되었습니다"라고 감사한 부분을 구체적으로 언급한다. 손 편지를 쓴다면 금상첨화다.

## 대화나 미팅 내용을 메모한다

적어라! 대화나 회의를 하는 동안, 그 내용을 메모해라. 이렇게 하면 실제로 어떤 일이 일어났는지 정확하게 아는 사람은 오직 당신밖에 없을 것이다. 많은 일들이 일어날 때 사람들은 빨리 무언가를 잊어버린다. 진행상황이나 업무 담당자를 정확하게 알고 있는 사람을 상대하는 것은 힘든 일이다. 대부분의 사람들은 회의에서 기록자 역할을 맡으려고 하지 않는다. 그러나 회의 내용을 요약하여 작성하면 핵심을 파악하고 결정사항을 분명히 이해하게 된다. 이것은 새로운 정보를 흡수하는 데 도움도 된다.

## 소셜미디어를 전략적으로 사용한다

자신의 목표를 알리는 계획을 작성하고 이 계획을 중심으로 소셜미디어를 사용해보자. 새로운 사람들과 관계를 맺기 위해서, 블로그의 이웃을 늘리기 위해서, 일자리를 찾기 위해서 또는 전문성을 확보하기 위해서 소셜미디어를 어떻게 활용하는 것이 좋은지 계획을 세워보자. 온라인에 올릴 글을 쓸 때는 항상 심사숙고해서 내용을 정하고 긍정적인 톤을 사용해야 한다. 온라인에 글을 쓸 때마다 자신의 능력을 사람들에게 알릴 기회라고 생각해보자. 사람들은 마치 당신의 생각을 엿듣듯이 당신이 온라인에서 작성한 글들을 읽고 평가한다. 그리고 온라인에 올리는 모든 글이 자신의 이력서가 되고 절대 지울 수 없는 흔적이 된다는 사실을 명심해야 한다.

온라인에 어떤 글을 써서 올릴지를 곰곰이 생각해보자. 그리고 선택한 콘텐츠를 활용해 좋은 글을 쓰자. 이때 철자와 문법을 꼼꼼히 확인해라. 온라인에 올린 글이 조금이라도 자신이 원하는 사람의 모습을 보여주는 데 실패하지는 않을지 꼼꼼히 살펴라.

## 자신의 가치를 분명히 보여준다

항상 사람들에게 자신이 어떤 기여를 할 수 있고 소속 부서의 업무가 왜 중요하며 가치가 있는지 설명할 준비가 되어 있어야 한다. 이것은 잠재 고용주나 새로운 상사에게 자신의 가치를 분명하게 전달할 수 있도록 준비하는 기회가 되고 예상치 못한 질문을 잘 넘기는 데 도움이 된다.

스스로가 부서의 업무와 전체 조직의 목표에 어떻게 기여하고 있는지 분명히 알고 있어야 한다. 회사의 목표를 분명히 이해하고 있으면 업무를 더 잘 처리할 수 있고 스스로 돋보일 수 있다. 그래서 대부분의 기업들이 직원들에게 자신들의 '미션'이 무엇인지 이해시키고 이 미션에 적극 참여하도록 만들려고 애쓴다.

자영업자라면 고객이나 클라이언트에게 자신의 가치를 설명할 준비를 해야 한다. 누가 자신의 서비스의 고객이 될지 알 수 없다. 자신을 돋보이고 특별하게 만드는 강점이 무엇인지 정확하고 자세히 알고 있으면, 상대방이 당신의 서비스에 관심을 가질 수 있도록 대화를 유도할 수 있다.

## 상사의 프로필을 만든다

윗사람들의 프로필을 자세히 작성하면, 그들과 커뮤니케이션을 더 잘할 수 있다. 그리고 자신이 원하는 것을 요구하고 그들의 높은 기대에 부응할 수 있다. 우선 상사의 관리 스타일, 커뮤니케이션 스타일, 의사결정 스타일 등 프로필에 적용할 수 있는 요소를 찾아라. 아이디어, 통계수치 등을 중요하게 생각하는지, 사람들에게 영향을 미치고 싶어 하는지 등을 고민해보자. 그리고 상사의 가치와 우선순위도 고려해볼 필요가 있다. 업무 효율성이나 팀워크를 중요하게 생각하는지, 아니면 재무제표나 신기술을 중요하게 생각하는지 생각해보자.

상사의 주요 이슈, 회사 내 입지, 가장 큰 문제와 욕망 등에 대해서 생각해봐라. 그 사람이 무엇을 중요하게 생각하는지 그리고 무엇 때문에 밤을 지새우는지를 고민해보자. 자신이 상사에 대해서 얼마나 많은 것을 알고 있고 직관적으로 그를 파악할 수 있는지를 알면 깜짝 놀랄 것이다. 그리고 무언가를 원하거나 더 많은 기여를 하고 싶거나 인정받고 싶을 때 상사에 대해서 많은 정보를 가지고 있을수록 이 목표들을 달성하기 쉽다. 상사의 관점에서 상호작용을 하는 것이기 때문에 상사와의 관계를 개선할 수 있다.

## 토킹 포인트를 준비한다
-------------------------

정치인, CEO, 유명인사 심지어 보이스카우트도 토킹 포인트를 쓴다. 그러니 당신도 토킹 포인트를 준비할 수 있다. 면접, 프레젠테이션 등 긴장이 되는 자리에 아무 준비 없이 나가지 마라. 사람들에게 전달하고 싶은 주요 포인트를 생각하고 한쪽 분량의 토킹 포인트를 작성하고 예상 질문지를 작성한다. 꿈에라도 받고 싶지 않은 최악의 질문에 대해서 생각하고 대비해라. 면접이나 프레젠테이션 전에 토킹 포인트를 점검해라. 무슨 말을 하고 싶은지 그리고 어려운 질문에 어떻게 대답할지를 정확하게 이해하고 있으면 보다 효과적으로 그리고 자신감 있게 커뮤니케이션을 할 수 있다. 이미 예상치 못한 상황을 처리할 준비가 되어 있으니, 무엇을 걱정하랴!

이력서에 활력을 불어넣는
10가지 방법

---

### 제16장 미리보기

● 자신의 이력과 원하는 직업을 어떻게 매칭하는지 살펴본다.
● 어떻게 하면 자신의 성과를 효과적으로 보여줄 수 있는지 알아본다.
● 자신의 자신감, 신뢰성 그리고 믿음을 전달하는 방법을 배운다.

자신이 누구인지, 지금 어떤 위치에 있는지, 무엇을 해왔는지 그리고 무엇을 할 준비가 되어 있는지를 이해하려면 이력서를 작성해보는 것이 좋다. 이력서를 쓰는 것이 고통스러운 일일 수 있지만 자기 자신에 대해서 제대로 이해할 수 있는 좋은 기회가 된다. 그리고 이력서를 쓰면서 자기 자신에 대한 생각이 변할 수도 있다. 잠재 고용주들에게 자신을 증명해 보이는 방법은 스스로에게 자신의 가치와 자질을 입증하는 것이다!

이렇게 하면 스스로에게 확신이 생기고 다음 단계로 나아갈 수 있다. 힘든 면접을 무사히 끝낼 준비가 완벽하게 된다. 이제 이력서에 활력을 불어넣는 열 가지 방법을 살펴보자.

## 현재의 직업에 지원하려고 이력서를 작성하는 것이 아니다

사람들은 보통 마치 지금 하고 있는 일에 지원하고 있는 것처럼 이력서를 쓰는 실수를 범한다. 이런 실수를 하는 까닭은 자신이 앞으로 어떤 방향으로 나아가고 싶은지를 설명하는 것보다 어떻게 경력을 쌓았는지를 설명하는 것이 더 쉽기 때문일 것이다. 최고의 이력서는 마치 지원자가 이 일을 하기 위해서 평생 준비를 해온 것처럼 읽힌다. 아무 일이 아니라 바로 '이 일' 말이다. 그 직업에 대해서 정말 진지하게 관심이 있고 흥미가 있다면, 평생 이 일을 위해서 준비를 해왔다는 것을 보여주는 이력서를 써야 한다.

지금의 내가 고용주가 원하는 사람에 얼마나 부합하는지 파악하고, 이상적인 지원자를 상상하자. 이 이론상 존재하는 지원자와 당신의 공통점은 무엇인가? 자신이 반드시 채용되어야 할 사람임을 보여주려면 경력과 자질을 어떻게 써야 할까? 경력이 이 일을 할 준비가 되어 있다는 사실을 잠재 고용주에게 보여주는가?

## 자신을 채용할 사람의 관점에서 이력서를 쓴다

채용공고를 스무 번은 읽어라. 회사에서 찾고 있는 인재상을 분명히 이해하는 데 도움이 될 것이다. 그 사람들이 정말 찾고 있는 사람이 누군지를 이해해야 한다. 담당 업무나 가장 높이 평가되는 자질과 자격을 파악하려고 노력해야 한다. 행간을 읽어라. '지략이 있는' 또는 '신뢰할 수 있는' 등의 단어가 채용공고에 한 번 이상 반복되나? 멀티태스킹이나 팀 프로젝트 수행 능력 등 구체적으로 요구하는 능력이 있나? 이것들은 이력서에서 반드시 언급해야 하는 업무능력과 제시해야 하는 증거가 무엇인지를 파악하는 데 유용하다.

입사하고자 하는 회사의 채용공고를 자세히 읽으면 최고의 키워드와 검색어를 찾을 수 있다. 그렇다고 해서 노예처럼 채용공고에서 하는 말을 그대로 반복하지는 마라. 회사와 자신이 같은 생각을 하고 있음을 충분히 보여주는 단어와 용어를 선택하여 이력서를 써야 한다.

## 분명하고 간결하게 이력서를 작성한다

정확한 단어를 선택하고 짧고 간단한 문장구조를 사용해라. 완전한 문장을 쓸 필요는 없다. 다소 전보를 치는 것처럼 문장을 쓰고, 의미에 방해가 되지 않는 단어를 삭제해라. 예를 들어 "나는 담당 관리자 부재 중 9명의 사람들을 관리하는 책임을 수행했다"라고 쓰기보다 "휴가 시즌 동안 9명의 사람들을 관리함"이라고 쓴다. 그러나 '관리대행, 휴가, 9명의 사람들'처럼 채용담당자가 의미를 해독해야 할 정도로 단어를 나열해서는 안 된다. 과거형 문장으로 표현하는 것이 가장 좋고 현재 하고 있는 업무라면 현재형으로 서술하는 것도 좋다.

## 지금 맡고 있는 업무를 쉽게 설명한다

관리자나 내부자들만 이해할 수 있는 언어로 자신의 업무를 설명하지 마라. 할머니나 열 살 조카에게 자신이 하는 일을 설명한다고 생각하고 접근해야 한다. 하루를 어떻게 보내는지, 무엇을 자랑스럽게 생각하는지, 어떤 능력을 가지고 있는지, 어떤 문제를 해결하는지, 어떤 사람들과 일하는지 그리고 어떤 일을 해냈는지 등을 생각해봐라. 얼마의 시간이 단축되었다거나 얼마의 돈을 절약했다는 식으로 자신의 성과를 수치화해라.

자신이 하는 일을 구체적이고 생생하게 전달할 수 있도록 가능한 많은 고민을 해야 한다. 직책이 자신의 업무를 분명하게 설명하지 못한다면 또는 지원하는 자리와 현재 자신의 업무를 보다 단단하게 연관 짓고 싶다면 스스로 적당한 직책을 붙여도 좋다.

그러나 '사내 비디오 제작 책임자(공식 직책: 커뮤니케이션부 비주얼서비스팀 행정관)' 처럼 표현할 수도 있다.

## 경력을 단순히 나열하는 것이 아니라 자신의 이야기를 전달한다

글머리 기호를 써서 내용을 나열하는 것은 간결한 프레젠테이션에 유용하다. 그러나 이력서에서 지나치게 남용하지 않는 것이 좋다. 이력서는 내용 나열이 아닌 자신의 이야기를 풀어내는 글이다. 이야기를 뒷받침하는 사례나 증거로 생각하는 것이 좋다. 페이지의 제일 위에 자신의 현재 상황을 명확히 전달하는 문단을 작성해라(제10장 참조). 주요 직업에 자신이 어떤 역할을 했는지 간략하게 몇 줄로 설명한다. 그리고 적당하다고 판단되는 프로젝트, 성공사례 등을 글머리 기호를 써서 나열한다. 같은 종결어미를 사용한다. '촉진함', '재조정함', '도입함' 등 종결 표현을 통일하는 것이 좋다. 단, 이런 문장의 나열이 7개가 넘어가면 이해하기 힘들어진다는 점을 명심해라.

## 은어와 상용어는 자제한다

은어를 쓸 때, 심지어 같은 업계에 종사하는 사람들도 이해하지 못하는 경우가 생길 수 있다. 조금 다른 업계에서 일을 한다면, 이게 무슨 말을 하는지 더 혼란스러울 것이다. 한 곳에서 오래 일한 사람들은 은어가 눈에 보이지 않는다. 그들에게는 일상적인 용어일 뿐이다. 그러므로 다른 직종에 종사하는 사람에게 이력서를 보여주고 이해할 수 있는지 물어봐라. 이해를 못하겠다고 말하면 기본적인 용어로 경력을 표현할수 있을 때까지 단어의 의미를 설명하고 그 사람을 이해시켜야 한다. 그러나 아무 내용이 없는 언어로 이력서를 작성해서는 안 된다. 비즈니스 글에서 가장 많이 나타나는 특징이다. 예를 들어 '획기적이고 혁신적인 확장 가능한 인터페이스 설계'라고 이력서에 쓰지 마라. 이것은 쓰나 마나 한 내용이다.

## 동작동사로 성과를 강조한다

'착수하다', '간소화하다', '조직하다', '주재하다', '만들다', '도입하다', '활력을 불어넣다', '동원하다', '고안하다', '개량하다' 등 사용할 수 있는 동작동사는 수백 가지에 달한다. 은어는 업계에 따라 분리된다. 동작동사를 쓰면 현재 직장에서 단지 수동적으로 맡겨진 업무를 처리한다는 인상 대신 업무에 적극적으로 임하며 조직의 성장에 기여하고 있다는 인상을 풍길 수 있다. '~을 책임짐'이나 '맡은 업무' 등으로 시작되는 문구는 가급적 피하고, 성과와 사실 중심의 이력서를 작성하는 것이 좋다. '사무실 비품 구매 담당'보다는 '체계적으로 부서 비품 구매를 관리하여 총 예산의 3퍼센트를 절약'으로 쓰는 것이 더 효과적이다.

## 자신 있고 긍정적인 톤을 사용한다

당당한 자세로 몇 분 동안 방안을 서성이자. 어떤 기분이 드는가? 아마 더 자신감 있고 조금은 당당해진 것처럼 느껴질 것이다. 그렇다고 거만하거나 공격적인 기분은 아닐 것이다. 이런 기분으로 이력서를 검토해보자. 자신의 이력서가 자신감 있고 유능한 사람의 이력서라는 냄새를 풍겼으면 할 것이다. '때때로', '아마도', '그런 것 같다', '거의', 그리고 '가능하다면' 등 위험을 회피하고 어영부영 넘어가는 단어의 사용을 자제해라. 이런 단어들은 당신의 위상을 위축시키고 채용담당자가 당신의 자질에 의혹을 품게 만들 것이다. 그리고 '극단적으로', '놀라울 정도로', '놀라운' 등 의미 없는 단어를 피해라. 자신의 강점을 조용히 보여줘라. 이력서를 철저하게 검토해서 모든 실수를 없애야 한다. 이렇게 해서 자신이 유능하고 믿을 만한 사람임을 채용담당자들에게 보여줘야 한다. 여기에 실패하면 큰 대가를 치르게 될 것이다. 공정하든 공정하지 않든, 많은 채용담당자들은 첫 번째 철자 오류를 발견하는 즉시 해당 이력서를 집어던진다.

## 키워드를 사용한다

키워드는 온라인 서류심사나 인사과 직원들의 심사를 통과하는 데 중요하다. 그리고 키워드는 수많은 이력서 더미에서 당신의 이력서를 발견되게 만든다. 오늘날의 채용 담당자들은 선호하는 검색어를 사용해서 인터넷을 검색하여 최고의 후보자를 물색한다. 그러므로 지원하는 자리의 채용공고를 뜯어보면서 키워드를 찾아내라.

## 보기 좋은 떡이 먹기도 좋다

외모는 중요하다! 매력적이고 접근성이 크고 읽기 쉬운 이력서를 써야 한다. 다음의 특징을 지닌 이력서를 의미한다.

- » 아무도 안 읽을 정보를 욱여넣는 대신 적당한 줄 간격을 사용하고 넉넉한 여백을 둔다.
- » 쉽게 알아볼 수 있는 서체를 사용한다. 본문의 글자 크기는 최소한 10포인트 이상이어야 한다. 그리고 제목은 본문과 조화로운 다른 서체를 사용해도 좋다.
- » 플랫폼끼리 전환이 안 될 수 있는 화려한 서체는 사용하지 않는다. 특히 이름에는 절대 사용하지 마라.
- » 논리적으로 콘텐츠를 배열한다. 잘 쓸 수 있다면 기본적인 서식이 좋다.

# 비즈니스 동영상을 만드는
## 10가지 방법

스마트폰으로 찍은 동영상은 주로 순간의 모습을 담고 있고 친구들과 공유하기 위한 것이다. 기술의 발전으로 더 좋은 화질에 특수 효과가 들어간 동영상을 일반인도 쉽게 찍을 수 있게 되었다. 그러나 사람들은 동영상을 찍기 전에 계획을 세우는 데 많은 시간을 들이지 않는다.

하지만 비즈니스를 하기 위해 동영상을 찍는 것은 차원이 다르다. 비즈니스 목적을 달성하고 고객을 끌어들이는 '쇼'를 만들기 위해서 전체적으로 계획을 짜야 한다. 프로모션 동영상은 흥미로워야 한다. 그리고 적절한 조명, 훌륭한 음질과 그래픽으로 제작되어야 한다.

즉흥적으로 스마트폰으로 촬영한 동영상과 마케팅을 위해 제작된 동영상만 있는 것이 아니다. 무언가를 시연하는 유튜브 동영상, 자기를 소개하는 웹사이트 동영상, 동영상 블로그, 이메일에 첨부될 짧은 홍보 동영상, 스냅챗과 기타 소셜미디어에 포스팅이 된 동영상 등 다양한 동영상이 존재한다. 이런 동영상은 어느 정도의 완성도를 지니고 있어야 할까? 그것은 당신에게 달렸다. 그러나 동영상을 어떤 식으로 촬영하든, 심지어 혼자서 동영상을 제작하더라도, 전문가들이 어떻게 동영상을 제작하는지를 아는 것은 도움이 된다. 그들의 테크닉을 자신에게 유용하게 활용할 수 있다. 이런 관점에서, 전통적인 동영상 제작 과정을 기반으로 동영상 제작에 관한 10가지 가이드라인을 제시하겠다.

## 목표와 청중을 파악하자

실제로 새로운 사물이나 소재 등을 촬영하기 전 단계는 제작 준비단계다. 바로 동영상을 어떻게 제작할지를 계획하는 단계로 매주 중요하다. 왜 동영상을 제작하려고 하는가? 그리고 이 동영상으로 무엇을 이루고 싶은가? 이 동영상이 다른 마케팅 전략과 어떻게 어울리는가? 누구에게 이 동영상을 보여줄 것인가? 동영상으로 전달하려는 메시지가 정확히 무엇인가? 이런 질문들에 스스로 답해야 한다. 할리우드식으로 동영상을 통해 전달하고자 하는 메시지를 분명히 표현할 수 있다.

> "이 스타트업이 세상에서 일하기에 가장 즐거운 곳이고 최고의 프로그래머들이 함께하고 싶어 하는 곳임을 보여주기 위해서 이 동영상을 제작한다."

> "우리의 새로운 가전기기는 청각 장애를 가지고 있는 사람들에게 이상적인 선물이다."

이처럼 한 문장으로 메시지를 전달할 수 있다. 먼저 어떻게 그리고 어디서 이 동영상을 보여줄지 알아야 한다.

## 제작방식과 콘텐츠에 대한 계획을 세운다

먼저 어떤 식으로 동영상을 제작할지 생각해라. 예를 들어 실사 영상과 인터뷰로 동영상을 제작할 수 있다. 제품 홍보를 위해 동영상을 촬영하는 것이라면, 해당 제품이 사용되고 있는 모습, 제작과정 그리고 사용자의 직접 후기 등을 보여줄 수 있다. 비영리기구는 자신들이 일하는 모습, 직원들과 자원봉사자들의 인터뷰 그리고 도움을 받은 사람들의 인터뷰로 동영상을 제작할 수 있다. 제작방식을 결정했다면 이제 한계를 설정해라. 동영상의 길이는 얼마나 할까? 라이브 음향, 내레이션, 정지 이미지, 배경음악, 그래픽, 특수효과, 애니메이션 등 무엇이 필요하지? 이런 질문에 대한 답변을 스스로 해볼 필요가 있다. 자신의 이야기를 가장 잘 전달하는 방법과 시간, 예산, 작업능력, 전문 스태프 그리고 장비 등 실제 동영상을 제작할 수 있는 재원과 역량이 어느 정도인지를 살펴봐야 한다.

## 단어와 그림으로 구성된 스크립트를 작성한다

동영상 제작 목표와 한계를 설정했으면, 종이 중간에 줄을 그어서 둘로 나눈다. 전자기기를 이용해도 좋다. 그러고 나서 왼쪽에는 '영상' 이라고 쓰고 오른쪽에는 '단어' 라고 쓴다. 마이크로소프트 워드의 '표 만들기' 기능을 사용하면 문서 안에 쉽게 표를 만들 수 있다. 동영상을 제작하는 동안 이 둘로 나뉜 페이지를 곁에 두고 확인해라. 이렇게 하면 화면에 어떤 영상과 단어가 동시에 들어가야 하는지 맞추기 쉽다(많은 전문가들이 사용하는 스토리보드를 사용할 수도 있다. 또는 특별한 스크린라이팅 소프트웨어도 사용할 수 있는데, 비싸기 때문에 굳이 이 프로그램을 사용할 필요는 없다). 제일 왼쪽에 좁은 행을 만들고 타임 코드를 기록하면 편집을 할 때 대단히 유용하다. 그리고 제일 오른쪽 행에는 '리드 삽입' 처럼 동영상을 제작하면서 반드시 기억하고 있어야 할 내용을 메모한다.

## 촬영 리스트를 만든다

영상에 어떤 단어를 넣을지 그리고 어떤 비주얼을 사용할지에 대한 스크립트가 대략적으로 작성되었다면, 실사, 특정 인물, 배경 등 필요한 모든 장면을 촬영할 순서를 정하고 리스트를 만든다.

궁극적으로 촬영 리스트에는 모든 로지스틱에 관한 내용도 들어가야 한다. 카메라팀(또는 당신)이 어디에 장비를 설치하고 촬영을 할지, 장소는 어디서 어디로 이동할지 등 꼼꼼한 시간계획에 따라 촬영리스트를 만들어야 한다. 특히 전문 카메라맨과 기타 전문가들을 고용하여 동영상을 제작하는 것이라면, 가능한 중간에 작업을 하지 않고 버리는 시간을 최소한으로 줄여야 한다. 당신도 이런 시간을 최소한으로 줄이고 싶을 것이다. 새로운 촬영 장소에서 조명과 음향기기를 세팅하는 데는 상당한 시간이 든다. 그러므로 촬영 리스트에 시간까지 고려해야 한다. 전문가들은 충분한 전력을 확보할 수 있고 자신들이 필요한 모든 것을 쉽게 구할 수 있는 장소를 찾는다. 결국 2시간, 10시간 등 촬영 시간을 결정하는 것은 당신이다. 예산에 따라 이 모든 것이 결정될 것이다.

## 조명! 카메라! 액션!

드디어 제작단계에 이르렀다. 사전에 꼼꼼히 준비를 했어도, 분명 스트레스를 받게 될 것이다. 계획대로 촬영하고 보완할 필요가 있으면 즉석에서 보완한다. 배경의 파노라마, 관련 사물의 클로즈업, 걸어 다니는 사람들 등 'B롤'이 필요하다. 동영상은 많은 영상을 잡아먹는다! 다양한 영상을 확보해라.

액션 장면과 인터뷰 장면에 출연하는 사람들을 준비시켜야 한다. 다큐멘터리 형식의 동영상을 원한다고 해도, 등장인물들에게 어떻게 행동하고 어떤 말을 해줬으면 좋은지를 알려줘야 한다. 당신이 원하는 대답을 유도할 수 있는 질문 목록을 준비하는 것도 방법이다. 그리고 열정, 감사, 행복, 사려 깊음 등 당신이 원하는 톤을 잡도록 지시해야 한다. 예상치 못한 상황을 받아들일 준비가 되어 있어야 하고, 스크립트는 동영상을 촬영하면서 계속 수정과 편집이 필요하다는 사실을 인정해야 한다. 단어와 그림을 오가는 것은 제작이 끝날 때까지 계속해야 한다.

## 촬영분과 기타 자원을 검토한다

이제 제작 후기단계다. 지금까지의 촬영분과 기존 동영상 파일이나 외부자원, 사진이나 그래픽 등 보유하고 있는 소재를 정확히 파악해야 한다. 아무것도 담겨 있지 않은 화면을 내보낼 수는 없다. 최고의 촬영 영상을 찾아야 한다. 최고의 영상들이 예상했던 것과 완전히 다를 수 있다. 스크립트를 많이 수정해야 한다는 사실에 놀랄 것 없다. 원했던 촬영분의 일부가 사라지거나 계획하지 않았던 좋은 촬영분이 생기게 될 것이다. 이제는 무슨 이야기를 성공적으로 고객에게 들려줄지를 결정해야 한다.

## 좋은 리드 영상을 넣는다

고객을 잃어버리는 것이 얼마나 쉬운 일인지를 절대 잊어서는 안 된다. 동영상 주제에 대해서 매력적이거나 흥미로운 것을 찾고 가능하다면 그것으로 동영상을 시작해라. 단어를 전달하는 좋은 비주얼을 가지고 있어야 한다. 동영상의 주제가 무엇이든지 자연스럽게 큰 그림을 보여주면서 동영상을 시작할 수 있다. 어떤 것을 하는 방법을 알려주는 동영상을 예로 들어보겠다. 이런 동영상은 문제를 던져주면서 시작될 수 있다.

> "컴퓨터 앞에 웅크리고 앉아 있으면 요통이 생깁니다. 요통보다 더 괴로운 것은 이 세상에 없습니다. 병원을 다녀봤지만 전혀 도움이 안 된다고요? 운동을 했지만 오히려 통증이 악화되었다고요? 하루에 6분만 투자하세요. 지금부터 통증을 완화하는 방법에 대해서 알려드리겠습니다."

또는 강한 비주얼로 시작할 수도 있다. 때때로 놀라운 사실, 통계자료, 인용구 또는 그래픽 효과가 효과적이다. 리드 영상에 단어 없이 음악만으로 시작할 수도 있다. 만약 강력한 후기를 촬영했다면, 영상의 일부분만 편집해서 리드 영상으로 쓸 수도 있다.

## 그림과 단어를 맞춘다

그림과 단어를 매치시키면서 한 장면, 한 장면에 대해서 열심히 스크립트를 작성해라. 내레이션이나 설명을 가능한 자제하고 그림 그 자체로 많은 메시지를 전달할 수 있도록 만들어야 한다. 그림만 봐도 무엇을 말하고자 하는지 분명히 알 수 있는 부분에서 굳이 말로 반복적으로 설명할 필요는 없다. 이 단계에서 미리 세운 꼼꼼한 계획을 바탕으로 원래 스크립트에서 최대한 많은 단어를 생략할 수 있는 방법을 찾게 된다. 다큐멘터리 형식의 동영상을 만들고 있다 할지라도 말을 전부 생략하기 전에 고민해볼 필요가 있다. 시청자들이 자신들이 무엇을 보고 있는지 의아하게 만들어서는 안 된다. 그림을 조각조각 모아서 의미를 찾아내도록 만들어서도 안 된다. 적절한 내레이션을 사용해서 문맥을 제공하고 영상을 연결하고 설명하거나 강화해야 한다.

## 핵심만을 담아 내레이션한다

가능한 말을 적게 하고 아이디어나 사실의 본질을 전달하도록 내레이션을 작성해야 한다. 그러나 시각적이고 생각을 환기시키는 언어가 필요하다면 적극적으로 사용해야 한다. 짧고 발음하기 쉬운 단어와 간단한 문장을 사용해라. 자유롭게 문법을 어겨라. 주어와 동사가 없는 불완전한 문장도 좋다. 한 개의 단어로만 된 문장도 듣기에 좋고 의미가 분명하다면 좋다. 복잡한 문학적 표현이나 깊이 생각해야 이해할 수 있는 추상적인 표현은 피해라. 내레이션에서 불순물을 계속 정제해야 한다.

> "컴퓨터를 보느라 잔뜩 구부린 허리, 통증, 절망, 짜증, 휴식을 알리는 21세기 커뮤니케이션! 그 방법에 대해 알아보자."

내레이션이 물처럼 자연스럽게 읽힐 때까지 편집하고 또 편집한다. 누군가에게 내레이션을 읽도록 시키고 들어봐라. 그러고 나서 스크립트를 편집하고 바꿔 적어라. 내레이션을 하고 동영상을 편집한다면, 미리 내레이터가 말을 더듬지는 않는지 또는 어색하게 들리지는 않는지 자세히 듣고 다시 작성해라. 전문 에디터나 다른 전문가들과 함께 작업을 한다면, 그들의 제안에 귀를 기울여라.

## 즐거움을 전달한다

우리는 즐겁기 위해서 비디오를 본다. 마케팅 영상은 제품의 가치를 분명히 보여줘야 한다. 비영리기구의 영상은 시청자의 감성을 자극하거나 가능성이 있다면 이상향을 불러일으켜야 한다. 무언가를 알려주는 비디오는 시각과 청각을 즐겁게 해주는 화면을 담고 있어야 한다. 사람들은 무언가를 배우기 위해서 학습용 비디오를 찾는다. 우리 주변에는 좋은 내용의 동영상이 많이 있고 가장 매력적인 동영상을 찾기 위해 영상들을 죽 훑어본다. 특히 사람의 눈은 변덕스럽다. 그래서 눈이 피로해지면 피로를 풀 무언가를 찾아 떠난다. 동영상이 끝날 때까지 하나의 카메라앵글로 한 명 이상의 사람들이 카메라를 보고 말하는 장면만 찍지 말고 시각적으로 다양한 변화를 줘라. 아니면 이런 영상은 짧게 만들어라.

지은이

## 나탈리 카나보르(Natalie Canavor)

비즈니스 작가, 매거진 편집장, 커뮤니케이션 컨설턴트 그리고
워크숍 리더다. 매거진 편집장으로서 그녀는 4개의 스타트업을
책임졌고, 주요 교육 에이전시의 커뮤니케이션 디렉터였으며, 홍
보, 영업 그리고 비영리 커뮤니케이션 분야에서도 일했다. 「뉴욕
타임스」, 「뉴스데이」 등 다수의 경제 잡지와 커뮤니케이션 전문
잡지에 글을 기고한다. 많은 사람들이 형편없는 글쓰기 실력 때문
에 기회를 잃고 목표 달성에 실패하고 있다는 사실을 깨달은 저자
는 워크숍과 강의를 통해 사람들에게 보다 강력하고 전략적으로
글을 쓰는 테크닉을 가르치고 있다.


옮긴이

## 장진영

경북대학교 영어영문학과와 경영학을 복수전공하였으며, 서울외
국어대학원대학교 통번역대학원 한영번역과를 졸업하였다. 홈
페이지 영문화 번역 등 다년간 기업체 번역을 하였으며, 현재 번
역에이전시 엔터스코리아에서 출판 기획 및 전문 번역가로 활동
하고 있다. 옮긴 책으로는 『게임체인저』, 『12주 실천 프로그램』,
『어떤 브랜드가 마음을 파고드는가』, 『퓨처 스마트』 등이 있다.